20世紀のファウスト

黒い貴族がつくる
欺瞞の歴史

［上］

鬼塚英昭
Hideaki Onizuka

ファウスト

SEIKO SHOBO

目次 Contents

第三章　見えてきた暗黒

第四章　日本人よ真珠湾を忘れるな

第五章　クリミアのカリフォルニア

下巻・目次

［装幀］フロッグキングスタジオ
［カバー・扉写真］Getty Images

W. Averell Harriman (1891-1986)

20世紀のファウスト〔上〕

引用文中の〔　〕内は引用者による補足や註をさす。
引用文中の難読語には適宜、読み仮名を付した。
尚、引用文献・参考文献は本書下巻巻末に一覧として掲載した。

「二十世紀のファウスト」に魅《み》せられて［はじめに］

「二十世紀のファウスト」とは、アヴェレル・ハリマンという一人のアメリカ人に、私がつけたニックネームである。彼は十九世紀の末に生まれ、二十世紀の末まで生きた。どうして私はこの男に魅《み》せられたのか。私はこの男の心の中に、悪魔と神を発見したからである。

彼の人生をたどる旅を続けて、一人の人間が悪にも善にもなれるということを発見したといえば、いくらか彼の人間像を理解し得るであろうか。この過程において、私はハリマンなる人物がファウスト的な人間ではないかと考えるようになった。

ハリマンの父はエドワードといい、一代で鉄道王となり、ハリマン財閥を創《つく》り上げた。彼は日露戦争後の日本にやってきて、南満州鉄道（満鉄）の経営に参加しようと動いた。この間の経緯は日本現代史の教科書にも記載されている。しかし、その息子のアヴェレルについては、日本人のほとんどは知ることがない。彼はアメリカにおいても、ほんの一部の学者が現代史の中で少しだけ取り上げるくらいの存在にすぎない。

私はこの政治家、外交官、そして財閥のオーナーの人生を追跡していく過程で、どうして彼が忘れ去られた人物なのかを知るようになったのである。彼は世界を実質的に支配する闇の支配者たちの一員であった。彼ら闇の支配者たちを、私は「世界権力（ザ・オーダー）」と名づけた。

私たちの歴史は巧妙に隠されている。アヴェレル・ハリマンことファウストは、人生の大半をこの闇の支配者たちのために行動する。

しかし、年老いたファウストは若きケネディ大統領と巡り合い、闇の支配者と闘うのである。私はこのアヴェレル・ハリマンを描きつつ、一つの結論らしきものを得た。二十世紀に間違いなくファウスト的人間が生きていたと。

この本は「二十世紀のファウスト」の誕生の時から死までの物語である。

＊＊＊

アヴェレル・ハリマンに関する主要文献を列記する。

[一]『スペシャル・インヴォイ・トゥ・チャーチル・アンド・スターリン』(一九七五年、ランダムハウス・ニューヨーク、未邦訳)、アヴェレル・ハリマン、エリー・アベル共著。引用にあたっては『チャーチルとスターリンへの特使』とする。

[二]『スパニング・ザ・センチュリー』(一九九二年、モロー・ニューヨーク、未邦訳)、ルディ・アブラムソン著。引用にあたっては『伝記』とする。

[三]『米ソ、変わりゆく世界』(一九七一年、吉沢清次郎訳、時事通信社)、エベリル・ハリマン著。引用にあたっては『米ソ、変わりゆく世界』とする。

以上三冊がアヴェレル・ハリマンに関する主要著作である。その他の引用文献や参考文献は下巻巻末に記すことにする。

＊＊＊

この本の完成に至る経緯について簡単に記しておきたい。

私がハリマンという人物に特別の興味を持ち始めたのは十数年前のことである。

私はハリマンが登場する本はたとえ一行ないし二行でも、すべてコピーに取った。また、原稿用紙に写し換えた。

十年ほど前に、その資料を年代順に並び換えてみた。それから彼の著作と伝記も手に入れた。こうした経過をたどり、ハリマンの全体像が浮かんできた。第二次世界大戦を例にとれば、ルーズヴェルトとチャーチル、そしてスターリン関係の資料を可能な限り集めた。ハリマンとの関係を知るためである。

また、当時の経済、文化を勉強した。ハリマンの活動が多岐に及んでいたからである。彼は、演劇、音楽、絵画の面での造詣が深かった。私は彼とともに、芸術の世界にも入っていった。私は、十数年にわたり、「二十世紀のファウスト」とともに日々を過ごしたのである。

かくて、この本は、内容はともかく膨大な頁数の本となった。それは「二十世紀のファウスト」が私をして書かしめたゆえである。

鬼塚英昭

二〇一〇年二月十日

第一章

「合法的マフィア」の誕生

「支配階級」という語は、国際金融、ビジネス、知的職業および政府におけるパワーエリートに対する一般用語である。彼ら支配階級の人々は（特にアメリカにおいては）主としてニューイングランド諸州の出身者であり、誰が大統領であるかに関係なく、アメリカ国家の権力の大半を握る。大部分のアメリカ人は、この権力の依って立つ「合法的マフィア」の存在を知らない。それに、「支配階級」の力は、基金から補助金を欲しがる教授から、閣僚あるいは国務省の職を目指す志願者にまで浸透する。そして、ほとんどすべての分野にわたって、国の政策に影響を及ぼす。

エディス・カーミッド・ルーズヴェルト

トルストイの予言

一九〇四（明治三十七）年の日露戦争の翌年、ロシアの文豪であるトルストイは、ある友人に次のような手紙を書いた。

この総崩れは、以前から金のための争いや、いわゆる科学、芸術面における成功を巡って始まっていた。この分野では、ユダヤ人があらゆる国においてキリスト教徒に勝《まさ》っており、したがって、すべてのねたみと憎しみを買っている。今日、日本人は同じことを軍事面で行い、キリスト教徒が追求すべきではない目標に対して、野獣のような力によって立ち向かった。彼らが、それを求めれば彼ら非キリスト教徒によって破られ、とにかく失敗するであろう。

ほとんどの日本人は『戦争と平和』の作者であるトルストイの予言を知らなかった。たとえ知っていたとしても、完全に無視したであろう。トルストイは晩年に非暴力主義を説いた。彼の主義を本当に理解し、その思想を政治の面で活用したのは、マハトマ・ガンジーであった。トルストイは当時の政治家や知識人から、「つむじ曲がりのばか老人」と侮《あなど》られたが、民衆からは良心の代弁者として尊敬されたのである。

手紙の中の「この総崩れ」とは、日露戦争によるロシア軍の敗北を意味する。

日露戦争が勃発したとき、日本は戦費が不足していた。一億五千万円とみなされた戦費のうち、約五千万円しか正貨がなかった。戦いの途中で高橋是清《これきよ》（日銀副総裁）は旅順口《りょじゅんこう》・仁川《じんせん》両海戦の勝利を背景にして、募債のためにロンドンに派遣された。ジェイコブ・シフなるユダヤ人（アメリカの有力投資銀行の一つである「クーン・ローブ商会」の頭取）の力添えを得て戦時国債を売ることができた。

J・シフを背後で操り、実際に資金を提供したのは、ユダヤ人財閥のロスチャイルド家であった。ロスチャイルドの代理人J・シフのクーン・ローブ商会と同様に、ロスチャイルド家の有力代理会社に「パンミュア・ゴートン商会」がある。この企業はあのノーベル賞で有名なノーベル産業（武器製造企業）とも密接な関係にあった。クーン・ローブ商会がアメリカで、パンミュア・ゴートン商会がイギリスで、ロスチャイルドの代理会社の役を引き受けて日本の国債を売った。日露戦争は、ノーベル産業とロスチャイルドの連合体の策略のもとに起こったのである。

日露戦争の間、日本は四度外債を発行し、外債の総額は八千二百万ポンド（四億一千万ドル）に達した。シフの力添えでアメリカが引き受けた外債の総額は三千六百万ポンド（一億八千万ドル）で、全体の四割に相当した。残りの六割も背後でロスチャイルドが動いたといわれる。

J・シフはロスチャイルド家と同じく、ドイツのフランクフルト市のユダヤ人ゲットーの出身である。もう少し詳しく書くならば、フランクフルトのロスチャイルド家の屋敷の中で生まれた男である。生まれてから死ぬまで、ロスチャイルドの従僕であった。ユダヤ王ロスチャイルドの実質的な援助を得て、クーン・ローブ商会はアメリカ大陸で大きく飛躍したのである。

一九〇六（明治三十九）年三月、明治天皇はJ・シフ夫妻を皇居の午餐会《ごさんかい》に招待した。シフは瑞宝章をすでに授与されていたが、さらに旭日章をも授与された。このとき、シフは、明治天皇を「戦争における第一の指導者《リーダー》、平和における第一の指導者、国民の心ある第一の指導者」であると大いなる敬意を表した。すなわち、「アメリカ建国の父であり、初代大統領であるジョージ・ワシントンに似ている」と述べたのである。日本銀行は彼を後楽園に招待し、第一銀行頭取渋沢栄一、東京市長尾崎行雄、政治家大隈重信らはシフのために晩餐会を開催した。

J・シフは東京から友人に、「宮中の生活はヨーロッパの王宮にそっくりで、日本のミカドは欧州の王侯と言ってもよいだろう」と書き送った。日本は日露戦争でロシアに勝った。しかし、ユダヤ資本、すなわち、ユダヤ王ロスチャイルドの資本力によって勝ち得たものであった。シフは一カ月以上も日本に滞在し、その間に朝鮮と大連へも行った。

シフは日露戦争後の満州に、ロシア敗北後の権力の空白が生じているのを確かめてからアメリカに帰った。シフは日本と満州についての報告書を作成し、ロスチャイルド家にそれを提出した。かくして日本はユダヤ王ロスチャイルドの世界戦略に動かされるようになる。

一九四一（昭和十六）年、四王天延孝《しおうでんのぶたか》は『猶太《ユダヤ》思想及運動』を出版し、日露戦争を論じた。

ヤコブ・シフ〔J・シフ〕がわが財務官・高橋是清に対して二億五千万円の戦債募集に応じた。〔その背景に〕ロシアを打ち負かし、革命を起こさせ、六百万人のユダヤ同胞の解放をやりたいという、前世紀以来の燃ゆるようなユダヤ解放第一論者の考えが動いたことは当然である。〔さらにクーン・ローブ財閥は〕第一次世界大戦間に再びロシア革命の準備に奔走し千二百万ドルの金をだした。

四王天延孝は陸軍中将であり、日露戦争とソヴィエト革命の関係を見事に論じている。しかし、戦後長らく四王天の考察は忘れ去られた。日本人の学者たちは去勢されたからである。

一九〇五（明治三十八）年八月十日、アメリカのポーツマスにおいて日露講和会議が始まった。アメリカのセオドア・ルーズヴェルト大統領は、「講和条約に応じなければ、両国に最後通牒を送る」と強気であった。最終的に、日本の全権大使の小村寿太郎《こむらじゅたろう》はルーズヴェルト案に応じた。賠償金はなく、樺太南部が割譲された。また、遼東《りょうとう》半島の租借権と南満州鉄道の権利・財産が日本に譲渡された。

大きな成果を期待していた日本人の大多数は失望し、激昂《げきこう》し、数々の事件を起こした。しかし、日本は満州の利権を得た。七月八日、小村はアメリカへの出発のとき、「万歳、万歳」の歓呼の中で新橋駅を出たが、帰国したときは冷たい声のみであった。民衆は日本が戦費も使い果たし、戦争の継続が不可能であることを知らなかったのである。日本はルーズヴェルト案を受け入れざるを得なかったのである。

後に、ルーズヴェルトは日露講和条約の成立の功によりノーベル平和賞を受賞した。ノーベル産業は日露戦争をロスチャイルドと演出して大儲けをし、その利益ゆえに、ノーベル平和賞をルーズヴェルトに授与した。十月十日、枢密院《すうみついん》は満場一致で条約の御裁可を得た。小村は帰国の途についていた。

十月十二日、桂《かつら》太郎首相はアメリカの鉄道王エドワード・ハリマンと会談し、満州国における鉄道事業を両国が共同経営とすることで、桂・ハリマン仮条約に調印した。元老の伊藤博文、井上馨《かおる》、財界の渋沢栄一らもこの案に賛成した。

ハリマンはJ・シフと会談を重ねた後、アメリカ東岸のバルチモアからシカゴを経由して、自らが経営するユニオン・パシフィック鉄道でサンフランシスコに至り、太平洋郵船で日本へ来ていた。ハリマンの夢は壮大であった。鉄道網を大連、ハルピン、そしてモスクワへと繋げようとしていた。ハリマンは世界一周鉄道を計画し、その計画の中へ南満州鉄道を組み入れようとしていたのであった。

この南満州鉄道の資金はユダヤ王ロスチャイルドが提供することになっていた。日露戦争による成果に不満の民衆による日比谷焼き打ち事件の真っ最中にハリマンが登場し、戦争で無一物状態の日本に大量の資金を提供し、南満州鉄道の共同開発を日本側に呼びかけたのであった。この交渉の中でハリマンの随員たちが投石の被害を受けた。日本はロシアの復讐戦を恐れていた。国家財政も最悪だった。ハリマンとの仮調印を日本国政府は歓迎したのである。

十月十六日、仮調印から四カ月後、ハリマンが東京から去った直後、外相の小村寿太郎はアメリカから帰国し、この仮調印について知ることになる。

小村は「この条約は尊い血を流して手に入れた満州の権益をハリマンに売り渡すものだ」と言い、猛烈に反対し、元老たちを説き伏せた。二十三日、小村は仮条約を桂首相に破棄させた。

エドワード・ハリマン（一八四八～一九〇九）は、息子のアヴェレル・ハリマン（一八九一～一九八六）を同伴していた。アヴェレルはときに十三歳。父の壮大な夢を共有する喜びに胸をときめかせていた。しかし、エドワードの夢は太平洋を渡り、サンフランシスコに入港したときに破れた。日本の領事が船中のハリマンに「正式な協定の署名をしない」と告げたからであった。「満州は中国に属し、中国はロシアから日本への鉄道の移管をいまだに同意していないので、満州の鉄道を中国の承認なしに売却することはできない」というのが日本側の拒否理由であった。

しかし、日本は鉄道建設の金をイギリスから調達した。ロスチャイルドの資金であった。この資金でアメリカ製のレール、車輌、機関車を購入した。

一九〇六（明治三十九）年十一月二十六日、半官半民の南満州鉄道株式会社（満鉄）が設立された。初代総裁は後藤新平であった。

ハリマンの提案を葬《ほうむ》った小村を非難する史観が最近、勢力をつけてきた。「自由史観」を追求するという学者たちが、「自虐史観」の学者たちを非難する手段の一つとして、小村の行為を非難する。岡崎久彦は『小村寿太郎とその時代』の中で次のように書いている。

国際政治は、しょせん力の関係である。もしそうであれば、日本人が血を流した土地というようなセンチメンタルな理由は吹き飛んでしまって、日本は、時の国力に応じた結果を受諾するか、あるいは勝ち目のない戦争をやるほかなかったであろう。それが十年後ではなく、三十年後、日本のツキが落ちたあと、第二次大戦となって実現されるのである。いまとなってみれば、日本としては、ハリマンの提案を受諾しておくことが正解であり、小村の術策は、国の大きな運命を誤ったというべきであろう。

ハリマン提案を受諾していれば、日本はツキが落ちず、太平洋戦争もなく、満州も失わず、すべてがうまくいって無事であったというような思想を「自由思想」というらしい。本当にそのように、世界は単純なものであろうか。私はトルストイの予言のほうが正しいと思うのである。自由史観の学者たちは世界が複雑怪奇であるのを認めようとしない人々であろう。

日露戦争そのものが間違いであった。あの戦争の勝者は日本ではなく、本当の勝者はユダヤ王のロスチャイルドであった――。エドワード・ハリマンの正体を見ずに、単純にものを見ようとする学者たちは、時流に乗ることのみを大事と考える人々に違いない。

当時の満州について見ることにしよう。ジョン・C・ペリーの『西へ！』には次のように書かれている。

北東アジアでの戦争の終結は、アメリカに新たな機会を与えたように見えた。ハリマンの意識は、再び、交通輸送の枠組みを超えて広がった。満州という未開発で人口は少ないが潜在的な豊かさを秘めた土地は、ハリマンを引きつけた。フランスとドイツを合わせたよりも広い面積、広大な平野と高い山々、乾燥した大陸性気候を持つ満州は、古きアメリカ西部をしのばせる土地という以上に、あらゆる機会を提供してくれるように思われた。〔中略〕二十世紀初頭になっても人口はわずか一五〇〇万人で、初期の訪問者の一人、アメリカの上院議員アルバート・J・ベバーリッジは五〇〇〇万人の人口を養うことができると考えた。この広大で潜在的な豊かさを秘めた土地の、手付かずの資源を開拓する手段があるとするなら、アメリカと同じく鉄道かもしれなかった。

この満州という土地に、ユダヤ王ロスチャイルドは「ユダヤ王国」を建設しようとし、クーン・ローブ商会のJ・シフやエドワード・ハリマンを動かしていたのだった。ユダヤ王国とは、ユダヤ人たちを満州に移住させる計画であった。

ハリマンは東京でアメリカ人の聖職者のロイド・グリスコムに会い、次のように語っている。

グリスコム、これは絶対に確かだ。もし、私が南満州鉄道の管理権を日本から獲得できたら、ロシアから東清《とうしん》鉄道を買い取り、バルト海までのシベリア横断鉄道の軌道使用権を獲得し、アメリカまで汽船航路を開設する。そうすれば、アメリカ大陸横断鉄道と連絡でき、パシフィック・メールと日本の太平洋横断汽船とも提携できる。世界で最も素晴らしい交通輸送システムとなるだろう。われわれは世界をぐるっとつなぐことになる。

いくらハリマンが財を成したといっても、この事業を成就《じょうじゅ》させるためには、ロスチャイルドの資金が必要となる。ハリマンの夢はロスチャイルドの夢に他ならない。一五〇〇万人しかいない満州の土地の一部に「ユダヤ王国」建設のプランが存在した。そして消えていったのである。

ユダヤ人と日本人が同一民族であるとする説がある。この説が流されていく過程に、この「ユダヤ王国」建設のプランがあった。この日猶《にちゆ》同一民族論を流布《るふ》させたのがユダヤ人であることを知る必要がある。

さて、もう一度トルストイに話を戻すことにする。トルストイは友人に宛てた手紙を書いた翌年の六月十二日、日記の中で「世界を支配しているものは完全な気違いである、と私は確信している。狂気でないものは、自制するか、または支配に参加できない」と書いた。

かつて、ロシア人たちは強烈な民族意識を持っていた。ツルゲーネフやプーシキンや、そしてあのドストエフスキーの文学を生んだのは、その民族意識であった。トルストイはアメリカの物質主義を非難し続けた。彼は非暴力主義を唱えた。その彼の精神はインドのマハトマ・ガンジーに受け継がれた。

第二次世界大戦後の一九四八年、ユダヤ人の国家、イスラエルが独立国として誕生した。イスラエルの駐日大使が昭和天皇と謁見《えっけん》したとき、昭和天皇は「日露戦争のときは、ありがとう」と述べた。天皇家とユダヤ人との関係は、日露戦争の前後から今日まで連綿と続いている。

日露戦争の開始のとき、伊藤博文は「国の存亡を懸けても、われわれは戦わねばならないが、正直いって勝てるとは思えない」と嘆いた。しかし、日本人は日露戦争に勝利し狂喜した。この戦争の意味を小村寿太郎が伊藤や井上に伝えたものと思われる。

伊藤は一九〇九（明治四十二）年にハルピン駅頭で安重根《あんじゅうこん》と名のる韓国人に狙撃され落命する。安重根は後日、「安義士」となり、韓国の英雄となった。しかし、安にはユダヤ勢力の影がちらつく。安に最後まで付き添ったのはフランス人神父のヴィレヘムであった。一説に、アメリカの奉天《ほうてん》総領事のストレートが暗殺を指示した、との説がある。どうして伊藤は殺されたのか？

伊藤はロシア帝国大蔵大臣のココフツェーフとハルピンで会談し、日露同盟を結ぶことを考えていた。アメリカとユダヤ資本家は、この同盟を抹殺しようとしたのである。ユダヤ資本を受け入れ、満鉄を共同経営しようとすべきだったとする自由史観を説く連中は、歴史の深みを理解していないと思われる。

何はともあれ、明治天皇は日露戦争の後に「大帝」と仰がれるようになり、否、神となった。民俗学者の柳田国男は一九二七（昭和二）年に『明治大正史』を世に出し、変わってしまった日本を嘆いた。

東京の招魂社《しょうこんしゃ》〔後の靖国神社〕は西南戦争の直後に、某戦士の将士を祭ったのが始まりであったが、それが今日の規模を確立したのは、更に十数年後の愛国戦争からである。死すれば国家の神となるべしといふ壮絶なる覚悟は、実際の兵火の衝に立った者の精神を、どれだけ高いものにしたかも知れぬのであった。二十一年我が手で育て、三月見ぬ間に国の神、といふ類の歌謡は、日露戦役後の頃に幾つと無く言われて居た。

「二十一年我が手で育て三月見ぬ間に国の神」などという類《たぐい》の歌謡をもし歌ったら、それが太平洋戦争のときならば、その母は憲兵に捕えられて留置場に放り込まれたであろう。トルストイのいう狂気が日露戦争の後ごろから世界中を支配していった。その狂喜の源をさがして旅に出ようと私は思う。この旅は決して無駄な旅ではなかろう。

泥棒貴族

エドワード・ハリマンの祖父のウィリアム・ハリマンは、一七九五年にロンドンからコネティカットのニューヘブンにやってきた。船の事業をして財を成したという。しかし、エドワード・ハリマンの父は牧師であり、貧乏であったといわれる。

エドワード・ハリマンは牧師の子として、一八四八年に生まれた。極貧の中で少年時代をすごし、十四歳のときニューヨークに出て、証券ブローカーの小使いとして働き始めた。やがて、株式取引所の仲買人をし、頭角を現わした。小さな鉄道会社の社長令嬢のメアリーと結ばれ、運が開けた。

二十代のとき、J・シフのクーン・ローブ商会から資金の提供を受けて鉄道会社を買収する仕事を専門とするようになった。こうしてハリマンの鉄道会社はクーン・ローブ商会の正式な管財下会社となった。それはユダヤ王ロスチャイルドのお目に適《かな》ったアメリカ人ということであった。このときすでに五十歳を過ぎていた。エドワードは「無名の新人」といわれた。強引な手段で鉄道戦争を勝ち抜いていく彼を、世間の人々は「金には鼻の利く男」というあだ名をつけた。

無骨で、学問も趣味もないエドワードは社交界では変わり者とみなされていた。彼はまともに学校に通ったことさえなかった。しかし、この十九世紀から二十世紀にかけてのアメリカの夢を実現した数少ない英雄の一人であったことは間違いない。

ハリマンの鉄道事業との出会いは一八八〇年、ハリマン三十八歳のとき、ニューヨーク北部の小さな鉄道会社の役員に選ばれたときである。そして、二十年が経過し、ハリマンはアメリカの鉄道王となっていた。

日露戦争の後、ハリマンの日本での夢は破れた。しかし、その直後にJ・シフが日本にやってきた。このことは偶然ではない。ハリマンもシフも満州に注目していたからである。ハリマンは時事評論家のトマス・F・ミヤードを使い、「日本は東洋全域で商業上の優位に立つことを目指している」と警告させた。ここに、ユダヤ王ロスチャイルドの遠大なる構想があった。

ロスチャイルドを中心とするユダヤ国際資本家は、帝政ロシアを倒すべく謀略の数々を繰り返していた。その一つが日本をしてロシアと戦争させることであった。共産主義思想をロシアで実現したのも、ユダヤ国際資本家がレーニン、スターリン、モロトフ、トロツキーらに資金を提供したからである。共産主義を生んだカール・マルクスも、レーニン以下の政治家も、ユダヤ人か、ユダヤの血をひく人間たちである。

一九一七年のソヴィエト革命の後に、白《はく》ロシア人とともに多数のユダヤ人が満州に侵入してきた。彼らは密《ひそ》かに満州の一部にユダヤ王国を建設しようと謀《はか》っていた。

当時のアメリカの国務長官フィランダー・N・ノックスは、アメリカン鉄道を蒸気汽船によって、東支《とうし》鉄道とシベリア鉄道に繋げるというハリマンの計画に賛同し協力していた。そのためにニューヨークの銀行家たちに合弁企業を作らせ、中国に日本の鉄道会社と競争できるような鉄道会社を建設させようとした。ノックスはハリマンと共謀し、満州鉄道を国際化すべく動きだした。しかし、一九〇九年、エドワードは死んだ。伊藤博文も同じ年、朝鮮訪問中に暗殺された。伊藤はアメリカを恐れ、ハリマンとノックスの計画に日本が対抗する方向で動いていた矢先であった。伊藤の暗殺後、日本の植民地政策は方向転換する。かくて、ハリマンの夢も彼の死とともに消えていくのである。ジョージ・レットモンドは『アメリカの巨大な金融業者』の中で、ハリマンについて次のように書いている。

彼〔ハリマン〕は早くから、クーン・ローブ商会の信頼を得て関係を結んだが、その関係はのちに双方にとって非常に有益なものとなった。

十九世紀の後半、作家マーク・トウェインはチャールズ・D・ウォーナーと合作で『金ピカ時代』という小説を書き、アメリカ人が金銭のために大騒ぎしている様子を描いてみせた。当時のアメリカ工業界は異常な発展を遂げていた。南北戦争後の急速な工業の激変は、独占体制、すなわち弱肉強食の世界への突入をもたらした。鉄道部門はその代表的な産業であり、特に投機的な性格の強いものであった。

鉄道に進出する多数の企業の中で、他を圧倒しつつ、ユニオン・パシフィック、サザン・パシフィック、セントラル・パシフィックの系列を支配し、巨大金融資本家モルガンと競い、J・シフの金融力を利用し、ユニオン・パシフィック鉄道を見事に立て直したハリマンにアメリカ中が注目したのである。

ファースト・ナショナル・バンクとモルガン商会が手を結び、鉄道事業に参入した。またロックフェラー財閥はシティ・バンクと結びつき巨大財閥となり、鉄道事業に巨大資本を投入していくようになる。一九〇〇年の統計によると、主要幹線鉄道の支配マイルは次のごとくである。

モルガン直系＝一万九千七十三マイル

ハリマン直系＝二万四十五マイル

モルガンとハリマンがヴァンダービルトと並び鉄道王といわれるのは、この幹線鉄道の支配マイル数が示している。この時代、ハリマンは西海岸開拓の有力者となり、ロックフェラー財閥とも手を結び、鉄道のみならず他の数々の事業にも進出していった。

ハリマンの手口をもう少し具体的に見ることにしよう。

ハリマンはトム・スコットが資金難から放り出したユニオン・パシフィックを手に入れた。同じ手口で、セントラル・パシフィックも買収した。その資金調達の方法、買収のあくどさを見て、「ハリマンが必要な武器をぶち込んだ」と当時の人々は表現した。その資金一億ドルはユダヤ王ロスチャイルドがJ・シフのクーン・ローブ商会を通じてハリマンに提供したものであった。だが、ハリマンはシフとロックフェラーのナショナル・バンクと組んで、J・P・モルガンとノーザン・パシフィックとの鉄道競争に挑んだが、この争いに敗れ、一九〇一年に敗北宣言をした。ノーザン・パシフィック鉄道は、五大湖からオレゴンを経由してシアトルに至る大陸横断鉄道である。この争いの敗北は「ハリマン・パニック」と呼ばれ、後に株式市場の全面暴落という犠牲を伴った。結局はモルガンとシフの休戦というかたちでこの争いは終結する。

しかし、モルガンもロスチャイルドの資金を動かす機関であったことを知るべきである。アメリカの鉄道もロスチャイルドの支配下にあったといえよう。

「ハリマン・パニック」がアメリカ議会で論争を呼ぶ発端となった。このパニックは日本にも波及し、一九〇一（明治三十四）年四月には大阪の難波《なんば》銀行などで取り付け騒ぎが起きたりした。

では、「ユニオン・パシフィック」について書いてみよう。

ネブラスカ州オハマに発し、ロッキー山脈に向けて西進したユニオン・パシフィックは、カリフォルニアのサクラメントから東に向かってユタ州シエラネバダの急峻《きゅうしゅん》を越える「セントラル・パシフィック」と、一八六九年五月十日、ユタ州ソルトレークシティー郊外のプロモントリーで結合し、歴史的な黄金のスパイクが杭木に打ち込まれた。この快挙に全米が熱狂した。

映画監督大島渚《なぎさ》が『体験的戦後映像論』の中でユニオン・パシフィックについて書いている。


しかし、戦後日本のあまりにも急激な進歩と発展を思うならば、そのレールは、あの戦争直後、私たちが見た西部劇のユニオン・パシフィックの延長線に、すでに敷かれていたというべきかもしれない。


大島の言う戦争直後とはもちろん、第二次世界大戦の終了後、一九四五（昭和二十）年のことである。大島はハリマンを意識して書いているわけではないけれども、この一文はなんとなく気になる。そう、私はアメリカ映画「明日に向って撃て」を思い出す。ポール・ニューマンとロバート・レッドフォードが演じた列車強盗、ブッチ・キャシディとサンダース・キッドの物語だ。

一八五〇年代ごろから、鉄道事業はその時代のアメリカの最大ビジネスとなりつつあった。

「ユニオン・パシフィック」の時代、アメリカの他のビジネスは色褪せて見えた。では少し時代を経た一九一四（大正三）年に書かれた宮崎伊助の手記を見よう。伊藤一男の『北米百年桜』からの引用である。

私は三百円を用意して、岡山県から「佐渡丸」でシアトルへ上陸した。シアトルからポートランドへ行き、S《ママ》伴商店の口入れで、オレゴン、ワイオミング、ユタ、アイダホ州をソーミル鉄道などで転々と柳行李《やなぎごうり》をかついでまわった。鉄道はギャングだった。OW、ユニオン・パシフィックの沿線パスをもって渡り歩いた。〔中略〕なにしろ、人里離れた山中なので、コヨーテが何千頭と群れをなして「ウォー……ウォー……」と吠えながら移動していくさまは、すさまじかった。

J・シフとハリマン、そしてロスチャイルドの関係をもう少し別の角度から検討してみよう。ジョージ・R・コンロイがトゥールス誌に書いた記事を参照する。

シフ氏はクーン・ローブ商会という大民間銀行の会長である。クーン・ローブ商会は、大西洋のこちら側でロスチャイルドの権益の代理を務めている。シフ氏は金融戦略家の評を得ていて、スタンダード石油という法人の大蔵大臣を長年にわたってつとめていた。同氏はハリマン家やクールド家〔鉄道王の一人〕、ロックフェラー家と密接に関係し、アメリカの鉄道、金融の世界を支配する権力を握っている。

一九〇二年、四十三歳という米史上最年少で大統領になったセオドア・ルーズヴェルトはその最初の教書の中で、企業の独占をきびしく非難した。

「資金の過当な集積は罪悪である。企業結合や連合、合同などの資本集中は、禁止されないにしても、厳重に監視、統制されなければならぬ」

教書から二カ月後、ルーズヴェルトはノーザン・セキュリティーズを告発した。鉄道経営者たちが作り上げた巨大なトラストである。

しかし、思うような成果はあがらなかった。その理由は、セオドア・ルーズヴェルト当人が鉄道業界から多額の政治献金を受けていた事実が発覚したからであった。ルーズヴェルトを大統領にするために選挙資金十万ドルを提供したのはモルガン、ロックフェラー、ハリマンであった。この醜聞を世に知らしめたのは、当時の有名作家のマーク・トウェインであった。こうして、J・P・モルガン、ロックフェラー、そしてハリマンは巨大財閥の首領となっていったのであった。

この巨大財閥に背後から資金提供し、アメリカの政治、経済を実質的に支配していたのは、ユダヤ王ロスチャイルドであった。

セオドア・ルーズヴェルトの独占禁止政策は「スクエアーディール」(公正な政治)と呼ばれた。彼の姪《めい》の夫にあたるのが、フランクリン・D・ルーズヴェルト大統領である。彼が発表した特別教書は「ニューディール」と呼ばれた。

ハリマンは時代の改革者であった。彼はイリノイ・セントラルをアメリカで最も経営の安定した鉄道に変えた。彼は再建者、そして組織者としても抜群の才能の持ち主であった。

ハリマン財閥の一人のロバート・A・ロベット（トルーマン政権の国防長官）は、「イリノイ・セントラルは、社債の需要が急激に高まったとき以外は社債を売らず、通貨が市中にあふれるとき以外は借金しなかった」と語っている。エドワード・ハリマンは大胆ではあったが、決して危険な賭けをするような男ではなかった。この気質は、彼の息子のアヴェレルにも受け継がれた。ハリマンの成功は彼の機敏で優れた頭脳、豊富な知識、そして絶大なる自信によった。

一八九七年、ハリマンがクーン・ローブ商会の資金を得てユニオン・パシフィックを獲得すると、金融業者オットー・カーンは「哀れな代物で、大平原の無人の荒野を横断する二本の錆《さ》びた筋」だと言った。

しかし、ハリマンはちゃんと計算していた。映画「明日に向って撃て」のシーンのような列車強盗をする無法者たちを追い払うために、ハリマンが用意していたのは、最も頑丈で脚の速い馬と、その馬に跨《また》がるハンターとガイドたちであった。

こうして今まで乗客を悩ましていた無法者たちは去っていった。あの「ブッチ・キャシディとサンダース・キット」の物語は終わりを告げた。この過程でハリマンはクーン・ローブ商会、そして何よりもロスチャイルドの信用を一層確実なものにした。

この十九世紀末のころ、ハリマンと同じように、鉄道請負業者、沿線の土地所有者たち、鉄道の持ち主、それに鉄道強盗の成功者たちはどんどん金持ちになっていった。しかし、レールを敷いた人々や、列車を走らせた鉄道員たちには成功の可能性はほとんどなかった。

鉄道建設で忘れてはならない一面がある。それは中国から痩せ衰えたアヘン中毒のクーリー（苦力）が大量にアメリカ本土に送られてきたことである。当時、彼らは世界最大の蒸気汽船会社、ペニンシュラ&オリエント海運会社の汽船で連れてこられた。この船会社の所有者はアヘン貿易で財を成した香港上海銀行の設立役員インティケープ卿である。

十万を超えるクーリーたちは、ハリマンの鉄道建設で働くのみならず、アヘン常習者として、アメリカとイギリスの黒い貴族たちが財を築くのに大いに役に立った。このアヘン中毒のクーリーたちがアメリカ各地に広がっていき、中華街《チャイナタウン》の一員となり、この中から中国マフィアの「三合会《さんごうかい》」が生まれてくる。

E・H・ハリマンの時代は、巨大企業がアメリカに生まれつつあった時代であった。鉄鋼、繊維、鉱山……そして鉄道の敷設に、これらの大企業は想像を超えた規模の労働力を必要とした。中国のみならず日本からの多数の移民も働いた。人種、宗教を分断された移民たちは、産業兵士の「悲惨の生」を生きた。ハリマン財閥はこの悲惨の生の中から生まれてきたのであった。

ハリマンはドイツのユダヤ資本家たちとも交渉を持っていた。ウォーバーグ家がそうであった。また、ハンブルクのユダヤ資本家たちの資金も取り込んだ。

H・J・エッケンロードの『E・H・ハリマン』を引用する。

ユニオン・パシフィックの乗っ取りに際して、ハリマンは途方もない金融勢力を楯にしていた。つまり、フランクフルトやベルリンからの資金を保有するクーン・ローブ商会のみならず、「わが国最大の資金原」であるナショナル・シティバンクもである。

ナショナル・シティ・バンクはロスチャイルドがアメリカの代理人、クーン・ローブ商会とJ・

P・モルガンを通じて支配していた銀行の一つであった。

では、ここでドイツの港町ハンブルクに拠点を置くウォーバーグ財閥について書くことにする。エドワード・ハリマン亡き後、息子のアヴェレル・ハリマンとの関係が深まるからである。

ユダヤ人のウォーバーグ家は、フランクフルトに拠点を置くロスチャイルド家の引き立てに負うところが多く、やはり血縁関係を結んでいた。ロスチャイルド家が民間金融業者と各国宮廷との間に取引関係を結んでいったのに対し、ウォーバーグ家は新興の産業資本家階級との取引に重点を置いて成長してきた。

ハンブルクで、MMウォーバーグ商会を経営するモーリッツ・ウォーバーグには四人の息子がいた。次兄のマックスが銀行を継ぎ、三兄のポールはクーン・ローブ商会の共同経営者、ソロモン・ローブの娘、ニーナ・ローブと結婚した。四兄のフィーリクスはJ・シフの娘フリーダーと結婚し、ポールとともに、クーン・ローブ商会の共同経営者になった。こうして、クーン・ローブ商会とMMウォーバーグ商会が結びつき、アメリカでの力を強固なものにした。

ハリマンは一八九七年、ICC（国際通貨委員会、一八八七年に設立）に召喚された。この事件の真相に迫ってみよう。

ハリマンは鉄道を資本化し拡大するため、千八百万ドルの価値しか持たない証券を八千万ドルの名目で発行した。言葉を換えれば六千万ドル近くの有価証券が消えたということになっていた。この有価証券は主としてクーン・ローブ商会を通じて売られたものであった。六千万ドルのほとんどはハリマンのポケットに入ったのである。

アントニー・サットンは『フレッシング・アウト・スカル&ボーンズ』の中で次のように書いて

いる。

簡単にいって、E・H・ハリマンは明らかに泥棒、いかさま師、重罪犯である。六千万ドルという搾取した債権の切換えは重罪犯そのものである。しかし、ハリマンは政治家たちや政党に賢明なる支出をして、刑務所に入らなかったのだ。伝記作家ジョージ・ケナンは、ハリマンがセオドア・ルーズヴェルトに二十五万ドルの政治献金をしたと書いている。

この裁判の弁護士を務めたロバート・スコット・ロベットはハリマンに、「株式操作についての質問には一切答えるな」と助言した。

一九〇八年、最高裁はハリマンの返答拒否を支持する判決を下した。ハリマンは結局無罪となった。この最高裁の裁判記録「最高裁一三三号・合衆国対ユニオン・パシフィック」は後に国立図書館から〝紛失〟した。このロベットの息子のロバート・A・ロベットはアヴェレル・ハリマンの幼友達として育った。そして、エール大学に入学し、スカル&ボーンズに入会した。ハリマンの部下となり、やがて朝鮮戦争当時に国防長官となり、ハリマンとともに朝鮮戦争を演出するのである。

鉄道人脈はハリマン財閥の形成に大きく役立った。広瀬隆は『アメリカの保守本流』の中で「ユニオン・パシフィック鉄道の枕木を供給する森林業で成功した一族、マリナー・エッケルズは、一九三八年から連邦準備制度理事会の総裁(翌年改組して今日の議長)を十四年もつとめ、ハリマンと組んで恐慌対策に取り組んだのである」と書いている。

ユニオン・パシフィック鉄道はまた、ベクテル財閥と鉄道の建設という関係で結びついている。

ベクテル・グループの中から、レーガン政権のユダヤ人、ジョージ・シュルツ国務長官や、同じくユダヤ人のキャスパー・ワインバーガー国防長官が登場してくる。

詳細は省くが、父ブッシュ政権のジェームス・ベーカーもハリマン一族である。息子ブッシュ大統領のチェイニー副大統領もユニオン・パシフィックが育てた一族の末裔《まつえい》である。

後にユニオン・パシフィックの社長となったエルブリッジ・ジュニアは、ハリマンの甥《おい》の息子であり、スタンダード石油のニュージャージーの一族と血族関係にある。ハリマン一族は複雑に拡大し、アメリカを支配していくのである。

「ローバー・バロン」という言葉がエドワード・ハリマンには生涯つきまとった。「泥棒貴族」とでも訳せようか。同じ鉄道王のジェイ・グールドとともに、その悪名を全米に轟《とどろ》かせた。その鉄道事業開拓の手法があまりにも策略に富み、強引であったからに他ならない。十九世紀末から二十世紀初頭にかけては、まさに「鉄道の時代」であった。世に鉄道王といわれるのは、ハリマン、ヴァンダービルト、グールド、ヒルの四家である。

この時代に財を成した男たちは「オールド・マネー」と呼ばれ、数々のクラブを作り、その会員となり、中流以下の人々を差別して排他的な支配階級を形成していった。彼らは俗に「ＷＡＳＰ《ワスプ》」と呼ばれている。ＷＡＳＰとは、ホワイト、アングロサクソン、そしてプロテスタントを意味する。この章のはじめに、エディス・カーミッド・ルーズヴェルトの「支配階級」についての一文を掲げておいたが、このＷＡＳＰがその概念そのものである。

「支配階級」となったモルガン、ロックフェラー、ハリマンたちは「ローバー・バロン」の悪名を脱ぎ捨てるために数々の方策を立てていくことになる。

日露戦争・旅順港
で炎上する
ロシア艦船

投資銀行クーン・ローブ商会頭取、
ジェイコブ・シフ

日露戦争の戦費調達に
奔走した高橋是清

ハリマンの世界一周鉄道計画
の狙いだった南満州鉄道

アメリカの鉄道王
エドワード・ハリマン

桂太郎首相はハリマンとの
満鉄共同経営に合意した

ポーツマス
日露講和会議

一八八一年に帝政ロシアでユダヤ人の大虐殺（ポグロム）が始まり、ロシア、東ヨーロッパの各地からユダヤ人の大量移民の群れがアメリカに押し寄せた。この巨大な波は、ニューヨークのマンハッタンのロウアー・イースト地区に流れ込んできた。十九世紀の末には六十万人に達した。すでにアメリカで成功していたJ・シフらの銀行家たちは、アメリカ社会の頂点に立っていた。しかし、大量移民のユダヤ人たちは社会の底辺層に置かれた。私が描こうとする物語は、上流階級に位置する、ごく少数のユダヤ人と、ローバー・バロンといわれたWASPたちの結びつきである。下層階級となったユダヤ人たちは、物売り、革命を説く雄弁家、未来を占う予言者、マフィア、物乞いなどへとなっていく。

WASPがプロテスタントであることに注目しなければならない。少し遅れてアメリカにやってきたカトリック系の人々は、WASPすなわち支配階級には入れなかった。WASPは数々の上流クラブを作った。ユダヤ人の富裕階級もこの上流クラブには入れてもらえなかった。エドワード・ハリマンは名高きユニオン・クラブを入れて十四のクラブに入会し、支配階級としての地位を不動のものにした。一九〇六年、J・シフは「アメリカ・ユダヤ人協会」（AJC）の設立運動の中心にいた。この組織がアメリカの運命を左右していくのである。

一九〇九年、六十一歳の若さでエドワード・ハリマンは死んだ。その息子アヴェレル、十八歳のときであった。遺産は総計一億ドル（現在評価額で約二兆円）とされる。だが、この推計は多分少なすぎる。有価証券とか隠し資産を入れると数倍となろう。五十歳のときに「無名の新人」と騒がれてから約十年の間に、アメリカでもトップクラスの財閥を形成して、エドワード・ハリマンは死んだ。ニューヨークに高級マンションを五十室。ニューヨークのアーデンにあるその屋敷は、三万エーカー（約三千六百万坪）の広さを誇る。百五十室からなる建物と庭園を維持するために六百名の使用人が働いていた。世界中から集められた数々の名画がそれぞれの部屋を飾っていた。地下には高級ワインやブランデーの酒庫があった。もちろん、ロスチャイルド家の手になる、ボルドー・ワインのムトン・ロチルドはとりわけ豊富に用意されていた。

エドワード・H・ハリマンは死に、その遺産は未亡人と長男アヴェレル、そして姉と弟たちに遺された。アヴェレル・ハリマンは父の遺産の上にさらに財を築き上げ、巨大な財閥を形成していく。鉄道のみではなくあらゆる分野に進出していくのである、「二十世紀のファウスト」はこうして世に出ていくことになる。

スカル&ボーンズ

「二十世紀のファウスト」であるアヴェレル・ハリマンは無口でおとなしい子供であった。幼いときから父エドワードの壮大な夢を聞きつつ、その夢が実現されていく様子を静かに観察し、深い洞察眼をもって己の立場を見続けていたのであった。父エドワードはいかに仕事に熱中しようとも、決して家族のことを忘れなかった。いかに多忙であっても、アヴェレルたち五人の子供をいろいろな場所へ連れていった。

一八九九年六月、父エドワードは豪華蒸気船のジョージ・W・ウェルダー号で総員九十人を超えるメンバーを引き連れて、妻と五人の子供と四人の親類、そして三人の使用人も入れて旅行に出た。この旅行には、芸術家、科学者、写真家、剥製師《はくせいし》、記者、医師たちが参加した。ハリマン一族と仲間たちは、アラスカからベーリング海を渡ってシベリアに到着した。ハリマンはアラスカとベーリング海を橋で繋ぎ、シベリア横断鉄道と結合したいと願っていた。

「アメリカ資本主義者と帝政ロシアの官僚が人工のベーリング橋を架け、両大陸を結ぶのだ」とシベリア横断鉄道の夢をこの旅の中でハリマンは語り続けた。

しかし、この夢は実現されることはなかった。その第一の理由は、帝政ロシアが打ち出した反ユダヤ主義に抗議して、アメリカがロシアとの通商条約の破棄を検討し始めたからであった。この旅でハリマンは妻と子供たちをシベリアに残しているのをすっかり忘れていた。そのことに気づくとハリマンはボートを降ろし、自分で家族を連れ戻した。そこでハリマンは妻と子供たちに「もう二度とベーリンク海峡を渡らない」と誓った。シベリア横断鉄道の夢をハリマンは捨てた。アヴェレル七歳のときの出来事であった。アヴェレルはこのときの思い出を一生忘れることができなかった。父の壮大な夢を夏の嵐のシベリアとともに、たびたび思い出したのであった。

一九九九年、ソースティン・ヴェブレンは『有閑階級《レジャー・クラス》の理論』という本の中で「財産は、英雄的な、またすぐれた業績は別にして誉れ高い成功を示す、いちばん手っ取り早い証拠である。それは尊敬を受ける一般的な基礎となる」と書いている。

歴史家はハリマンが活躍した十九世紀末から二十世紀初頭を「メッキの時代」と呼んだ。ハリマンこそは、「メッキの時代の英雄」であった。アヴェレル・ハリマンは彼の父が「鉄道界のナポレオン」と呼ばれていたことを誇りとしていた。当時の大統領セオドア・ルーズヴェルトの娘であるアリス・ルーズヴェルトは、エドワード・ハリマンを「小柄で浅黒く、無口で遊ぶことを知らないようだ」と評している。体重は百二十五ポンド（約五十七キログラム）で、当時の基準からしても人目を引くほどの男ではなかった。しかし、晩年、「E・H」としてエドワード・ハリマンは全米にその名を知られるようになった。

一九〇七年十月二十四日、ウォール街に恐慌の恐怖が走ると、J・P・モルガンはジェームズ・スティルマンやヘンリー・フリックなどの富豪たちとともに、E・H・ハリマンにも声をかけ、恐慌を防ぐべく二千五百万ドルの「買い連合」を組織した。さすがのJ・P・モルガンもE・H・ハリマンを無視できなかったのである。

一九〇七年、在奉天のアメリカ領事ウィラード・ストレーは、南満州鉄道の西側に、並行して鉄道を建設するようハリマンに促している。これに応じてハリマンはロシア大蔵省のフランス人の代理人を通じ、東清鉄道を彼に売却するよう、ロシア側に申し入れていた。私はこのハリマンの執念の中に、なんとしても満州の一部に「ユダヤ王国」を建設したいと願う、ユダヤ王ロスチャイルドの影を見るのである。ハリマンはもうひとつの代替案を考えていた。北京からゴビ砂漠を通り、モンゴルからイルクーツクとシベリア横断鉄道本線に至る鉄道の建設であった。

彼は時の国務長官のフイランダー・ノックスに、「自分が満州での冒険的事業に関わり続けるのは、愛国的な動機からだ。これはビジネスの見地からはおかしいかもしれないが、ときには感情が理性に優先するのだ」と書き送っている。

E・H・ハリマンが死亡してから四年後の一九一三年、ウィルソン大統領は「連邦準備法」に署名した。クーン・ローブ商会の共同経営者であるポール・ウォーバーグを中心とした国際金融グループに都合のよい新法の制定に対し、世論が沸いた。クーン・ローブ商会に対する金融トラスト非難運動が復活した。新聞各紙はE・H・ハリマンの鉄道企業王国に的を絞り、J・シフをハリマンの代理人であるとして槍玉にあげた。E・H・ハリマンの亡霊は生き続けていたのである。

E・H・ハリマンの夢は息子のアヴェレルに受け継がれた。一九〇九年のエドワードの死後、未亡人となったメアリー・ハリマンは夫の遺志を継ぎ、JPモルガン商会、第一ナショナル・バンク、ナショナル・シティ・バンクとともに、ハリマン、クーン・ローブ商会を通じて、国務長官P・C・ノックスの指導のもとに清国鉄道建設の投資に参加しようとしていた。

E・H・ハリマンの世界一周鉄道の夢を新たにしたこの計画は、全満州の鉄道を中立化し、アメリカ銀行投資団による支配を狙ったものであった。しかし、清国はこのアメリカの提案を拒否した。フランス、ドイツより遅れてやってきたアメリカ外交が清国への門戸開放を唱えつつ、アメリカ資本の中国市場への進出を狙ったものであった。ここから、アメリカ帝国主義の中国への進出が本格的に始まっていくのである。

ハリマンが卒業したエール大学の社会学教授、ウィリアム・グレアム・サムナーの論理を以下に見ることにしよう。

富の相続者は若いうちから高い教養を身につけるのに必要不可欠なあらゆる有利な機会を手に入れることができるが、まず、最初にその資金を稼がなければならない者は、やっとその恩恵に浴せるようになる頃には人生も終わりに近くなってしまう。世襲財産は文明を着実に進歩させ続けるためのいちばん強力な道具である。

E・H・ハリマンは学問とは無縁の男であった。しかし、晩年に「オールド・マネー」と呼ばれる特権階級の仲間入りを果たした。エドワードは彼の息子や子供たちを真の特権階級にするために、寄宿学校、一流大学に入れた。そして避暑地での別荘生活を享受させ、有名クラブにも入れた。エドワードは子供たちに、彼らにふさわしい階級としての運命をあらかじめ用意してやることができた。歴史の浅いアメリカのオールド・マネーたちは家族を何よりも大切にした。そして、オールド・マネー同士で血族を形成しようとした。ここに「エスタブリッシュメント」といわれる特権階級が誕生してくるのである。

学問と無縁であったエドワードは、アヴェレルを教育するために異常な情熱を傾けた。幼いころから父エドワードが蒐集《しゅうしゅう》した名画に接して育ったアヴェレルは、フランスの古典絵画から印象派、キュービズムに至る近代絵画を評価し、大蒐集家となっていく。

アメリカが世界に先駆けて印象派の絵画を評価し得たのは、若き日のアヴェレルの鋭い鑑賞眼が影響しているといわれている。

ニューヨーク近代美術館の設立ならびに絵画蒐集の面でもハリマンは大きな影響力を見せるのである。彼は絵画を通して鋭敏な頭脳と美的センスを養ったのであろう。アメリカの上流社会で、最も品があり、「さりげなさの美学」を自然に演出し得た男として当時の女性たちの憧れの的であったアヴェレル・ハリマンの若き日を見ることにしよう。

アヴェレルは十四歳のとき、全寮制の名門、グロートン校《スクール》に入った。グロートン校（高校）はマサチューセッツ州グロートンに一八八四年に創立されたWASP専門の学校である。

この全寮制の学生時代、アヴェレルは、この世のスポーツの中で一番難しいというゲームのポロの名手となり高校中の人気者となった。ポロほど歴史が古く貴族的な競技はない。馬と人間の極限の心理が彩なす、美とスピードがポロの真骨頂である。馬上から球をあやつるゲーム、そこには、気品と極めつくされた技が要求される。アヴェレルはスピード、そして極限の美を求める狩人となり、ポロを通じて貴族的な人間としての試練を学んだ。彼のポロの技は今日でもグロートン校で語り継がれているほどである。彼はポロの名手として世界大会にも出場した経験を持っている。ハリマンが持つ気品と権力への志向性は、このポロ競技を通じて獲得されたものであろう。

父エドワードはまた、ボートを若き紳士のスポーツと考えて息子にボート競技への出場をすすめた。夏になるとシラキュース大学クルーのコーチを呼び、カリフォルニア州オレンジ郡にある広大な屋敷の中でアヴェレルを特訓した。ポロのみならず、ボート部でも正選手となった。ポロに熱中したアヴェレルは、二年生になるとボート部のコーチを申し出た。彼は後年、「ディーン・アチソンといえば、トルーマン大統領の国務長官ということになっているが、私にとっては、エール大学でボートの漕ぎ方を教えた新入生という記憶のほうが生々しい」と友人に語っている。

デイヴィッド・ハルバースタムは『ベスト・アンド・ブライテスト』の中で次のように書いている。

当時、漕艇技術を学ぶには、イギリスをおいてほかにないと考えたハリマンは、自費でイギリスに渡り、二ヶ月オックスフォード大学のボート部で研修した。彼が帰国した後、エール大学のクルーは著しい進歩を見せた。これはいかにもハリマンらしいやり方だ。仕事の上でも私生活の面でも、何か関心をひくものがあれば、まずそのもの自体にぶつかり、学べるものはすべて学ぼうという態度である。

クリケット(ゲートボールのような競技)をするときは、ボール一つ打つのに二十分も思案熟慮したという。ボーリングを始めたときは自宅にレーンを二つ設けた。スキーやテニスにも熱中し、いずれのスポーツにも異能ぶりを発揮したのである。

エドワード・ハリマンは息子を旅に出した。専用の寝台付き一等車を息子に与えた。アヴェレルはアメリカ各地を旅行し、何が、どのように動いているかを見て回った。

風のようにさわやかに歩くその姿は、それだけで人を魅了した。スポーツと芸術が創造した「さりげなさの美学」を、彼は生涯維持し続けたのである。

グロートン校の出身者の中で特に著名な人物はフランクリン・D・ルーズヴェルト（第二次世界大戦時の大統領）である。また元駐日大使のジョゼフ・C・グルーも同校の出身である。そして、アヴェレルの終生の友人となるディーン・アチソン（トルーマン政権の国務長官）がいる。

アヴェレルはグロートン校で「男らしいキリスト教徒」としての成長を成し遂げた。それがまたグロートン校が掲げたモットーでもあった。ポロを通じてハリマンはトミー・ヒッチコックとは生涯の友となった。一九四四年四月十二日、トミー・ヒッチコックはP－51B戦闘機に試乗中に死んだ。ハリマンはポロの世界大会でアルゼンチンとの決勝戦でともに戦った友人を回想している。

彼はわれわれ全員に技術の巧拙に関係なく、最高の技術を発揮させてくれた。彼は決して大声をあげることはなかった。〔中略〕とにかく彼自身の技術のすばらしさで、チームメイトは勇気づけられた。

ハリマンにとって、ポロが人生そのものであった時期があったのだ。彼は節度ある優雅さを、惰《だ》弱《じゃく》を捨てた世界の厳しさの中で身につけた。その生涯にわたってたえず未来の栄光を求め続けたのは、この若き日の行動が大きく影響しているのであろう。

このグロートン校はイギリスの学校に範をとったものであった。生徒たちは小部屋に寝起きし、毎朝冷水シャワーを浴び、黒い石鹸と石の板とブリキのたらいで洗濯をした。夕食のときは白のワイシャツを着て黒のパンプスを履き、夜の自習時間が終わると、就寝前にはエンディコット・

ピーボディ夫妻と握手した。この学校でハリマンは威厳に満ちた道徳的な教育を受けた。

この特権階級の子弟のみが入る学校では、キリスト教徒の紳士たる、高潔なる人格を教育することを最高の目標としていた。校長のピーボディは大柄で、肩幅が広く、姿勢のよい端麗な人であった。その声は大きく強く響き渡り、在学中も卒業後も生徒のことを愛情深く見守り続けた。ハリマンは父にピーボディ校長について次のように語っている。

「もし、あの先生がクリスチャンでないとすれば、怖い乱暴者になることでしょうね」

少数の生徒は「ちょっと乱暴者」の校長先生からのお叱りを受けてうちのめされて、「詐欺師、酔っぱらい、好色漢、乞食、自殺者」となった。しかし在学中に強く鍛えられ、知的訓練を強化されたほとんどの学生たちは卒業後、名門大学へと進み、キリスト教徒としての高い義務感を持って生きた。

一九四〇年、フランクリン・D・ルーズヴェルト大統領はピーボディ校長宛てに手紙を書いた。


四十年前、旧礼拝堂で説教されたときに、先生は、将来の人生において少年時代の理想を失わないということについて説かれました。それはグロートンの理想――先生から教えられました――であり、私はそれを忘れないように努めています。先生のお言葉は今もなお私とともに、また数百人の「われわれ生徒たち」とともに生きております。

アーサー・M・シュレジンガーは『ローズヴェルトの時代』の中で、「第一次世界大戦前にグロートン校で学んだ生徒でこの言葉を忘れなかった者の中に、アヴェレル・ハリマン、ディーン・アチソン、ジョゼフ・C・グルー、サムナー・ウェルズ……がいた」と書いている。

経済学者のジョン・K・ガルブレイスはグロートン校について、「グロートン卒業生が会計監査員や労働統計局や農務省で働くわけにはいかない」と当時を回想している。グロートン校から一流大学へ行き、一流コースに乗るのが、アメリカの正真正銘のエリート・コースであった。

ハリマンはグロートン校時代の思い出を生涯にわたって忘れることがなかった。

ニューイングランドのボストン郊外、牧場の丘、芝生の起伏、小川の流れ……。

グロートン校を卒業し、エール大学に入学し、大学生活を送っていたとき、偉大なる父が死んだ。ポロに熱中した少年は青年へと成長し、父の後を継ぐ運命にある自分を意識するようになった。エール大学で自由の始まりの感覚、太古への衝動の記憶を甦らせてくれるポロに熱中しつつも、「自我」の衝動を抑制せざるを得ない悲しさをハリマンは知るようになった。

ハリマンは激しい性格の持ち主であった父により、暴力的な、あまりにも暴力的な自我の存在を幼児のときから身につけた。自我らしきものの発達する以前に外的な自然の多様性を見て育った。彼は父により、「押し付けられて形成された自我」を持った。彼が事業や政治面で冒険していくのは、この父から受け入れた「緊張し続けた自我」の誘惑に他ならない。ハリマンは生を脅威の中で観察し続けていたのであった。

早すぎる父の死は、父親の権威への情動的な依存心を生み、弱い自己を克服するために、義務は幸福より重要であるという超自我的な方面へとハリマンを進ませたのではなかったか。グロートン校からエール大学へと進んだハリマンは全く別人のように変貌したのではなかったか。かつての希望は忘却の淵の中へと沈んでいくのみであった。

一九一〇年、ハリマンはエール大学に入った。エール大学は一七〇一年にプロテスタントの牧師たちによって設立された。アイビーリーグでは、第二に古い大学である。コネティカット州のニューヘブンにある。ニューヨーク市から車で一時間もかからない。石造りで中世の街のようなキャンパスがある。

エール大学、ハーバード大学、プリンストン大学がアイビーリーグのビッグ・スリーである。アメリカの上流階級を支配する者の息子たちは、このビッグ・スリーを目指した。

エール大学においてもハリマンは優秀な学生であった。ハリマンの人生を大きく転向させる事件が、このエール大学時代に起こった。一九一二年にハリマンは「スカル&ボーンズ」という秘密結社に入会した。この結社の法律上の名称は「ラッセル信託」といわれるが、結社員たちは「エウロギア」または「エウロギアン・クラブ」と称している。一八三二年に創立されたこの結社は、ウィリアム・H・ラッセルの力添えによる。ラッセル家はアヘン戦争があった十九世紀、髑髏《どくろ》と二本の大腿骨（スカル&ボーンズ）の旗を船に掲げて、大英帝国のためにトルコから中国などへと麻薬を運んでいた。この旗の図案は古代イルミナティのシンボルで、生贄《いけにえ》儀式や秘密の言語で使われていた。テンプル騎士団もこの旗を使用している。

ラッセル家は中国での活動拠点を広東《カントン》に置いた。この時期にウォーレン・デラノ・ジュニアがこのラッセル社の責任者となった。この男の孫が、フランクリン・デラノ・ルーズヴェルト大統領である。

スカル&ボーンズのシンボルについてもう少し考察してみたい。このシンボルは死を意味する。海賊の旗の中にも、ナチスのトウランコルフの中にも見える。中世の時代、キリスト教会の迫害から逃れるためにこのスカルと二本の骨のシンボルが異端者たちに使用されたという。このシンボルがやがて私掠船や海賊船のマストにはためくようになった。フリーメイソン、聖堂騎士団などを理解しようとするとき、このシンボルが自然に登場してくる。反キリスト教のシンボルを示しているからに他ならないからだ。スカルは知恵を表わすといわれている。それはまた、人生の旅、啓発の道程だとされる。交差する二本の骨は知識の寺院への小路に至る出発点を意味するといわれる。一本の骨は知識を、もう一本の骨は理解力を示している……。

スカル&ボーンズへの新加入者はこの聖堂の敷居をまたぐとき、彼は外の物質的世界に住んでいるだけではなく、知識と理解力を通して自己認識力を深めるために新しい意識の地の住民とならなければならない。かくて、新参入者は象徴的な意味において死ぬのである。そして意識を転換し、知恵の聖堂に到着したことを知る。新参入者は「新しい世界秩序」（ニュー・ワールド・オーダー）の一員として蘇生させられる。

「新しい世界秩序」はイルミナティの創設者のアダム・ヴァイスハウプトが「世界主義」と呼んだものである。ヒトラーもジョージ・W・ブッシュもこの言葉を多用した。イルミナティは一七七六年、アダム・ヴァイスハウプトにより創設された秘密組織である。全メンバーは偽名を使う。世界統一政府を最終目標としている。このイルミナティへの参入儀式は、スカル&ボーンズの参入儀式と酷似する。世界を一つの政府（あるいは組織）にまとめて支配しようとする闇の力が、このイルミナティを動かしている。

若きハリマンがスカル&ボーンズに入会する場面を描いてみよう。

彼の父、E・H・ハリマンはエール大学の伝統の中には位置してはいなかった。一九一二年五月十六日、エール大学では「タップ・デイ」と呼ばれる日に、十五名のみがこの結社に選ばれた。ハリマンはこの結社に入ることを切望していた。多くの学生がバトラー・チャペルの大きな樫の木の下に集まった。雨が降り、泥濘《でいねい》と化した木の下でハリマンは自分の名が呼ばれるのを待った。ボーンズからの特使がハリマンのところへ直進し、彼の肩を軽くたたいた。「アヴェレル・ハリマン、君の部屋に入りたまえ」。大きな声が上がった。特使はさらに言った。「ハリマンはボーンズの会員になった」。ハリマンは多くの群衆の間を抜けて走り出し、蔦《つた》で覆われた壮大なる墓の中へと入っていった。「テイク・イッツ！」という声がするなか、十五人のみが選ばれ、他の学生たちは落胆したのである。

ハリマンは母のメアリーに手紙を書いた。「私はボーンズの卒業生から『おめでとう』の手紙をいただきました。この結社は素晴らしいの一言です。何をなすべきかを真剣に学んでいます」

エール大学の第三学年生に焦点を絞って毎年正確に十五名を入会させる。この結社は別名「死の兄弟結社」ともいわれる。オールド・キャンパスのはずれにあり、ハイ・ストリートに面している。窓のない建物、「墓《トゥーム》」を結社本部とする。この本部の地下に棺が置かれている。新参入者はオカルトの秘密の儀式を受けた後にナイトの位を与えられる。彼らは必然的に、「ザ・オーダー」といわれる秘密グループの一員に迎えられる。

この結社はイルミナティ（光を与えられた者たち）の一組織である。イルミナティの中でも上位のものとして、フリーメイソンの上位組織、テンプル騎士団、マルタ騎士団、聖ヨハネ騎士団、そしてイエズス会がある。イエズス会はローマ・カトリックを背後から操っている。しかし、オプス・ディが戦後に勢力をのばし、イエズス会をしのいでいる。オプス・ディは国際ユダヤ資本と深く結びついている。

さて、イニシエーションと呼ばれる入会の儀式はフリーメイソンの入会儀式とほぼ同じである。儀式新参入者の「納棺と新生」をもって始まる。新参入者は参入の贈り物として無条件で一万五千ドルが与えられる。二十歳にすぎない青年にとっては信じられないほどの金額である。

「肩をたたかれて、スカル&ボーンズへ入らないかと勧誘されたら、その後の人生で成功への心配は無用となることは、エール大学では有名な話だった」とノーマン・ドット（エール大学出身者）が彼の自伝の中で書いている。

新参入者はCB（結婚生活の至福）という儀式の中で性体験を告白することになる。四年生になると幹部会員となり、幹部会員はニューヨーク・アレキサンドリア湾の北東数マイルにあるローレンス川に浮かぶディア・アイランド（約五万坪）で深いイニシエーションを受ける。島には豪華なクラブハウスがあり、ボーンズマンの保養地としても利用されている。

偉大なるピューリタンの国の中で、悪霊は集団を好む。その中で重要視されるのが秘密を暴くこと、告白することである。ここディア・アイランドにはデーモンの群にかこまれた死せるソロモンの幻影が揺らめく。

古代エジプトの黄泉《よみ》の国の神、オシリスが星座のきらめきの下で、竪琴を奏でる女王の高吟に聞き入っている。沈黙が一つの答えそのものとなる。若きハリマンはローレンス川の瀬音の中に証しがたき死の領域の実相を知ろうとする。夜が特別の響きをもって、万物の死と万物の生誕のときを告げる。プレアデス星団（昴《すばる》）のかすかなきらめきから、アルシオネ星が一瞬炎のように燃えて、若きハリマンの心にその波動を伝える。師がかすかな声で囁《ささや》く。

「神はプレアデス星団のアルシオネ星に住まわれる……」

あるいは呪術《じゅうじゅつ》なりしか。このディア・アイランドの小さな館にからみつく蔦《つた》に似て、呪術の無言の響きがこの場所にぴったりとからみつく。師はまた囁く。

「君が生きし二十年の歳月が、このわずかの時の沈黙の中の出来事のように見えたとしたら、君は選ばれし者のみが持つ永遠がいかなるものかを理解するだろう……」

ハリマンは師の囁く声に聞き入る。

「かの昴《すばる》を見よ。そこはエホバの御座なり。そこから至高の権威が行使される……」

若きハリマンは見えざるものの中に、何かを見て心を震わせた。こうして真の夜の闇がやってきた。風立つ場所で微動だにもしない炎のごとく、生涯に訪れる荒波にも揺れることなき信念を若きハリマンは得た。

しかし、悲しいかな、若きハリマン、エリートの中のエリート、貴公子の中の貴公子は、このローレンス川の瀬音の中に何かを忘れてきたのではなかったか。高らかにひびく美声、バネのような足取りは残ったが、体の中の血は毒薬を含んでどす黒くなっていたのでは……。知性は感情を抑圧し、性の磁性は強化されたけれども、そこに歓喜の歌は残ったのであろうか。

イギリスの哲学者バートランド・ラッセルは『人類に未来はあるか』の中で、「ともあれ、オシリスを称賛して捧げなければならないのは、全人類の幸福の歴史とはちがう、それ以外のものであろう」と書いた。

オシリス、エジプト神話の神。この神の信仰もスカル＆ボーンズの結社員の勧めである。天にアルシオネ星、地にオシリスを……。

かつての肉体は完全に死に絶えて蘇生し透明になる。瀬音を聴きつつ、身体は星の光に輝き光りはじめる。四肢は不可解な身振りをしつつ、星座の中の一つの記号となる。

若きハリマンは彼の胸の奥深くに一つの思想を植え付けられたのである。それは、感謝に満ちた物分かりの良い素朴な人々に、スカル＆ボーンズの会員自身が善行を施すことである。もう少しはっきり書くならば、人々を完全なる従順さに導く方法を秘伝されたのである。それは、キリスト教徒でありながら、反キリストの思想を受け入れることである。世界に、人生に悲劇は起こり続ける。しかし、罪の観念でこの悲劇を克服しない方法を、若きハリマンは身につけたのである。

二十世紀の初頭、イギリスとアメリカのイルミナティ結社員により、「ピルグリム・ソサエティ」が創設された。サタン崇拝主義の結社である。ハリマンはこの結社の一員となる。性の衝動を彼らは儀式の中で捨て去る。後に残るのは、自己を維持し管理する啓蒙的な弁証法ということになる。易しく表現するならば、「女に惚《ほ》れても心を許すな」という、冷たい心の持ち主になることである。若きハリマンはこの術《すべ》を身につけたと思われる。偽りの恋に走り、その恋の果てに、恋に破滅することのない「自我」を持つにいたる。

秘密結社員になる資格の一つは、自己管理術の中にある。アヴェレルという名はキリスト教徒の受礼名である。しかし、ボーンズの世界では、この名は使われない。彼はナイトの称号で呼ばれる。

かつて、ディア・アイランドの代表であったル・コ・スコット（D一七一）はこの特別の日を記している。

ある特別の年、ディア・アイランドは私にとって、そして他のメンバーにとって、若者

ハリマン鉄道王国の中核、
ユニオン・パシフィック鉄道

グロートン校ボート部時代
（1908年春）のアヴェレル
（右から４人目）

泥棒貴族エドワード・
ハリマンと
長男アヴェレル（左）、
次男ローランド

1928年のポロ国際大会での
アヴェレル（左）

エール大学の結社
スカル＆ボーンズの本部、
通称「墓（トゥーム）」

とオールド・メンバーとの接触を通し重要な結びつきを強化したのであった。この島を訪れたD一二四〜D一八二のメンバーのうちの十二人の訪問者は、新しき若者（ナイト）たちを賛美するために、ボーンズの音楽の前奏曲を演奏した。幹部生（パトリッチ）のためのすばらしき旋律が谷間に流れていったのだ。

スカル&ボーンズの会員たちは、彼らの先輩から祝福を受ける。そして、「エスタブリッシュメント」の世界、すなわち、ザ・オーダーの世界に参入していく。この儀式は十九世紀初頭から変わることがない。アメリカのザ・オーダーの歴史がこのクラブの中から誕生したのである。

ザ・オーダーは、新しい名を与える。十五人は新しい血の兄弟となる。彼らは告げられる。「不当な圧力を加えるような者たちや、詮索する者たちを好きになってはいけない」と。マフィアと同じように血で契《ちぎ》りをする。

スカル&ボーンズの会員たちは一つの呪文を唱える。

「絞首刑執行人は死に等しい、死は死に等しい」

秘密の儀式には「T」または「三二二」と呼ばれる窓のない「墓《トゥーム》」の奥にある儀式部屋で行なわれる。「三二二」はこの秘密結社のシンボルの数字といわれている。ギリシャの雄弁家デモステネスが紀元前三二二年にこの世を去ったからという伝説から来ているといわれる。また、雄弁の女神エウロギアが天に昇り、一八三二年に、このスカル&ボーンズの墓に住みついた、といわれている。

この墓の中の棺の中に入り、自らの半生を語るのである。時には数時間も……。最初はセックス体験を。そして二順目に「LH」といわれるライフ・ストーリーを語らねばならない。こうして、メンバーは生涯にわたる結束を約束する。セックス体験が豊富な騎士は「マゴク」といわれる。最も少ない騎士は「ゴク」といわれる。ハリマンが「マゴク」であったのか、「ゴク」であったのかの記録はない。ハリマンは生涯を通じて、キーナンバー《九一》を持つボーンズマンとなった。

　プレスコット・S・ブッシュ（前大統領ブッシュの祖父）はハリマンの四年後輩で、ハリマンの弟のローランドとエール大学でともにスカル＆ボーンズに入った。後にハリマンの下で働く。ブッシュは、「私にとって、すべてはエール大学から始まった」と述懐している。

　スカル＆ボーンズの出身者は「オールド・ブルー」（典型的なエール大学卒業生）といわれた。ハリマンは卒業後もエール大学の同窓会によく出席した。また、エール大学のキャンパスがあるコネティカット州ニューヘブンやスカル＆ボーンズの「墓《トウーム》」をたびたび訪れた。

　エール大学の頂点を極めることは、スカル＆ボーンズに入ることであった。ハリマンはこの秘密結社のメンバーとして、バンディ、コフィン、ロード、フェリプス、ホイットニー、タフト、ロックフェラーらのアメリカ屈指の名家と深く結びついていったのである。

　ハリマンはその生涯にわたって、スカル＆ボーンズ時代の記憶を大事にしていた。第二次世界大戦のとき、ハリマンはソ連大使となったが、スカル＆ボーンズの秘密番号を外交官の書類鞄《ブリーフケース》の鍵番号として使用していた。

　ハリマンは父がユダヤ資本を元にして、十数年間の間にハリマン財閥を作り出したことを知っていた。それゆえユダヤ人に対する差別感を持つことがなかった。しかし、J・P・モルガンはロスチャイルドからの資金を受けて財閥を形成したが、ユダヤ人を差別し、表面的にはロスチャイルドと無縁であるとの態度を取り続けた。

ハリマンはユダヤのグッゲンハイム家（ロスチャイルドの血縁）のハリー・グッゲンハイムをニューヨークのジョッキー・クラブの会員にすべく努力した。ハリマンはユダヤ人と非ユダヤ人との橋渡しの役を演じ、ときには賛否の問題を起こした。しかし、ハリマンは平然としていた。ハリー・グッゲンハイムは、ハリマンの力添えで、ホイットニー家、リンドバーグ家とも懇意の関係を結ぶようになった。

雑誌「イコノクラフト」（因習破壊主義者の意）一八七〇年号にスカル&ボーンズの世界が描かれている。以下は私の拙訳である。

彼らは胸にサインを示す
それは、彼らの人種と名をかたっている
見よ、青ざめし死のバッチを
そして、かの王国から
サタンの息子、罪なる息子が
人間の敵がやってくる
すでに外は不安に満ちし夜明け前
向こうから、内から外から忍び寄る
沈黙のときが切れ目なく続く中
ずる賢きカラス、おそろしき死の先頭に立ち
黒き首巻を互いにだらりと巻きあって

戸に立ちて、情け容赦なく持ち場につく
たいまつは燃やされ
スカル&ボーンズの旗はひらめく

スカル&ボーンズは、セシル・ローズの秘密結社、ミルナーのラウンド・テーブル、そして、ユダヤの秘密結社と同じものではないのか。そんな一枚の絵の中に収まるものではないのだろうか。イルミナティの世界そのものではないのだろうか。

ダーウィニズムの世界

二十世紀とは何であったのか。この答えは今のところ明らかにされていない。ハリマンは一九〇〇年にやっと九歳であった。この一九〇〇年一月一日、「ニューヨーク・タイムズ」は「アメリカ合衆国のあらゆる産業に繁栄が訪れた。大地を耕す者も、鉱山、工場、作業所の労働者も、かつてない繁栄に浴している」と宣言し、また同じ日付の「ワシントン・ポスト」は「海外の領土はわが国のものである。領土拡張政策反対論はカササギの声と同様に無意味である」と書いた。

一八五九年、チャールズ・ダーウィンが『種の起源』を出版した。ハリマンの思想形成に深く影響したと思われるジョン・デューイのプラグマティズムも、このダーウィンの『種の起源』の延長線上にあった。想像を超える富を築いた金ピカ時代の成金たちは、やがて保守主義を身につけ、革新勢力から身を守る体制に入っていった。

人々を権威に服従させる原因となるもの、命令の本質を考慮することなく、その服従を喜ばしいものと考える心理的な衝動を生むものとして、ダーウィンの進化論がもてはやされてきた。この進化論をフロイトやフロムなどの精神分析家たちも採用した。フロムは、「権威をより低い階層へと押しつけることからも快楽を引き出すことができる」と説いた。ダーウィニズムの見事な応用である。金ピカ時代の成金たちは、金《カネ》という権威を快楽の源とするためにこぞって進化論を採用したのであった。
進化論はアメリカの保守主義と結合し、やがて、「社会進化思想」と呼ばれるようになっていった。ダーウィンが説いた「生存競争」とか「適者生存」という思想が、放任主義の中から大金を得た泥棒成金たちにうけた。
ここで少し、「適者生存」について書くことにする。この言葉はダーウィンの言葉ではない。イギリスのハーバード・スペンサーが十九世紀の終わり頃に説いたものである。しかし、スペンサーは「私はダーウィンの考えを人類に適用したにすぎない」と語っている。彼の弟子がエール大学のウィリアム・グラハム・サムナーであった。彼は一九一四年に『事実への挑戦』を出版し、次のように書いた。

百万長者は自然淘汰の産物である。彼らは、一定の実績によって自然に選ばれた社会のメンバーであると見なしてよいだろう。彼らは、高収入を得て贅沢な暮らしをしている。しかし、それは社会にとって好ましいことである。

百万長者の存在を、自然の淘汰による必然であるとサムナーは説いたのである。適者（百万長者）が生存することにより、弱者はその存在を軽くみなされていった。ハリマンはサムナーから学んだのである。ジョン・D・ロックフェラーは、ある日曜学校の講演で次のように述べた。

大きな事業が成長してゆくのは一つの適者生存にすぎない。バラの一種である「アメリカ美人」は、周囲で成長している若芽を犠牲にして初めて、見る者をうっとりさせる絢爛《けんらん》さと芳香を持った花に育っていく。これは事業においても悪しき傾向ではない。自然の法則と神の法則から生まれたものにすぎない。

J・K・ガルブレイスは『権力の解剖』の中で、「ジョン・D・ロックフェラーの社会認識はそこそこの大学二年生より知的能力があるとはいえないのが事実であった。しかし、アメリカの最も金持ちであると一般に思われる階層の出身なので、大いに注目された」と書いている。ロックフェラーの思想こそは、当時の泥棒成金たちの支配原理であった。

結合されていない者、抑圧されたままの者……これらは弾圧しても差し支えないという思想へと変化していくのである。このロックフェラーの思想はユダヤ教の思想と結びつき、やがて黒い貴族たちの精神的支柱となっていく。

ロックフェラー財団はドイツの優生学研究に資金を提供するようになる。ナチスによるユダヤ人虐殺、あのホロコーストの下地をつくったのは、ダーウィニズムを発展させ、優生学へと進んでいった科学である。優生学によれば、劣種の民族や人間はこの世から去らしむべし、となる。

ロックフェラーの「アメリカ美人」の考えが泥棒成金たちに差別思想を植えつけることになっていった。巨大な財を得たオールド・マネーの人々は貧しい大多数の人々を前にして、「分配の不平等は、正義の法則の適用から必然的にもたらされたものである。よって人々はこの事実を納得するべきだ」と説くようになっていったのである。貧しい人々の中には、成金を目指す者がいて、その一部の人たちは成功した。しかし、オールド・マネーの人々は自らを「エスタブリッシュメント」

（特権階級）と主張し、彼らを迎え入れようとはしなかった。アメリカの貴族とは、二十世紀までに大金を獲得した泥棒成金をいう。今日では多少変化したけれども、依然として、この思想はアメリカに残っている。一八八四年、中堅鉄道会社社長のチャールス・パーキンスの言葉ほど、ダーウィニズムについて語りつくした言葉はない。

牧師や慈善家よりも、この世にとってためになることをしているのは、偉大な商人や、偉大な製造業者や、偉大な投資家でなくて誰であろう。

かくて反キリスト教的思想、あえて言えばフリーメイソンの思想がオールド・マネー層の深くまで浸透していくのである。そこにはもはや、平等思想はない。アヴェレル・ハリマンがエール大学三年生のときに受けた秘儀、「納棺と新生」が大きな意味を持ってくる。アメリカの特権階級でフリーメイソンまたはイルミナティの秘密結社に入っていない人物を探し出すのは至難である。アメリカは発展の途上で社会進化の原理を受け入れ、平等思想、自然権の思想を否定した。アメリカの民主主義はこの社会進化の原理を基礎にして成立している。

思想とは既得権益の申し子の場合が多い。アメリカはプロテスタントの国である。プロテスタントたちが、この社会進化の原理を矛盾なく受け入れたところに、アメリカの独自性がある。プロテスタントたちは、独自の方法で自己に役立つようにバイブルを読むのである。どこにダーウィニズムと矛盾があるのか、と彼らは考えているわけである。

このダーウィニズムに異を唱える学者もいた。ソースティン・ヴェブレンは「彼らが事業に成功したのは、せいぜいのところ低級すぎる賢さによったものであり、すでにして金持ちであったという、財産を殖やすのにうってつけの有利な立場に助けられたものである」と『有閑階級の理論』の中で書いている。

ヴェブレンはエスタブリッシュメント（ＷＡＳＰ）の中に自己宣伝と自己顕示を発見した。「すべての未開種族の中でも独自の祝祭、儀式、乱痴気騒ぎがある」ことの中に、成金たちを重ねたのである。

成金たちは、汚名をすすぐため、家名を上げるため、自分たちの娘をイギリスの貴族の嫁にしようとした。二十世紀の初頭までに約五百名の娘が〝輸出〟された。その代表例がイギリス史上最も名誉ある名前の一つ、マールボロの称号を持つ名家に、泥棒成金の一人のコンヌエロ・ヴァンダービルトの娘が嫁いだことである。また、ランドルフ・チャーチル卿のもとへ、一族の娘ジェニー・ジェローームが嫁いだ。そして、ウィンストン・チャーチルがこの家系から生まれる。アメリカの追いはぎ貴族とイギリスの黒い貴族がドッキングするのである。

百万長者になることは難しい。この困難を克服して得た地位がどうして悪いというのか。これがアメリカの原理である。

さて、この社会進化思想から優生思想が生まれてきた、とすでに書いた。ロックフェラーがドイツの優生学会に多額の援助をしたのはごく自然であり、当然の帰結であった。

では、アヴェレルの母のメアリー・Ｅ・Ｈ・ハリマン夫人がこのアメリカの優生学会にいかに貢献したかを見てみよう。

エドワード・ハリマンが死んでから四年後の一九一三年に「アメリカ優生学会」が誕生した。メアリー夫人はこの学会誕生の三年前、コールド・スプリング・ハーバーに優生学資料館を設立している。学会誕生のときにも多額の援助をしている。メアリーは自らが住んでいたヴァージニア・フォックスで、ヴァージニアにおける劣等種族間のセックスや、結婚を禁止すべく活動を開始した。アヴェレル・ハリマンはナチスの優生学思想をニューヨークに広め、ベルリンのエルンスト・ルーディン博士をニューヨークに迎えた。ロックフェラー財閥は事務所をルーディン博士に提供した。系統学と人口統計学、すなわち、劣等なる人間をいかにして殺すかの研究にハリマンとロックフェラーが資金を提供したのである。

ルーディン博士は一九二九年、モニク会議で、精神の異常と衛生学について講演した。「民族混合が問題である。不適者は断種しなければならない」

ルーディンは一九三〇年にもワシントンにドイツの学者を送り込んだ。一九三二年、ハリマンはニューヨーク優生学会をつくった。ルーディン博士が国際優生学会の会長に選ばれた。大不況のさなかでさえ、ハリマンはルーディン博士の事業を援助し続けた。ルーディンの目指したものは、精神病患者の断種、罪人の根絶(死)、劣等民族の粛清などであった。ルーディンはヒトラーから委託を受け、「遺伝性疾患子孫防止法」を一九三三年に書き上げた。一九三五年九月のドイツ公民法と純血保護法の制定の元をたどれば、ハリマンの母のメアリーがヴァージニア・フォックスで実験した事業に還元される。

メアリーの下で働いた人口動態統計のヴァージニアのコミッショナー、W・A・プレッカーは出生、死亡、結婚などの調査に基づき、民族間のセックスの禁止について、魔術に取り憑かれたかのごとき報告を行なった。

ハリマン一族に近い人物にM・ゲーテがいる。彼は銀行家であり、多額の資金を優生学のために遣った。ゲーテはヨーロッパの優生学者たちに報告した。

アメリカの住民のある血統には、質的に劣った構成員が存在します。好ましくない移民の入国をこれ以上認めず、また質的に劣った構成員を排除するために、合衆国は強力な処置を講じるようになりました。

ゲーテが書いているのは移民制限法の執行である。この法は優生学を背景にしている。ゲーテ、ハリマン、ロックフェラーたちは、ヒトラーの人種政策に資金を提供し続けた。ゲーテはドイツの優生学者コズニーニに手紙を出している。

ヒトラーを支持する識者グループがこの画期的な計画に関する見解をまとめるにあたって、あなたの仕事が強力な役割を果たしたことをお伝えしたら興味をもたれることでしょう。彼らの見解がアメリカの思想に、とりわけ、「人間改良財団」の仕事に非常に刺激を受けたものであることは随所に感じられます。親愛なる友人であるあなたが、生涯にわたってこの思想を支持されることを望みます。あなたは六千万国民の偉大な政府に衝撃を与え、行動をおこさせたのですから。

一九三五年九月、ヒトラーは、ドイツ国公民法と純血保護法（俗にニュルンベルグ法）を公布した。ユダヤ人、ジプシー、スラブ人、セム族（アラブ系）、東洋人、モンゴル人などを「ドイツ人と同種ではない」血をひく下等人種であるとする法であった。

ヒトラーは絶えず「現在」という視点から歴史を構成しようとした。歴史的な衝動を執拗に主張することは、ヒトラーにとって歴史を第二の自然へと転化させる試みであった。

彼はまた、「理性の狡智《こうち》」を要求した。

時代はヒトラーの法を認めた。人間を改良するという思想は、ヒトラーにとって美的な身震いであった。同時代のゲルマン民族の人々は、ヒトラーとともにこの美的な身震いを体験し、陶酔した。では、どうしてユダヤ人により財閥を形成し得たハリマン一族がヒトラーの優生学に援助の金を支給し続けたのかという疑問が残る。その解答は謎である。しかし、この優生思想が第二次世界大戦の原因になったことを考えるならば答えは自明となる。ユダヤ王ロスチャイルドと彼らの仲間たちは、大きな犠牲を払って、大いなる利を上げようとしたのである。「ユダヤ王国」を建設するために、あえて優生学の発展を促したと考えるならば、明確な答えとなろう。事実、世界はそのように動いていったのである。ホロコーストはユダヤ人の演出であることを知るべきである。

二十世紀の著名な劇作家のバーナード・ショーは、「人種的優秀性を教義とするナチは、ユダヤ人の選民思想の教義を模倣しているにすぎない」との名言を遺している。

ゲーテは「カリフォルニア優生協会」と「移民研究委員会」を創設した人物でもある。また、「人間改良財団」の理事を務め、「サクラメント精神衛生協会」と「アメリカ遺伝学協会」の諮問委員会のメンバーでもあった。彼はナチス・ドイツの要人たちともたびたび会合を重ねていた。彼はアヴェレル・ハリマンのナチス・ドイツ秘密ルートの鍵を握っていた。この億万長者の銀行家ゲーテは今日でも歴史の闇に身を隠したままである。ゲーテ一族はスカル&ボーンズの創立にも関わっている。

日本人の学者の中には、アメリカが一方的に移民制限をしたために、太平洋戦争の一因となったと書きたてる人々がいる。しかし、その学者たちの中で、アメリカの「社会進化思想」ならびに「優生学思想」に注目して論じる者はほとんどいない。移民制限が戦争の原因になったと昭和天皇は『昭和天皇独白録』の中で語っている。

日本人を移民させて一番の利を上げたのは、日本郵船などの海運会社であった。

昭和天皇は海運会社の大株主であり、移民によって大きな利益を上げていた。移民制限はアメリカの一つの思想、すなわち、アメリカの「乱の思想」である。ゲーテを中心とする「人間改造思想」が世界を乱に導いていくのである。ロックフェラーやハリマンは、あえてこの乱の思想をヒトラーに移植したのである。世界が乱の中に導いていかれるときに、彼らの利は莫大なものになる。すべてには目的がある。その目的を知るとき、初めて歴史は真実の姿を見せてくれる。ここまで追求していくと、イギリスにいるユダヤ王ロスチャイルドたちとアメリカの支配階級たちが世界の富を独占していく姿が見えてくる。

一八八八年、マックス・ノルダウが「北米評論」誌で展開したダーウィニズムを見よう。ノルダウは、ドイツの作家、ユダヤ人にしてシオニズム運動の指導者である。

あらゆる戦争論者のうち最高の権威者はダーウィンである。進化の理論が公表されて以来、戦争論者たちは自然の野蛮さをダーウィンの名でカバーし、心の底に宿る殺伐な本能を科学という最高権威として主張することができる。

この一文の中に第二次世界大戦の最大の原因が描かれている。「心の底に宿る殺伐な本能」の意味を、私たち日本人はよく考えなければならない。若きハリマンはこの本能を処理する方法をエール大学で学んだ。彼は「納棺と新生」の儀式を経て学んだのである。

日本人は人情とか義理とかいう感情をもとにして世界を認識しようとする。白人（あえてそのように書く）たちは、「心の底に宿る殺伐な本能」をもとにして世界を認識しようとする。キリスト教もこの本能の処理の一方法である。日本人はキリスト教の本当の姿を知らない。ダーウィンの理論がどうして彼らに受け入れられたのかをノルダウが見事に分析している。ユダヤ人であるノルダウは、ユダヤの未来の悪夢を書いているのである。

ドイツの軍人フォン・モルトケの思想は白人たちが持つ共通の夢である。彼は、「戦争は神の定めた世界秩序の一要素で、これがなかったら、世界は停滞して物質主義に堕落する」と説いたのであった。

この思想を明治以降の日本人が受け入れた。そして、天皇を中心として大東亜国を東洋に建設しようとしたのである。神の定めた世界秩序は優生学的に考察するならば、ゲルマン民族やアングロサクソンの連中のものであり、猿がごときジャップスではない。よって日本人は、猿真似のジャップスは、おだてられ捨てられる運命にあった。

アメリカの哲学を有名にしたのはジョン・デューイであった。彼はプラグマティズム哲学を説いた。彼はダーウィニズムとヘーゲル哲学を混合してアメリカ人好みの哲学に仕立て上げた。

デューイは『ドイツ哲学と政治』で、「戦争は単に有限なる利害関係の中で、そのむなしさを救う最も効果的なる説教師である。そいつは個人の生命や財産を自分自身や家族のものとして主張する個人の自己的エゴイズムを終わらせるのである」と書いている。

ダーウィニズムの信奉者たちは、国家という目標を第一義とし、個人の自由を抑圧することを心がけていくようになった。「合法的マフィア」にとって、何が利益を生み出すのかを知るようになった。それは戦争である。戦争は、すべてある意図を持った者たちによって巧妙に作り出されるのである。国家が戦争を始めるのではない。革命は偶発的に発生するものではない。同じように革命も財政的裏付けが必要である。ソヴィエト（レフト）の革命もナチス・ドイツ（ライト）の革命も、ウォール街の財政的援助があって初めて成し遂げられた。戦争が革命を必要としたのである。「二十世紀のファウスト」はレフトとライトのために尽力し、ついに二つの陣営を戦争へと誘《いざな》うのである。ダーウィニズムを信奉する「エスタブリッシュメント」といわれる特権階級の者たちが何者なのかが見えてきたであろうか。

彼らはユダヤ・シオニストと資本主義からなる権力の崇拝者たちである。彼らはいかなる手段を用いようとも、この世界から富を略奪し、人々を家畜化しようと企《たくら》むマルクス主義的自由主義者である。彼らの行為は一言でいえば「不道徳」である。権力に対する渇望があまりにも強力であるために人格的頽廃者《たいはいしゃ》となった連中である。

だから彼らは芸術さえも醜悪化したのである。ゲーテは『ファウスト』の中で書いている。「人間の欲望が君に分かるものか。君の皮肉な、悪辣《あくらつ》な、厭《いや》な性質で、人間が何を要求するか分かるものか」と。また、「暴力のあるところに正義は帰する。何を持っているかが問題だ。どうして取ったかは問題にならぬ」とも書いている。

ファウスト的人間がエスタブリッシュメント的人間である。「合法的マフィア」とは政治的マフィアである。彼らはユダヤ人でなくとも、シオニズムの信奉者である。ナチズムとマルクス主義とシオニズムは、仲が悪いふりをした血族たちの宗教である。


「イルミナティ」については簡単であるが記述した。ここでは別の面から記しておきたい。イルミナティは世界統一政府を樹立するために数多くの戦術をとっている。その中の最重要政策が教育である。


私たちは戦後、J・H・ペスタロッジの教育論を学んだ。今日でも多くの教育者たちが何ら疑うこともせずに、彼の教育論を妄信し、子供たちに教えている。イルミナティは学校教育に的を絞った。そして多くの教育者を秘密裡に結社に誘い入れ、多額の金を与えた。金と引き換えに教育者たちは子供たちに「心からのふるまい方」を教え込んだ。

「謙遜心を持ちなさい。通俗的な人間になりなさい。イルミナティが気ままに根こそぎにし、そして追い払ったことを知っても、その偏見に対し寛容になりなさい」

ペスタロッジは十八世紀の後半から十九世紀の前半にかけて、スイスでこのイルミナティの教育を広めた、「アルフレッド」というイルミナティの偽名（コード）を持つ男なのだ。

要するに、骨抜きにされた、「ハイ、ハイ」という人間を育てるために、ペスタロッジなどの偽善者たちが人間を家畜化しようとしたのである。もう一人の偽善的教育者がプラグマティズム哲学で有名な教育学者でもあるジョン・デューイであった。この哲学者も日本の教育者が崇拝し続けた。

彼の哲学はヘーゲル哲学とイルミナティ思想を結びつけたものである。「正当化を行なうという希望を捨て去る勇気を持て」とか、「罪の意識を捨て、絶えず人生における行為者であれ」と説いた。

私たち日本人のほとんどは、イルミナティの何たるかを知ろうともしない。しかし、イルミナティの思想が私たち日本人の心を蝕《むしば》んでいる。不正に対して怒りを示せない人間ほど悲しい人間はいない。そのような人間になれと、日本の教育者たちは説き続けている。国家の危急存亡の秋《とき》を迎えて、果敢に立ち上がれと説く教育者が、この日本に一人としているか、と私は問いたい。なめられっぱなしの日本が、この平成の時代の姿なのである。


さて、もう一度、ハリマン一族に話を戻そう。エドワードの財産は母のメアリーが管理した。やがて五人の子供たちに分配されることになった。エドワードの財産は信託財産となり、この金で五人の子供たちはオールド・マネー階級にそれぞれなっていく。メアリー夫人はハリマン財閥の長となり、長兄のアヴェレルの成長を待つことになった。アヴェレルの姉のメアリー・ラムジーは母親がわりをした。彼女は「弱い人々を支配する喜びを持つな」とアヴェレルに語り続ける、心やさしい女性であった。

アヴェレルは弟や姉たちを生涯にわたり援助し続けた。しかし、実業界に入ると、父親以上の実力を発揮していく青年へと変貌する。アヴェレルが強い自我を持ち、その一方で私生活では喜びと幸福を家族全員と共有し得たのであった。

エール大学を卒業すると、アヴェレルは母の下で働いた。第一次世界大戦中、アメリカはイギリスやフランスに工業製品や軍需品を提供した。戦後、荒廃しきったヨーロッパにアメリカは農産物を送ることになった。この戦争によりアメリカの工業力は驚異的に飛躍し、イギリスの地位を奪う時代が到来した。ロシアでは共産革命が起こり、レーニンの時代がやってきた。アヴェレルは世界を目標とするようになった。父親の夢をより拡大し、世界を支配せんとする野望を持つようになった。「二十世紀のファウスト」の時代が訪れようとしていた。

ハリマンとジェルジンスキー

イギリスとオランダが、主要な貿易大国、金融大国となった過程について、カール・マルクスは『資本論』の中で次のように書いている。

アメリカで金銀の産地を発見すること、原住民を撲滅し、奴隷化し、鉱山へ埋葬してしまうこと、東インドの征服と略奪を開始したこと、アフリカは商業的黒人狩猟場と転化したこと、これらのことが資本主義的生産の時代の真っ赤な曙を象徴している。これらの牧歌的な過程が原始的な蓄積の主要な契約なのである。

マルクスの言うとおり、ヨーロッパの外で略奪し、奴隷化して得た財宝によって、ヨーロッパはそれらを資本に転化し、繁栄した。マルクスの『資本論』は資本の蓄積についてほんの少しだけ書く。彼はユダヤ王ロスチャイルドの援助を受けて『資本論』を世に出したことを隠し通した。

第一次世界大戦が起こり、ヨーロッパは荒廃し、その富の大半はアメリカに渡った。ヨーロッパの貧しさの中から共産主義思想が登場し、帝政ロシアが打倒され、ソヴィエトが誕生してくる。世の共産主義者がいかに弁明しようとも、共産主義国は資本主義国に劣らず、略奪、奴隷化、強盗殺人という「真っ赤な曙」を創造したのである。これは彼らの国の歴史を調べれば容易に理解できる。ソヴィエトの真っ赤な曙の最中にアヴェレル・ハリマンは世に出ていく。そして、レーニン、トロツキー、ジェルジンスキーたちと会見し、商売を開始する。時に一九二一年、ハリマンは三十歳であった。

J・シフの個人代理人、ジョージ・ケナン（ジョージ・F・ケナンは彼の孫）はロシア対策のためにスパイの役を演じた一人である。一九〇五年の日露戦争の陰の主役はこのケナンであった。ケナンはシフの代理人として日本への融資の功労者として日本政府から従軍記章ならびに瑞宝章を贈られている。日本政府、特に皇室は、海外の政治家や経済人にやたらと勲章を授与している。ケナンは日露戦争で日本のために働いたのみならず、J・シフの代理として、共産主義革命のために資金と武器をロシアに持ち込んだのであった。その総額は孫のジョージ・F・ケナンの著書によると二千万ドルを超すという。この一件を見るだけでも、日露戦争とは何であったのかが推測できよう。

ユダヤ王ロスチャイルドは多方面のコネクションを使い、レーニン一派に資金を提供している。日露戦争とは、ユダヤ王ロスチャイルドがロシアを経済支配下に置くために、日本を誘導して起こしたという史実を知ることが必要である。

あのソヴィエト革命の前夜、ロシア人のほとんどはギリシャ正教の信徒であった。ギリシャ正教の僧たちは、「ユダヤ人は異端者、信仰の害、キリストを殺した子孫たち」と民衆に説いた。代々のロシア皇帝はユダヤ人を迫害することにより、その権力を維持してきた。

ユダヤ人たちのために「ユダヤ部門」すなわち、彼らの生業を規制していた。既製服製造、タバコの製造、革なめし業などである。ユダヤ人の大多数は下層労働者階級であった。彼らは「ルフトメンシュ」と呼ばれた。直訳すれば「空中人間」である。ユダヤ人の画家マルク・シャガールの絵はこの言葉を裏付けるがごとく空中人間を描いている。

かつての日本の為政者が部落民を差別することに一つの意義を見出していたように、女帝エカテリーナ二世は、ポーランドとウクライナにユダヤ人隔離地区《ゲットー》を設定した。アレクサンドル二世はロシア人がユダヤ人たちを組織的に迫害し、「ポグロム」の激化を黙認した。

J・シフはA・ロスチャイルドに一通の手紙を書いた。「私はロシア公債発行の依頼を拒否したことに誇りを感じている」

臆病であったユダヤ人が革命のために自己を犠牲にし、爆破や暗殺や略奪をほしいままにする人間へと変貌していったのは、トルストイが指摘したごとく日露戦争の前後の期間であった。

一九一七年、ソヴィエト国家が誕生した。革命が成功したのである。

一九一九年、ウクライナでポグロム（ユダヤ人迫害）が内戦の日常的現実であったとき、ボリシェヴィキは反ユダヤ主義打倒のレーニンのアピール演説をレコード盤にして大量にばらまいた。そこで「反ユダヤ主義」が「古い封建時代の無知」とされた。レーニンを使い、ユダヤ人に対するポグロムをやめさせることが、ソヴィエト革命の第一目標であったことがこの一件で理解できよう。

このソヴィエト国家の中枢に人材を送り込み、実質的に経済を支配したのはロスチャイルド家であった。革命当時のレーニンやトロツキーに資金援助をしたのがJ・P・モルガンやJ・シフであった。

共産主義とは何かを、従来とは違う視点から検討してみよう。ケンブリッジ大学歴史学博士のジヨルダン教授の説を紹介する。

スターリンの名前のジュガシュピリはグルジュア語で、「イスラエルの息子」という意味である。なぜなら、「ジュガ」はイスラエル人を意味し、「シュピリ」は息子の意味であるからだ。キリスト教徒のジュガシュピリの家族は、十九世紀初頭にキリスト教に改宗したコーカサスの山獄ユダヤ人の出身である。

私たちはジョルダン教授により、カト（スターリンの母）の父がクタイシ山脈の中にいたユダヤ人であったことを知らされる。

ヒトラーもスターリンがユダヤ人ではないかと疑っていた。一九三九年八月、ヒトラーはヨアヒム・フォン・リッペントロップ外相が訪ソする際、写真家のハインリヒ・ホフマンを送り込んだ。ヒトラーはホフマンにスターリンの耳の写真を撮るように指示した。ユダヤ人の耳は異種であるとヒトラーは信じていたのである。永渕一郎の『ユダヤ人とクレムリン』の中に、フランス語で出版されたイワン・クロイフの「ソ連ゲシュタポにおける私の出世」の紹介記事がある。この中でもスターリンは「十九世紀初頭にキリスト教に改宗したコーカサス山獄ユダヤ人の出身」であると書かれている。イ・ラグーザの『スターリンの一生』の中にも、「カト〔スターリンの母〕の父はクタイシ山脈の中にいたユダヤ人であった」と書かれている。

ゲ・ゼ・ベゼドフスキー元ソ連外交官は、一九二九年にソ連大使館から逃亡し、『テルミドールへの途上』（パリ・一九三一年刊）を出版した。この本を『ユダヤ人とクレムリン』の中から引用する。著者もユダヤ人である。

彼〔スターリン〕の父と数人の従兄妹《いとこ》は、精神異常で自殺し、彼自身もひどい遺伝性ノイローゼにかかっており、彼の妻と息子も精神異常だ。これが革命の酵母なのである。精神病、精神異常、永久革命家がそれだ。

スターリン崇拝熱は冷めたけれども、スターリンをユダヤ人にしたくない気持ちがロシアの学者たちにあるとみた。私は数多くの本を読んできたが、ロシアの学者たちはソヴィエト革命の初期にアメリカ資本が革命を助けたことにも目を塞《ふさ》いでいる。しかし、隠し切れない事実がある。スターリンの三人の子供全員がユダヤ人と結婚している。娘のスペトラーナもユダヤ人と結婚している。スターリンの最初の妻エカテリーナ・スワニーゼもユダヤ人と再婚している。スターリンの三番目の妻のローザ・カガノヴィッチはユダヤ人である。

すべてこれらは、ユダヤ人に特徴的な傾向ではないのか。先祖、父母、祖父母にユダヤ人がいれば、その子供たちはユダヤ人と結婚する確率が高いのだ。スターリンは間違いなくユダヤ人である、と私は確信する。彼の人生がそれを裏付ける。ゆっくりとスターリンを追求していこう。

ヒトラーのナチス・ドイツとスターリンのソヴィエト・ロシアは、のちに大規模な戦争を展開するが、これが共通の信念を持つ者同士の戦争だったことを、多くの人は忘れている。ナチズムはマルクス主義反対を叫び、歴史に前例のない人種間の憎悪を説いた。一方、マルクス主義の申し子を自任するソ連は階級間の憎悪を煽《あお》りたてた。

マルキシズムもファシズムも歴史的に深い関連がある。何百万という根無し草《デラシネ》のような労働者の出現、初期の資本主義のもたらす不公平、そこから生まれた階級対立への答えとして二つの思想が生まれたのである。イデオロギーの激流が二つに分岐した。二つに共通するものは恐怖政治であった。この二つは全体主義なのである。源流をたどれば、十九世紀の初頭に登場した、G・W・F・ヘーゲルの哲学にある。ヘーゲルの有名な言葉がある。「われわれの注意を惹《ひ》くのは、一つの国家を形成するような民族だけである」。彼らの根底にあり、スターリンとヒトラーの精神を支え続けたのは、メシア・コンプレックスである。

ヒトラーもユダヤ人である。後章で詳述する。狂人ないし半狂人がこの地球を狂わせたのが、第二次世界大戦であった。

ヘーゲルは全体主義的なものを「世界精神」という言葉で表現した。彼は、未来志向ではなく、すべてを現在で終わらせる思想を説いた。ヘーゲルの哲学について、エンゲルスは「ヘーゲル哲学の偉大な功績は、歴史上初めて、自然、歴史、精神の諸相にわたる世界の全体像という発想が行なわれ、さらにそれが、絶えざる構造変化と発展の過程として、あらためて提示され、この過程の有機的性格を示そうとする努力が行なわれた点にあった」と書いた。

歴史的な時の流れの中で、ヘーゲルの『世界精神』の意味をはっきりと自覚していたのがユダヤ教徒であった。彼らこそが、目的論的歴史観を持っていたと言えば誇張になるかもしれない。彼らは歴史のゴールに達し得ると信じた。彼らは世界を全体像としてとらえた。そして、神によるものではなく、人間による力で歴史を終わらせ得ると信じた。ローマの詩人ウェルギリウスが紀元前一世紀につくった『アエネーイス』の中の「われ涯《はて》しなき領土を与えぬ」を二十世紀に実現しようとした。かくて、ユダヤ人が共産主義とファシズムを創造したのである。
どのような連中がソヴィエト革命を成したのかを知る必要があろう。デニス・プレガーとジョーゼフ・テルシュキンの『ユダヤ人はなぜ迫害されたか』を引用する。

ユダヤ人が過激な分子になるのは、複雑な過程によるのであるが、その本質的な要素は明瞭に判別できる。第一にこれらのユダヤ人は、何千年にもわたってユダヤ人が非ユダヤ人たちの価値観に挑戦してきた伝統を受け継いでいる。〔中略〕第二に最も重要なことだが、過激なユダヤ人らしからぬユダヤ人は、根無し草のような存在である。彼らは非ユダヤ人たちの宗教や民族にも、ユダヤ人の宗教や民族にも心の拠り所を感じていない。事実、まさに、この拠り所のなさ、疎外感を克服しようとして彼らが革命家になった事例が多い。

レオン・トロツキーがその代表的な「根無し草」的な革命家であろう。トロツキーは、ロシア人ですか、ユダヤ人ですかと聞かれたとき、「私はどちらでもない。私は社会主義者だ」と答えている。こういう連中が革命の主役であった。だから、ロシアの一般大衆は明らかにマルクス主義者とユダヤ人を同一視していた。どうして日本共産党はこんな簡単な理屈を分からないのだろう。
ひょっとすると、日本共産党員はユダヤ教の信者かもしれない。ユダヤ教の信者をユダヤ人というのだ。ユダヤ人で実存哲学の創始者であり、ノーベル文学賞に選ばれながらも辞退した作家ジャン・ポール・サルトルは、『反セム主義とユダヤ人』の中で、「ユダヤ人は『反ユダヤ主義者』に口実として奉仕しているにすぎない。どこか別のところで、彼の片割れが『黒人』や『黄色人』を利用するだろう」と書いている。

かく言う私も、若い日にサルトルというユダヤ人作家に利用されかかっていた。日本共産党はユダヤ人に利用されている「黄色人」に違いないのである。

レーニンもユダヤ人であろう。レーニンの母と妻はユダヤ人であった。トロツキーもユダヤ人。あの革命に参加したほとんどの闘士は一部の例外を除いてみんながユダヤ人であった。


それでは別の面からあの革命を見よう。

一九一五年、アメリカン・インターナショナル・コーポレーション（AIC）がニューヨークに設立された。J・シフたちが行なっていた共産主義革命を援助するための組織であった。J・P・モルガン、ロックフェラー一族、ナショナル・シティバンクが中心であった。その役員の中には、ハリマン家の代理人ロバート・S・ロベットの名もあった。

当時のロシア皇帝はヨーロッパとアメリカの銀行に海外投資をしていた。ギャランティ・トラストに五百万ドル、ナショナル・シティバンクに百万ドルを預けていた。一九〇五年から一九一〇年にかけて、ロシア皇帝はニューヨークの主要六銀行に投資した。チェース、ナショナル・シティ、ギャランティ・トラスト、JPモルガン、ハノーヴァー、マニファクチャラーズの六行である。

これらの銀行は、J・シフ、J・P・モルガンを操ってユダヤ王ロスチャイルドが作り上げていた。ロスチャイルドから資金を与えられて財を築いた男たち、泥棒貴族、今やアメリカのエスタブリッシュメントといわれる支配階級の連中、すなわちロックフェラー、モルガン、ハリマンはソヴィエト革命をレーニンらに起こさせて、ロスチャイルドとともに、ロシア皇帝が投資した莫大なドルをただで手に入れようとした。そして事実、そのようになった。ヨーロッパとアメリカの銀行に預けていたロシア皇帝の数十億ドルの金は、泥棒貴族の手に渡ったままである。レーニンもスターリンも一度たりともこの金を返還しろと要求したことはない。レーニンやスターリンは巨大な政治権力を手に入れるのを条件に、この数十億ドルの金を放棄したのである。レーニンやスターリンがロスチャイルドの犬であったことを知るべきである。

共産主義とは何か。共産主義は資本主義の理想型である。ハリマンはアメリカを共産主義国家にしようと企んでいくのである。国家権力が国民を家畜のごとくに支配するのが共産主義の目標である。日本共産党は軟弱すぎて、共産主義者の党ではない。あの党は政治的未熟児の集団である。

アメリカの支配階級はロシア革命に積極的に関与していった。第一次世界大戦後のウィルソン大統領のパリ講和会議での冒頭の演説がこのことを何よりも証明していよう。

> ……わが合衆国にも、ボルシェヴィキ思想に共感している非常に素晴らしい気質を持った人たちがいます。彼らには、ボルシェヴィキ思想こそ、自分たちの目標、すなわち、チャンスを与える体制を提供するものだと見えるのです。

ウィルソン大統領は支配階級、否、「合法的マフィア」である男たちに担がれて大統領になった凡庸な政治家であった。この演説の内容が示すとおり、彼らの作文を読み上げるだけの男であった。

一九二一年三月、W・G・ハーディングが大統領になった。彼は「平常への復帰」を提唱した。

この一九二〇年代の初頭、アメリカの金融資本は巨大化し、アメリカに繁栄をもたらした。アメリカは孤立主義政策をとり、国際連盟に加入せず、アメリカ独自の中立、平和を第一とした。第一次世界大戦が終わったとき、アメリカは三十億ドルの債務を抱えた国から二百億ドルを超える債権と戦債を有する世界最大の強国になっていた。

この巨大となった資本力を動かすために目標とされたのがソヴィエトであった。

第一次世界大戦後、ヨーロッパは「冬の旅」の時代に入った。花の風景は消えて死の風の時代が到来した。世界は植物のように生長するのではなく、凍える氷の結晶を生み続けていくのであった。ロシアの大地は、もはやツルゲーネフやプーシキンやトルストイを生んだ大地ではなくなり、レーニンやトロツキーやスターリンが、汚れて穢《けが》らわしい軍靴で踏みにじった黄泉《よみ》の国の土となった。

一九二〇年代のアメリカは繁栄の時代であった。アメリカの人々は「永遠の繁栄」を信じて浮かれていた。この中で移民法が制定され、日本人がアメリカから締め出されていく。それだけではない。ユダヤ人の排斥《はいせき》運動も盛んになっていく。

レーニンはロスチャイルドが手配した「封印列車」でドイツからロシアへ放り込まれる。ロスチャイルドから支給された金を遣い、ならず者たちを雇い、革命を成し遂げる。その年、レーニンは『帝国主義論』を書いた。

生産の集積、それから発生する独占、銀行と産業との融合、あるいは癒着……こうしたことが金融資本の歴史の登場であり、またそのようなことが、この金融資本という用語の内容である。

これが共産主義国ソヴィエトの首領《ドン》の書いたという文章である。ソヴィエトは誕生の瞬間から帝国主義の落とし児であった。

一九一七年十月、レーニンは独裁的権力を掌握した。この革命成就の直後に、アーマン・ハマーというユダヤ系アメリカ人がレーニンのもとへやってきた。ハマーの父ジュリアは非合法の妊娠中絶を女性にさせたとしてアメリカの刑務所に入っていた、アメリカ共産党の創設者の一人である。ハマーはレーニン宛ての父の手紙をレーニンに差し出した。ハマーはレーニンに迎えられ、ソヴィエト国内にマッチ工場や鉛筆工場を作り、利益を上げていく。

革命が成功すると、レーニンはソヴィエト秘密警察長官のフェリックス・ジェルジンスキーを長とする「特権行為認可委員会」をつくった。ここにハマーはジェルジンスキーという強力な味方を得たのだ。

一九二〇年九月、J・シフは七十三歳で死んだ。その翌年、アヴェレル・ハリマンはソヴィエトへ旅立つ。三十歳を目前にしていた青年は、新しい事業の場所をソヴィエトに求めたのである。

一九二〇年七月、ニューヨーク・タイムズは「アメリカの女性はスカートを控え目の制限をはるかに超えて短くした」と書いた。同年、F・スコット・フィッツジェラルドが上流階級の崩壊の兆《きざ》しを書いた『楽園のこちら側』を世に出した。「……だが、アモリがそういうことがどれほど広く行なわれているかを知ったのは、ニューヨークとシカゴの間にある幾多の都市が広大な青年の情事で蔽《おお》われているのを知ってから後のことであった……」

レーニンの革命とは何の関係もないと思われるアメリカにも一つの革命の波が襲いかかっていたのかもしれない。レーニンの赤い恐怖のために、アメリカの道徳律が危機に瀕しようとしていたのかもしれない。

ハリマンの母のE・H・ハリマン夫人は、ニューヨークの聖公会に属する上流階級の婦人たちと一緒に、若い女性が肌を露出しすぎること、つつしみを欠いた踊り方が流行しだしたことを阻止するために組織を作ろうと提議し運動に入った。さて、レーニンとハリマンの話に戻ろう。


一九二一年、レーニンはハリマンと会見した。それからジェルジンスキーをハリマンに紹介し、「ハリマン君、ソヴィエトは、特権行為を認可するかどうか審議する委員会をつくりました。ひとつジェルジンスキーと具体的に話し合ってほしいものです」と言った。

レーニンはJ・シフらによって一九一五年に設立された「AIC」についてハリマンに質問した。ハリマンは、この組織のメンバーとして、ソヴィエト経済を支える目的で訪ソしたことを語った。レーニンは「ハリマン君、私たちはあなたを迎えることにします。あなたの事業の発展を期待します」と言った。

ジェルジンスキー(一八七七〜一九二六)は一九一七年の革命後、レーニンから秘密情報機関の任務を与えられた。

ジェルジンスキーはユダヤ系で、元ポーランドの伯爵。同じユダヤ系のレーニンと、長い革命生活をともにした男である。無情、冷徹、頭脳明晰にして組織力を発揮する天分を持っていた。彼はレーニンの信奉者であり、情報組織については自分が全権を持たねばならないとレーニンに主張した。レーニンは無条件で彼の望む権力を与えた。彼がつくりあげた秘密組織は「チェーカ」という略称で知られた。彼は長官の就任演説で次のように述べた。

正式の裁判など、私の知るところではない。私には裁判など必要ない。必要なことは反革命と徹底的に戦うことだ。反革命を皆殺しにしてやる。

レーニンもまたボルシェヴィキの幹部会で同じようなことを言っている。「テロルを活用し、反革命分子を摘発の現場で即座に射殺しなければ、われわれは何事も成し遂げることができない」と。レーニンはクラウゼヴィッツの『戦争論』の強烈な信奉者であった。

彼は平和主義のトルストイを嫌っていた。「われわれがトルストイの思想を取り入れているという、まさに笑うべき非難に対して、私はこう回答する。わが党はトルストイ学者や平和主義者を拒否すべきであると声明したのだ」

ジェルジンスキーの地下運動時代、帝政時代の看守だった憲兵が、ジェルジンスキー本人を地獄の拷問にかけただけでなく、彼の眼前で、彼の部下たちが、彼の花嫁を凌辱した。この経験が彼の後の人生を大きく変えた。彼は秘密警察の長官になると、反革命者たちに情け容赦のない行為をするようになった。彼は、思想のためにはすべてのことが赦《ゆる》される、というレーニンの思想の信奉者だった。

ペテルブルクからモスクワへボルシェヴィキの本部が移ると、ジェルジンスキーはチェーカの本部をモスクワのルビヤンカ通りに移した。そこに、対情報工作部と経済情報工作部が置かれた。

一九二一年、モスクワと直接取引をしようとして、アヴェレル・ハリマンが訪れたのはチェーカ本部の中に設置された「特権行為認可委員会」であった。ここで、ハリマンはハマー同様に特別《スペシャル》な権限を与えられた。

ハリマンはジェルジンスキーと秘密交渉に入り、多額の秘密資金を与えるかわりにハリマン専用の特別列車でソヴィエト国内を旅行する許可を求めた。

「勿論、よろしいですとも。あなたはスペシャルな客人なのです。私はあなたと友人になり、あなたの便宜をはかりたいのです」

ハリマンは、ジェルジンスキーが優雅な生活を送れるように多額のドルを渡した。それからスペシャル列車に乗って部下たちと旅に出た。その部下たちのほとんどは鉱山技師であった。ハリマンの目的はただ一つ、ソヴィエトでマンガン鉱を開発し、その利権を独占することであった。ジョージ・F・ケナンは『危険な雲』で次のように書いている。

> ボーキサイト、コバルト、マンガンについては、外国からの供給が突然に停止すれば、短期的な困難と、おそらくはより高価な代用品の使用を強いられるだろうが、それ以外の鉱物資源では、供給国政府の行動によって、米国が深刻な圧力の下におかれる可能性は少ない。

マンガン鉱は酸化鉱のかたちで産出される。この酸化鉱をフェロマンガンにして、鉄鋼精錬としての脱酸剤、また高M鋼などの合金成分となる。ニューヨークの工業家ヘイロード・ハーヴェイがこのマンガンを使い、硬化鋼と呼ばれるものを発明した。

それゆえに、大砲などの近代兵器が飛躍的に増産されるようになった。「ユナイテッド・ハーヴエイ・スチール」という名の国際シンジケートが出来て、アメリカのみならず、イギリス、フランス、そしてドイツの兵器メーカーがこの技術を共有するという、奇妙な兵器共同開発システムが誕生した。

ハリマンはこのマンガンに目をつけた。ロシアに大量にあるマンガン鉱を独占的に支配し、マンガン王となり、世界の鉄鋼メーカーに売りつけようとしたのである。

ハリマンの計画に、ユダヤ人のポール・ウォーバーグの息子ジェームス・ウォーバーグ、そしてジェームスの友人マーシャル・フィールドが投資に加わった。ユダヤ人とハリマンの結びつきがここにも見える。ジェームス・ウォーバーグは、J・シフの孫でもある。

もう一度、アメリカとソヴィエトの関係を別の面から検討してみよう。

ロックフェラー、ヴァンダーリップ、ハリマンの財閥はソヴィエトの危機を救うという目的で外交問題評議会（CFR、後に詳述する）を通して、アメリカの貿易会社が物資を輸出できるように議会に働きかけた。しかし、議会の承認は得られなかった。アメリカ第一の財閥ロックフェラー家は、フランク・ヴァンダーリップを代理人に仕立ててレーニンのもとへ送った。ヴァンダーリップは、ロックフェラー・ファースト・ナショナル・シティバンクの頭取でもあった。

帰国後ヴァンダーリップは、「レーニンはジョージ・ワシントンのような偉大なる人物である」とレーニンを讃えた。アメリカ議会はソヴィエトとの貿易を認めざるを得なくなった。

一九二二年五月、レーニンは最初の脳卒中に倒れた。三度の脳卒中の後、一九二四年一月にこの世を去った。レーニンの葬儀を取り仕切ったのはジェルジンスキーであった。その一カ月後、レーニンの後継独裁者となったスターリンは、ジェルジンスキーをOGPU（チェーカ後の保安組織。

一九二三年に改称）の新経済政策最高責任者に指名した。また、スターリンは彼を政治局員候補にした。レーニンの死後、スターリンとトロツキーの間で後継者争いが勃発したとき、ジェルジンスキーがスターリンに与《くみ》したからであった。

一九二四年二月に最高国民経済会議議長に任命されたジェルジンスキーは「モスクワ信用協会」という商取引団体をつくった。この組織は通称、「トラスト」と呼ばれた。この組織の目的は、反革命分子を根こそぎにするための罠《わな》を仕掛けることにあった。表向きは、反革命分子を支援する秘密情報機関であった。このトラストによって多くの反革命分子が粛清されていった。

ハリマンはジェルジンスキーに協力した。ジェルジンスキー、そしてスターリンは、ハリマンがソヴィエトのために大いに役に立つことを知らされたのである。

このトラストが発展して「ソヴィエト・アメリカ商工会議所」の設立となっていく。ソヴィエトを外交承認しようという動きがこの組織から生まれてくる。また、ハリマンはジェルジンスキーのために、アメリカ産物取引会社「デルトラ」なる会社をつくってやった。

ソヴィエトとクレジット供与の契約をする会社は、ソヴィエト国内での経済活動で優先権を保証するというシステムは、ハリマンがジェルジンスキーに教授したものであった。後年、ハマーは自叙伝の中で、「たくさんの会社が不渡りを貰ったが、私とハリマンには、そんなことがなかった」と書いている。ハリマンはソヴィエト経済の恩人であった。レーニンもジェルジンスキーも、マルクスの『資本論』がソヴィエト経済に何の役にも立たないことを革命当初から知っていた。あれは机上の空論である。

一九二四年五月、ユダヤ系アメリカ人のハマーはソヴィエト政府の依頼を受けて、アメリカに新会社「アムトルク」を設立した。この会社はアメリカ共産党の隠れ蓑であった。ハマーはコミンテルンからアメリカ共産党への資金を運搬する役割を演じ続けた。

ソヴィエトはアムトルクを通じてアメリカにおける経済的基盤を築こうとした。しかし、アムトルクの職員のほとんどは諜報任務の工作員であったので、仕事はうまくいかなかった。しかも、ハマーはアメリカでは「共産主義の信奉者」とのレッテルを張られていたので信用度が低かった。ジェルジンスキーはハリマンにアムトルクの件を相談するようになった。

『米ソ、変わりゆく世界』(一九七一年・ニューヨーク、邦訳は一九七五年)の中にジェルジンスキーの期待に応じる若きハリマンの姿が描かれている。

一九二六年当時、私〔ハリマン〕はソヴィエト人民委員諸氏に向かって、承認についてのアメリカ世論の難関は、まず何よりも、合衆国内の共産主義者の破壊活動に対しての、モスクワからくる支持と資金とにあることを指摘した。彼らはソヴィエト政府がこれとは何の関係もないこと、共産党はまったくソヴィエト政府から独立していることを主張した。私はこれを信じようとはしなかった。私は共産党とソヴィエトとは一心同体であると主張した。われわれが話し合ったいま一つの難問は、合衆国政府ならびにその国民と、ソヴィエト政府との間の金銭的請求権と反対請求権の問題であった。

ハリマンが単にマンガン鉱山の経営でモスクワに行ったのではないことが、この彼の回想でも見えてこよう。ハリマンは帰国後、ニューヨークに一つの組織を作った。一般に「トラスト」と呼ばれる組織は、ニューヨークの金融地区であるブロードウェイ一二〇番地のエクイタブル・トラスト・ビルに事務所を置く数多くの会社を通じて活動した。

この「トラスト」に興味を示し、ジェルジンスキーを窓口としてソヴィエトとの貿易を計画した会社は、ＥＨハリマン商会、アメリカン・インターナショナル・コーポレーション（ＡＩＣ）、ドレッサー・インダストリーズ、エクイタブル・トラスト、そしてＪＰモルガン商会などであった。

これらの会社が若いハリマンが組織した「トラスト」を通じて、ソヴィエト崩壊まで、否、たぶん今日においてもロシアと直接、経済活動を続けているのである。ハリマンを通じてソヴィエトと経済活動をした会社や銀行はソヴィエトから約束手形の不渡りを貰うことはなかった。ソヴィエト経済は「トラスト」に大きく依存し続けていく以外になかったのである。もう一つの単純な理由がある。この「トラスト」の連中は、ユダヤ王ロスチャイルドの保証を貰っていたからである。

ジェルジンスキーは、スターリンの意向を受けて、「ロスコム・バンク」という銀行をつくることにした。この銀行がソヴィエトに出来た最初の商業銀行であった。ギャランティ・トラストはマックス・メイを密かにこの銀行へ送り込み、副頭取に仕立てた。ハリマンの意向をロックフェラーやモルガンが受け入れたからであった。

アメリカを支配する世界権力（ザ・オーダー）の管理下にある銀行家がソヴィエトの銀行の重要なポストに就いたのである。

ハリマンとＪ・Ｐ・モルガンがこのソヴィエトの商業銀行と深く結びつく。アメリカの政府は革命後のソヴィエトと外交関係を結んでいない。ハリマンやＪ・Ｐ・モルガンは非合法下の取引をソヴィエトとしたことになる。どうして、外交関係も政府の支援もないのに、ハリマンたちはソヴィエトに貸付をしたのであろうか。世界権力（ザ・オーダー）たちはアメリカ政府を超えたもう一つの「見えない政府」の力で動いていたのである。

一九二三年、ＣＦＲ（外交問題評議会）はハリマンと契約書を交わした。コーカサス山脈のマンガン鉱山の経営で成功を収めていたハリマンは、マンガン鉱山からマンガンをアメリカに運び出す免許を独占し、何百万ドルもの使用免許料をＣＦＲから得た。さらに、後にアメリカ合衆国政府が介入するまで、ＣＦＲを通じて、四千二百万ドルのボルシェヴィキ公債を発行させて莫大な利益を上げた。

ハリマンは次のように当時を回想している。

この採掘事業はジョルジアのコーカサス山中のツイアトゥリの大規模なマンガン鉱床を包含していた。革命前、この地域は世界のいずれの地域よりも多くのマンガン鉱石を出していた。それは多数の小鉱業主によって操業されていた。われわれの利権は全地域を包含し、操業の集中が可能であった。われわれは近代的な選鉱場を建設し、過去におけるよりもはるかに効率的な操業を行ないつつあった。

ハリマンは、この操業を途中で中断しなければならなかった様子を簡単にしか書いていない。スターリンは権力を握ると、いかにしてドルを獲得するかに執念を燃やすようになった。ハリマンのマンガン鉱が大きな利益を上げるのを見たスターリンは、一九二四年に、期間二十年のマンガン鉱採掘権を提供するという条件で、外国資本を導入しようとした。

マンガン鉱山を調査し尽くし、採掘を始めたハリマンはこのスターリンの申し出に応じ、三百五十万ドルを投入した。しかし、途中でドイツの実業家グループがソヴィエトにハリマンより高い契約金を提示し、協定を結んだ。ハリマンは敗北したのか。彼はスターリンに猛烈に抗議した。そして採掘権を失ったが、投資の三百五十万ドルを利子付きで返還するというソヴィエト側の約束を得た。ソヴィエトはハリマンとの約束を守った。スターリンはハリマンを恐れていた。ハリマンを裏切ることは、ソヴィエトの再建に支障をきたすからである。

一九二六年十二月、ハリマンはマンガン鉱山から去っていくのである。ジェルジンスキーの死から六カ月後のことであった。

『米ソ、変わりゆく世界』の中でハリマンは次のように書いている。

操業はまずまず順調にいっていたが、利権条件のあるものについていくつかの困難があった。私は一九二六年十二月、これらの問題を政府当局と協議するためにモスクワに出向いた。私はトロツキーその他の政府指導者たちと会議する機会をもった。スターリンは当時、共産党書記であって、多くの外国人と会うことはなかった。私は会おうと試みたが会いはしなかった。彼はモスクワにいないということであった。

ハリマンはトロツキーとも会談している。「四時間の間、彼はいかなる個人的な見解も述べず、また無関係な話題をも持ち出さなかった。これは私には異常なことと思われたのであって、彼が私との会談が記録されるかもしれないかと恐れを抱き、そしてそれが彼のすでに怪しくなっていた立場に影響することがあり得ることに配慮したからだと信じざるを得なかったほどであった」と書いている。

「私はモスクワでの会談中、レニングラードを短時間訪れた。戦前のレニングラードはヨーロッパの都市のうちで最も美しいものの一つであった。その教会がもつ銀色の尖塔は他に類のないものがあった。それは戦争中の荒廃から細心の注意をもって修復され、今なお魅力の多くを保持していた」とも書いている。

ジェルジンスキーは一九二六年七月二十日、工業投資率をめぐる論争の最中に突然死んだ。党中央委員会は同志ジェルジンスキーが心臓発作のために急逝《きゅうせい》したという簡単な発表をした。

ジェルジンスキーには有力な参謀が二人いた。そのうちの一人が、スターリンと同郷のセルコ・オルジョニキーゼであった。彼を通じてジェルジンスキーはスターリンに近づいた。かつての先輩トロツキーは彼の存在に危機感を持った。これは推測の域を出ないが、トロツキー一派に暗殺されたのかもしれない。

トロツキーはジェルジンスキーの「チェーカ」に対抗すべく、別の軍事諜報組織「第四局GRU《グルー》」を設立し、ジェルジンスキーのチェーカと闘っていた。しかし、レーニンは死に（スターリンに暗殺されたという説は有力であるが、ここでは書かない）、トロツキーは追放され、後に国外で暗殺される。ハリマンは一九二六年十二月、スターリンをジェルジンスキー亡き後の交渉役とするが失敗する。

若きハリマンは情報の大切さを知るようになった。抹殺する者さえ抹殺される、そんな世界を見た。スターリン独裁の恐怖の時代がやってくる。

チェーカの本部前の広場は、ジェルジンスキー広場と長らく呼ばれていた。一九九一年のクーデター後、ジェルジンスキーの銅像は撤去され、広場の名前はルビヤンカ広場となった。こうして、ジェルジンスキーは完全に過去の人となった。しかし、ジェルジンスキー的人間が、現代、ロシアン・マフィア（レッド・マフィア）として生き続けている。

スターリンはトロツキーと対決する過程で「第一次五カ年計画」を発表した。ソヴィエトをアメリカ資本の影響を受けずに工業化しようとした。だがこれはあくまで表向きのジェスチャーであった。ハリマンはマンガン鉱を放棄した。しかし、スターリンはハリマンの力添えを得て、アメリカ・ソヴィエト商工会議所のルートでロックフェラー財閥と結びつく。そして、チェース銀行がソヴィエト国債四千二百万ドルをアメリカ国内で売り出したのである。

ハリマン、ロックフェラーの経済的援助を得て「第一次五カ年計画」は成功する。この過程で独裁者となったスターリンは個人崇拝を強要し、「革命の神」となっていった。やがてスターリンはネップ（工業化計画）を強引に推し進めていくようになる。

ソヴィエトの石油について書くことにする。

一九〇〇年、ロシアの原油はアメリカの生産量をしのいでいた。一九二〇年、革命後の石油産業は壊滅的状況となっていた。二年後、ソヴィエトは原油生産に着手したが油井《ゆせい》に水が浸透し、原油が採れない状態になった。一九二三年、ソヴィエトはバクーの油井復旧のために、回転式ドリルをアメリカに求めた。インターナショナル・バーンスドール・コーポレーションが井戸採掘に技術協力をした。この会社はJPモルガンを主体とするギャランティ・トラストとWHハリマン銀行が経営権を握っていた。マンガン採掘、石油への権利にハリマンは積極的に加わっていく。

ソヴィエトはアメリカ資本を導入するしか国家の再建方法を見出せなかった。ソヴィエトに最初に資金を提供したのは、ギャランティ・トラストとWHハリマン銀行である。ギャランティ・トラストにもハリマンは資本参加していた。ハリマンが先頭に立ってソヴィエトを救ったといっても過言ではない。

革命後のロシアは荒廃の大地と化していた。すべては国有化された。あのバクー油田も。しかし、革命の成功者たちはドル不足に悩んでいた。一九二三年三月、ロスチャイルド系列のシェル石油がレーニンに救いの手を差しのべた。

バクー油田の石油を買う取引が成立した。その油田にスターリンが働いていた。この油田を支配していたのがレオニード・クラーシンであり、彼がスターリンを育てた。クラーシンはフランス大使、イギリス大使を歴任し、「シェル石油」の代理人の役を務めた。一九二六年にクラーシンが死ぬと、スターリンはその代役を引き受けた。独裁者スターリンは「シェル石油」という会社を通してロスチャイルドと結びついていく。

ハリマンはソヴィエトの秘密のすべてを知る立場にあった。レーニン、トロツキー、ジェルジンスキーたちと直接取り引きし、飢餓線上のロシアを見て回ったのである。

ロックフェラーのニューヨーク・スタンダード石油はヨーロッパ市場に石油を輸出するという契約をソヴィエトとした。ロックフェラーはこの契約を得るために、秘密裡にスターリンに七千五百万ドルを提供した。

こうして、スタンダード・オブ・ニュージャージーは、ノーベルの巨大なコーカサス油田の所有権を、建前は国有化されていたにもかかわらず、その五〇%を買い取った。

一九二七年、ニューヨーク・スタンダード石油は一つの精錬所をロシアに建て、ボルシェヴィキの経済を立て直すのを助けた。革命後、アメリカがソヴィエトで行なった最初の本格的な投資であった。

ロックフェラーのチェース・ナショナル・バンクは対ソ信用貸付事業の水先案内役を演じた。

この銀行は、一九二八年に行なわれたソヴィエトの対アメリカ債券販売にも参加した。アメリカ国民はこの銀行を「国際泥棒銀行」だといって非難した。

米ソ商工会議所の会頭にはチェース・ナショナル銀行の副頭取リーブ・スワリーがなった。ここからアメリカ向けの原材料が輸出された。また、アメリカの綿や工業機械がソヴィエトに入っていった。チェース・ナショナル銀行とエクイタブル・トラスト・カンパニーがソヴィエトに多額の融資をしていった。

アメリカの上院議員ルイス・マクファデンは金融通貨委員会の議長として、次のように演説した。

ソヴィエト政府は、わが国の連邦準備制度理事会及び連邦準備銀行の決定により、ロックフェラーのチェース銀行、モルガン・ギャランティ・トラスト他、ニューヨーク市内の幾つかの銀行からアメリカの国家資金を手に入れている。諸君、ニューヨークのソヴィエト政府貿易会社アムトルグやソヴィエト貿易組織本部、ゴストルク、ソヴィエト国立銀行の帳簿を開いてご覧なさい。これまでいかに多くの国家資金がソヴィエトのためにアメリカ国庫から持ち出されてきたか、ということが解ってビックリされるだろう。ニューヨークのチェース銀行がソヴィエト国立銀行のためにどんな取引をしてきたか調べてみたまえ。

スターリンは、レーニンが「社会主義とはソヴィエト政権＋電化」であると宣言した路線を堅持する。そのためにはドル資金が必要であった。このことは極秘にされた。ドルを獲得するために、一九二〇年から三一年にかけて、農業工場と巨大コルホーズが建設されていく。男女、子供を含め千五百万人が追放され、そのうち二百万人が工業プロジェクトの現場へ強制移住させられた。残りの千三百万人は北極圏へ追放された。このうちの一千万人が強制労働収容所へ送られた。

ハリマン、ロックフェラー、モルガンらの「合法的マフィア」たちは、スターリンの工業化のために資金を貸し付けて、大きな利益を上げていった。ソヴィエトこそは、合法的マフィアにとって世界最高のお得意様であった。ソヴィエト崩壊後のロシアも同様である。

ロシア革命後のソヴィエトをハリマンは次のように回想している。

私〔ハリマン〕はモスクワの会談を終えた後、ツィアトゥリの鉱区を訪れた。私は資本家らしく振る舞うと決めて列車に専用客車をつけることを要求しそれが与えられた。それはツァー《皇帝》時代のもので、装飾を施したものであった。モスクワからバクーまで千五百マイルの旅行は約四日かかった。それはきわめて興味深いものであった。軌条はぞっとするような粗雑なものであったが、一時間二十五マイルの速度は運行をまずまず安全なものにした。私は田舎と、すべての停車場に群がるロシア国民を見る機会を得た。当時の特殊な悲劇は、いわゆるベズプリゾルニェ（何十万、おそらく何百万かもしれない。内戦で親兄弟を失った孤児たち）であった。多くはモスクワで、厳寒のうちにどんなところでも身を横たえるところを求めていた。われわれが南へ下るにつれて彼らはもっとたくさんいて、物乞いをしたり盗んだり、普通の共同生活とは無縁な野獣として生活していた。

ハリマンは、革命とは何かという、革命の本質を描写している。何百万人の孤児がいるということは、父と母と祖父と祖母が何百万、何千万と殺されたということである。数千万単位の殺人がロシア革命であり、革命後も数千万単位で、レーニンやスターリンに民衆は殺され続けた。革命を讃美することはたやすい。しかし、その現実は悲惨なものであった。ハリマンは次のようにも書いている。

私はこの経験から多くのことを学んだ。私はボルシェヴィキ革命が事実において反動的な革命であったこと、そしてそれが「将来の波」でなかったことも確信するようになった。それはわれわれがきわめて深く尊重する信念(個人の権利と尊厳、政府は民衆の意思を表現すべきであるとする思想)を否定した。ボルシェヴィキの考え方は、少数が多数のために何が善であるかを知っているのだというのであって、少数がその善意を民衆の上に仮借なく強制したのであった。個人が国家の婢僕《ひぼく》であった。それ以来、ボルシェヴイキ革命は、すべての明白な業績にもかかわらず、差し引きにおいては人間の発展における悲劇的な一歩後退であったとする私の確信を変更する何ものも起こらなかったのである。

このハリマンの回想は、彼がソヴィエトを訪れてから五十年が過ぎた八十歳のときのものである。

ハリマンは革命の悲劇を自分の目で確かめていたにもかかわらず、ソヴィエト国家を称賛し続けたのである。

ソヴィエトの悲劇は世界の悲劇であった。この悲劇は日本にも大きな影響を及ぼした。戦後数十年が経過しても、日本のインテリたちはソヴィエトを礼賛し続けた。真実の姿を見ようとする信念なきままにである。

ハリマンがソヴィエトの悲惨な現場を見てまわっていた当時のアメリカを少しだけ書くことにしよう。

若い女性たちは膝頭までになったスカートを穿《は》き、横縞のセーターを着るようになった。彼女たちはチャールストン・ダンスを踊り、恋に熱中していった。ハリウッドのスター、ルドルフ・ヴァレンチノの熱っぽい情熱的な演技に熱中した。そのヴァレンチノが三十一歳で死ぬと、娘たちは嘆き悲しんだ。

この時代で最も注目すべきは、何といってもチャールス・A・リンドバーグの大陸横断飛行の成功であった。ハリマンはリンドバーグの成功の中に新しい目標を発見するのであった。アメリカの飛行機産業に、若きハリマンは果敢に挑戦していくのである。

カール・マルクスについて少しだけ書く。

古来、ユダヤ人は農業を禁じられてきた。

マルクスは「ブルジョアジーは地方農村を都市の支配下に置く。それは巨大な都市を創設し、都会人口を地方人口に比して著しく増加せしめ、それによって、多数の人々を『地方農村の白痴的生活』から救出してきたのである」と『共産党宣言』の中に書いている。

この文章はユダヤ人・マルクスの憎悪の思想である。農村の人々により食料を与えられ、人はそれを喰って生きている。マルクス主義により革命が生まれた。ハリマンが見た孤児たちの姿は革命の結果そのものである。マルクスほど農業を憎悪、蔑視した思想家はいない。ハリマンはこのロシアの悲劇を見て、来るべきアメリカの理想を見た。それは、ユダヤ王ロスチャイルドの夢と重なった。どうしてか。アメリカをスターリンのように支配したいと願うようになったからである。

ハリマンの思想とは何か。これに答えるのは難しい。資本主義の権化《ごんげ》のようなハリマンは、共産主義と社会主義（一応そのように分離しておく）と資本主義を一体とする世界体制を目指したと、ここでは書いておく。思想は主義ではない。流動的なものである。この本を読み続ければ、ハリマンの思想が理解できるようになろう。

ハリマンが描いたソヴィエトの世界から五年が経った一九三一年、スターリンは次のような演説をした。


取り残されたものは敗北する。旧ロシアの歴史は、取り残されたために、たえまなく敗北しつづけ、苦しんできたということだ。そしてまた、イギリスとフランスの資本家たちによって打ち負かされた。さらに日本のバロンたちに敗北したのだ。〔中略〕これが資本主義の「ジャングルの法則」である。後進的ならば弱く、それゆえ正しくない。すなわち、打ち負かされ奴隷化されるのだ。強力ならば、それゆえ正しいのである。だからみんなから恐れられる。これがわれわれがもはや、背後に取り残されてはならない理由なのである。

世界の歴史をスターリンは見事に描いている。ソヴィエトが強大国になっていく時の流れの中で、世界中のすべての人々はソヴィエトに振り回されたのだ。しかし、スターリンは別のことを言っている。「ジャングルの法則」について語るのである。スターリンを振り回したのは誰なのか、それはイギリスとフランスの資本家たちであるとスターリンは言う。そう、イギリスとフランスにユダヤ王ロスチャイルド一家がいたのである。

このスターリンの語る言葉の中に共産主義的国際主義が見えてくる。このスターリンの言葉は一見、啓蒙主義的な響きを持っている。しかし、スターリンの思想の中には、言論の自由、良心の自由は全くない。マルクスは言論の自由については書かなかった。良心の自由についても。マルクスはユダヤ王ロスチャイルドの援助を受けていた。あの『資本論』はユダヤ教のタルムードのようではないか。

スターリンの権力は威嚇的な権力であった。共産主義とは威嚇的な権力で脅かし、逆らう者は強制収容所送りにするシステムではないのか。歴史はそう語っている。

スターリンが演説した一九三一年、この頃のアメリカは不況下にあった。スターリンは語ることがなかったが、ソヴィエトは急速な工業化を進めるために輸入機械の大半をアメリカに依存したのである。ある時点で、アメリカの全機械輸出の四〇％以上はソヴィエト向けであった。

ソヴィエトの経済学者S・メンシコフは「われわれがなぜ資本主義を助けたのかと問う人がいるかもしれませんが、しかし、実際には、われわれは自分自身を助けたのです」と、J・K・ガルブレイスに語っている。スターリンの「五カ年計画」（一九二八〜三二年、一九三三年〜三七年、一九三八年～四二年）はいずれも国際的な銀行から融資を受けてなされた。その主力は、モルガンとロックフェラー財閥系であった。もっと明確に書くなら、ロスチャイルドがスターリンの帝国にドルを貸し付けていたのである。

ハリマンはソヴィエトでマンガン鉱山を経営しつつ、人脈を形成していく。彼の人脈で忘れてはならない人物がいる。マンガン鉱山経営のために尽力したマクシム・リトヴィノフである。リトヴィノフはユダヤ人の商人の子として生まれた。一九一七年の革命後、イギリスで活動する最初のソ連スパイとなった。レーニンはリトヴィノフに「ボルシェヴィキによる権力奪取に対する国際的な反響を報告せよ」と命じた。

ジョージ五世は親族でもあるロマノフ王室一族の逮捕を知り、彼らの運命を確かめようとしながらも、革命の精神が自国内に飛び火するのを恐れた。しかし、リトヴィノフはオックスフォードとケンブリッジの両大学に革命への同情があるのを知った。リトヴィノフはこの両大学に革命へのシンパ組織を作った。一九一九年、レーニンはソヴィエト保安組織の対外情報工作機関としてコミンテルンを創設した。コミンテルンは世界各地で地下工作をした。

リトヴィノフはロンドンに「英ソ親善協会」（通称アルコス）を創設し、ソヴィエトの対イギリス貿易機関とし、また、スパイ活動の拠点とした。しかし、一九二七年五月、手入れが行なわれ、この組織は解体する。

リトヴィノフはイギリス滞在中に、ロスチャイルドと並ぶ財閥のベアリング卿と深くつき合うようになった。また、貴族のシドニー・ロウの姪《めい》を妻としたのである。ハリマンとリトヴィノフの関係は、あるいは、ロスチャイルドやベアリングの遠謀計画の一つであったのかも知れない。スターリンがヒトラーと連合戦線を張る過程でリトヴィノフは外相となるが、モロトフが後任となる。外相解任後、無為《むい》の生活を送るリトヴィノフを、ハリマンは駐米大使にするようにスターリンを説得する。しかし、リトヴィノフはハリマンの怒りを買ってしまう。後述することにしよう。

一九三三年十一月七日、リトヴィノフはハリマンの力添えを得て、ルーズヴェルト大統領と会見する。ホワイトハウスの高官たちがリトヴィノフ外相をユニオン停車場に出迎えた。リトヴィノフは国務長官、大統領、政府高官らと九日間にわたる会談を持った。十一月十六日の夜遅く、ルーズヴェルト大統領とリトヴィノフ外相は十一通の書簡、および一つの覚書《メモランダム》を公式に交換した。このメモランダムの中で両国間の外交関係の復活を満足をもって表明した。

ソヴィエトは、ソ連邦内にいるアメリカ人に信教の自由を保障することにした。また、アメリカ国内での共産主義宣伝を慎むことにも同意した。ここに、アメリカはソヴィエトを国家として正式に認めたのである。

フランクリン・D・ルーズヴェルトがどうして大統領になったのかは後章で書くことにしよう。黒い貴族たちがルーズヴェルトを大統領にした狙いの一つはここに叶えられた。

日本とドイツを膨張国家に仕上げ、その緩衝国としてソヴィエトを利用するという遠大な構想を黒い貴族たちは持っていた。

ハリマンはソヴィエトとドイツを強大国にすべく、政治的にも経済的にも活躍するようになっていく。第一次大戦後の敗戦国ドイツをもう一度強大国に仕立てて、戦争を起こさせようと計画する。誰がそれを計画したのか。もちろん、ユダヤ王ロスチャイルド、それにイギリスの財閥たち、そし

「百万長者は適者生存の産物」
と説いたグラハム・サムナー

ダーウィンの「進化論」は
アメリカの保守主義と
結合した

アヴェレル・ハリマンの母メアリーは
「アメリカ優生学会」を支援

「優生学は人間の進化の
自己決定」と謳う
1921年国際優生学会のロゴ

ハリマンの秘密交渉の相手
ジェルジンスキー

ソ連初のスパイ、
マクシム・リトヴィノフは
マンガン鉱山を経営

ロシア革命の本質は
「数千万単位の殺人」

てアメリカの「合法的マフィア」たちである。戦争を望んでいなかったのは、あの当時、スターリンただ一人であった。どうしてか。答えは簡単である。ハリマンが書いているように、ソ連には孤児が数百万人いたし、食べるものとてなかった。市場では死人の肉が売買されていた。嘘ではない。本当の話である。

ウォルドルフ・アストリア・ホテルで、米ソの国交回復を祝ってリトヴィノフ外相歓迎晩餐会が催された。ハリマンはリトヴィノフ外相を名士たちに紹介した。ロックフェラー、モルガンはじめ大企業の名士たちがリトヴィノフに拍手を送った。

無限の才能を持つ男の物語

ハリマンの姉のメアリーは彫刻家のチャールズ・M・ラムジーと結婚した。ハリマンはラムジー家と血族関係になり、義兄のラムジーはハリマンにポロ競技を指導した。ラムジー家について書くことにする。

ラムジー家は十八世紀前半のフランスのフリーメイソンとして名高いアンドレー・マイケル・ラムジーを祖先として持つ。フランス啓蒙思想を生んだ『百科全書』の出版はこのラムジーの力による。戦略事務局（OSS。後のCIA）創設者で、「ワイルド・ビル」の異名を持つドノヴァン将軍の妻がラムジー家の出身であった。ハリマンとドノヴァン将軍は血族となり、第二次世界大戦を演出していくことになる。

もう一人の姉のコーネリアは、ユルブリッジ・ゲリー准将の息子ロバート・リビングストン・ゲリーと結婚した。ゲリーはハリマン経営のブラウン・ブラザーズ・ハリマンの共同経営者となった。ゲリーはヴァンダービルトの一族である。ここで、ハリマン家とヴァンダービルト家が血族となる。また、二人の間の息子（ハリマンの甥《おい》）エドワード・ゲリーが一九三三年、テキサスの大富豪でスタンダード石油ニュージャージーの会長ウィリアム・ファリッシュの娘マーサーと結婚する。

ハリマンの私生活に簡単に触れておきたい。ハリマンは一九一四年、姉キャロルの友人で乗馬仲間のキティ・レーナァー・ローレンスと恋に落ちた。キティはすらりとして、黒みがかかった髪の持ち主だった。子供の頃に両親を亡くし、祖父で銀行家のチャールズ・レーナァー・ローレンスに育てられた。ハリマンと知り合う前、彼女にはリンカーン・エルスワースという婚約者がいた。彼は後に北極探検家として名を成す。

二人は一九一五年九月に結婚した。二人の間に、マリーとキャスリーンが生まれた。ハリマンはテディ・ガーランドというブロードウェイの女優と浮名を流す。しかし、この情事は省略したい。彼の『伝記』には詳しく書かれているけれども……。

二人の結婚生活はうまくいかなかった。キティは病弱であったし、昔の婚約者とも密通していた。ハリマンはコーネリアス・ヴァンダービルトの妻、娘と同名のマリーに恋するようになる。やがて二人は結婚する。キティとハリマンは一九二九年に離婚するのだ。娘マリーは十二歳、キャスリーンは十一歳であった。六年後、キティはニューヨークの有名な外科医エウゲニ・ポールと再婚するが、癌《がん》のために死ぬ。二人の娘はハリマンとマリーのもとに移った。

新妻マリーは二十五歳の誕生日の前であった。菫《すみれ》の花のような青い眼を持ち、人目を引く容貌の美人であった。年に不似合いな成熟した美を彼女は秘めていた。ハリマンは彼女に抑えきれない魅力を感じた。マリーの父シェルデアン・ノートンは著名な法律家であり、母のビューロー・アインシュタインは生粋《きっすい》のユダヤ人であった。ハリマンはユダヤ人を妻としたことになる。彼のユダヤ人脈との深い結びつきがここにも見えてくる。

ハーバード大学教授で経済学者のJ・K・ガルブレイスはハリマンのブレーンの一人である。彼は『ガルブレイス回顧録』の中で、「マリーは自尊心と独立心の強い女性である」と書いている。

J・F・ケネディが暗殺された後、ハリマン夫妻は未亡人のジャクリーンと子供たちの世話をした。ジャクリーンが最も信頼した女性はハリマンの妻マリーであった。

マリーは美術愛好家でもあった。結婚後、マリーはハリマンの力添えを得て、ブロードウェイに美術店を開く。ハリマンは印象派の絵画をマリーとともに蒐集する。印象派の絵が、パリからアメリカに流れていく。そして世界的な評価を得るようになる。

複雑な血閥関係は省略するが、ハリマンはヴァンダービルト家、コリンズ家、ホイットニー家と結ばれていく。これらの血閥には一つの共通点があった。一つは優生学への傾倒であり、もう一つは心霊術に熱中するサークルを形成したことであった。また、これらの一族はフリーメイソン、イルミナティ、そしてスカル＆ボーンズの「納棺と新生」のイニシエーションでも結ばれていた。

ホイットニー家の一人に、ジョン・ヘイ・ホイットニーがいる。彼は悪魔集団ともいわれる「ピルグリム・ソサエティ」の副会長を務めていた。ピルグリム・ソサエティは秘密組織のイルミナティの政治部門であるが、実態はわからない。また、彼はニューヨーク・ヘラルド・トリビューン紙の発行人（一九五七〜六六年）でもあった。彼はベティ・クーシンク・ルーズヴェルトと結婚した。後にベティはフランクリン・D・ルーズヴェルト大統領の息子と再婚した。この二人の娘ケイトは、ニューヨーク・ポスト紙のウィリアム・ハッダトと結婚した。ハッダトはユダヤ人会議議長、ニューヨーク近代美術館館長を務めた。ハリマンはジョン・ヘイ・ホイットニーを多方面から援助し続けた。

少し脇道にそれてみよう。ニューヨーク近代美術館（通称MOMA《モマ》）について書くことにする。この美術館の創立者はロックフェラー一族である。なかでもネルソン・ロックフェラー（デーヴィッド・ロックフェラーの兄）である。彼については後述する。

二十年前、私はメトロポリタン美術館を観た翌日にニューヨーク近代美術館に行った。そこで私は、何か得体の知れない絵を見続けている自分を発見した。後に私はこの異様な絵の中に、コリンズ家の魔術の呪いのようなものが漂っていたのではないかと思ったのである。キュービズム、超自然的抽象画などを、私たちは近代絵画として一方的に押しつけられているのではないのか。ユダヤ人ピカソのあのグロテスクな顔を一方的に傑作として認めよと押し付けられた。ニューヨーク近代美術館は「泥棒貴族」たちが心の暗黒を正当化するために、悪魔的な絵を正当化したのではと思えてならない。

ハリマンと美術について書くことにしよう。世にも不思議な才能を持つ男の別の顔を見ることができるであろう。

ハリマンは美術に深い造詣を持っていた。父のエドワードが世界の古典的な名画を蒐集していたからでもあった。ハリマンは稀なる美的センスを持っていたのであろうと私は思っている。彼は印象派の絵画、とくにモネの絵を愛した。また、ハリマンはシュールリアリズム、キュービズムなどにも理解を示した。

「合法的マフィア」や「黒い貴族」たちは人間の倫理性の低下を密かに願っていた。一九二〇年代初頭のアメリカはヨーロッパの文明を師と仰いでいた。

ウォルター・パッチはアメリカ絵画を、「ピューリタン的道徳心とクエーカー的無味単純にすぎ、官能的満足や芸術的愉悦をアメリカから遠ざけた」と論じた。ハリマンが芸術に力を入れ出す前である。

「芸術は、芸術のための芸術であり、宣伝であり、商品であった」とは、ナチスの宣伝相ゲッペルスの言葉である。ゲッペルスが言うように、芸術は宣伝であり、商品になっていくのである。アメリカの「合法的マフィア」たちは美術作品が利益となる商品であり、彼らの権威を高めるための宣伝材料になることを知るようになっていった。それがはっきりしてきたのは一九二〇年代からである。

一九一九年、「ニューヨーク・ヘラルド」に次の文章が出る。この記事は芸術におけるモダニズム崇拝を「世界的ボルシェヴィキ宣伝」だと抗議し、次のように主張した。

この狙いは、芸術界を含むあらゆる現行の社会組織を打倒し破壊することにある。この堕落したモダニズム崇拝は、芸術に適用されたボルシェヴィキ哲学にすぎない。それゆえボルシェヴィズムの勝利は、現代美術組織の破壊、あらゆる美術価値の追放、醜悪の神聖化を意味する。

この「ニューヨーク・ヘラルド」はベネット一族の所有である。彼らは「ロイター通信」を創立するユダヤ人のジュリアス・ロイターの一族である。この記事はニューヨーク・ヘラルドが黒い貴族の手に落ちる前の記事である。従って、このような記事が今後、大衆の眼にふれる新聞や雑誌に出ることはなくなる。アンダーグランドの出版物は別にして。

この記事を読んでいただければ、奇々怪々なモダニズムを芸術の域に高めた元凶がどこにいたのかを知ることができる。

賢明で聡明なるハリマンは、ボルシェヴィキ哲学に通じていたし、モダニズム崇拝の真の意味を知っていた。モダニズム崇拝はこの時代の流行となる。フランスではすでに「美術商」たちが、彼らの作品に注目し始めていた。

一九一九年春、第一次世界大戦の終結を飾るヴェルサイユ講和条約が調印された。フランスではこの年、フランス共産党が成立した。ソヴィエトで成功したボルシェヴィズムが世界の流行となっていった。

「ニューヨーク・ヘラルド」をもう一度引用する。黒い貴族たちに買収される前の記事である。

絵画商によって豪華版が刊行され販売された。〔中略〕これまで広く認められている美学的基準の評価を落とし、これを抹殺するため、滑稽な策略が絵画取引に用いられた。

この批評はハリマンの行動を指すものではなかろう。しかし、「合法的マフィア」の中で、ハリマンがモダニズム崇拝の絵画を蒐集し、絵画商とタイアップしていたことは事実である。アメリカでのモダニズム絵画の革命が大衆の側から燃え上がったものではなかったことに注目しなければならない。美を醜に、醜を美にせんとする、この絵画革命は、社会主義の台頭と軌を一つにしていた。資本主義者たちが社会主義運動を推し進めたことは後に詳しく書くことにする。

一九二〇年代から三〇年代にかけて、ロックフェラー、モルガン、ホイットニー、グッゲンハイム、そしてハリマンらの「合法的マフィア」たちは芸術家たちのパトロンとなっていく。しかし、彼らが迎えた芸術家たちはほとんどがモダニズム絵画であった。魂を美へと誘う芸術家たちの多くは抹殺されていった。では、ハリマンがソヴィエトの芸術についてどのように考えていたかを、ハリマンの回想から見てみよう。

レーニンは彼の死ぬ前、近代的抽象主義が単に知的エリートのためにあるだけで、プロレタリアのためではないと判断しはじめていたとしても、〔それらの芸術には〕革命的精神があった。そこにはなお自由な表現があったが、少なくとも、ものを書くことにおいて共産主義イデオロギーに対して敬意を払わなければならなかった。新しい劇について、またその他の分野において興奮が存在していた。イサドラ・ダンカンの表現的舞踏は迎えられていた。スターリンはこれをすべて圧殺した。

近代的抽象主義は具象的絵画の〝封印〟から始まった。また、絵画が絵画商の手で投機的に売買されるようになり、舞台はヨーロッパからアメリカの「合法的マフィア」の手に移っていった。アメリカに美術館が続々と誕生してくる。これも絵画が投機の対象となったからである。一九二四年にはグッゲンハイム財団がグッゲンハイム美術館を建てる。ヘンリー・アレン・モワという学者がこの美術館に迎えられている。彼はロスチャイルド傘下の学者であった。また、ロックフェラー財閥が設立したニューヨーク近代美術館の館長も務めた。この美術館を企画したのはアビー・アルドリッチ・ロックフェラーである。また、ネルソン・ロックフェラーは特にグロテスクな絵を好んで、この美術館の展示に影響力を与え続けた。

ホイットニー美術館は、ヴァンダービルト家の娘と結婚した彫刻家ガートルード・ホイットニーが創立した。しかし、この美術館もホイットニー財団の経営である。財閥は財団をつくり、資産の保全を図る。それゆえ、絵画や彫刻を買い漁る。そこで、批評家たちを養成し、投機的利益を上げられるように誘導する。

ではその具体的な例を挙げることにしよう。

第二次世界大戦の最中、シュールリアリストたちを乗せた飛行機がパリからニューヨーク空港に到着した。「黒い貴族」のペギー・グッゲンハイムはニューヨーク西五十七丁目にギャラリーを開き、彼らの作品を展示し、生活を支えてやった。エルンスト、モンドリアン、ポロック、ロスコ、ホフマンたちがいた。ニューヨークがパリの芸術を飛行機で奪い去ったのだ。

抽象絵画は男性的な儀式から誕生したようなものである。ジャクソン・ポロックがそのよい例であろう。彼は誰彼かまわず「ファックしようぜ」と言っていた。

かくてアートは激変した。このアートを芸術として宣伝し、アーチストたちに飯を食わせるシステムをハリマンや、ハリー・ホプキンスがつくり上げたのである。シャガールもダリもアートであるとされて、事実アートになった。

一九四〇年代の初期、ハリマン主導で、ハリー・ホプキンスが動いた「WPA」と呼ばれた法案がニューディール計画の一つとして事業計画局から出され、ルーズヴェルト大統領はすぐに署名した。この法には失業対策の一つとして、すべての公的ビルは装飾すべきだという条項が入っていた。ハリマンとハリー・ホプキンスの作戦だった。パリから流れ出てきた芸術家たちは週単位で雇われた。給料は二十三ドル九十セント。彼らのほとんどはキュービズム、シュールリアリズムの画家たちであった。

彼らは、ニューヨークのビルを、魔術的な、内省的な、そして性的な象徴を描いて埋めていった。まさにこれはニューヨークにおける「美の死」に他ならなかった。フリーメイソンの秘密である「納棺と再生」がニューヨークのビルを変えてしまった。ユダヤ人のマルクス主義者ベル・ボロホフは『シオニズム理論の問題』の中で次のように書いた。

われわれは、進歩の熱烈な信奉者がその獲得物を途方もなく誇張していることを知っている。進歩は、技術、科学、それにたぶん美術そのものの発展の重要な要素であるが、また確実にノイローゼ、ヒステリー、売春の要素である。〔中略〕進歩は諸刃の剣であり、一方に天使、他方に悪魔がいるのだ。

新しい絵画をアメリカに導入するにあたり、その富と権力を駆使した実力者は、ロックフェラー一族の秀才、ネルソン・ロックフェラーとハリマンであったと私は考えている。この二人は後に書くのであるが、一人は共和党、もう一人のハリマンは民主党に属する。だが、政治、経済、文化の面で友人として結ばれていた。

ネルソン・ロックフェラーは裸体画の世界的蒐集家として知られる。彼の館にはその壁のいたるところに、何ら飾らない姿の女たちが溢れている。ネルソン・ロックフェラーは猥褻な裸体画を画家たちに描かせ、その蒐集と売買により大きな利益を上げていた。ネルソン・ロックフェラーは第二次世界大戦後、ハリマンが務めたニューヨーク知事の後を継いだ。大統領になろうとしたが、女性スキャンダルのために断念せざるを得なかった。

ネルソン・ロックフェラーは美術への造詣が深く、メトロポリタン美術館をはじめ多くの美術館のために大いなる権力を行使した。

ハリマンが先駆をなしたことにより、アメリカの政治家たちは絵画を重視するようになっていった。視覚を通じて人間の心を変えようとしたのである。

無意識の中の自由連想という思想（恐怖を絶えず呼び起こす思想）がこうしてアメリカ人の心の中に、敗戦後の日本人の心の中に植えつけられていく。ロックフェラー、ホイットニー、グッゲンハイム、ハリマンらの財閥は美術館を創設したり運営したりしつつ、彼らにとって利用価値のある芸術家たちへの資金を導入することにより、「人間の心の改造」に成功したのであった。

マティス、ピカソ、モンドリアン、ダリ、カンデンスキー……君たちは「合法的マフィア」好みの画家たちだ。国連ビルに飾られているピカソの「ゲルニカ」は醜悪美の最高傑作だ。「合法的マフィア」の連中は投機の対象として商うために、彼らの絵に高値をつけた。こうして、ニューヨークを中心にガラクタとしかいいようのない作品が氾濫するようになる。それは技術を要さない、コピーしやすい作品である。大量にでっち上げ、大量に売りまくり、本当の利益者はほくそ笑み続けたのである。絵画の利益などたいしたことはない、と思ってはいけない。ユダヤ王ロスチャイルドもこの方法で財を成していったのである。かつての名画は数が少ない。ならば、名作を大量に作らせればよい、というのがアメリカの泥棒成金たちの考え出した方法であった。

ニューヨーク近代美術館は、シュールリアリズムやキュービズムの絵を現代絵画の傑作として認め、その理論を確かにするための手段をとった。カンデンスキーの抽象画を近代美術館の雇われ批評家たちは異口同音に「貴重絵画」と主張した。

今やポロックは金持ちとなり、自分を金持ちにしてくれた「合法マフィア」たちに酒まじりの怒りをぶつけるまでに成り上がった。アートは創造されたのである。ポロックのような神々が多数誕生してきた。神々は自分たちの芸術を荘厳なる輝きの中で飾ることを要求した。芸術はかくて「キャンペーン」の時代に突入した。芸術は生活になり、生活もまた芸術となった。そして、ついに芸術は商品へと昇格した。常に闘い奪る思想としての芸術が新しいアートを生んだ。黒い貴族たちは、この運動を喜び、絶えず支持し続けた。

若きハリマンがエール大学を卒業し、ソヴィエトで事業をし、他の事業を拡大していた頃、彼はアルゴンキン・ホテルを舞台に夜ごと出入りし、社交界の寵児《ちょうじ》として注目を浴びていた。彼の周囲に集まる人々は「アルゴンキン・ホテル円卓派」と呼ばれた。

あのチャールストンの全盛期、アルゴンキン・ホテルではニューヨーカー誌の常連寄稿家たちがいつもハリマンを囲んでいた。

銀行家、企業家として超一流のハリマンはもう一つの顔、すなわち、夜の顔を持っていた。ピーアスト・リリー、ハリング・ラートナー、マーシャル・フィールド、ディック・ロジャース、ラリー・ハート、ロバート・E・シャーウッド、マーク・コナリー……。

多彩なアメリカの最高級インテリたちは、アメリカ文明の現代性と未来についてハリマンと意見を交わしつつ、夜を過ごした。そして、ポーカーと酒、美女たちが、円卓派の周りに溢れていた。しかし、ハリマンは多くの美女に心を許すことなく、恋に溺れることも少なかった。この非情な、知性豊かな男は文学、美術のみならず、音楽の面でも大きな影響を、アメリカ、否、全世界に与えた。ハリマンは作曲家のジョージ・ガーシュインの才能に注目し、彼の作曲家としての名声を世に送り出すために、財政援助を惜しまなかった。「パリのアメリカ人」「ファイン・アンド・ダンディ」「ボギーとベス」等の楽曲が世に出たのは、ハリマンの力添えをガーシュインが得たからである。ガーシュインは、黒人奴隷のブルース、霊歌、詠唱を採り入れ、アメリカ独自の音楽を創造した。その音楽を理解し、財政援助した人物こそがハリマンであった。

一九三〇年代、ニューヨークとヨーロッパを往復し、名声と大金を手にした、シュールリアリズムの旗手ダリは、ロックフェラーやハリマンらの野望を見事に表現した文章を書いた。

ニューヨークの詩は、穏やかな美学に属さない。それは煮えたぎる生物学だ。ニューヨークの詩とは器官、器官だ。子牛の肺の器官であり、バベルの塔の器官であり、悪趣味な器官であり、現実という器官であり、人跡末路の無歴史的な深淵の器官だ。

「人跡末踏の無歴史的な器官」をより精巧に創造することに命を懸けた男こそが、二十世紀のファウストのアヴェレル・ハリマンその人であった。

一九一五年の夏、ハリマンと妻のキティはハネムーンの日々を送っていた。ヨーロッパでは第一次世界大戦が始まっていた。ハリマンは母メアリーに軍隊に入りたいと言ったが、母は拒絶した。妻キティの健康状態もすぐれなかった。

一九一六年の秋、連邦議会はアメリカ商船を建造するための法案を承認した。アメリカの造船業界はイギリスよりはるかに劣っていた。ドイツとの戦争状態に入るのが目前に迫っていた。二十六歳のハリマンは母の援助を得て造船業に挑戦していく。海軍で軍艦の設計を担当したリチャード・H・M・ロビンソンを迎え、ペンシルヴェニアのチェースターにあったローチ・ヤードという古い造船所を支配下に置いた。この造船所で海軍に納入する貨物船を建造しようというのである。

ハリマンは多くの技師を雇った。大量生産方式による部品の組み立てからなる船の設計図を持ってワシントンに行き、ついに大量の注文を獲得する。シンプルで、量産が可能で、全面がフラットからなる簡易で扱いやすい飾り気のない船であった。若きハリマンが父のE・H・ハリマンの野心を受け継ぐ実業家であることを証明したのである。最初に、五十艇の掃海艇の注文を政府から受けた。一艇六万四千ドル、納期期限内に生産すれば一艇につき一万五千ドルのボーナスがついた。

ハリマンは父の鉄道事業をただ継ぐだけの二世ではなかった。若きハリマンはブリストルの町に住みつく。「ここの群集はこの国の中でも最悪の連中だ」と彼は日記に書きとめている。

しかし、彼は荒くれ男たちの中にすすんで入っていく。彼らのために劇場をつくり、ボクシングの試合を演じさせたりする。

彼は経営の何たるかを知るようになる。アメリカが第一次世界大戦に参入すると、船舶の注文が増加する。数多くの船会社を経営していく中で、とくに記さねばならないのが、ハンブルク・アメリカン・ラインである。大戦中はドイツに属していた世界最大級の海運会社であった。

一九二〇年ごろ、ハリマンが三十歳になる前に、世界最大の船舶の王となったのである。ハンブルク・アメリカン・ラインのみならず、数多くの船会社を支配下に置いた。この過程で、WHハリマン商会という私的銀行も設立した。しかし、ハリマンはこれらの船会社を手放していく。勿論巨大な利益を獲得しながらである。第二次世界大戦前に、ドイツ最大の財閥であるウォーバーグと組んで、もう一度ハンブルク・アメリカン・ラインを支配する。ドイツへアメリカからの武器や原材料を運ぶためである。ハリマンは数多くの事業に挑戦していく。その中でも注目しなければならないのが航空機事業への挑戦であろう。

一九二八年九月十八日、ドイツ大陸間飛行船、グラフ・ツェッペリン号が商業宣伝飛行船として最初のフライトをした。飛行機が安全面や快適さにおいて、飛行船とは勝負にならなかった時代であった。

グラフ・ツェッペリン号はフリードリヒスハーフェン、東京、ロサンゼルスを飛行日数十二日間で周遊(二十一日間)した。ハリマンはこの飛行船に注目し、パシフィック・ツェッペリン・トランスポート社をドイツ側との共同事業として設立した。

この企業は八つのエンジンを備えた飛行船を二機所有し、各々八十人から百人の乗客を収容し、太平洋上をハワイ諸島まで三十六時間で運航した。ハリマンはこの飛行船を日本とフィリピンにも就航させる計画を持っていた。この事業に政府の郵政助成金を申請したが拒否された。赤字の事業の継続を望まなかったハリマンはこの会社を整理してしまった。そして、航空機産業へと方向転換するのである。

一九二〇年代、航空機産業が発展し始めるときであった。ウォール街の金融業者、リーマン・ブラザーズは「AVCD」という会社を無資本で設立し、航空機産業に着手した。リーマン・ブラザーズはユダヤ人の会社であり、その設立資金はロスチャイルドの提供による。

リーマン・ブラザーズは飛行船事業に進出していたハリマンに協力を申し出た。当時の有望ベンチャー企業である航空機産業に着目していたハリマンは即座に応じ、自ら会長となり、航空機製作から販売、航路の開発までも着手した。

父エドワードの企業家魂がハリマンを動かしたのであろう。鉄道から飛行機へと時代が変わっていくのをハリマンは知っていた。後にハリマンは航空機産業を中心とする八十の子会社を持つ巨大なコングロマリットのオーナーとなる。

ハリマンの会社の航空路線距離は当時のアメリカ最長であった。

あのAVCDから独立する形でパン・アメリカン航空が誕生する。ハリマンはここでも巨万の富を獲得する。そして、軍需産業の世界で大きな力を持つようになっていく。

ハリマン財閥の奥は深い。それはまたハリマンという人間の深さでもある。ハリマンとリーマン・ブラザーズのコンビはアメリカとラテン・アメリカを結ぶ航空輸送に着手していった。パン・アメリカン航空はハリマンの頭脳から生まれたといっても過言ではない。また、パン・アメリカンにより、太平洋を横断する航路が確立した。

ハリマンはAVCDを拡大していく過程で、新しい経営組織を創生する革新者としての評価を受ける。彼の採用した革新的経営組織はアメリカ軍の編制に大きな影響を与えていく。

ハリマンは近代的経営のパイオニアでもあった。航空機産業での成功はハリマンのほんの一面でしかない。彼は一つや二つの成功で満足するような男ではなかった。

ファウスト、アメリカを社会主義国にせんとする

『ベスト・アンド・ブライテスト』の中でデイヴィッド・ハルバースタムは、ハリマンが実業の世界から政治の世界に入っていく過程を描いている。

ハリマンを政治の世界に踏み込ませた最大の動機は、未踏の世界を征服したいという欲求であった。実業の世界にあっては、E・H・ハリマンの息子以上のものではなかった。ハリマン帝国はすでに建設され、登るべき山はすでに登ってしまった。この世界にもはや挑戦すべきものがなく、彼は、金儲けにも魅力を感じなくなっていた。金の有難みを彼は承知していたが、さらに稼ごうという気持ちもなかった。彼は、「大金持ちの大悪党」という非難に対してきわめて敏感であり、これ以上の財を成すために一生を捧げる理由を見出すことができなかった。彼は外交内政問わず、政治の世界に挑戦を見出したのである。

ここには彼のはやる心を満足させるだけの問題が山積みし、その時々に、仕事と使命に没頭できるだけの課題があった。

ハルバースタムは「ハリマンがなぜ、一九二八年に民主党を選び、かつ政界入りしたのか、その

理由は断じがたい。だがいくつかの原因が作用していたことは確かである。一つは姉メアリー・ハリマンの影響である」と書いている。

ハリマンの姉メアリー・ラムジーに触れなければならない。メアリーが母とともにアメリカ優生学の研究に多額の資金を提供していたことは、すでに書いた。

メアリー・ラムジーはアメリカ上流階級の女性の先頭に立ち、女性の地位向上のために活躍していった。メアリーはフランクリン・D・ルーズヴェルトが大統領になる前から、彼の妻エレノアと親密な交際を続けていた。エレノア・ルーズヴェルトは初期の「女子青年連盟」に加入し、そこでハリマンの姉メアリー・ラムジーと知り合った。この女子青年連盟を出発点として二人は社会運動家として活躍していった。

メアリーは一九〇一年、上流社会の少女たちをセツルメント事業に参加させるために「女子青年連盟」を作った。彼女は「婦人労働組合連盟」、およびニューヨークの「地域社会協議会」の活動分子となり活躍した。

エレノアとメアリーには共通の友人が出来た。ジェーン・アダムスである。彼女には『民主主義と社会倫理』『ハル・ハウスの20年』『戦時における平和』などの著作がある。エレノア・ルーズヴェルトは若き独身時代、メアリー・ハリマンとともに、ジェーン・アダムスの影響を受け、アメリカの第一次世界大戦参戦に反対する運動を起こした。

ネブラスカ州選出のジョージ・W・ノリス上院議員が「われわれは黄金の命令のもとに戦争に参加している」と叫び、軍産複合体とウィルソン大統領を非難した時代である。

エレノアとメアリーが戦争反対運動をしていた一九一〇年代、ＫＫＫ（クー・クラックス・クラン）が復活した。幾十とも知れぬ丘の中腹に、油を染み込ませた木製の十字架を深夜に囲んで、白衣に身をかため、頭巾で顔を隠した数千の人々が集まった。「キリストの兵士たちよ、前進せよ」といった賛美歌を歌うのであった。黄金の狂気の時代が到来しようとしていた。

メアリーは、社会運動に参加すると同時に、ヴァージニア州のミッツルバーク近くの農場で、馬に乗ったり、純血種の家畜を飼育したりしていた。一九三三年、メアリーは父のエドワード・ハリマンについて語っている。

父の時代は競争が常態であった建設期でした。今日、必要なのは競争的ではない協同の経済組織なのです。

メアリーはアヴェレルの考え方とは一線を画していた。彼女は消費者がすすんで組織をつくり、それを発展させていかなければと考えていた。フランクリン・D・ルーズヴェルトが大統領になると、メアリーの友人フランシス・パーキンスという女性が労働省長官になった。そして、ニューディール政策の一つとして、全国産業復興法が誕生した。この復興法を施行するために、全国復興局（NRA）が誕生した。メアリーはNRAの一組織である消費者諮問委員会の結成に積極的に参加した。メアリーの強力な活動が消費者省設置運動となった。

この消費者主権という思想をアメリカではジョン・デューイやスチュアート・チェーズの著作に求めるのが普通であるが、私は賀川豊彦《かがわとよひこ》がプリンストン大学に留学し、そこで、「協同組合論」を研究し、発展したのがこの運動の発端だと思っている。

ＮＲＡが掲げた物価の統制、最低賃金制、労働時間の短縮等の夢は少しずつ消えていったが、戦後に復活する。日本の戦後労働改革にも大きな影響を及ぼしたのである。

経済学者のＪ・Ｋ・ガルブレイスは、この協同組合理論から、チェーン・ストアが生まれてきたと『アメリカの資本主義』の中で書いている。日本も同じような道をたどった。

メアリーは賀川豊彦の「協同組合論」を現実化しようとしたのである。この面での賀川豊彦はもっと研究されるべきであろうが、ここでは、この程度に留めておきたい。

メアリーは、フランシス・パーキンス、ルーズヴェルト大統領夫妻、ＮＲＡ長官ヒュー・ジョンソンたちと知己の関係にあったから、消費者運動は国家的な規模となっていった。この運動から地域消費者協議会が生まれ、消費者主義は全米的草の根運動となった。

ＮＲＡのジョンソン長官もメアリーの諮問委員会があまりにも強力になったので、文句を言わざるを得なくなった。また、メアリーは生計農場倫理運動を指導した。都市や農村で、貧困によって立ち往生していた家族が手編み物をしたり、大工仕事をしたりしつつ、自立するための避難所を用意したりした。この運動から生計農場がたくさん生まれてきた。

アイルランド系の詩人、ジョージ・ラッセルはメアリーの運動に共鳴し、この運動組織に身を投じ、生計農場を讃える詩をつくった。

ルーズヴェルト大統領夫人エレノアもこの運動の強烈な信奉者となり、大統領を背後から動かしているハリー・ホプキンス、バーナード・バルークらをこの運動に誘い入れた。

労働者や農民たちが劣等感や不安感から脱け出し、働くということにおいては万人が平等であるという意識や自信を持つようになった。

私はこの本で多くのアメリカの暗黒を描くのであるが、ハリマンの姉のメアリーこそは、一面においても素晴らしいアメリカ精神の持ち主であったと思う。

フランシス・パーキンスはアメリカ女性初の閣僚、すなわち労働省長官となった。パーキンスとエレノア・ルーズヴェルトは社会主義者の女性たちを大量に連邦政府へ送り込んだ。

これらの女性たちの理論的指導者が、イギリスからやってきたユダヤ人、ハロルド・ラスキー教授であった。若きハリマンはラスキー教授の思想に触れている。

ラスキー教授は「社会保障」のプログラムをアメリカにもたらした。彼はまた、「フェビアン社会主義」をアメリカに植えつけた男としても知られている。一八九二年にラスキー教授による、社会主義研究講座がシカゴ大学に設置される。ここに、プラグマティズム哲学者のジョン・デューイが社会学部部長に就任する。ハリマンはメアリーを通じて、メアリーの友人や理論的指導者たち、すなわち、社会主義者たちと知り合いになるのである。

ここで少し回り道をする。

「フェビアン協会」は多面的な顔を持つ。戦後の一時期、トルーマン政権期に大きな脚光を浴びたユダヤ人ジャーナリストにウォルター・リップマンがいた。彼はこの協会の会員だった。本部はイギリスにあり、アメリカ支部は「産業民主主義連盟」と名を変えており、後に「学生民主主義協会」となった。この協会は国際連盟の計画を練り上げたアメリカの影のシンクタンクであった。では、フェビアン主義について書くことにしよう。イギリスの暗黒が見えてくる。

古代地中海に誕生したグノーシス信仰がこの社会主義の源流であろうと私は思う。この現実世界を創造したのは「悪神」であり、それゆえにこそ、この世界をどのように改造しようともそれは人間の勝手なのだ、という思想である。この思想から近代科学も誕生してくる。現実の彼方にいる「善神」のもとに参入する「秘儀」として、「真理の探求」が求められた。この思考の精神的な探求者の代表としてのシモン・マーグスが崇拝されるのである。シモンの別名がファウストである。

このグノーシス信仰が薔薇《ばら》十字会、ユニテリアン派などの中に流れていき、フェビアン協会となった。社会主義は別名を共産主義、またはマルクス主義という。レーニンからゴルバチョフ、エリツィンにいたる共産主義者たちが、共産主義という言葉よりも社会主義という言葉を愛し、多用したことを見ても、このことがわかるのである。社会主義と共産主義という言葉は置き換えが可能な思想なのである。

一八四八年、『共産党宣言』が世に出た。あの思想が共産主義思想である。ただ一つだけ、相違点があるとすれば、共産主義が急進派であるのに対し、社会主義は「ゆっくり、急げ」をスローガンとする、それだけの差である。この二つの思想の底流にグノーシス信仰がある。ファウストの精神が眠っている。『社会主義者フェビアン協会の基礎』にこの協会の理念が書かれている。

それゆえ、フェビアン協会は、土地と産業資本を個人と階級の所有権から解放し、社会一般のために共同体に投下することで社会の再編を目指している。したがって当協会は土地の私有権廃絶のために努力する。〔中略〕また、そうした産業資本が社会によってうまく制御、支配されるような共同体への移行のために努力する。

この思想はマルクスの思想とよく似ている。この文章に登場する「産業資本」に注目すべきであろう。産業資本家たちはこの場合、消滅すべき存在のように書かれている。しかし、ここに秘密が存在する。

土地と産業資本を解放した後に何が残るか、ということである。スターリンが支配したような恐怖政治の独裁体制が残る。

グノーシス信仰の、「この世界をどのように改造しようとも人間の勝手である」が現実のものとなる。ハリマンを私が「二十世紀のファウスト」と命名するのは、この思想ゆえである。

社会主義と共産主義の拡大は、世界を一つの国家とするのに都合のよい思想である。この思想はグノーシス信仰、フリーメイソンの「納棺と新生」の信仰の中にも見えてくる。すなわち、世界統一思想へと向かっていく。ワン・ワールドが最高であるという思想である。この思想を広めたのは、最終的に世界統一政府を願う「見えざる政府」の人々であった。

ハロルド・ラスキー教授は時代の寵児となっていった。彼はアメリカ各地で講演し、その講演料で大金を稼ぐ社会主義者となっていった。ユダヤ人ラスキーの講演は、ユダヤ人経営の「ニューヨーク・タイムズ」で絶賛された。二十世紀の初頭はソヴィエトだけでなく、アメリカでさえも共産主義思想が熱病のように蔓延していたのである。

ラスキーはイギリスの黒い貴族、すなわち、ユダヤ王ロスチャイルドがアメリカに送り込んだ疫病神、グノーシス信仰の「悪神」であった。ラスキーは「世界政府をつくろう。道徳的、精神的革命をやろう」とアメリカ人に説いた。アメリカ人たちは、彼を背後で動かすユダヤ王ロスチャイルドの野望を知らなかった。

ラスキーはアメリカの人々に叫んだ。「これまでの敬意をもって表されていた伝統はすべて踏みにじられるだろう」

また、ハロルド・ラスキーはソヴィエトの制度について、「事情が許す限り、囚人も自尊心を持った生活を送るべきだという信念がうかがえる」とソヴィエトのすべてに賛同の意を表し続けた。

彼は完全な共産主義者だった。その彼がエール大学、ハーバード大学、コロンビア大学などで講義を行ない、ソヴィエトを大宣伝し続けたのである。

ラスキーは真実を知らなかったのであろうか。ソヴィエトの強制労働「ラーゲリ」は、無償の労働力の供給を秘密警察に委任していた。彼らは国家の建設という名目で無実の人々を数千万単位でラーゲリに送り込んだ。一日一斤のパンと腐ったキャベツの汁のみの生活、衣類一枚さえ提供されなかった。そして彼らは「人民の敵」とのラベルを張られた。

共産主義は決して労働者の不足を起こさないために発明されたものであった。「無階級社会、無国家の建設」という共産主義国家の目的は人衆を家畜化することであった。ラスキーはこれらのすべてを知り尽くし、アメリカをもソヴィエトのような国家にすべく、イギリスの黒い貴族から送り込まれたウイルスであった。

バルビュス、ロマン・ロラン、バーナード・ショーなどの作家たちが、スターリン崇拝に加わった。あのアインシュタインもスターリンを熱烈に支持した。「マドリードから上海まで」の、世界的な現象であった。

ロマン・ロランは生涯を通じて平和主義者であったと語り継がれている。彼はスターリンと二度会見している。ロランの公式会見報告書は、スターリンに対して肯定的である。

「人間の夢以上に理想的なヒューマニズムへの熱意に燃えていた」とスターリンを讃えている。「スターリンのつつましさがボルシェヴィキの勲章である」とさえ評価する。あの『ジャン・クリストフ』を書いたロランも、名声を得るために黒い貴族の仲間入りをしていたに違いないのである。アインシュタインと同じように……。

ロランもアインシュタインも、スターリン崇拝を強制されていたわけではないのだ。彼らは黒い貴族たちに、魂を売りつけ、名声と権力を得たのだ。

一九二九年十二月、スターリンは革命後十周年の記念日を自ら盛大に祝った。ハリマンやロックフェラーらのアメリカ財界人は、祝賀のメッセージをスターリンに送った。

ハリマンの姉メアリー・ラムジーと師のジェーン・アダムスの二人は、アメリカ商工会議所やコミュニスト・フェデレーション・プレスの株主たちの強力な後ろ盾となった。また、二人は、共産主義文学、社会主義理論を扱う専門書店を育成し、その発展を助けるべく支援団体を形成した。

こうして一九三〇年代に、「スターリン万歳」の声がアメリカから世界中に広まっていった。「マドリードから上海まで」だ。

ジェーン・アダムスについて書くことにする。

アダムスはエレン・ゲイツ・スターと一緒に、米国最初の福祉事業センターと称したセツルメント「ハル・ハウス」をシカゴに設立した。このハル・ハウスはフェビアンの創始者、ベアトリス・ウェッブのアメリカ支部の役割を果たすことになる。

シカゴはギャングの町だ。その一方で、鉄道、土地投資などで富を築いた者たちが溢れる虚栄の町でもある。ここには巨大化したスラムの世界が広がっている。

ハル・ハウスは当時の若者たちにアメリカ文明について自由に語り合う討論の場を与えた。全米から何千という若者が集まった。ここから何が生まれたのか。アメリカの良き伝統、個人主義の理想が敗北し、社会主義の原理が台頭してくるのだ。

社会主義万歳！　スターリン万歳！　の叫びがこのハル・ハウスを拠点としてアメリカ中に広まっていったのである。

アダムスは社会主義を広めた功績（表向きは女性の地位の向上に大きく貢献したとの理由）で、一九三一年にノーベル平和賞を受賞した。

ノーベル賞はユダヤ王ロスチャイルドとダイナマイト産業のノーベルが、彼らの意に添った人間に授与する。特に平和賞は「見えざる政府」の重要な一員になったことの証《あかし》となる。

ではどうして、アダムスがノーベル平和賞を授与されたのかを考えよう。ジェーン・アダムスは社会改良運動の草分け的存在であった。そういう意味では社会の進歩のために尽くしたといえる。

アダムスはカーネギー財団から平和運動の資金を得ていた。彼女は世界平和を訴え続けた闘士であった。しかし、その平和をスターリンの共産主義賛美との結びつきの中で主張したのであった。

彼女はレズビアンとして、従来の恋愛観と結婚観を変革した。社会主義とゲイの世界はいつも巧妙に混ざりあっている。社会意識を変革しようとすれば、ゲイはその姿をいつも、いたるところに現わすようである。ルーズヴェルト大統領夫人エレノアは、男性の愛人以外にレズの恋人も多数持っていた。

エレノア、アダムスを結ぶ婦人活動家たちにゲイ世界の花が咲いていた。イギリスの黒い貴族にも同じようにゲイの花が咲いたのである。

アダムスがノーベル平和賞を授与された理由がここに見えてくる。キリスト教世界から見るとアダムスは無神論者である。スターリンを世に紹介した女性運動家として、そして無神論を世に広めた功績に対して、ノーベル財団やロルチャイルドの黒い貴族たちはアダムスにノーベル平和賞を授与したのである。

スウェーデンのアルフレッド・ノーベルはダイナマイトの発明で巨利を得た。彼の遺言でノーベル賞が制定された。銓衡《せんこう》委員の大半はロスチャイルド、ベアリング等の黒い貴族たちの中から選ばれた。この賞には、今日においても「見えざる政府」の力が働いている。

日本人のほとんどは、この賞が尊いものと信じ込み、疑うことさえしない。しかしヨーロッパやアメリカで歴史の真実を知る人たちは、この賞の秘密を知り、この賞から遠ざかっている。アダムスがノーベル平和賞を貰ったころのアメリカは大恐慌の後で、石鹸箱の上で共産主義者たちが演説していた。スポーツ熱狂時代も終わろうとしていた。ニューヨークではベーブ・ルースがホームランをかっ飛ばしていたが、タマニー派議員たちが悪徳政治家らしく醜聞を流し続け、市民の憤激を買っていた。

イギリスを中心とした黒い貴族たちは、アダムスを讃え続けた。そして、アメリカがソヴィエトを国家として承認するように世論を盛り上げた。アダムスの信奉者であったエレノア・ルーズヴェルトは、夫のフランクリン・ルーズヴェルト大統領にソヴィエトを承認するように迫った。彼は黒い貴族が作り上げた大統領であった。彼を大統領にした人々のほとんどは黒い貴族であった。こうしてルーズヴェルトはソヴィエトを承認する書類に署名するのであった。

ちょうどそのころ、ノーベル産業はドイツのＩＧファルベンとの提携を成功させようとしていた。

ニューヨーク近代美術館（MOMA）
の創立者ネルソン・ロックフェラー

ダリ画
「夜のメクラグモ……希望！」
どこに希望があるのか？

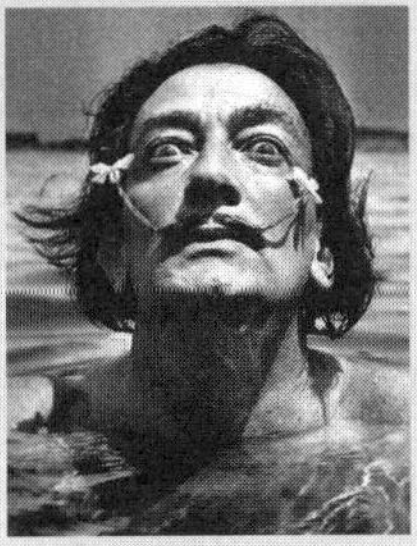

「美を醜に、醜を美に」の
代表格サルバトーレ・ダリ

アメリカ社交界の舞台
アルゴンキン・ホテルには
「円卓派」が夜ごと集った

社会主義を広めた
ジェーン・アダムスは
ノーベル平和賞を受賞

ギャングの街シカゴに創設された
ハル・ハウスに全米の若者が結集した

フェビアン社会主義の提唱者
ハロルド・ラスキー教授

その一方、イギリスではインペリアル・ケミカル・インダストリーズ（ＩＣＩ）が設立された。ドイツとイギリスを闘わせる準備に入っていったのであった。

フランクリン・Ｄ・ルーズヴェルトについて少しだけ書くことにしよう。

ルーズヴェルトは一九三二年、「ニューディール政策」を引っさげて大統領選挙に出馬した。フェビアン協会員であったスチュアート・チュースの「ニューディール」から借用した政策が、大恐慌の最中のアメリカ国民に受けた。その思想の中心は、偶発的なインフレとデフレを未然に防ぎ、「ドル」を管理することであった。

インフレとデフレを演出して大恐慌を起こしたのは「見えざる世界政府」ではなかったのか。所得税を上げ、国民所得を強制的に再配分するという政策が極貧の人々に支持された。こうして増税とドルの大量印刷により、大掛かりな国家事業が始まった。

しかし、本当に儲かったのは軍産複合体の資本家たちであった。失業者は軍需工場に吸収された。束の間の繁栄がアメリカにまた戻ってきた。消えかかったジャズの音が甦った。ジャズ・エイジの若者たちは、軍需工場で働きだした。

マルクス主義者たちは「アメリカでも社会革命が必要である」と説いた。彼らは「世界秩序」と同義語に使い出した。マルクスは『共産党宣言』の中で、「今日に至るまで、すべての社会の歴史は階級闘争の歴史であった」と言った。

こんな馬鹿げた話があるものか。この世には農民も商人もなく、十九世紀からやっと姿を見せた工場労働者だけが存在するのか。それでもマルクスの思想は多くの人々を熱狂させた。ユダヤ王ロスチャイルドの黒い貴族たちの思うつぼであった。

イギリスの経済学者ジョン・メイナード・ケインズは一九三三年末に、ルーズヴェルト大統領に書簡を送った。その書簡を「ニューヨーク・タイムズ」で公表した。

「私は借金で賄《まかな》われた政府支出から生じる国民購買力の増加に最大の重点を置く」

一九三九年の夏、ケインズはアメリカにやってきた。労働省長官となったフランシス・パーキンス、ジェーン・アダムスたちは彼を大歓迎した。ケインズは「望みさえすれば、どんな女性でもベッドに誘惑し連れ込むことができる」と豪語する経済学者だった。

女たちは彼をベッドに誘うかわりにルーズヴェルトの執務室に連れ込んだ。ケインズは自論をまくしたてた。

「私には理解できないんだが……」と大統領は呟《つぶや》いた。マルクス主義にスプレーで色付けしたような経済理論を理解する力をルーズヴェルトは持っていなかった。

「大統領、ケインズはたくさんのドルを国家のために導入しなさいと言っているのよ」とパーキンス労働省長官は言った。かくしてドルが大量に印刷されていく。ケインズの経済学の本はよく理解できない。書いた本人が理解できないのではないか、と思えるほどである。

何はともあれ、彼の経済学は応用され、「ニューディール政策」に役立った。

パーキンス労働省長官は「一ドルが四ドルになった」と言って、ケインズ教授のドル増刷政策を激賞したのである。

ケインズは「銀行から百ポンド借りると、それは借金になる。しかし百万ポンド借りると、これは銀行の問題ではなくなり、結局は、銀行を乗っ取ったことになる」との名言を残した。

彼の経済学の基本にあるのは「ネズミ講」に違いあるまい。ドルを大量に印刷してばら撒いて、失業と不況をかき消すというのである。たしかにその通りとなった。戦争がケインズとともにやってくるのだ。

ハーバード大学の連中がワシントンに押し寄せ、ケインズ理論を賛美し続けた。イギリスの黒い貴族たちは笑い転げたであろう。

ハロルド・ラスキーは、エレノア・ルーズヴェルトの頭を完全に洗脳した。彼は友人に「フランクリンとエレノアに会ってきたよ」と語っている。大統領夫妻とファースト・ネームで呼び合う仲となったのだ。大統領夫妻はラスキーの魔術にかかっていくのであった。かくて、ラスキーとケインズというイギリスの経済学者たちに欺《あざむ》かれたアメリカ政府は赤字投資を続ける。最大の赤字投資は第二次世界大戦であった。

一九三三年の大統領選でルーズヴェルトに敗れた共和党のハーバード・フーヴァーは、ルーズヴェルトの政策「ニューディール」を「まさにファシズムの見本だ！」と喝破した。

一九三四年、『一民間監視者』という名の本には「ニューディールの中心はアヴェレル・ハリマンとメアリー・ラムジーである」と書かれている。

ハリマンはルーズヴェルト血閥のヴィセント・アスターを味方につけた。この背後には、ウィルソンを大統領にしたマンデル・ハウス大佐とバーナード・バルークがいた。このニューディール政策が共産主義的であるという非難の声が「自由同盟」という組織から上がった。

この同盟に参加したメンバーは、デュポン、J・P・モルガン、ロックフェラーの財閥連中だった。彼らは不思議なことに、ハリマンが主導したアメリカン・インターナショナル・コーポレーシヨン（ＡＩＣ）のメンバーであった。彼らは一方で共産主義を非難し、一方で援護するという不可解さを持っていた。ハリマンはルーズヴェルトに共産主義政策を押しつけ、別の面では、財閥たちにこの政策を非難せよと煽った。

ルーズヴェルト大統領は財閥たちを「特権階級」とか「経済的国王派（ゲルプ）」とか言って非難した。大衆の眼前で、彼らの味方であるという自己宣伝をしてみせた。これとて、ハリマン、バルーク、ハウス大佐の入れ知恵であった。こうして、リンカーン大統領と並び称えられる大統領となっていくのである。やがて、化けの皮が剥がされるときが来るのであるが……。

一九三七年、「自由同盟」のリーダー格ピマートル・デュポンの娘エセルとルーズヴェルト二世の政略結婚式が執り行なわれた。「タイム」の表紙を飾った二人の結婚式は「本年最高の結婚式」ともてはやされた。しかし、エセルはルーズヴェルト二世の背中にナイフを突き刺し、この結婚は破談となる。エセルは精神病院で自殺するのである。

ルーズヴェルト二世の母親エレノアにもう少し触れておこう。エレノアはロリーナ・ヒコックという女性とレズビアンの関係を続けていた。この二人のラブレターがルーズヴェルト家の所有するハイドバークの屋敷で見つかったのだから、これはもう間違いのない事実である。エレノアのフェミニズム運動がワシントンでのレズを盛んにさせたのだ。もっとも、エレノアには男性の恋人もいたのだが……。

一方、ルーズヴェルト大統領は、パームスプリングスの別荘で不倫を楽しんでいた。スキャンダルを恐れたホワイトハウスはホプキンスという男やもめをホワイトハウスに住まわせ、夫婦円満を世間に見せつける案山子《かかし》の役割を演じさせた。

この男は動く案山子だった。長身で身体に肉が全くなく、案山子のように動いていた。女性初の長官になったパーキンソンに認められ、エレノアに依頼され、スキャンダル隠しのためにホワイトハウスに入った男だった。前身はニューヨーク州労働委員会の失業対策専門の係をしていた下級官吏だった。

ハリマンはこの男の素性をエレノアから知らされた。そして、ホプキンスを懐柔し、自分の部下にしてしまった。このしがない下級官吏はホワイトハウスに入ると、スキャンダルを餌に成功していき、あっという間に大統領特別補佐官の地位に昇りつめた。すべての関係者は、ホプキンスのご機嫌しだいでは大統領に会うこともできなくなった。ハリマンは大統領夫妻の個人的友人として、またホプキンスを自分の部下とし、ホワイトハウスを手玉にとっていくのである。

ハーバード大学教授にして「予言者」の異名を持ち、ハリマンの終生の友人であったJ・K・ガルブレイスは『不確実性の時代』の中で名言を吐いている。

一九三七年の景気後退はワシントンにおいてケインズの考え方の評判を高めたが、雇用水準を引き上げるための行動は、まだ中途半端なものだった。戦争がヨーロッパに波及した一九三九年には、九百五十万人のアメリカ人が失業していた。これは、労働力の十七%に及んでいたが、次の年にも、ほぼ同じ程度(十四・六%)の失業が依然として残っていたのである。ところが、このあとケインズ流の救済策が急速に登場した。政府支出は二倍となり、さらに倍加した。一九四二年末までに、失業は最低水準を記録し、多くの地域の労働力不足を生じたのである。

ケインズは、金をいかに遣うかによって国家は繁栄する、という説を立てた。ハリマンの『伝記』の中に妙なことが書かれている。ルーズヴェルトが大統領になって間もない頃の話である。

あの大混乱を招いたロンドンでの世界経済会議の真っただ中に、ある教授がルーズヴェルトの代理人としてやってきた。傲慢な権威とスポットライトの中で、ルーズヴェルトの金融政策を混乱の中に落とし、会議を主催した。彼の行動は国務長官のコーデル・ハルを激怒させた。彼はアメリカの代表として会議をリードしていたからだ。こうして、ルーズヴェルトは世界の通貨制度を確定するという会議の努力の結果から遠ざかったのだ。会議は結果的に難破した。

ハリマンの『伝記』は、ハリマンの死の直前に代筆者《ゴーストライター》ルーディー・アブラムソンが書き始めた。この文章はハリマンの死後に了解もなく挿入されたものと思われる。「ある教授」とは間違いなくケインズである。ルーズヴェルトの政策秘書モーレイは辞表をたたきつけて去っていった。何が原因なのかは書かれていない。しかし、これは後に判明する。ケインズがアメリカの金融政策の大胆な転換を迫ったからである。それも突如として、ケインズが大統領の特使という資格で登場したからである。

ハルもモーレイも、ルーズヴェルトが何者であるかの正体を見たのである。ルーズヴェルトはアメリカの大統領であると同時に、イギリス黒い貴族たちの代理人だったのだ。

モーレイをハリマンは迎えた。そして雑誌「トゥディ」の編集者にする。アメリカはケインズの政策を受け入れて戦争へと突進していく。ハーバード大学の教授たちはケインズ経済学の信者となる。ガルブレイスがその代表的な学者である。

ハリマンはヒトラーを援助してドイツを巨大軍事国家に仕上げる努力をする。アメリカを戦争へと導いていく。ガルブレイス流に表現するならば、世界の失業をなくした「真の偉人」なのかもしれないのだ。

ハリマンを中心とするニューディール派たちが、アメリカ国民のヒステリー感情に訴えていた。煽動のメカニズムが人々を戦争へと駆り立てていくのである。ルーズヴェルトはラジオを通じての「炉辺談話」でアメリカの新しい危機を訴え続けた。

一九三九年四月十日、黒い貴族たちの御用新聞ワシントン・ポストが、「もし、ヨーロッパで戦争が勃発したら、われわれの参戦は絶対に必要であろう」との社説を載せた。ルーズヴェルト大統領はワシントン・ポストの記事に賛意を表明した。

「ニューディール」とはアメリカを社会主義の国とし、第二次世界大戦に導くために採用された戦略であったのかもしれない。ルーズヴェルト大統領時代の海軍長官フランク・ノックスは「これは、この国でかつて見られたことのない政治宣伝工作機構だ」とニューディールを批判した。

アヴェレルとメアリー・ラムジーの二人がこの機構のギアをトップに入れたのである。しかし、ごく少数の者たちしか、この事実に気づかなかった。

アヴェレルはメアリーの運動を支え続けた。非現実的と思われたアメリカの神話が、神話の仮面を被ったまま虚構の真実となっていった。メアリーは好戦的な機構の中で得意の絶頂にあった。メアリー・ラムジーは社会主義運動に熱中していくにつれ、一つの信仰を持つにいたった。その信仰をエレノア・ルーズヴェルトとフランシス・パーキンスに熱心に説いた。

「こうした社会運動は私の高名な弟、アヴェレル・ハリマンに導いてもらわねばなりません」

メアリーはやがてこの信仰をルーズヴェルト大統領やハロルド・ラスキー教授、ジョン・メイナード・ケインズ教授にも説くのであった。

アヴェレル・ハリマンは物静かな哲学的風貌をそなえた男であった。しかも、この男は甘いマスクを持っていた。「ケアレスネス」を身にまとっていた。さりげなさの美学を持つ、静寂の中にセックス・アピールを漂わせる男であった。やがて、アヴェレルは姉の予言を一歩一歩実現するように自己を改良していくようになる。

一九三四年十二月、メアリー・ラムジーは落馬による不慮の事故で死をとげる。

もし、彼女が生きていれば、二十世紀のファウストの姿も多少は変わっていたであろうか。それは歴史の謎であろう。

ガルブレイスの『不確実性の時代』をもう一度引用する。読者は複眼的なものの考え方を持つほうがよさそうである。


ヨーロッパとアメリカでは第二次世界大戦に続く二十年間は、きわめて良き時代、すなわち資本主義が本当にうまくいった時代として永く記憶されるだろう。工業化諸国はどこでも、生産は増大し、失業は少なく、物価はほとんど安定していた。自信の持てた良き時代で、諸政府はケインズが主張したように介入して不足分を埋めた。

「介入」とは戦争のことである。第二次世界大戦と同じように、朝鮮戦争とヴェトナム戦争の介入（でっち上げ）によりこの世界はよくなったとガルブレイスは自慢する。「それは自信の持てた良き時代であった」と回想する。

ガルブレイスとともにハリマンの終生の友人（というより部下）であり、ハーバード大学の後の歴史学教授のアーサー・シュレジンガー・ジュニアは『パルチザン・レヴュー』（一九四七年）の中で次のように書いている。

「ニューディール政策」は合衆国を社会主義にするプロセスの一つである。この政策を利用して合衆国の中で社会主義を推し進めていくのだ。私はこの方法にこれといった支障があるなどとはとても思えない。

ハリマンやガルブレイス、シュレジンガーは後年、こぞってJ・F・ケネディ政権に参加する。ケネディの「ニュー・フロンティア宣言」は社会主義への道を示したものだった。

第二章

黒い貴族の階段

政治には偶然に起きることは何もない。それはもう、そのように計算されていたと考えて間違いないのだ。

フランクリン・D・ルーズヴェルト

悪魔の中の神

一九三一年、アヴェレル・ハリマンはブラウン・ブラザーズ商会とアヴェレル・ハリマン社を合併させ、「ブラウン・ブラザーズ・ハリマン社」という金融組織、すなわち銀行を作った。ハリマンの産業資金とブラウン・ブラザーズ社の銀行資金が結びついたのである。

ハリマン、四十歳であった。

この年、こんな妙な歌が流行した。

俺はあんたの百万ドルが欲しいわけじゃないんだ旦那さん
俺はあんたのダイヤモンドの首飾りが欲しいのでもない
俺が欲しいのは生きる権利だけだよ旦那さん
俺にもう一度仕事を返しておくれよ
わたしはあんたのぜいたくなヨットが欲しいわけでもないわ
旦那さん
わたしが欲しいのはわたしの子供たちへの食べ物よ
わたしにあの仕事をもう一度返してちょうだい

一九二九年十月二十四日、暗黒の木曜日の株価暴落。続いて二十九日、暗黒の火曜日。ウォール街における株式市場の崩壊はやがて世界恐慌となっていった。一九三一年まで、世界は恐慌状態にあった。

アヴェレル・ハリマン社がこの時期にブラウン・ブラザーズ商会と合併したことが、ハリマンの世界戦略に大きな意味を持つことになる。

その年、すなわち一九三一年、エンパイア・ステート・ビルディングが完成した。魔法から生まれたお伽話《ときばなし》のようなタワー。ニューヨークの空をほとんど覆っているように見えた。あまりにも高く、あまりにも神々《こうごう》しく、そして、あまりにも単純なフォルムのこの建造物にアメリカの人々は驚いた。この巨大な摩天楼の出現は大恐慌の最中だったがゆえにほとんど借り手がなく、窓にはびっしりと目隠しがされていた。ただ、人々は屋上からの眺めを愉《たの》しもうと日ごとに溢れていった。

一九三一年の春、西アフリカにあるカメルーンは「アメリカの飢餓」救済のために、ニューヨーク市に三ドル七十七セントを送ってきた。作家ドス・パソスは「USA」なるニュース映画式のスタイルでアメリカ社会が解体していくさまを描き、世に問うた。

「USA」の中でドス・パソスは元大統領のウィルソンについて、「ぞっとするような顔、私は誓って言うが、あれは爬虫類の顔だ。あたたかい血がかよっていない……」と書いた。

そう、爬虫類のような人間のみが、この大恐慌の中で生き延びていくのであった。

このような時代を背景として、ブラウン・ブラザーズ・ハリマン社が誕生したのである。当時、ウォール街のせせこましい一角に建てられた、このビルに注目した人はほとんどいなかった。しか

し、一九九六年、マイケル・パイは『無限都市ニューヨーク伝』で次のように書いている

設立という長い時間を経ながらも、足を踏み入れるのをためらわさせてしまう銀行の目玉商品、ウォール街のブラウン・ブラザーズ・ハリマンの入り口の扉……。

ブラウン・ブラザーズ・ハリマン社も大恐慌の中で多くの苦難に遭遇することになった。そこで、新規貸付を断り、貸付の返済を要求し、生き残りをはかった。安全預金機関的な銀行の一面を持っていたこの銀行は、アメリカの大衆の利益に奉仕するためでなく、黒い貴族たちのための金融機関であったといえよう。

ハリマンにとっても苦難の時であった。ハリマンの従兄弟《いとこ》ジョセフ・ライト・ハリマンは傾きかけた自分の銀行を放り出して、マンハッタンの病院に避難した。司直の手がのびると、彼は偽名を使い、ロングアイランドの安宿に姿をくらました。結局、彼は二年の刑期を勤めることになる。ハリマンは従兄弟の事業の後始末に追われた。大恐慌の余波は数年間続いたのである。

ブラウン・ブラザーズ商会はアヴェレル・ハリマン社と合併する以前は、もっぱら地味な企業、生糸、鉱業、小売、家具製造、造船などに融資していた。投機的な企業は少なかったので、一九二九年十月二十四日の大恐慌をうまく乗り切った。ハリマンも冒険的な無防備な投資をしてこなかった。この点において両社は合併して大きく飛躍していくことになった。

しかし、この大恐慌は、アメリカの大企業にも大きな変化をもたらした。J・P・モルガンは大損を出し、その権勢に陰りが見えてきた。その一方で、この大恐慌で一躍大金を稼いだ成金たちも

登場した。後のアメリカ大統領ジョン・F・ケネディの父ジョセフ・ケネディは安価となった株を買い占めに入り、ケネディ財閥の基礎を築いた。

ロスチャイルドと同じフランクフルトのゲットー出身であるユダヤ人、バーナード・バルークもケネディと同じ方法で大金を手に入れ、その金で、ルーズヴェルトを操る黒幕になっていった。ウィンストン・チャーチル（後のイギリス首相）はこの年の十月初めにアメリカに来ていた。気まぐれなチャーチルはニューヨークの株仲買人を通して信用買いをし、五千ポンドの利益を上げたが十月末の暴落により大損し、親友のバルークに借金をする羽目になった。

この大恐慌の中で大金を手にした者たちがいた。不思議にも彼らのほとんどは、ユダヤ王ロスチャイルドに深く結びついたユダヤ人たちであった。バルークの仲間たち、すなわち、RCA（アメリカ・ラジオ社）のデヴィッド・サーノフ、ハリマンの友人、ポール・M・ウォーバーグとクーン・ローブ商会の経営者たちであった。

ジョセフ・ケネディは大金を手にし、当時のハリウッド大スター女優グロリア・スワンソンとベッドの中でたわむれつつ独り言をいった。「株式市場の底が抜けぬうちに、ウォール街の持ち株をすべて売り払った。今は馬鹿どもが残したものをぼちぼち拾う時が来るのを待っているのさ」

チャーチルはバルークらにいっぱい食わされ、後にロスチャイルド家に泣きつくのである。チャーチルは偶然、大恐慌の日の午前十一時四十五分に、株式の立会場の参観席から株の売買を見ていた。その模様をロンドンの「デイリー・テレグラフ」紙にこう書き送った。

意外な静けさと秩序……そこで彼らはかつての株式の三分の一、時価の半値でお互いに大量の株を売り出し、それからいたずらに時間が経過しても、彼らは売らざるを得なかった。安値確実な株券を買い取るほど強力な買い手は見つからなかった。

しかし、チャーチルが去った後の立会場は地獄絵図そのものとなった。ほとんどすべての株券がただ同然になったのである。

午後五時三十二分、すべてが終わった。一九二九年十月二十九日、アメリカは一時的にしろ死《し》に体《たい》となった。その大恐慌の前日まで「怪我をするまで買え！」と新聞は囃《はや》し立てていた。そしてアメリカは大怪我をした。

ブラウン・ブラザーズ社について記すことにしよう。アメリカの歴史が見えてくるはずだ。

アイルランドのブラウン家、ブラウン三兄弟は十九世紀初頭にアメリカに渡り、ボルチモア、フィラデルフィア、そしてニューヨークと渡り歩き、ついに「ブラウン社」なる金融組織を作り上げた。一八一二年、米英戦争が終結すると、イギリスは布地の交易権を放棄した。この時点でニューヨークがその貿易を独占することになった。するとブラウン・ブラザーズ社はこの地を拠点に布地の取引所を開設した。やがて彼ら兄弟は東部からテキサスへと進出する。

もう少し、ブラウン・ブラザーズ社について書くことにしよう。

一八〇一年、奴隷貿易港ボルチモアにリネン競売人のアレキサンダー・ブラウンという男が、アメリカで最も古い銀行、アレキサンダー・ブラウン商会を作った。長男はアイルランドに残ったが、三兄弟は父の事業を継ぐべくアメリカに渡った。彼らは奴隷貿易に多額の融資をするようになっていく。彼らの資金を背後で支えたのが、ジョージ・ピーボディである。彼はユダヤ王ロスチャイルドのアメリカにおける代理人であった。

一八三七年にアメリカに恐慌が発生する。ブラウン商会は外国貿易への投資を控え、私的銀行業務を中心とするようになっていった。やがて、三兄弟はテキサスのヒューストンでの石油事業に資金を提供することに重点を移すようになる。時移り、ブラウン三兄弟はブラウン・ブラザーズ社という巨大金融組織をつくることになる。

一八二〇年代、アメリカ最初の鉄道であるボルチモア鉄道の後援者となった。一八四八年には最初のアメリカ船舶による大西洋航海に資金を提供した。また、一八八七年にはモルガン、キダー、ピーボディとリーディング鉄道に加わった。

一九一五年、ギャランティ・トラストらと、ラテン・アメリカ貿易のための金融特殊銀行団を組織した。ブラウン・ブラザーズ社と結びついた産業会社の中には、アメリカ銀行券会社、マンソン汽船会社、グランド・ユニオン会社、イー・ジー・ベッド会社、シドニー・ブルメンタル会社……があった。鉄道、汽船、生糸、小売業の産業に支配力を発揮していった。ブラウン・ブラザーズ社はボルチモアからフィラデルフィア、ニューヨーク、そして西部の鉄道と石油に注目していったのである。

ブラウン・ブラザーズ・ハリマン社が誕生して間もなく、ハリマンの経済顧問ロバート・スコット・ロベットの息子とブラウン一族の娘が結婚し、ハリマン家とブラウン家は血族となる。ハリマンは四十歳にして、鉄道、鉱山の経営者から巨大金融組織のリーダーへとなっていく。ハリマンはその巨大組織を弟やロベット一族、ブラウン一族に一任し、次から次へと事業を拡大していく。前述した航空機産業も、ブラウン・ブラザーズ・ハリマン社の巨大資金が大きく動いたから、巨大コングロマリットとなったのである。ハリマンは四十歳をすぎてから世界を意識する政略家となっていくのである。

ハリマンはさらに事業を拡大していく。アナコンダ銅鉱会社やギャランティ・トラストと結んで、シレジア持株会社を支配した。その子会社がポーランド領シレジアに鉱山、炭坑、化学工場などを持っていた。ギャランティ・トラストはハリマンも重役の一人であったが、モルガンの影響力が入るのを排除していた。ハリマンは、モルガン、ロックフェラーの巨大財閥と対等の立場で事業を拡大できるまでになっていったのである。

ブラウン・ブラザーズの別の一面を見ることにしよう。世界の秘密の一つが姿を現わす。ブラウン・ブラザーズ社はロスチャイルドの代理会社の一つであるJL&JS・ジョセフ商会がかつて使っていた事務所を使用していた。ジョセフ商会は一八三七年の恐慌で破産した。ブラウン・ブラザーズ社はこのときから正式にロスチャイルドのアメリカ代理人となっていった。

一九二〇年代、ロックフェラー、モルガン、リードの大財閥とともに、ブラウン・ブラザーズ社は巨大化した市場を操り、独占的なプールをつくり数十億ドルにのぼるインチキ社債（一九二九年の大恐慌のときに無価値となった）を大衆に売りつけて莫大な利益を得た。大恐慌の前の十年間、アメリカは黄金の狂気の時代だった。

アメリカを拠点としてブラウン・ブラザーズ社は南米に多くの融資をした。それと同時に数多くの革命を輸出した。ロシア革命は後のことであるが、革命のやり方をロスチャイルドから伝授されていたわけである。かくて、ハイチやキューバなどで、ナショナル・シティバンクと手を組み、多額の資金を投入、国家そのものを圧殺して回った。このために、ハイチ、セント・ドミンゴ、ニカラグアがアメリカの植民地と化した。

さて、ブラウン・ブラザーズ社の深部へ迫ってみよう。ユダヤ王ロスチャイルドはイギリス人モンタギュー・ノーマンという男をニューヨークに派遣し、ブラウン・ブラザーズの事務所で働かせた。やがて、ノーマンはイギリスに帰った。一九一六年にイングランド銀行副総裁となり、後に総裁となり、一九四四年まで総裁の地位にいた。ノーマンが総裁になるまでは任期は二年であった。総裁時代、ノーマンは貴族に列せられ、サー・モンタギュー・ノーマン卿といわれた。フランスの銀行家エミール・モロはノーマンについて語っている。

　彼はまるでヴァン・ダイクの絵から抜け出してきたような人物だ。面長の顔、ピンと張った髭、大きな帽子などが、スチュアート家の連れ合いという外観を与える。

彼はロスチャイルド家の庇護のもとで「イギリス金融界のジブラルタル」といわれるようになった。「ジブラルタル」とは難攻不落の要塞の喩《たと》えである。ゲーテの書いた『ファウスト』の中のメフィストフェレス的な姿に近い。ハリマンは、ノーマンというメフィストフェレスの力を借りて成長していった。

ノーマンは「イギリスの通貨の支配権を握っているのは自分である」と豪語していたが、真実はロスチャイルドの影法師にすぎなかったのである。イングランド銀行はほとんどロスチャイルドの子会社になり果てていた。

一六八九年、オランダのフリーメイソンであったオレンジ公ウィリアムス（ウィリアム三世）がイギリスにフリーメイソンの結社（オレンジ結社）を創設した。イギリスの黒い貴族たちは、全員この結社の一員となった。彼はまた、世界の中央銀行の元締め的な存在としてイングランド銀行をつくった。そして、この銀行はロスチャイルド一族が管理するところとなった。

ここに病めるイギリスの悲劇がある。このイングランド銀行が最終的に世界の金《きん》価格を日々決定する役割を最近まで担っていた。しかし、これは一つの〝儀式〟にすぎなかった。真実は、金地金《じがね》業者五社と精錬業者一社の代表が、平日午前十一時にロスチャイルド商会の事務所に集まって金のポンド価格を決定していた。

ある日、ある時、金のみが価値を持ち、金本位制がヨーロッパに出現したらどうなるのであろうか。そのときにはドルも円も下落し、ロスチャイルド一味を中心とした「世界統一王朝」が誕生する……。これが彼らの確かな未来の計画なのである。

ここで、ロスチャイルドがイギリスで貴族となった歴史を簡単に書いてみたい。

一八六九年、スエズ運河が完成した。フランスとエジプトが運河会社の株を分け合った。しかし、予想したほどに船が通らず、運河会社は財政危機となった。エジプトが持ち株十七万七千株を担保に金策に走った。四十万株のうちの十七万七千株ではあったが、イギリスがこの株を持てば、イギリス船のスエズ運河航行が有利になる。だが、予算化には議会での承認が必要となる。

急を要するためにイギリス政府はライオネル・ロスチャイルドに援助を求めた。ライオネルはただちに四百万ポンドをイギリスに貸与した。ヴィクトリア女王はスエズ運河で〝借り〟を作った。ユダヤ人に爵位を与えることを女王は認めようとしなかったが、一八八五年に、ライオネルの息子ナサニエル・ロスチャイルドにロードの爵位を与えた。ナサニエルは上院議員となった。ヴィクトリア女王につづくエドワード七世はロスチャイルドを頼るようになり、ついに国家の機能をユダヤ人に奪われるようになった。

さて、サー・モンタギュー・ノーマンに話を戻そう。ノーマンはイングランド銀行の総裁であるのみならず、ブラウン・ブラザーズ・ハリマン社のイギリス支店である、ロンドン・ブラウン・シップレー商会の共同経営者だった。

ここに不思議な点が一つある。ノーマン卿がイングランド銀行の総裁になったとき、ブラウン・シップレーの役員がイングランド銀行の理事会に連なるという非公式の了解が出来ていたということである。ブラウン・ブラザーズはやがてブラウン・ブラザーズ・ハリマンとなったので、ハリマンはイングランド銀行理事会の役員にその名を連ねるということになった。現在はともかくとしても、当時、イングランド銀行は世界を動かす巨大な金融組織であった。その巨大組織の一員としてアヴェレル・ハリマンは確実に貴族の階段を一歩一歩昇っていったのである。

かくて、ブラウン・ブラザーズ・ハリマンはアメリカにおけるイングランド銀行の代理店の役割を果たしていくようになったのである。ロスチャイルド家の息子たちは若き日の研修をアメリカに行ってすることになっていた。クーン・ローブ商会、JPモルガン、ギャランティ・トラスト、そしてブラウン・ブラザーズ・ハリマンで学んだのである。ここでも、ロスチャイルド一族とハリマンの関係の深さが見えてくる。

合併後間もなく、この商会はコロンビア放送会社の中にその足場を築き、モルガン、ロックフェ

大恐慌直後に竣工した
エンパイア・ステート・
ビルディング

ブラウン・ブラザーズ・
ハリマン社の社屋

ロスチャイルド家発祥の地
フランクフルトのゲットー

ＪＦＫの父ジョセフ・ケネディは
世界恐慌で大富豪に

ロスチャイルドに米国派遣された
モンタギュー・ノーマン

ノーマン卿はイングランド銀行総裁を務めていた

ラー系のナショナル放送会社との全面的な競争に入っていった。ＣＢＳの誕生ドラマには、その背後にハリマンがいた。この件は後述しよう。

また、ブラウン・ブラザーズ・ハリマンは投資金融部門として、ハリマン・リプレイ会社を別に設立した。

一九四七年十月、連邦政府は「アメリカの証券事業を独占している十七の投資・金融業者」を告発した。その中に、ハリマン・リプレイ社も入っていた。ブラウン・ブラザーズ・ハリマンが金融および投資の面でも巨大な力を持っていたことを示している。

ブラウン・ブラザーズ・ハリマンがどうして合併したのかを見てみよう。

十九世紀にブラウン・ブラザーズ社がイギリスに出来た。兄が単身ロンドン・シティに残り、「ブラウン・シプリー社」をつくった。弟たち二人は新天地アメリカへ渡った。当時のアメリカの輸入はイギリスの短期信用によって金融処理され、貿易額は多くの場合、輸入超過であったから、これを決済するために、アメリカ証券がイギリスに送られた。ブラウン・ブラザーズはこうした業務とともに貿易金融業務を発展させ、投資銀行業に進出したというわけである。その過程でブラウン・ブラザーズは一族を形成するベアリング財閥、またロスチャイルド財閥から多くの融資を受け入れ、アメリカで巨大な資本動員力を持つにいたる。

ブラウン・ブラザーズがイギリスからアメリカに来て確実に地歩を固めていた一八六五年、法改正により、州法銀行はその発行証券に課税されることになり、急速に衰退していく。かくてヨーロッパの金融業者との関係を持つ「私法銀行」がのしてきた。

こうしてブラウン・ブラザーズはイギリス系の銀行として大いに発展していったのであった。ハリマン商会とブラウン・ブラザーズの合併は、単なる商売上の利益のためだけではない。

この合併の源をたどれば、エドワード・ハリマンが「ブタ貿易」で中国の苦力《クーリー》を大量に使役したこと、その苦力を運ぶクリッパー船に、ブラウン・ブラザーズがロスチャイルドとベアリングの大英帝国の資金を使ったことから始まっている。イギリスの黒い貴族たちは、第一次世界大戦を演出した後、次なる戦争である第二次世界大戦をも演出するため、アヴェレル・ハリマンとブラウン・ブラザーズを結びつけようとしたと私は考えている（このことは後で実証しよう）。

ロスチャイルドとベアリングの連中は、中国などでのアヘン貿易で儲けた金をナチスに還流させ、ドイツ帝国を作り上げて大戦へと導くのである。このために、ブラウン・ブラザーズ・ハリマンが重要な役割を果たす。これこそが「歴史」なのである。

一九〇〇年代に入っても、合衆国の輸入の決済は、ロンドンの手形引受業者、および割引業者によって処理されていた。この処理の主要機関を支配したのがロスチャイルドであったことを知れば、その力の大きさを理解できよう。

輸出においてもそうであった。アメリカの農産物の輸出業者たちは主としてロンドンの金融市場の手形を、引受および割引に依存していた。アメリカにおける外国為替《かわせ》市場において、銀行や貿易業者の外為《がいため》需要を賄《まかな》ったのはロンドンの金融支店六社であり、その筆頭がブラウン・ブラザーズだった。

ブラウン・ブラザーズは巨大な資本を石油や鉄道などに動員することにより、国内市場を拡大し、間接的に産業資本の発展を助長した。クーン・ローブ商会とエドワード・ハリマンが組んだように、ブラウン・ブラザーズとアヴェレル・ハリマンが組んだのである。

アメリカの産業資本の後進性と特殊性が克服されるのはアヴェレル・ハリマンの時代に入ってからである。

二十世紀に入ると、アメリカで海外支店網を独自の力で作ろうとする動きが出てきた。一九〇一年、インターナショナル・バンキング・コーポレーション（IBC）がコネチカット州法に基づき設立された。この州法銀行はアジア貿易および鉄道建設投資の促進を目的として設立された。その重役メンバーに鉄鋼王のH・C・フリック、鉱山のI・グッゲンハイム、そしてE・H・ハリマンが名を連ねた。

この銀行がアジアを目的地としていたことに注目したい。エドワード・ハリマンはアジアを目指していた。しかし、IBCの貿易金融の手形はロンドンの銀行に集中した。ロスチャイルドの支配から脱することは出来なかったのだ。

もう一つ、ギャランティ・トラストがある。一八六四年にニューヨーク州の特別許可を得て設立された信託会社である。エドワード・ハリマン、そして後にはアヴェレル・ハリマンも重役に名を連ねている。このロンドン支店が、外国部として独立した銀行として強力になっていった。一九一〇年代には、ロンドンの銀行家たちもアメリカの銀行を競争相手として認めるようになった。

ハリマンがブラウン・ブラザーズと合併しようと考えたのは、第一には独自の為替業務を発展させたいという思いゆえであったろう。ブラウン・ブラザーズ・ハリマン社が主力をドイツに置くようになるのは、ハリマンの意向とロスチャイルドの意向が一致したからに違いないのである。ロスチャイルドの協力で巨大な富を築いたセシル・ローズは次のように記している。

世界を通してイギリスの支配を拡大し、移民や、植民地化によりエネルギー、労働、企業という手段で大英帝国の植民地化を推し進めることが重要である。ここにアメリカ合衆国を完全に支配することが大英帝国にとって不可欠の事業である。

イギリスの黒い貴族たちによる組織は「ザ・グループ」と呼ばれている。このザ・グループは、ロスチャイルド一族を通じてユダヤ人組織と同一視されている。アメリカの「ザ・オーダー」がグッゲンハイム、シフ、ウォーバーグのユダヤ一族と連絡しているのと同じである。

ザ・グループがオックスフォード大学の「オール・ソウル・コーリッジ」を中心とするように、ザ・オーダーはエール大学の「スカル&ボーンズ」を中心とする。

ザ・オーダーとザ・グループは同一機構と考えられている。この二つの秘密社会を、以降は「ザ・オーダー」という言葉で統一して表記する。そのほうが理解しやすいからである。

ファウスト、第二次世界大戦の準備工作に入る

プレスコット・ブッシュ（ブッシュ前大統領の祖父）は、一九二六年にWAハリマン社に入社した。エール大学のスカル&ボーンズで同期の結社員だったアヴェレル・ハリマンの弟、ローランド・ハリマンが誘ったからである。

当時、WAハリマン社は外国の株式や債券だけを扱う証券会社だった。一九二二年には、ドイツにベルリン支社を開設した。第一次世界大戦後のヨーロッパにアメリカから進出した最初の投資信託銀行でもあった。一九二七年、ブッシュが入社した一年後に、WAハリマン社とは別に、ハリマン・ブラザーズという銀行が誕生した。ニューヨーク・ブロードウェイ三九番地の建物の一つの部屋に、二つのオフィスが誕生したというわけだ。

プレスコット・ブッシュの妻のドロシーの父がG・H・ウォーカーだった。WAハリマン社は実質的にはアヴェレルと弟のローランドが出資者であったが、社長はウォーカーだった。そして、後にブッシュが社長となる。

ハリマンは多数の会社を持っていた。しかし、自らが社長になることはなく、ブッシュやウォーカー、弟のローランド・ハリマンを経営者に据えた。自らは事業の拡大に走ったのであった。

こうしたハリマンの事業拡大の中で一九三一年に、「ブラウン・ブラザーズ・ハリマン」が誕生

した。この合併のニュースは一九三〇年十二月十二日に「ニューヨーク・タイムズ」の一面で報じられた。同じ日にユナイテッド・ステーツ銀行の倒産が報じられたので、この合併はウォール街で拍手喝采を浴びた。

一九三一年一月一日付で合併新会社は正式に発足した。ブラウン・ブラザーズ・ハリマン社は富裕な顧客のための民間投資銀行だった。すなわち、零細企業や中小企業は相手にせず、大企業の投資をアドバイスして手数料を取る銀行であった。

この年、一九三一年の夏にドイツ政府は国内のすべての外国為替資産を凍結する措置を発表した。ドイツ国内に政情不安が引き起こされた。こうした中、一九三三年にアドルフ・ヒトラーが政権の座に就いたのである。ブラウン・ブラザーズ・ハリマン社はドイツへの投資で大きな損害を受けた。ハリマンは自らの資産を投入し、ブラウン・ブラザーズ・ハリマンの危機を救った。

さて、ハリマンとヒトラーの結びつきを書くことにしよう。

ハリマンはポーランドで数多くの事業をしていた。その中の一つにシレジアン・アメリカン社があった。ハリマンがこの会社に出資したのは一九二六年だった。ヒトラーは一九三五年にニュルンベルグ法を制定し、ドイツ系ユダヤ人の市民権を剥奪した。アメリカの企業はドイツから撤退していった。

一九三九年九月、ナチスはポーランドに侵攻し、シレジアン・アメリカン社の炭坑を接収した。ブッシュの義父、バート・ウォーカーとハリマンはナチス・ドイツと秘密交渉に入ることにし、ブッシュをヒトラーのもとへ送った。やがて、ナチスとハリマンのシンジケートはポーランドの鉱山を共同で経営するようになる。

第二次世界大戦の準備はすでに一九二〇年代から始まっていたのである。ポール・ウォーバーグとハリマンからの借款を受けて、短期間ではあるが、ドイツは人為的な繁栄の時を迎えた。マックス・ウォーバーグは一九二五年の繁栄を「見せかけのブーム」と呼んだが、マックス・ウォーバーグ商会の名声は高まっていった。

ドイツに巨大なトラストやカルテルが誕生してくる。

ブラウン・ブラザーズ社は一九二八年（ハリマン商会と合併する三年前）に年利六％の三十年契約で、一千五百万ドルをベルリン市に融資していた。第一次世界大戦後のドイツに深く関わっていたのである。ここにも、ハリマン商会と合併する下地はあったのである。

一九三一年六月、ドイツが大きな経済的困難に直面すると、アメリカ大統領ハーバード・フーヴァーはモラトリアムの申し出をした。賠償金の支払いをさしあたり一年延期しようというものであった。一九三二年七月九日、ローザンヌ会議において、三十億ライヒス・マルクの金額を十五年間で支払うべきとした。

時を同じくして、ブラウン・ブラザーズ・ハリマンというアメリカの金融企業が、アメリカの金融資本のドイツ進出の窓口となったのは決して偶然ではない。創造と破壊、そしてまた、破壊と創造というサイクルを黒い貴族たちは狙っていたのである。また、ドイツの再軍備が着手されるのである。黒い貴族たちは、イギリスとフランスをしのぐ軍隊と兵器をドイツにつくらせようとする。

ドイツの民主主義体制の解体とファシズム独裁体制はアメリカとイギリスの金融資本家たちが計画したものであった。その道しるべの役をアヴェレル・ハリマンが中心となって演ずるのである。

ブラウン・ブラザーズ・ハリマンはロスチャイルドの子会社Ｊ・ヘンリー・シュローダー商会と

共同で、一千万ドルをプロシア電力に年利六%で融資した。シュローダー商会のクルト・シュローダー男爵はヒトラーを総裁に推し上げた一人である。シュローダー商会はドイツの合同製鋼(ティッセン)のメイン・バンクであり、ヒトラーがナチスの金脈を失いかけたときでも、彼に政治資金を渡し続けた。ヒトラーとユダヤ王ロスチャイルドは深く結びついている。ヒトラーを総裁に仕立て上げたのはユダヤ王ロスチャイルドだといっても過言ではない。ヒトラーをしてユダヤ人虐殺をさせる。そこに、ユダヤ民族の夢が深く隠されている。後章でその秘密を解明する。

一九二九年の株式市場崩壊でプレスコット・ブッシュは全財産を失った。ハリマンはブッシュに財政援助した。そして、ブッシュを対ドイツ援助の一つの窓口とした。ブッシュはドイツに出向き、フリッツ・テッセン、フリードリッヒ・フリックたちと密談を重ねて、いくつもの団体組織をハリマンのために創設した。ここからヒトラーへの財政援助が始まる。俗に「ハリマン=ヒトラー・コネクション」と呼ばれるものである。

この一例に、ドイツ鉄工トラストがある。この会社はナチス・ドイツの爆薬の三五%、銑鉄の五〇・八%、亜鉛メッキ鋼の三八・五%、重鉄板の三六%、鉄線の二二・一%を生産した。このトラストの投資業務窓口は、ブラウン・ブラザーズ・ハリマンであった。フリッツ・テッセンへの資金援助もブラウン・ブラザーズ・ハリマンである。

こうしてブッシュは一九二六年からハリマン経営の多数ある会社の副社長でもあったが、ドイツの投資業務責任者となっていった。

ブッシュの経歴を見よう。ペンシルヴァニア水力発電所取締役会長、CBS、ドレッサー製作所、ヴァジナム、USギャランティ、ブルーデンシャル保険の各役員……すべて、ハリマンが支配するか関係のある企業である。やがてブッシュはブラウン・ブラザーズ・ハリマンの共同経営者に迎えられる。

少し脇道にそれてみよう。ジョージ・ハーバード・ウォーカーとハリマンの関係について書くことにする。

ハリマンは二十八歳のときにウォーカーと出会う。ウォーカーはミズリー州の銀行家であった。ハリマンはウォーカーを誘うが応じなかった。一九一九年、ウォーカーはギャランティ・トラストと強力に結びつく。ハリマンはギャランティ・トラストを通じ、ウォーカーを共同経営者に迎え入れることになる。ソヴィエトで革命が始まるとウォーカーはハリマンの仕事に積極的に加担する。

ヴェルサイユ条約が成立した一九一九年、第一次世界大戦後の世界的な戦略が練られたときに、アメリカの政治と財政の改革を大英帝国がデザインし、ハリマンにその概要を説明し、実行を迫った。ハリマンはウォーカーに協力を求めた。ウォーカーはWHハリマン社の代表に就任した。ここに、イギリスの黒い貴族たちとハリマンがドイツを援助し、もう一度軍事強国にすることが決定したのである。

ハリマンがドイツのハンブルク・アメリカン・ラインという海運会社の再建に着手したのは一九二〇年であった。第一次世界大戦後、アメリカ政府によって、この海運会社所有の船舶は接収されていた。ウォーカーとハリマンはこの接収された船をWHハリマン社の所有とした。ここに、世界最大の私的海運会社が誕生した。ハンブルク・アメリカン・ラインの株式の大半はハリマン企業のものとなり、残りの株の大半は、マックス・ウォーバーグの所有となった。ハリマンとユダヤ財閥は強固な関係を結び、ヒトラーを育てていくのである。ウォーカーはJPモルガンとハリマンとの関係をより深くしていく。また、この二社に「死の商人」といわれるサミュエル・プレイヤーの武器会社「レミントン・アームズ」が加わる。

ハリマンとウォーカーは一九二二年、ベルリンでヨーロッパの首脳たちと会談した。ハンブルク・アメリカン・ラインを通じて、レミントン製の武器や原材料が大量にドイツへ流れていくようになった。同時に、ハリマンとウォーカーはソヴィエトを強力な軍事国家にするためにウォール街とイギリスの銀行家たちのグループを動かしていく。

さて、ウォーカーの別の面を見よう。彼はニューヨークでスポーツ、ゲーム、ギャンブルに熱中するのである。彼は一九二〇年に、アメリカ・ゴルフ協会の会長になった。ウォーカー賞の授与者としても有名である。

一九二五年、ウォーカーとハリマンは先頭に立ってマディソン・スクエア・ガーデンの再建のために努力した。近代的なスポーツの殿堂が完成したが、ウォーカーはギャングたちの溜まり場にし、自らもその中心にいた。ダフ屋や酒の密売人たちが大金を求めて群がってきた。人々はこの殿堂をナショナル・ギャンブル場と呼んでいた。

一九三〇年には、ウォーカーとハリマンの二人はニューヨークに競馬場をつくった。自らも馬主となり、汚い手を使って(八百長をして)、大金を稼ぐのに熱中した。この八百長の延長線上に第二次世界大戦の八百長がある。このことを知ると、2×2が4であることがわかってくる。

さて、脇道にもう一度それる。読者の頭を柔軟にするためである。「鉄血宰相ビスマルク」の件である。

フランクフルトのロスチャイルド家は断絶した。しかし、代理人のブライヒレーダー家がベルリンにいた。ビスマルクに影のように寄り添ったのは、ゲルソン・フォン・ブライヒレーダーだった。彼はビスマルクのために軍備増強の資金を調達した。また、ロスチャイルドの情報ネットワーク人脈を最大限に活用した。

一八七一年、ドイツ帝国が成立したとき、ロスチャイルドの代理人ゲルソンは独仏の講和条約が結ばれると賠償などの処理に参加した。ドイツとユダヤはいつも一体だった。ヒトラーがナチス帝国を作り上げたころ、ドイツ銀行、ドレスデン銀行、ダルムシュタット銀行がドイツの三大銀行であった。これらの銀行はすべてユダヤ人の経営である。ビスマルクの代替わりでヒトラーが登場したと考えるならば、ゲルソンの代替わりでハリマンが登場したものと考えられ、物語は非常に単純なドラマになろうというものである。

ヒトラーはユダヤ人である。このことも後章で詳述する。それではビスマルクは何者か、ということになる。彼の母ルイザは、婚前の名前がメンケンで、ユダヤ人であった。そして彼女がビスマルクを受胎したのは、夫からではなく、ナポレオンの元帥ソウルトからである。ソウルトもユダヤ人だ。ビスマルクは純正のユダヤ人なのだ。このことはユダヤ人のイギリス首相ディズレーリの回想録に記載されている。この事実は、陸軍少尉であったレェレップ・スピリドリッヒ公爵が一九二六年にニューヨークで出版した『秘密世界政治』にも記されている。

ここで、歴史をユダヤ流に解釈すると次のようになる。ビスマルクのような良いユダヤ人は「ユダヤ人」。ヒトラーのように悪いユダヤ人は「ジュウ」ということになる。実存主義者でマルクス主義者のユダヤ人サルトルは、「反ユダヤ主義者は、ユダヤ女と一夜を共にしたいからだ」と『反セム主義者とユダヤ』という著書に書いている。ちょっと気になる記述だ。どんな具合にスカートの中がなっているのか。エリザベス女王も、エリザベス・テーラーも、オードリー・ヘップバーンもドリス・ディも、ジューン・アリスンもユダヤ女なのだから……。

J・H・ハットフィールドの『幸運なる二世、ジョージ・ブッシュの真実』には、ブッシュ家は十四世紀までさかのぼる古い家柄で、英国王室のエリザベス二世とも遠縁である、と書かれている。しかし、別の説もある。

ブッシュという名を調べれば、出てくる名前はすべてユダヤであるという点である。最初に登場する有名人はユダヤ人将校ソロモン・ブッシュ。彼は兄弟と思われるジョージ・ブッシュとともに独立戦争の英雄である。もう一人の有名人は十九世紀にニューヨーク大学でヘブライ語の教授であったユダヤ人、ジョージ・ブッシュ。ジョージ・ブッシュ元大統領（父ブッシュ）は大統領時代にこの教授が自分の縁戚だと認めている。たぶん、ブッシュ一族は隠れユダヤ人であろう。それを承知の上でハリマンはブッシュ一族を配下に加えたのであろう。プレスコット・ブッシュはジョージ・ハーバード・ウォーカーの娘と結婚する。

ハリマンはまた、ダレス兄弟とも親密につき合った。それは、ナチスへの融資にダレス兄弟を利用したからである。

長兄のジョン・フォスター・ダレスはサリヴァン&クロムウェル法律事務所を共同経営し、法律の面からハリマン経営のブラウン・ブラザーズ・ハリマンのためにナチスへの投資の仕事を手伝った。ここでは、弟のアレン・ダラスに注目したい。ハリマンと同じエール大学の出身で、スカル&ボーンズの秘密結社に入っていた。ハリマンの血族ドノヴァンの下でOSSのナンバー2であった。ハリマンとドノヴァンの要望を受け入れ、直接ヒトラーと会見している。ヒトラーの台頭と歩調を合わせるように、兄とともに多国籍企業とナチスを結びつけた。兄ダレスがシュレーダー銀行、スタンダード石油の代理業務をこなし、弟はIGファルベンなどの企業を背後から操った。親ナチ派の兄弟は戦争が始まると、ナチスに物資を提供する陰の役を演じ続けた。

Ｊ・ヘンリー・シュローダー商会のクルト・シュローダー男爵は一九三三年一月三日、ヒトラーに次のように語っている。

天下国家の大目的をかなえていただくために軍資金が必要だと思う。そういうわけで、ナチス党の全債務をこの際、われわれが一切合切、肩代わりさせていただいて、あなたは身軽になって、大奮戦していただきたい。そういう相談がまとまっているのです。

「そういう相談がまとまっている」とは、ヒトラーに資金投資する黒い貴族たちの談合の結論である。そう、ロスチャイルドやハリマンたちはヒトラーに軍資金を与え続け、「乱」を起こさせようとしていたのである。

このシュローダーの言葉の中に「見えざる組織」が姿を現わしている。

一九三三年一月三十日、ヒトラーはシュローダー男爵と祝杯をあげた。アドルフ・ヒトラーは一九一九年にドイツ労働党に入党した。貴族や財界人たちはヒトラーにトゥーレ結社を通じて援助していった。ヒトラーが魔術的な要素を持ち、その演説が大衆を魅了していたからに他ならない。一九三一年十二月、ナチスを応援するために友愛会が結成された。ドイツの著名な実業家十二名からなるメンバーで、そのリーダーがシュローダー男爵であった。

この友愛会の結成後に、ハリマンとJ・ヘンリー・シュローダー商会が共同でヒトラーに本格的な援助をするのである。ハリマンのブラウン・ブラザーズ商会も、シュローダー商会もユダヤ王ロスチャイルドと深く結びついている。ここに一抹の疑問もない。世界は「乱」の中でのみ大きな商売が可能となるからである。

イギリスのバッキンガムにあるアスター卿夫妻の別荘に時折、奇妙な人々が集まり世界情勢について話し合っていた。その一部の政治家と金融グループは「クリブデン・セット」と呼ばれた。ロンドン・シティ（ユダヤ王ロスチャイルドの完全支配下にある）と金融業界から「多額の資金援助」を受けていた親ドイツ派グループであった。

彼らは、ロックフェラー、モルガン、ハリマンなどのニューヨーク・ウォール街関係者たちと一脈を通じていた。当時の駐英大使ジョセフ・ケネディ（ジョン・F・ケネディの父親）もこの一派とみなされていた。

ゼネラル・モータース、IBM、デュポン・ケミカル、スタンダード石油といった重工業の巨大アメリカ資本のドイツ産業への投資は、一九三六年から一九四〇年までの間に三六％も伸びて、年額二億六百万ドルに達し、アメリカの海外投資額はイギリスの二億七千五百万ドルに次いで世界第二位となっていた。しかし、アメリカの海外投資先のほとんどが、ナチス・ドイツのヒトラー帝国であったことは注目されてよい。

第二次世界大戦勃発の直前、エチル・スタンダードは五百トンのエチル鉛をIGファルベンの仲介でドイツ帝国省に送った。このときの支払い保証をしたのは、ブラウン・ブラザーズ・ハリマンの一九三八年九月二十一日付の書状であった。

戦後、ブラウン・ブラザーズ・ハリマンはＩＧファルベンとの関係を認めた。ＩＧファルベンとドイツ帝国省は一体と言っていいほどに結びついていた。爆薬の八四％、火薬の七〇％、合成ゴムの一〇〇％……。ドイツ帝国省はＩＧファルベンに手数料十億ドルを支払っていた。ハリマンはナチス・ドイツを強大化するために、ドイツ帝国省に多額の資金を融資していた。

この書状の日付に注目しなければならない。第二次世界大戦の直前なのだ。この書状は戦後公開された一部にすぎない。ハリマンの銀行が窓口となってナチスの戦争準備を完了させたのであった。巨額の融資を受けたＩＧファルベンはドイツ帝国省に軍需物資を納入し、さらに巨額の利益を得る。それがほとんど、イギリスとアメリカの軍需メーカーや国際金融資本家たちに還元されるというシステムが完成していた。戦争ほど儲かる商売はないのである。

かくてヒトラーはユダヤの金融資本を受け入れ、ユダヤ人を虐殺して大戦を拡大させる。戦争のシステムはいつも同じだ。自分と自分の一族が死ななければいいのである。私たちは、第一次世界大戦も第二次世界大戦も、そのあとの朝鮮戦争、ヴェトナム戦争も、黒い貴族たちが利益を上げるために仕組んだ戦争であることを知るべきである。

私が書かんとするこの本は、その事実を証明するために書かれている。

さて、もう一度、プレスコット・ブッシュを登場させよう。

一九四二年十月、世界大戦勃発から十カ月が過ぎている。ハリマンはロンドンでドイツを敗北させるため、イギリスとソヴィエトへの武器貸与法最高責任者として活躍中であった。

この年の十月二十日、アメリカ政府はプレスコット・ブッシュ指揮の下で活動中のナチス政府の銀行業務停止を命じた。

　ブッシュがディレクターであるユニオン・バンキング・コーポレーション（ＵＢＣ）を接収した。この銀行の株式のほとんどをローランド・ハリマンが持っていた。この銀行を通じて大戦中もハリマン兄弟はヒトラーに十分な資金を融資し続けていたのである。

　ＵＢＣはヒトラーを動かすフリッツ・テッセンとハリマンを結ぶ秘密のコネクションであった。ＵＢＣ・オランダはナチの支配下にあり、その銀行はドイツ・スチール・トラストが動かしていた。

　さて、前述したシレジアン・アメリカ社について書くことにしよう。

　ハリマンの指示を受けたブッシュはスイスの銀行を通じ、ポーランドで採掘した鉱石を売り、シレジアン・アメリカ社を通じてアメリカの金を流していくのである。ヒトラーを育て、ヒトラーの戦争を助けたヒトラー・プロジェクトを遂行したのはプレスコット・ブッシュであり、彼の息子、そして孫までが、アメリカ大統領となるのである。その背後にはロンドンの黒い貴族たちがいる。過去も、そして今も。

　ハリマンは一九二四年以前から、しばしばドイツを訪れていた。そしてヒトラーの実質的オーナーであるフリッツ・テッセンと知己となっていた。テッセンはハリマンに銀行の設立を申し込んだ。ハリマンは承諾した。テッセンの銀行はオランダ・ロッテルダムにある彼の銀行の子会社として一九二四年に設立され、ブラウン・ブラザーズ・ハリマン社の事務所内で業務を始めた。この銀行がＵＢＣ・テッセンである。

　たしかに、アメリカ政府はＵＢＣの資産を凍結はした。それは一九四一年七月三十一日付の「ニューヨーク・ヘラルド・トリビューン」が、「テッセン、ニューヨークで三百万ドルの現金を保管。

テッセンが財政支援したナチス高官の軍資、UBCに秘匿か」というスクープ記事が出たために、大統領令でUBCの資産が凍結されたのである。しかし、戦争が終結すると、この資産はテッセンのもとに返された。

一九二六年、WAハリマン社はヒトラーの最も重要なスポンサーであるフリッツ・テッセンのために一つの組織を作った。この組織にウォール街の銀行家で、俗に「死の商人」といわれるクラーレンス・ディロンを迎えた。新ドイツ・スチール・トラストが出来上がった。テッセンはこの組織のために二人以上の代表者をディロン・リードに送り込んだ。

このルートでナチスの必要なスチールの半分近くがドイツに送られた。ハリマンとウォーバーグの海運会社がこのスチールを運んだ。戦争中にもかかわらず。レイミントンの武器もだ。

ハリマンは一九二七年にはイタリアへ行き、ベニート・ムッソリーニに会った。ハリマンはバート・ウォーカーにこのニュースを電報で知らせた。「六月十五日に、私はムッソリーニに会った。われわれは、われわれの目的を説明し、コンタクトを得た……」

一九二九年から一九三二年に大恐慌がアメリカを、さらには世界中を襲った。一九三二年にバート・ウォーカーはハリマンの会社を去った。しかし、ハリマン兄弟、ブッシュ、そしてサッチャー・M・ブラウンはブラウン・シープリーの協力を得ることになった。イギリスの黒い貴族たちとハリマン一味はナチス・ドイツを育てるべく立ち上がったのである。この一味にロバート・A・ロベット（トルーマン政権の国防長官）が加わった。

ヒトラーが一九三三年にドイツの独裁者になるとブラウン・ブラザーズ・ハリマン社はナチスのための事業を拡大していった。

一九三九年、ナチス・ドイツがポーランドに侵攻する。フリッツ・テッセンとハリマン、ブッシュ、ウォーカーたちはポーランドから略奪した石炭、鉄鉱石などをナチに提供し続けた。ソヴィエトが東方からポーランドに侵入した。このときもハリマン一味はソヴィエトにオイル・ポンプを売り付けていた。

日本が真珠湾を攻撃した一年後になって、アメリカ政府は、ハリマン一味のシレジアン・アメリカ社のナチの財産分を凍結した。ルーズヴェルト大統領はハリマン一味のすべてを知っていた。しかし、一九四二年の十月まで、何の行動もとらなかった。正直に書くなら、アメリカ大統領はハリマン一味の対ナチ協力を禁止する力を持たなかったというのが答えである。

ハリマン一味はアメリカ汽船商会を作り、ハンブルク・アメリカン・ライン社と結びつけた。この二つの海運会社が「ヒトラー・プロジェクト」の要《かなめ》の役割を担っていく。ハリマンはウォーバーグ財閥と組んでこの二社を経営する。この過程で、シュローダー一族がハリマンと深く結ばれていく。この間の法律上の問題をダレス兄弟が処理する。兄のジョン・F・ダレスは後の国務長官、弟のアレン・ダラスは後のCIA長官である。

ハンブルク・アメリカン・ラインはナチスのために数多くの武器をアメリカから大型の船に乗せてオランダのアントワープ経由で運んだのである。そこからナチスのためにドイツへと、他のものは、共産主義のためにソヴィエトへと運ばれた。

ヒトラー誕生の一つのエピソードを書くことにしよう。一九三二年にベルリンのアメリカ大使がワシントンに以下の報告書を送った。

大量の資金が導入された選挙キャンペーンが行なわれています。三十万人から四十万人に近い私的な軍隊を維持するための資金は、ナチを財政的に支援する銀行家たちが提供したものです。憲法を遵守するドイツ共和国政府はこのナチの私的軍隊が唱える「国家の自由」を防ごうと動き出しました。ハンブルク・アメリカン・ラインがドイツ政府に反対するプロパガンダに金を投入しています。ヒトラーの力に対抗する一時的な試みも効力がありません。ヒトラーに反対する数千の人々がナチのブラウン・シャツを着た私兵たちに射殺されたり、脅迫されたりしています。

ドイツでユダヤ財閥最高の地位にあるマックス・ウォーバーグがハリマンと組んで、ハンブルク・アメリカン・ラインの金をヒトラーが私兵を雇うためにつぎ込んでいたことを知るべきである。ヒトラーをユダヤ財閥が育て上げ、ユダヤのために使ったのである。ヒトラーは、ウォーバーグ、ロスチャイルドの私兵であった。

一九三三年三月二十七日、マックス・ウォーバーグはプレスコット・ブッシュにこう語った。

ヒトラーの政府はドイツのために役に立つ。ここ数年、仕事はわれわれが心配していたよりも良くなった。しかし、反動がここ数カ月間続くだろう。ドイツに反対するプロパガンダに苦しまなければならないだろう。このことは非常に熱狂した選挙のキャンペーンのごく自然な結果なのだ。しかし、外国の新聞はあまりにも誇張しすぎている。政府はドイ

「隠れユダヤ」プレスコット・ブッシュは
ハリマン関連企業で暗躍

ニューヨークに入港する
ハンブルク・アメリカン・ラインの貨客船

1925年にハリマンが再建した
マディソン・スクエア・ガーデン

ドイツの重工業企業
ＩＧファルベンの工場群

ヒトラーもムッソリーニも
ユダヤ系アメリカ資本に支援されていた

兄ジョン・フォスター・ダレス
（上）はナチスへの投資を担当
弟アレン・ダレス（下）は
諜報機関OSSのナンバー2

ツにおける公的な平和と秩序を維持するに確たる決断をしている。このことに関しては、どのようなことになろうとも、驚くほどの事態は起こらないと私は確信している。

ヒトラー政権誕生の承認へのこのウォーバーグの保証は、ロスチャイルドの保証でもあった。これを何よりも要求したのはハリマンとブッシュだった。ウォーバーグはこの会談の後にハリマンに手紙を出す。彼の息子イリッチから従弟《いとこ》のフレドリッヒを通じてハリマンはこの手紙を受け取る。

ハリマンは、ユダヤ人ザルツバーガーに相談する。彼は自分の新聞（ニューヨーク・タイムズ）に、「アメリカのナチへのボイコットは勇気ある行動とはいえない。これ以上の大衆の反ナチ行動の集会も、同時にアジテーションもなされるべきではない」と書いた。

アメリカのユダヤの大物たちも、ヒトラーの登場を喜ばない者は誰一人としていなかった。政権を奪取するための莫大な資金をヒトラーにつぎ込んだテッセンやフリッツなどのドイツ人富裕層はごく少なく、そのほとんどはユダヤ人だったのである。ヒトラーはユダヤ人が望むように行動していったのである。

アメリカのブナイ・ブリス（名誉棄損同盟の母である）も反ナチスの行動はとらなかった。

ユダヤ人たちの反ナチ行動は、一九四〇年代に入ってからである。『シオン長老の議定書』にいわく、「われわれの手中には現代最も威力を発揮するもの……金がある。この金でわれわれが神の選民として、また、高い人間性を持つ運命が定められている所以《ゆえん》が明白に証明される」。この神の金がナチスを誕生させたのである。

私たちはユダヤ秘密結社の中で、その最大のものがブナイ・ブリス（「誓約の兄弟」の意）であることを知る必要がある。ブナイ・ブリスがいう誓約とは、エホバが割礼によって、ユダヤを選民したときの約束（『創世記』十七章）からきている。

このブナイ・ブリスは一八四三年十月十三日、ニューヨークで十二人のユダヤ人によって創立された。この組織に対し、ドイツ最大のユダヤ財閥ウォーバーグが、ハリマンを通じて、ユダヤ人虐殺の報道を否定してほしいと動いたのである。ユダヤ人虐殺を含む反ナチ運動を抑圧しなければ、彼らの最終目標が達成できないからである。

「ニューヨーク・タイムズ」はユダヤ系の新聞であると幾度も書いてきた。その新聞がウォーバーグの主張を容《い》れて反ナチ運動を抑え込んでいくのである。普通の歴史観では、この一連の動きを説明できない。従って日本人学者たちは一人としてこの事件を扱わない。ユダヤ人は自らの民族をユダヤ人のヒトラーに虐待させることにより、「ある目的」を達成しようとしたのである。

一九二二年六月二十四日、ユダヤ人のドイツ外相ヴァルター・ラーテナウが暗殺された。この暗殺後に全ドイツを襲ったのが通貨マルクの崩壊であった。ラーテナウの次に暗殺の対象になったのがマックス・ウォーバーグだった。そのウォーバーグが反ナチ運動のアメリカでの広がりを圧殺してくれと、ハリマンを通じて「ニューヨーク・タイムズ」に依頼するのである。今までの歴史の常識では考えられないことである。

ニューヨーク・タイムズは「ドイツに反対するようなボイコットをアメリカ人はとるべきではない。これ以上の反対集会は開かれるべきではない……」と書くのである。

アメリカのユダヤ人、そしてシオニストのリーダーたちとハリマン、ブッシュの戦争推進のための関係が見えてくる。ナチス・ドイツを利用して醜悪な悪行をせんとする者の姿が見えてくる。ホロコーストの演出の背景が見えてくるではないか。シオニストのリーダーたちは、海の向こうのロンドンとハンブルクのユダヤ財閥と深く結ばれて、ナチス・ドイツのヒトラーを支持し続けていたのである。

では、もう一つの物語を書くことにしよう。ウォーバーグ一族とハリマンの物語である。

ジェームス・ウォーバーグは青年実業家としては一流であった。ジェームスは、父ポールの仕事を堅実に拡大していった。その一方でジェームスは別の顔を持っていた。ジェームス（通称ジミー）は非ユダヤ人のケイ・スウィフトと結婚した。ジミーはケイの影響を受けて二重生活を送りはじめた。昼は真面目な銀行家として働き、夜は文壇関係者らを相手に深夜までポーカーに興じるようになった。そうした連中を通じてニューヨーカー誌の常連寄稿家仲間とも出会った。

ハリマンがその常連寄稿家の仲間であったことはすでに書いた。「アルゴンキン円卓派」の連中だった。夜のハリマンは、歴史家、小説家、戯曲家、画家と交際し、ニューヨーカー誌に論文や評論を発表していた。

ジミーはハリマンから当代一流のユダヤ人作曲家ジョージ・ガーシュウィンを紹介され、親友となった。ジミーは、ポール・ジェームスの芸名で作詞し、妻の協力を得てガーシュウィンが作曲したミュージカル「ファイン・アンド・ダンディ」を製作した。ハリマンはこのミュージカルの製作者、マーシャル・フィールドに製作費の一部を出してやった。やがてケイはガーシュウィンと結ばれ、ジミーとは離婚した。傷心のジェームス・ウォーバーグは、父ポールの銀行業の世界へと戻っていった。

ジェームス・ウォーバーグとハリマンの関係はケネディ大統領誕生の時期まで続く。

「ファイン・アンド・ダンディ」を共同製作したジェームス・ウォーバーグとマーシャル・フィールドは、ソヴィエトのマンガン事業に資本を投資する仲となった。

一九三一年三月、ヴェルサイユ講和条約に違反するドイツ・オーストリア関税同盟の締結計画をドイツが発表した。フランスの投資家たちは両国から巨額の資金を引き揚げた。ロスチャイルドの支配するウィーンの巨大銀行クレディト・アンシュタルトは大打撃を受けた。あのミュージカルに興じていたジェームス・ウォーバーグはロンドンのアンソニー・ロスチャイルドに対し、ロスチャイルド家が助けを必要とするならば、ウォーバーグ家を当てにしても結構だと述べた。

ウォーバーグ財閥はドイツでの地位を確かなものにして、アメリカのウォーバーグ財閥との連携でロスチャイルド家と対抗できるほどの実力を身につけつつあった。この年、ハリマンはブラウン・ブラザーズ・ハリマン社をつくる。ロスチャイルドの力を借りて成長していったハリマン財閥は、ウォーバーグ財閥とも結びつくのである。まさにミュージカルの「ファイン・アンド・ダンディ」の世界をジェームス・ウォーバーグは演出して、ハリマンを仲間に取り込んでいく。ウォーバーグ財閥はハリマンを仲間に引き込み、ナチス・ドイツのヒトラーを育てていくのであった。クレディト・アンシュタルトは倒産した。ロスチャイルドはドイツでの最大の拠点を失くし、イギリスとフランスに拠点を置いた。

ブラウン・ブラザーズ・ハリマンのドイツ支店はＩＧファルベンとドイツ帝国省に強い影響力を維持し続けた。第二次世界大戦中、ロックフェラー財閥はギリシャの船会社オナシスを利用し、ナチス・ドイツに石油を送り続けた。ブラウン・ブラザーズ・ハリマンの銀行がこの闇ルートに使われる。ここに、ブラウン・ブラザーズ・ハリマンとMMウォーバーグ商会の密接な関係が姿を見せる。ヒトラーはユダヤ人を虐殺する一方で、ユダヤ財閥のMMウォーバーグ商会やベルリンのメンデルスゾーン商会を利用していく。ハリマンはウォーバーグ一族と連携してスターリン、チャーチル、そしてルーズヴェルトを操っていく。「二十世紀のファウスト」はもうすぐ、その姿を読者の眼前に見せるであろう。

戦争は利益を求める黒い貴族たちによって起こされるのである。ハリマンはナチス・ドイツとアメリカ、イギリスが戦争状態に入るのを一番よく知っていたであろう。それゆえにこそ、ハリマンはブラウン・ブラザーズと合併し、戦争当事国の間の潤滑油のような役割を果たそうとしたのであろう。

ハリマンやウォーバーグ財閥の動きが一段と激しくなっていくと、東欧系のユダヤ人たちの大多数は「ナチス・ドイツへの貿易を即時停止せよ」とルーズヴェルト大統領に訴えた。しかし、アメリカ・ユダヤ協会はナチスへの援助、貿易を促進すべきであるとの声明を出した。

それでも一人のユダヤ人リーダーが公然とナチス反対を唱えた。一九三三年、マディソン・スクエア・ガーデンに二万人のユダヤ人が集まった。三万五千人のユダヤ人が建物の外につめかけた。スティーブン・ワイズ師はドイツに対する抗議行動をユダヤ人に呼びかけた。しかし、ユダヤ人の国際金融資本家たちはワイズ師の反対行動に出た。ナチスによるホロコーストも、アメリカのメディア（ほとんどがユダヤ人による経営）は無視し続けたのである。同じ民族の虐殺よりも、金儲けのほうを優先したのであった。

シティと名がつく銀行はほとんどがロスチャイルドの支配下にあった。ナショナル・シティ・バンクは合衆国国債を裏付けとして、独自の流通価格で一億五千万ドルを上限として通貨を発行する権利を得ていた。一九三三年、三十一ある系列会社の一つであるニューヨーク・シテイ社をブラウン・ブラザーズ・ハリマンと合併させた。そして、ブラウン・ブラザーズ・ハリマンは、一九三四年に合衆国におけるドイツ国債仮証券発行代理店に指名される。ヒトラーが首相と大統領を兼務し、「総統」の名称を使用した年である。

このことは何を意味するのだろうか。ブラウン・ブラザーズ・ハリマンがロスチャイルドのシティバンクの一つに加入したということを一面では意味する。そして、ナチス・ドイツが武器や石油を買うために、ドイツ国債をハリマンの銀行を通じて発行するということも意味する。

ユダヤ王ロスチャイルドの経営する兵器会社、ヴィッカース社の支社網《ネットワーク》は一九三〇年に全世界に及んだ。その兵器会社の受託者会社であるロイヤル・エクスチェンジ・アユアランス社の役員にアヴェレル・ハリマンの弟ローランド・ハリマンが加わっている。ハリマン兄弟はドイツの国債のみならず、全世界の兵器産業の負債を受託することになったのである。

E・ローランド・ハリマンは「アメリカ赤十字社」の社長でもあった。赤十字は黒い貴族たちが戦争の悲劇をくらますために設立した結社のようなものであった。戦争を起こせ！　死者や負傷者を運べ！　どこに？　赤十字社の役員たちは黒い貴族が独占する。

第二次世界大戦は一九三九年九月一日、ナチス・ドイツ軍がポーランドに攻撃開始したときをもって始まる。ハリマンのポーランドとの結び付きを見ることにしよう。

ハリマンはポーランドに化学プラント、磁器工場、炭坑二カ所（ポーランドは良質のコークス炭を産出した）、亜鉛鉱山二カ所を所有していた。さらに、ヤヌシュ・ラジウィル公爵と「スプルナータ・インテルソフ」を共同経営し、そこだけで四万人の労働者を雇用していた。ラジウィルはポーランド政界の大物で、ポーランド議会「セイム」の議員であり、外務委員会の議長を務めていた。

ポーランドがドイツとソヴィエトに侵入されると、ラジウィル公爵はソヴィエトに捕らえられる。しかし、ハリマンはスターリンと交渉し、ラジウィル公爵の一族をイギリスに亡命させた。そしてイギリスの貴族とした。ジョセフ・ケネディ（ケネディ大統領の父）の娘はラジウィルの一族と結婚した。今日でもラジウィルはイギリスの貴族である。イギリス王家への大きな影響力をハリマンが持っていたことがこの一件からも分かる。

一九三〇年代、ハリマンはフランスとベルギーの企業家たちとの激しい競争の末に「スプルナータ・インテルソフ」の株式を大量に取得した。後にポーランドがスターリンの手に落ちていくのは、このハリマンによるポーランド企業とのコングロマリットが大きく影響している。

ポーランドでハリマンは一つの事件を起こした。その事件に触れてみよう。

第一次世界大戦後、かつてドイツ領であった一部がポーランドに編入されていた。その土地にビスマルク鉱山があった。ハリマンは兵器商人のフリードリッヒ・フリックを使い、秘密裡にこの鉱山を買収した。だがやがてポーランド政府の知るところとなり、ハリマンが買収したビスマルク鉱山はポーランド政府に接収された。この事実を知るとヒトラーは激怒した。ヒトラーがポーランドに攻め込むための口実の一つになったのだ。どうして侵攻の口実になったのだろう。

それは、ヒトラーに多額の資金を提供してきたハリマンが、暗黙のうちにヒトラーにポーランド侵攻の承諾を与えたと思ったからではなかったか。ヒトラーはハリマンにビスマルク鉱山を取り返してやると約束した。

ブラウン・ブラザーズについて書くことにしよう。ブラウン・ブラザーズ一族はイギリス貴族の一員となっていた。すべては金がものを言う世界の出来事である。ブラウン家は巨大軍需産業のベアリング商会を作り上げたフランシス・ベアリングの子弟たちと姻戚関係を結び、ベアリング財閥の血閥の一員となる。このブラウン家から、レーガン政権で国務長官だったジェームス・ベーカーが出ている。

ハリマンは貴族ではない。アメリカに貴族は存在しない。しかし、貴族的社会は存在する。「合法的マフィア」とか「エスタブリッシュメント」とか呼ばれる人々がそうである。私はイギリスの貴族と同じように考え、彼らこそが「黒い貴族」だと言ってきた。

イギリスの貴族の立場から見ると、ハリマンは限りなくイギリス貴族に近いのである。そういう意味では、ハリマンはロックフェラー一族やモルガン一族よりも格が上である。ハリマンは黒い貴族の階段を一歩一歩昇っていったのである。

イングランド銀行はロスチャイルドが完全に権力を握る銀行である。エドマンド・デ・ロスチャイルドの『ロスチャイルド自伝』が一九九九年に出版された。その中でエドマンドはイングランド銀行について次のように書いている。

イギリス王立造幣局は一八五二年にその機能を停止し、アントニー・ドー・ロスチャイルド卿（私の曾祖父ライオネス男爵の弟）がイギリスから貸与された。ロスチャイルドは借用後、王立造幣局のためと、自社用に金、銀を精錬し続けている。〔中略〕
一九六〇年代に、エンゲルハート工業（ロスチャイルド系）に精錬所を売却するまで、われわれは外国政府、銀行、または世界の金融のブローカーへの金の延べ棒の供給者であり、かつイングランド銀行の要求にこたえる立場にあった。

世界の金《きん》を支配するのはユダヤ王ロスチャイルドである。金相場はロスチャイルド家のニューコートの「金相場の部屋」で、ロスチャイルド家とその関係者五名で最近まで決定されていた。各々が小さなユニオン・ジャックの旗を持って、ユダヤ王ロスチャイルドの代理人が発表する金価格を聞き、全員が机上にその小旗を倒す儀式で一瞬にして決定された。イングランド銀行を支配し、王立造幣局のために、金や銀を精錬するロスチャイルドの部屋には「オーストリアの皇帝、プロシア、ポルトガル、オランダの王たち、ロシアの女王たちの肖像画」が掲げられていた。金を借りた証《あかし》に、皇帝や王たち、女王らがロスチャイルドに贈った肖像画である。
ハリマンは、ブラウン・シップレーに連なる者として、イングランド銀行の深奥の部屋、フリーメイソンのロッジに出入りすることができる。この部屋にイギリス王室の会員、ロスチャイルド一族、イギリス銀行頭取モンタギューらが姿を見せる。そして、世界の秘密について語られるのである。イングランド銀行は戦後、公的機関に生まれ変わったが、戦前のイングランド銀行は、その創立当初から秘密主義に徹していた。株主の氏名の公表も控えていたのである。

イングランド銀行の深奥の部屋の中には、棺桶とアカシアの小枝が置かれている。ハリマンがいつ、この部屋に入ったかを記した資料はない。しかし、イングランド銀行に株式を持つブラウン・シップレーの役員としてこの部屋に入ったものと推測できる。

この部屋に入った者はみな、誓いの言葉を述べるのである。

私はこれによって、ここにおいて、私が授かった、また授かろうとしている、あるいは将来授かるであろういかなる技術も、秘術も古代フリーメイソンの神秘も、いつも喜んで受け入れ、隠匿し、その一部を一点たりとも決して外部に漏洩しないことを、最も厳重に心より約束し、誓います。

フリーメイソンのロッジの中で最高クラスの一人となったハリマンは、「世界統一政府の樹立」という目標を抱くようになっていく。

「この地球上には、まだ偉大なる事業の余地はある」とは、ゲーテがファウストに言わしめた言葉である。イングランド銀行のロッジには世界の秘密が隠されたままである。イギリス王室、ロスチャイルド、ブラウン家以外にも、アスター家、サッスーン家、デポンシア家などの貴族が、このロッジに入ることができる。このロッジの中から、世界権力政府が数々の人材を世に送り出すことになる。イギリス首相のチャーチル、アメリカではルーズヴェルト大統領を操ったバーナード・バルーク、そして、レーニン、スターリン、ヒトラーたちである。

一八四四年、かつて大英帝国の首相を務めたユダヤ人のベンジャミン・ディズレーリは自分を育てくれたユダヤ王ロスチャイルドに捧げる本を書いた。その本の名は『カニングスビー』。主人公シドニアとして登場するユダヤ王ロスチャイルドは次のように語る。

だからカニングスビーよ、お前の知っている通り世界は裏の世界を知らない。世界一般の人々が想像しているものとはずいぶん違った人物によって動かされているのだよ。

世界史を動かしてきた者のみが真実を語り得る。このロスチャイルドの言葉を、私たち日本人は今日においても考えてみなければならない。

戦後期の政治学者で哲学者でもあったユダヤ人、ハナ・アーレントは『全体主義の起源』の中で次のように書いている。

はっきりとした役割を持たない富はますます許しがたいものになった。それを黙認すべき理由を理解できる者などいないからである。ユダヤ人が公的な役割を喪失したばかりでなく、彼らの影響力が失墜した時に、反ユダヤ主義は頂点に達した。そして使い途《みち》を持たない富だけがユダヤ人に渡された。

「使い途をもたない富」を持つ者たちが国際ユダヤ資本家である。世界の富の大部分を彼らが独占した。アーレントは何かを隠している。彼らはこの富でアメリカの大統領を育てることも、イギリスの首相を動かすことも出来るのである。それゆえ彼らの富が、ディズレーリの書いているように、世界史の裏面を創り出すのである。

ハリマンにとって、アメリカは約束の地ではなかった、と私は思う。彼は自己の精神の故郷をイギリス、フランス、ドイツ……と、ヨーロッパに求めていたのではなかったか。ヨーロッパの過去に自らの過去を発見し、ヨーロッパの未来に自分の未来を投影して生き続けてきたのではなかったか。ハリマン家はその出自をロンドンに持つ。

彼が印象派絵画の蒐集に熱中したのも、たえずヨーロッパを訪れ続けたのも、たびたび東欧に鳥猟に出かけたのも、ヨーロッパでの生活の中に共感するものがあったからであろう。

ハリマンにとって、ヨーロッパの運命とアメリカの運命は一つとなって存在していたのであろう。彼はヨーロッパの末路を、その悲劇性を深く認識し、そこから自分の未来を考察しうる力を持っていた。彼はまた、ユダヤ人の中に恐怖感を持ち、その強靭《きょうじん》な精神力を見ていたであろう。権謀術数《けんぼうじゅっすう》の世界に生きて、いまだ達成し得ない世界の秘密を手にする可能性を彼は夢見たであろう。

後に書くことになるが、資本主義と社会主義と共産主義が究極においては一つの道にたどり着くという真理をハリマンが発見したと私は思うのである。この中でハリマンは、人々を踊らせて世界の王となる方法を知ったのである。

ハリマンの主観が想像の域を超えるとき、彼の諸々の経験が自らの周囲で世界を巻き込んでいくように変化していくのであった。

彼の思想が、世界を変革しようとするエネルギーとなっていった。彼の知的経験と美的センスが世界のありさまに変化をもたらしていくのだ。

「CFR《外交問題評議会》」という名の隠れた政府

CFRという組織に触れなければ物語は進まない。

一九一九年五月十九日、パリのマジェスティックホテルでアメリカとイギリスから集まったある人々たちにより、円卓集団《ラウンド・テーブル》幹部会議が開かれて、CFRが創設された。「外交問題評議会」を略してCFRという。ハリマンは創立メンバーの一人である。

この組織はイギリスのロスチャイルドが創り上げたRIIA（王立国際問題研究所）の下部組織として、アメリカのロックフェラー家、クーン・ローブ商会、ディロン・リード社、そしてハリマン家などがメンバーとなった組織といえよう。

十九世紀から第二次世界大戦にいたる時期、ロスチャイルド家はアメリカの金融資本家たちに多額の投資をし、大きな影響力を行使し続けてきた。こうした中で、世界を中心とした外交問題を互いに協議しあうという、国家を超えた「超頭脳集団」が生まれたのである。ハーバード大学、エール大学、プリンストン大学などを出た優秀なエリート集団から選別された、ごく一部の政治権力志向の者たちである。

このCFRに入ると、「政治に偶然は起きない」というフランクリン・D・ルーズヴェルトの言葉の信奉者となる。

南アフリカで活躍したセシル・ローズ（南アフリカにおけるロスチャイルドの代理人）は晩年、一つの秘密組織を設立した。イエズス会の組織を真似て作られたその組織に一億五千万ドルの遺産を「ローズ基金」として遺した。この基金をもとにしてロシア革命の演出者アルフレッド・ミルナー卿が設立したのが「ラウンド・テーブル」（円卓会議、一八九五年結成）である。

「大英帝国は究極的に圧倒的権力を樹立し、もって戦争の廃止と千年王国の実現を達成すべし」との目標が掲げられた。

戦争廃止のための戦争を仕掛け、圧倒的権力を得るために策謀をめぐらし、その究極として統一世界政府をつくり、すべての人間を奴隷とするようなワン・ワールド体制を目標とし、一千年続く王国にせん、という目標を掲げたのであった。

このラウンド・テーブルは正式には、王立国際問題研究所（ＲＩＩＡ）と呼ばれた。また、チャタムハウス研究集団ともいわれた。

このＲＩＩＡとＣＦＲ、二つの外交問題検討機関が、イギリス政府とアメリカ政府とを離れて、両政府の外交政策を審議、決定していくようになっていった。政治は国家の大統領や首相を頂点とする機関によって決定されて動くというのは表面的な姿なのである。特にイギリスとアメリカにおいては、ＲＩＩＡとＣＦＲの影響力が大きすぎるのである。

ＣＦＲの下部組織として太平洋問題調査会（ＩＰＲ）がある。主として極東問題を取り扱った。このＩＰＲがハリマン一派に利用され、「真珠湾をジャップに攻撃させる」政策を作成するようになる。

一九一九年のパリ講和会議を牛耳《ぎゅうじ》ったのが、パリのユダヤ王ロスチャイルドであるエドモン・

ド・ロスチャイルド男爵であった。この会議の出席者のうち、イギリス、アメリカのメンバーのほとんどが、ＲＩＩＡかＣＦＲのメンバーであった。要するに、パリ講和会議はロスチャイルドの意向が大きく影響していたのであった。

ヒトラーを応援し、総裁の地位に推し上げたのはイギリスの「クリブデン・セット」であるとすでに書いた。アスター子爵家に集う政治家ないし金融街シティの連中のことだが、このアスター一族のほぼ全員はＲＩＩＡのメンバーであった。中でも、Ｍ・Ｌ・アスターはタイムズの会長であり、ハンブローズ銀行の役員でもあった。タイムズ紙はＲＩＩＡの管理下にあることを知る必要がある。

ＲＩＩＡのメンバーたちはクリブデン・セットを使い、一方でヒトラーに資金援助し、ナチス・ドイツを強大化し、同じやり方でヒトラー打倒の手を打っていくのである。こうすれば、戦争が勃発し世界が混乱するから、不幸な人々の富を奪い得るのである。一極集中の権威は戦争の中からしか生まれてこないのである。

自身はマフィアではないものの、マフィアと手を組んでジョセフ・ケネディはケネディ財閥をでっち上げ、ルーズヴェルトを大統領にするために大金を遣った。その功によりイギリス大使になった。ルーズヴェルトは妻のエレノアに、「ケネディをイギリス大使にしたのは偉大なるジョークだ」と言っている。

イギリス大使となったケネディはアスター家の「クリブデン」に出入りするようになり、クリブデン・セットの有力メンバーになっていく。アメリカではバルークらユダヤ人仲間とつき合い、一方ではアスター一族と反ユダヤ政策を練っていたのである。

ユダヤ思想と反ユダヤ思想とは、黒い貴族たちの間では決して矛盾するものではない。

彼らの思想の根底にはヘーゲル哲学の「決定論」が脈打っている。これを金儲けに応用しているのである。

二つの相対立する勢力（「措定《そてい》」と「反措定」）をでっち上げ、これを互いに闘わせて一つの「総合」を得るという方法である。親ユダヤ対反ユダヤの効果として、一つの総合であるユダヤによる世界統一政府が出来るというわけである。

戦前、わが国では西田幾多郎《にしだきたろう》の哲学が天皇教拡大のために都合がよいとして、もてはやされた。西田の『善の研究』とはヘーゲル哲学のちょっとした改竄《かいざん》であった。西田は、総合の拠って立つ基礎として「誠」を置いた。こんなどうしようもない哲学がどうして流行《はや》ったのか、私には理解不能である。

今日の日本の哲学者も「誠」から脱出できていない。天皇教の信仰を抜きにして、エセ・マルクス哲学以外には何らの哲学も創造し得ないではないか。

世界を征服しようとする意思の認識と、その歴史を識別しようとする主観的な経験が欠けているから、日本の歴史は軽薄となり、哲学者は表層的となり、政治家は天皇教護持にのみ奉仕する輩《やから》となった。それこそが、第二次世界大戦の悲劇へと一直線に突っ走っていった最大原因であった。

もう少し易しく、具体的に検討してみる。情報と人材を駆使しつつ、相対立する両方を秘密裡にコントロールすることにより、富が必然的に入ってくるという方法がヘーゲル哲学の応用編である。日露戦争を見ると、この方法が採用されたことがよく理解できる。

ロスチャイルドは「西洋の敵」である日本に援助を与えた。それは帝政ロシアを滅ぼすための一手段として、日本を利用しようとしたのである。では、日本が敗北していたらどうなっていたのか。

日本の諸権益を奪えばそれでよかったのである。債権を持つロスチャイルドは、日本銀行をイングランド銀行やアメリカ連邦準備制度理事会（ＦＲＢ）のような組織にしたであろう。どっちにころんでも損をしないのが、戦争を経験しながらユダヤ王が獲得した哲学であった。西田哲学の「誠」とは雲泥の差である。

日本は日露戦争の激戦地、旅順港《りよじゆんこう》攻略戦で勝利した。その情報は満州からイギリスのロスチャイルドのもとへと届いた。その報告で日本戦勝の可能性を知ったロスチャイルドは、ロンドンにやってきた高橋是清に金を貸す約束をした。このことは本書の冒頭に書いた。そしてバルチック艦隊の大移動の詳細情報を日本側に伝えた。これは真に恐ろしいことである。日本は他のことは考えなかった。現在もそうである。

ユダヤ王ロスチャイルドは、金を貸して利を得ることが第一の目的で、日露戦争に協力したということなのである。従って、次に日本を敗北させてしまえば、日露戦争で儲けた分の数十倍も金が儲けられると計算したということである。日露戦争から第二次世界大戦にいたる軍拡国家日本に巨大な投資をし、巨大な利益を上げた。そして一気にぶっ壊すべく動いたのである。

西洋の哲学を理解しない日本は敗北し、また近未来にその敗北を繰り返そうとしている。その一例を見てみよう。

一九一二年、東京市は公債の一部をニューヨークで発行した。日本の外債引き受けシンジケートはロックフェラー系のナショナル・シティ・バンクとモルガン系のナショナル・バンク・オブ・コマースであった。その背後でこれらの銀行を動かし、実質的に公債を引き受けたのはクーン・ローブ商会だった。日露戦争の外債を引き受けた、あのクーン・ローブ商会である。

当時の東京市でさえ、ユダヤ金融機関から金を調達していたのだ。エドワード・ハリマンを拒否したあの満州国の鉄道建設を見よう。

南満州鉄道となったこの鉄道は日産グループ総帥、鮎川義介《あゆかわよしすけ》の手で建設が進められることになった。だが鮎川は、アメリカで資金を調達しようとして苦闘するのである。日本の財閥のほとんどは、アメリカの資金を導入したり合弁会社を作ったりして艦船や飛行機を製造していったのである。戦前の歴史を書くにはこの視点から調べるべきなのに、歴史家は完全に無視したままである。

日本はアメリカから屑鉄を輸入し、それで船や武器を作った。アメリカがその輸出を禁止した瞬間に、すでに日本の敗戦は決定的だったのである。この視点から歴史を見る学者はいない。三流国家である日本はまさに、猿芝居を太平洋の諸島や中国大陸で演じていたのである。西洋の歴史や哲学をうわべだけで学ぶから、ヨーロッパやアメリカの恐ろしい姿が見えてこない。

サミュエル・ハンチントンは『文明の衝突』の中で西洋の空恐ろしさをこう述べている。

> 西欧のウイルスは一度他の社会に入りこむと、消すことが難しい。西欧ウイルスは生き続けるが致命的ではなく、患者は完全には治らない。大政治指導者は歴史を作れるが、歴史から逃げることはできない。

「西欧ウイルス」はその姿を簡単には見せてはくれない。私はその西欧ウイルスとは何かを読者に見せたくてこの本を書いている。私たち日本人は第二次世界大戦から立ち上がり、完全に健全な姿の日本になったと思っている。だが、「一度他の社会に入りこむと、消すのは難しい」のである。

それを少しでも消すためには、西欧のウイルスとは何なのかを知ることから始めなければならない。西欧ウイルスを持つ者たちこそが、黒い貴族たちである。彼らの側面を少しは暴いてきた。彼らこそが歴史を、創造しないまでも操ってきたのである。リンカーンもケネディも歴史を創造しようとし、歴史を操る者たちによって殺されたのである。日本は幾度も西欧ウイルスの侵入を許し、苦しんできた。

第二次世界大戦終了までは、ユダヤ王ロスチャイルドが源の西欧ウイルスが、世界最悪のウイルスであったことは間違いなかろう。

このロスチャイルドのウイルスの秘密はなかなか見えてこない。それはロスチャイルドの各種の事業が代理人の非ユダヤ人（ユダヤ人もいるが）を使って巧妙に操作されてきたからである。第二次世界大戦後かなり経過してから、ソヴィエトの真実が見えてくるまでは、この国が「ユダヤ人たちの創り上げた国家」だとはわからなかった。ロンドンのシティも、ニューヨークのウォール街も、ユダヤ王ロスチャイルドが創り上げた「巨大な蛸《たこ》」であった。

CFRに話を戻す。

一九二二年三月二十六日のニューヨーク市長ジョン・F・ハイラントの演説を見ることにしよう。

わが共和制の本当の脅威はまるで巨大な蛸のようにその細身の身体をわれわれの市や州や国の上に広げて蟠踞《ばんきょ》する、目に見えない政府である。その頂点には普通、「国際銀行家」と言われる金融会社の小集団がいる。この強力な国際銀行家の小集団が彼らの利己目的のために、わが政府を実質的に支配している。

この国際銀行家たちは「合法的マフィア」または「支配階級」と呼ばれる。彼らのほとんどがCFRの会員である。CFRの会員になることは上流階級、支配階級への確かな道であった。今日でもそれは、多少の変化はあるであろうが、ほとんど変わりはない。

このクラブは非公式である。会員の選考基準も曖昧《あいまい》だ。一九八七年には二千四百四十八人の会員がいた。もちろん全員が招聘《しょうへい》されて会員になっている。年に五度、「フォーリン・アフェアーズ」という機関誌を発行している。CFRはニューヨーク市の東八番街、五十八番地の「ハロルド・プラット・ハウス」に本拠地を置く。

一九八四年のフォーリン・アフェアーズ秋季号に、リチャード・クーパー（ハーバード、エール大学教授）が「未来の通貨組織」という題で次のように書いている。

すべての民主主義的な工業国にとって、一つの共通の通貨政策に基づく一つの共通の通貨の創設と、その通貨政策を決定するための一つの連合造幣銀行の創設を要求する。しかし、単一の通貨は単一の通貨政策と通貨を発行しつつ通貨政策を指揮する単一の権威を伴う時のみ可能である。独立国はどのようにそれを遂行できるだろうか。そのためには、各国の通貨政策が決定権を一つの超国家的組織へ譲渡しなければならない。

文中最後の「超国家的組織」なるものが、黒い貴族が目的とする「世界権力」「世界統一政府」、または「見えざる政府」のことなのである。

私たちは何も考えずに「ワン・ワールド」の歌を歌ってはいけない。「世界は一つ……」という一節ほど恐ろしい歌詞はないと知らなければならない。そのとき、心も体も閉ざされてしまい、自由へのドアは永遠に閉ざされる。このクーパーのような御用学者はオウム返しに黒い貴族たちの言葉を繰り返すのである。

クーパーの言う思想の背後に「見えざる権力」、「謎のように沈黙した権力」があることを知らなければならない。CFRはこの謎のような権力のために奉仕する外交機関なのである。これと同じような考え方をイングランド銀行総裁のモンタギュー・ノーマンが語っている。

「世界金融の覇権が、完全に超国家的な統制機構として、どこでも、またすべてを超えて支配すべきである」

この豪語の中には、すでに、ユダヤ王ロスチャイルドが、世界金融の覇権を握っているという事実が示唆されている。

イングランド銀行総裁モンタギュー・ノーマンは一九二九年二月六日、ブラウン・ブラザーズを訪れた後にワシントンに行き、財務長官のアンドリュー・メロンに会って、「私は世界の覇権の地位を享受している」と誇らしげに語っている。

ノーマンのこの謎の発言後、連邦準備制度理事会は「軽い通貨」の政策を急転回させた。すなわち、手形割引歩合を上げ始めた。一般大衆も巻き込んだ株のゲームは終わり、大恐慌がやってきたのだ。しかし、ブラウン・ブラザーズ（ハリマンとの合併はその二年後）やハリマン財閥、そして国際金融家たちのかなりの者たちは大恐慌の到来をいち早く知り、大儲けをするのである。では、大好景気と大恐慌の間に何が起こったのかを見ることにしよう。大恐慌は作為的な陰謀であったことが分かるのである。

一九二七年の春、イングランド銀行総裁モンタギュー・ノーマンは、ドイツのライヒスバンク総裁、ヒャルマール・シャハトとフランス銀行副総裁を伴ってアメリカを訪れた。そしてアメリカに「低金利政策」を強く勧めた。ニューヨーク連邦準備銀行の再割引歩合は四%から三・五%になり、政府証券が多額に買い上げられた。それを売却した銀行や個人投資家の手には使いうる紙幣が残った。この資金が普通株を買うように融資された。こうして、株投機が始まった。一九二八年、黒い貴族の一人ジョン・J・ラスコプはデュポンの協力者でありゼネラル・モーターズの重役であったが、この自動車株を強引に騰貴させる手を打った。

これがきっかけであった。すべての株が急上昇していった。諸銀行は連邦準備銀行から五%で金を借り、それを一二%でコール市場に又貸しすることが出来た。人々は銀行に殺到した。株価は上昇を続けた。ある投資家はゼネラル・モーターズ社株を百ドルで買い、百五十ドルで売った。そして、それぞれの人々が皆、儲けた。それから、株価は急落した。

「誰でもいちばん幸福な時が、いちばん欺《あざむ》かれやすいのだ」

暴落の前、ユダヤ王ロスチャイルド配下のユダヤ人バーナード・バルークは「アメリカン・マガジン」に寄稿し、「世界の経済の状態は大きな前進運動の入口にあるようだ」と大見得《おおみえ》を切った。しかし、バルークはユダヤ人実業家たちと内密に語り合い、持ち株をことごとく売り払っていた。

大恐慌は、ユダヤ王ロスチャイルド一味が仕組んだ〝大芝居〟ではなかったか、私にはそう思われてならない。高値で株を売り尽くし、大金を手にし、そして暴落した自分の会社の株を最高値の一〇％ほどの値で買い戻し、またあらためて上昇させていったのである。歴史は同じパターンを繰り返している。

この謎に迫ったのはJ・K・ガルブレイスであった。彼は『アメリカの資本主義』の中でイギリスの経済学者ジョン・メイナード・ケインズの言葉を引用している。

「恐慌を解釈する。恐慌もインフレーションも今や安定した完全雇用と同じくらい、自由市場に不可避につきまとう」

イングランド銀行は一六九四年の創立である。

ワーテルローの戦いでイギリスが敗れたという偽情報を流し、ロンドン証券取引所をパニックに陥れたのはドイツ・フランクフルトのユダヤ人集落（ゲットー）からイギリスに渡ってきたネイサン・マイヤー・ロスチャイルドであった。暴落した株を買い漁り、後にそれを売って儲けると、彼の財産は一気に六千五百倍に殖えていた。やがて、ネイサン・マイヤー・ロスチャイルドは日本における日本銀行にあたる中央銀行、イギリスのイングランド銀行を支配下に置いた。

元CIA長官のアレン・ダレス（ジョン・F・ダレス元国務長官の弟）はハーバード・ハントに代作させた『諜報の技術』という本の中で、情報がいかに大事であるかの例として、このロスチャイルドの偽情報事件を挙げている。彼は書いている。「イギリスの貨幣・王朝を支配するのは、イギリス政府や銀行ではなく、王室でもなく、ロスチャイルドである」

その始祖とされるのは、マイヤー（一七四二〜一八一二）である。彼はフランクフルトのユダヤ人商人の家に生まれた。ロスチャイルドとはドイツ語でロート・シルト（赤い楯）の意である。

南アフリカ利権を手にした
セシル・ローズの資金で
「ラウンド・テーブル」誕生

エドモン・ド・ロスチャイルドの
影響下にあったパリ講和会議

ヘーゲル哲学を改竄した
西田幾多郎の哲学を天皇教が利用

南満州鉄道を建設した
日産グループ総帥・
鮎川義介

「恐慌は自由市場に不可欠」とうそぶいた
ジョン・メイナード・ケインズ博士

大恐慌の謎に肉迫した
経済学者 J・K・ガルブレイス

マイヤーの長男アムシェル・マイヤーは父のもとでフランクフルトに残り、二男のサロモンはウィーンに渡り、三男のネイサンがロンドンに渡った。四男のカールはナポリに、五男のジェームスがパリにそれぞれ渡った。この中で成功したのはイギリスに渡った三男のネイサンと、パリに渡った五男のジェームスだった。

私が「ユダヤ王ロスチャイルド」という場合は、イギリスに渡ったロスチャイルド家を指す場合が多い。しかし、イギリスとフランスの両家は深く結び付いている。個人名を書くことが必要な場合を別として、一応、「ユダヤ王ロスチャイルド」とか「ロスチャイルド家」と表記する。その方が理解しやすいと思うからである。

連邦準備制度理事会について書くことにしよう。

一九一三年、連邦準備法案が議会を通過し、時の大統領ウイルソンが署名して法律となった。アメリカは日本と違い、この法律に基づく連邦準備制度理事会がアメリカの中央銀行の役割をする。支配株を大手の銀行が購入し、政府は関与しない。モルガン・グループ、ロックフェラー・グループのニューヨークの銀行六行がニューヨーク連邦準備銀行の支配株を購入し、そのまま保有している。その六行の中の一行に、ナショナル・バンク・オブ・コマースがある。筆頭株主はユダヤ人ポール・ウォーバーグで、この制度を確立した国際金融家である。ロスチャイルドとともにウォーバーグ一族がこの制度に大きくかかわっている。

一九二九年三月九日、イングランド銀行のノーマン卿が「私は世界の覇者の地位を享受している」と語った一カ月後に、ポール・ウォーバーグは大恐慌へとアメリカを突き落とす合図を一部の人々に送っていた。

「もし、行き過ぎる投機が無制限に許されるなら、ついに崩壊がやってくるのは必然であり、それは国中を巻き込むような恐慌に至る」。かくて、このポール・ウォーバーグの予言が的中するのである。どん底に落ちる人間と大儲けする人間とが峻別《しゅんべつ》されたのである。勝利の栄光の下に、絶望がシナリオ通りにつくられたのであった。

ナショナル・バンク・オブ・コマースはロックフェラー系のナショナル・シティ・バンクとともに、連邦準備銀行株の二十五万株を持ち、二行だけで全体の九〇%を超えた。

その主な内訳を見ると「合法的マフィア」の名が姿を現わす。

ジョージ・F・ベーカー（ブラウン・ブラザーズの血閥）＝一万株、JPモルガン商会＝七千八百株、ポール・ウォーバーグ＝三千株、ジェイコブ・シフ＝三千株、J・P・モルガン二世＝千百株、エドワード・ハリマン未亡人＝五千六百五十株……

連邦準備制度理事会に名を連ね、株を持った人々が、アメリカの国際金融家であるといえよう。彼らは今でもこの株を大事にしている。

アメリカが戦争をし、大量のドルを印刷すれば、この連中はアメリカ国家から利息を貰えるようになっている。「合法的マフィア」の連中がインフレを期待し、戦争を演出しようとする一つの理由がここにある。

「大量のドルを印刷すべし、そのために戦争を仕掛けよ」

「ニューディール」に踊るアメリカ

ソヴィエトの元首相ミハイル・ゴルバチョフは著書『ペレストロイカ』で、スターリンの工業化政策について次のように書いている。

一九二〇年代および三〇年代に行われた工業化は、厳しい試練だった。しかしいま、充分考えた上で、果たしてそれが必要だったのか、という疑問に答えよう。わが国のような広大な国が、工業国にならず二十世紀を生き延びられただろうか？　わが国が二〇年代から三〇年代にかけて培った力で、ファシズムは撃退されたのだ。もし、工業化が行われなかったら、われわれはファシズムの前に無防備でさらされていただろう。

ユダヤ系のレーニンが同じユダヤ系オーストリア人逃亡者のカール・パディワや多数のユダヤ人を同伴して、ドイツ参謀本部との打ち合わせのもと、スイスからロシアへ封印列車で送り込まれてから、ロシアは狂ってしまった。ロシアにレーニンらを送り込んだドイツ参謀本部司令官ヘルプハントもユダヤ人だった。黒い貴族たちから秘密資金を受け取り、ロシアに入ったレーニンは、すでにロシアを黒い貴族たちに売っていた。この事実を無視して、ゴルバチョフはレーニンをひたすら賛美する。

ドイツにファシズムの嵐が吹き荒れるのは一九二五年以降である。ソヴィエトはナチス・ドイツとあらゆる面で協力して、北欧三国を領有したり、ポーランドへ侵入したりした。工業化を名目に、レーニンやスターリンはロシア人を二千万から四千万人も殺した。

ソヴィエトは革命後五十年を過ぎた後でも、一人当たりの所得はとても低かった。もし、無理をしても（数千万人を殺したとしても）、工業化が本当に進んでいれば、革命前の一九一七年よりも個人所得は大きく飛躍していたはずである。ここに社会主義（共産主義）の本当の姿が見えてくる。社会主義というパンドラの箱を開けたこの壮大な実験は完全に失敗した。中国も北朝鮮も東ドイツの共産主義も同様であった。どうして、悪い竜がロシアの大地に増殖し続けたのだろうか。

レーニンの一味は最初から特権階級だった。レーニン一味は武器と食料を独占した。恐怖政治は社会主義の本質的な性格である。自由なき恐怖の中で分配の理論のみが説かれた。工業製品は恐怖の中からは産まれなかった。粗悪品が非効率の中でほんの少し産まれただけだ。マルクスの理論は分配のみを説き、生産方法を説くものではなかった。

この社会主義（共産主義）の本質をハリマンは知り尽くしていた。それゆえにこそ、社会主義をアメリカに導入しようとしたのである。どうしてか？　享楽の限りを尽くした生活を、永遠に送るためである。ハリマンの行動を思想的な面から追求していこう。

二十世紀初頭、アメリカでは富裕者と貧者の間に多くの難問題が発生し、混乱が生じていた。富裕者たちは慈善事業と社会改革に参加するようになった。貧者が反逆しだしたからである。

一九〇〇年、全国市民連合（NCF）という組織が誕生した。マーク・ハンナ、オーガスト・ベルモント、J・P・モルガン、E・H・ハリマンらの実業家が、学者や労働界の指導者たちを仲間に入れてつくった組織であった。このときは、積極的参加によって国家の建設という共通の目的に貢献する、そんな理想がそこにはあった。

一九〇四年のある日、ニューヨークの貧困者状況改善協会のウィリアム・アレンが「最高に必要とされるのは、惨禍や醜聞を真実に代える知性のセンターである」と語った。

ジョン・ロックフェラー、アンドリュー・カーネギー、J・P・モルガン、E・H・ハリマンら実業家たちはアレンの主張をすぐさま理解した。彼らは労働争議を鎮圧するだけでは問題は解決しないということを認識し始めていたのである。

E・H・ハリマンは一九〇九年に死んだが、一九一〇年にニューヨーク市政調査会が出来た。一九一六年には民間の研究所である政府活動研究所が設立され、一九二七年にはブルッキングス研究所と改称された。

政府活動研究所の創立には、ハーバード大学ロースクールのフェリックス・フランクファーター、エール大学学長のアーサー・トワイニング・ハドレーなどの学者たちが一員として参加した。

この研究所のために尽力した一人が、E・H・ハリマン夫人であった。ハリマン夫人はエドワードの死後、ハリマン財閥を引き継いだ。すでに書いたが、彼女は優生学研究所に多額の献金をし、また社会福祉の分野での活動も顕著であった。娘のメアリー・ラムジーの影響を受けて、女性の地位向上のために積極的に発言するようになった。彼女はウォルシュ労使関係委員会のメンバーとして、資本家と労働者の争いに介入し続けた。

政府活動研究所で委員を務めていたロバート・S・ブルッキングスの研究にハリマン夫人は資金を提供し続けた。やがて、この研究所はブルッキングスを中心とした新しい研究機関として出発するようになり、「ブルッキングス研究所」と呼ばれるようになった。

アヴェレル・ハリマンはこの研究所に出入りするようになった。

アヴェレルはこの研究所で、チャールズ・ベアード、ジョアン・ホイジンガー、そしてあのフェビアン社会主義のハロルド・ラスキーらの客員研究員と知己となり、その講義を聞くようになった。

ハリマンが並の経済人や政治家と根本的に異なるのは、こんな点にもある。

ハリマンはこの知的経験を蓄積していき、自らの思考を深め、「世界は、わが心の反映にすぎない」という認識を持つにいたった哲学者でもあったということである。ハリマンはハロルド・ラスキー教授から社会主義について多くのことを学んだ。この教授の思想の一部は「社会保障制度」としてアメリカ政府に採用された。この点は今日でも評価が高い。しかし、ラスキー教授の思想、彼の目的としたところは、国家は一つの福祉国家として統一されるべきだという美名のもとに、全体主義的国家を創造すべきだという点にあった。

ラスキーはハリマンに「調整」という思想を教えた。社会学、人類学、経済学、政治学を結びつけて、諸々の欠陥を「調整」の中で処理し、新しいものを創造していくという思想である。ハリマンは、優生学と社会主義を現実社会に応用し、「調整」するようになった。すべての矛盾と不均衡は「調整」を通じて新しい世界へと融和していくだろう。その融和の中から、ワン・ワールドが誕生してくるであろう。その世界の中心に、きっと自分がいるであろう……。

ハリマンは社会主義を学びつつ、世界の王に近づこうとしていたと思えるのである。

ハリマンがブラウン・ブラザーズ・ハリマンをナチス・ドイツのために利用しようとしていた頃である。ハリマンの多角的な行動が見えてくる。一九三〇年代に入るとラスキーは、コミュニスト(共産主義者)としての立場を明確にするようになった。ラスキーはソヴィエトを進歩的で民主的な国家であると主張するのであった。

ラスキーは劇作家のバーナード・ショー、フェビアン協会のウェッブ夫妻とともに、ソ連共産主義の最も有力な代弁者となった。

アメリカで、姉のメアリー・ラムジーやジェーン・アダムスがスターリンを礼讃したのはいくらか理解できる。一方的な情報を受け入れて、ソヴィエトの現実を見ることがなかったからである。

しかし、ハリマンは革命後のソヴィエトに入り、この国家の地獄絵の世界を目の当たりにしている。産業というものが私企業の努力、個人の独創を抜きにしては発達し得ないことをハリマンは熟知していた。社会主義は物を破壊するには最適な思想であるが、物を創り出す力は持たないことをハリマンは知り尽くしていた。

革命は憎悪を増長させていた。飢餓が蔓延し、飢えた人は人を殺し、その肉を喰らい、また市場で売って生き延びていた。ハリマンはソヴィエト国内を巡りつつ、この冷酷な現実を眼にしていたはずである。

後年ハリマンは、「モスクワの九〇%以上の人々は、アメリカのスラムよりひどい場所に住んでいる」と、国務省のスタッフ会議(一九四五年)で語っている。

ハリマンはこのソヴィエト共産主義国家の悲惨を知りつつ、アメリカを共産主義の国にしようとするのである。ここにハリマンの意志にかかわらず、ハリマンを擁してアメリカを共産主義の国家にしようとする黒い貴族たちの野望を私は見るのである。

ハロルド・ラスキーは一九三五年に次のように述べている。


もし、ルーズヴェルトの実験が終わり、ブラウダ、あるいは誰かその後継者が、アメリカ社会の最も傑出した人物の一人に成り上がっていなかったら、私は推察の誤りを認めなければならないだろう。


ブラウダはアメリカ共産党の党首だった。「アメリカ社会の最も傑出した人物」が「ルーズヴェルトの実験（社会主義化の政策の実現化）後に間違いなく出現するであろう」とラスキーは語っている。この傑出した人物を、ラスキーはハリマンだと予想していたことは間違いないと私は思っている。ブラウダはアメリカ共産党の党首であったが小物である。実力もない日和見《ひよりみ》主義者だった。

では、ハリマンはどのような社会主義をアメリカに導入しようとしたのかを見てみよう。

ハリマンがユダヤ人の実業家バーナード・バルークとアメリカの将来について話し合いを持つようになったのは、一九三一年から一九三二年の間であったろう。バルークは、共和党の大統領ハーバート・フーヴァーに代えて、民主党のフランクリン・D・ルーズヴェルトを大統領にしようとしていた頃であった。ルーズヴェルトをニューヨーク知事に祭り上げた主役はバルークであった。バルークは数多くの財界人に声をかけた。しかし、「合法的マフィア」の人々は、ほとんど保守党の支持者か党員であり、バルークの申し出を彼らは断っている。

だが、ハリマンはバルークの申し出を受け入れた。受け入れざるを得ない事情もあった。バルークはドイツ・フランクフルトのユダヤ人ゲットーの出身である。そのゲットーもロスチャイルドの屋敷の中にあった。ウィルソン大統領の時代、戦争産業局の長官となり、第一次世界大戦時にはアメリカの軍事産業の利益のために活躍した。ハリマンの父エドワード・ハリマンの株投機を一手に引き受けてもいた。この関係は、父が亡くなってからも続いていた。バルークはハリマンにロスチャイルドの意向を伝えていたのだろう。ルーズヴェルト後の大統領職が約束されていたのかもしれない。ハリマンが実業家でありながら民主党に入ったのも、バルークの意向があったからだと思われる。

ハリマンは四十歳を超えてから政界に入っていく。

彼はブラウン・ブラザーズ・ハリマンやザ・ユニオン・パシフィックスなどの仕事を弟のローランド・ハリマンに任せ、「ニューディール政策」を遂行するルーズヴェルト大統領のブレーンとなっていくのである。

ハリマンとルーズヴェルト大統領の関係を見ることにする。

ハリマンのグロートン校時代の友人にホール・ルーズヴェルトがいた。両親が早くに亡くなっていたので、姉のエレノア・ルーズヴェルトに育てられた。エレノアは、フランクリン・D・ルーズヴェルトと結婚した。若きハリマンはホールの友人となり、ルーズヴェルト家に出入りしていた。エレノアにとってハリマンは息子のような存在であった。

ルーズヴェルトは一九三三年に大統領になると、その翌日にはハリマンを商務省内の経済顧問委員会の一員にし、恐慌政策を担当させた。一九三七年にはこの委員会の委員長にした。第二次世界大戦が勃発すると、ハリマンを生産管理局原材料部長に任命する。役職としては低い。しかし、ハリマンはすべての分野で実力を発揮する。戦争が終わりを告げる頃には大統領に次ぐ実力者になっていたのである。ハリマンの姉メアリー・ラムジーに誘われて、ハリマンは全国産業復興局（NRA）に入った。そしてNRAのニューヨーク州議長となった。

一九三三年九月十三日、NRAはニューヨーク五番街で大行進をした。不景気を吹き飛ばすために、一大デモンストレーションが企画された。ニューヨーク州の労働者たちは全員仕事から解放された。銀行や商店は閉じられた。二十五万人以上の働く者たちが「青鷲《あおわし》」の旗を先頭に行進した。五十万人を超える群衆が五番街を埋めた。ニューヨーク警察の楽団が「ヤンキーがやってくる」を吹奏した。数十の空軍機が頭上を旋回した。刑務所の受刑者たちも赦《ゆる》されてパレードに参加した。そしてすべての人々が歌いつつ、青鷲の旗を振りつつ歩き続けた。午後一時過ぎに始まったパレードは深夜にまで及んだ。

NRA長官のジョンソン、レーマン州知事、ブレーン市長らとともにハリマンは閲覧台の上に立った。閲覧台の上に立つ人々は次から次へと姿を消した。ハリマンだけが紙コップのコーヒーを飲みながら深夜まで続く行進を見続けていた。後年ハリマンは、「あの行進がアメリカの草の根運動に大きな影響力を持つにいたった」と述懐している。

ジョンソンは「ほろ酔い機嫌のダンスホールのホステスの気違いじみた笑いのようだった」と、このパレードを表現した。大恐慌のアメリカを救うには何が必要なのかをハリマンは知っていた。それはアメリカ人の心に訴えることだった。多くの政治家や官僚たちがこの行進にケチをつけた。そのたびにハリマンは反論した。

「多くの人々に仕事を与えることがNRAの仕事なのだ。文句を言うやつは間違っている。アメリカ国家再生のプログラムがこの行進によって示されたのだ」

一九三四年十月、ジョンソン長官はNRAを去った。ハリマンは事務局長となり、実質的なNRAの指導者となった。

ジョンソンはNRAを去るとき、「はじめは火のように燃え上がり、あとは死んだ猫同然になった」と言っている。

そのジョンソンを立腹させて去らしめたのは、ハリマンの姉メアリー・ラムジーの消費者運動だった。メアリーは主婦たちのリーダーとなり、価格の高い商品に文句をつける運動を展開した。これはNRAの価格統制政策に異議を唱える運動でもあった。

ジョンソン長官は辞任するにあたり、「マダム・バタフライ（蝶々夫人）」が自害する前に語る遺書をイタリア語で涙ながらに引用した。ハリマンはジョンソン長官の後に残り、NRAを強化していった。彼は政治的な処理能力を発揮し続けた。たとえば、ある工場主の訴えに次のように答えている。


婦人や児童を低賃金で長時間働かせて、やっと競争場裡に地位を保っているような者は、生き残る権利を持っていないのだ。全国産業復興法は、労働者の犠牲の上に築かれた競争を終わらせるための明らかな権限を委ねられているのだ。

J・K・ガルブレイスはメンシコフ（ソヴィエト人）との共著『資本主義、共産主義、そして共存』の中でハリマンについて語っている。

まったく、そのとおりです。しかし、注として付け加えますと、これらの人々は、公共的関心と個人的関心が結合したタイプの人々でした。彼らは、公共的問題というものが存在することを理解していました。それを解決することは、金儲けをするという私的な仕事よりも（彼らはすでに十分金儲けはしてきていました）はるかに重要で、はるかに興味があると考えたのです。ケネディの父親やハリマンなどのような、そのころワシントンに来ていて、日常の資本家的活動にはない情緒的解放と感謝の念を公共サービスに見出した人々が、世間から好かれていたのです。

ハリマンはNRAでの地位を利用して、ルーズヴェルト大統領と直接に交渉するようになった。彼は失業に対する保障、スラム街の整備と、より良質な住宅の建設に尽力した。

しかし、このNRAも一九三五年六月で終わるということになった。「青鷲、ニューディール政策が残した唯一の遺産は、新車購入に対する下取りの公認だけだ」という悪評だけが残った。

しかし、このNRAでのハリマンはラスキー教授の思想をよく理解し、活用した。経営者と労働者を敵対させるのではなく、「調整」の理論を使って双方に都合のよいものを作成してみせたのである。「公正競争規約」なるものをハリマンは作成した。価格や生産額、労働条件を政府指導のもとに均一化しようとするものであった。このハリマンの政策には前例があった。

第一次世界大戦のとき、戦時産業局が出来、バーナード・バルークが指導にあたり、産業界と政府間の協調関係を促進した。目標とするところは、戦争のために生産活動を動員する上での広範な協調関係の樹立にあった。

バルークはハリマンを使い、同じ方法でルーズヴェルトを操れるとみていた。バルークはルーズヴェルトを説得し、全国産業復興法（NIRA）が誕生する。そして全国産業復興局（NRA）が登場したのである。

「公正競争規約」はハリマンの周囲の人々にとっては驚きであった。ハリマンの友人のヴィセント・アスターはこの計画に反対した。

「そうだ。君の言う通りだ。そこで君にお願いがある。この規約に反対する同盟を結成して欲しいんだ」とハリマンは言った。

アスターはハリマンの言わんとする意味を了解した。一方、ハリマンはメアリー・ラムジーと謀《はか》り、「ニューズウィーク」や「トゥディ」などの雑誌メディアを利用してこの案の反響を調べに入った。

J・K・ガルブレイスはNRAについて『回顧録』の中で次のように書いている。

さらに具体的な企業支援策としては、全国産業復興局（NRA）の存在があげられる。同局は産業界を対象に、かの有名な全国産業復興法を制定し、企業側に生産価格の決定権を与える一方で、過剰な価格つり上げや大幅な賃金カットといった大不況につきものの悪弊を規制した。影響を受ける企業からは、当然ながら熱烈な支持が得られるはずだった。ところが、案に相違して、好意的な幹部もいるにはいたが、大半はこぞって猛反対し、口をそろえて愚策とけなした。産業界にとってルーズヴェルトは企業の味方どころか手強い敵とみなされたのである。

なぜ、非難の嵐となったのか、これまでわからなかったが、実を言うと、あらゆる経済システムに共通する二つの動因で説明がつく。

一つは金銭欲、もう一つは名誉欲だ。所得を増やしたいという金銭欲は万人共通だが実業界では名誉もいたく重視され、しかも名誉は他人と分かち合うものではないとされた。

フランクリン・D・ルーズヴェルトが大統領になったのは一九三三年である。この年、彼のブレーン・トラストは解散した。この中にルーズヴェルトの政策決定に大きな力を発揮した国務担当次官レイモンド・モレイがいた。モレイは議会とのパイプ役を務めていた。彼はハリマンやバルークが独自に労働者や農民たちの救済計画を立案し、法律化していると暴露した。これもハリマンの差《さ》し金《がね》であった。また、ロンドン経済会議では独断でアメリカに不利な覚書をコーデル・ハル国務長官が交わしたとも新聞記者に語った。ハル国務長官は激怒した。モレイはホワイトハウスを去り、ハリマンが経営する「トゥディ」に移った。

ハリマンはモレイの辞職のニュースを聞くと、彼を賞賛する辞を公表した。そして、モレイの辞職をほのめかしたことはないと弁明した。ある新聞記者はこのエピソードを次のように要約した。

ハルの憔悴しきった顔つきと、元気のない伏せた眼は、ひとをして涙をさそわしめるに十分であった。モレイの背中から短剣が突き出ているのを記憶している限りは……。

何はともあれ、ハリマンは優秀なブレーンを獲得したのだ。

ハリマンはいろいろな顔を持っている。ここでは、別の顔を紹介しよう。

ハリマンはモレイを「トゥディ」の責任者にした。それから「ニューズウィーク」の経営者とした。ハリマンは雑誌の経営者でもあったのだ。モレイはハリマンの期待に応えていった。この雑誌をハリマンは自分のPRに使った。日本占領期、ハリマンは「ニューズウィーク」を使い、日本の「逆コース」を演出したのである。「ニューズウィーク」の創刊者はジェームズ・サックスであるが、ハリマンは彼を経営陣に迎えた。実質的なオーナーはハリマンであった。

モレイが去った後、ハル国務長官はルーズヴェルト大統領から嫌われていく。ハリマンがホワイトハウスに送り込んだホプキンスが国務長官の仕事を代行していくのである。

「ニューディール」に話を戻そう。

ハリマンは、ニューディール政策を計画し、ブルックキングス研究所に具体的なプランを練らせた。この計画が具体化されるにつれて多方面から反対の声が上がってきた。ハリマンはそのたびに成功を確信した。「反対の声が津々浦々に上がるのは望ましい」とハリマンは周囲に語っていたのである。

ハリマンは経営者対策を友人のヴィンセント・アスターに委ねる一方、労働組合のボスたちと交渉に入った。職能別労働組合（AFL）のウィリアム・グリーンとは個人的な接触を続けて友人となった。グリーンが産業別組合（CIO）のジョン・L・ルイスと敵対したときには、二人の仲裁をした。

ハリマンはこうしてＣＩＯ組織の中心となる「全米鉱山労組」を手なづけるのに成功し、関係者を驚かせた。かつては敵対していたジョン・Ｌ・ルイスはハリマンとともに数々のニューディール政策の推進役となっていった。労働組合の幹部を口説く方法はハロルド・ラスキーの「調整」であった。さらにここでは「社会保障」が鍵となった。

労働者たちを組合員にするスローガンが登場してきた。

「大統領があなたの組合加入をお望みだ」

こうして、一九三三年から一九三五年の間にニューディール政策は労働者の間に特に浸透していった。

労働者は賃金の増額を訴えてストライキに入った。アメリカ共産党の連中たちも「大統領があなたの組合加入をお望みだ」のスローガンを掲げてストを煽った。労働者の団結権が認められた。

一九三五年、「全国労働者関係法」、俗に言う「ワグナー法」が制定された。

ハリマンの友人のヴィンセント・アスターは経営者の先頭に立ち、デュポン、ロックフェラー、モルガンらの財閥を仲間に入れて「自由同盟」を設立し、猛反対運動に出た。そうした中で、不当労働行為に対する法律、すなわち労働者を簡単には解雇できないという法律が可決される。ルーズヴェルトはこうして労働者の味方となり、半永久的な政権体制を創り上げたのである。

この間、ハリマンはモレイに「ニューディール政策を徹底的に批判しろ」と言っている。この政策を作ったブルッキングス研究所も反対の立場に立った。

ハリマンはこの手法を晩年まで続けるのである。

ウォルター・リップマン（ユダヤ人）はヴェトナム戦争反対の「コラム」を一九七一年まで書き

続けた。しかし、コラムに必要な資料はハリマン・コネクションから提供されていたことが後に判明した。
J・K・ガルブレイスは『満足の文化』の中で次のように書いている。

社会的に評判がよかったのは、満ち足りた人々の実態を押し隠したり、ごまかしたりしない改革反対派であった。銀行家のJ・P・モルガンは、上院委員会で証言してこう言った。「有閑階級を失くしてしまうことは、文明をぶち壊すことです」。記者から有閑階級の定義を聞かれて、彼は「メイドを雇える人」と答えた。モルガンにとって、ワシントンからの脅威は看過できない問題だった。こんなことも言われていた。「J・P・モルガンの家族は、彼の前ではルーズヴェルトの名前を出さないように、訪問者に伝えるならいになっていた。激怒して血圧が上がっては危ないからである」

ルーズヴェルト大統領の人気が圧倒的になると、ロックフェラー、デュポン、モルガンたちは、やっとハリマンの業績を理解した。それは、ルーズヴェルトを操ってアメリカが戦争を仕掛けられる、ということが分かったからであった。労働者を優遇し、彼らを味方につけたのだ。社会保障費や賃金上昇は当座の損ではあるが、労働者を味方につけて戦争へと突入すればいいということを、ハリマンに教えられ理解したのであった。
「ニューディール」の時代が終わり、戦争準備の時代があっという間にやってくるのである。ハリマンは「ニューディール」で全米を踊らせつつ、一方でナチス・ドイツを育てていたことを、「自由同盟」に集まったアメリカの黒い貴族たちは気づいたのである。

労働争議は鎮《しず》まった。工場は増産体制に入っていき、好景気がやってきた。この社会主義運動が労働者たちによる〝下から〟の運動であれば何も問題は起こらなかった。しかし、これがハリマンたちの策動であったことがアメリカの悲劇であった。

少し脇道にそれてみよう。

アメリカにおけるロスチャイルドの代理人にジョージ・ピーボディがいた。一八五〇年代、ジュニアス・スペンサー・モルガンがロンドンにやってくる。ピーボディ・モルガン社がロスチャイルドの資金で作られた。ジュニアスの長男ジョン・ピアポント《JP》・モルガンは一八三七年に生まれた。一八六四年、ピーボディは引退したが、彼には子供がいなかったので、モルガンが後を継ぎ、モルガン&カンパニーとなった。J・P・モルガンはネイサン・メイヤー・ロスチャイルドの代理人となった。

モルガン財閥はほぼ完全にロスチャイルドの支配下にある。モルガンが「有閑階級」とは何かを問われて「メイドを雇える人」と答えたのは正解である。彼にはこの程度の財しか、ロスチャイルドから提供されなかったからである。

ルーズヴェルト大統領はNRAその他のニューディール機構が整備されてくると、ウォール街のトップクラスを政府機構に入れていった。ハリマンはその変化を静かに見つつ、NRAから去っていくのであった。

レイノル煙草会社社長クレイ・ウィリアムズが、一時的にしろNRAの長官を務めたのは、その好例である。ハリマンはNRA時代（ほぼ二年間であったが）、たくさんの友人を得た。ゼネラル・モーターズやUSスチールの重役であったエドワード・ステティニアス（ハルの後任の国務長官）と産業復興局（NRA）で知り合うことになった。また、ハリマンが一時的に関与した経済諮問局ではゼネラル・エレクトリックス（GE）のアルフレッド・P・スウォープ社長と知り合い、友人となった。

ストルバークは『ニューディールの経済的帰結』（一九三六年）の中で、「NRAはAFLの綱領と合衆国商工会議所の意見を半々にふんでいた」と書いている。

これこそが、ハリマンのやり方だった。労働者、農民の立場に立って、ニューディール政策を推し進める。しかし、その一方では、財閥や独占資本を社会不安や恐慌から守るためでもあったのである。

ハリマンと友人になったGEのユダヤ人スウォープ社長は一九三八年に、GEならびに関連主要産業の組合と全国的団体交渉の協約を締結した。ハリマンの助言であった。かくてGEは第二次世界大戦に向けて大増産体制を創り上げたのである。

ジョン・ガンサーは『回想のローズヴェルト』の中で書いている。

ニューディールとは地位の高いものには当然の義務がある、という思想を高唱したにすぎなかったのではないだろうか。

ユダヤ人たちが政界に大量に登場してくるのは、ルーズヴェルトがニューディール政策を実行に移していく時期である。多くのユダヤ人たちがニューディールに参加した。ルーズヴェルトのやり方を嫌った人々は、ニューディール政策を「ジューディール」と呼んだ。GE社長のスウォーブはユダヤ教からプロテスタントに改宗していた。自らがユダヤ人であることを隠し通そうとしたのだ。

一九三五年、社会保障法が制定された。この法に対し、反対派議員のスポークスマンは「産業界の回復を妨げ、労働者を隷属させ、雇用者が国民に仕事を与える一切の可能性を奪おうとするような陰険な意図の法案が議会に提出されたことは、世界史上かつてない」と言い放った。

アーサ・M・シュレジンガー・ジュニアは『ローズヴェルトの時代』の中で、「独裁者の鞭《むち》の音が聞こえてくる」と書いている。独裁者ルーズヴェルトを創り上げた背景を見なければならない。社会保障法も労働組合法も労働者のために大いに役に立った。しかし、よいことばかりではなかったのだ。労働者の大半を味方につけたルーズヴェルトは、独裁者に近い権力を掌中に収めたのであった。

資本主義は社会主義体制のある部分を採り入れた。資本主義を救うために、福祉国家になることが求められた。その荒々しい、そして粗野な一面を削り取らねばならなかった。この点をいちばん理解していたのが、ルーズヴェルトを背後から支配する者たちであり、その一人が若きアヴェレル・ハリマンであった。

ルーズヴェルト大統領、そしてニューディールの推進者ハリマンたちに公然と逆らった政治家が二人いた。ジェラルド・ナイとヒューイ・ロングである。

ヒューイ・ロングは一貧者からルイジアナ州知事となった。「富の分配協会」を組織し、大統領選に打って出るべく運動を始めていた。「キング・フィッシュ」と呼ばれ、カリスマ性を持つ彼が演説すると大衆は熱狂した。一九二八年、ロングは「すべての人間は王である。しかし、誰も王冠をかぶらない」とのスローガンを立てて全国遊説した。

ロングは、「ニューディール」を労働者や農民たちを裏切る欺瞞《ぎまん》に満ちた保守的な政策であると非難した。彼の攻撃はそれだけに止まらなかった。この政策の背後に見え隠れする、黒い貴族の存在までをも指弾したのである。

一九三五年九月八日、黒い貴族のうちの何者かが放った男たちにより、ロングは暗殺された。ルーズヴェルト大統領にもう敵はいなくなった。彼を大統領にした黒い貴族たち、中でもイギリスの黒い貴族たちはルーズヴェルトに絶えず援軍を送り続けた。

一九三四年七月、黒い貴族たちは人気作家H・G・ウェルズをスターリンと会見させた。スターリンはウェルズとの約束を守り、その年の十月に「ルーズヴェルトを評価する」とのコメントを発表した。アメリカ共産党もルーズヴェルトを礼賛するにいたった。

一九三六年の大統領選挙は「ルーズヴェルト連合」の大勝利だった。ルーズヴェルト政権は南部の民主党を躍進させるために、累進課税法案を計画した。南部を救うというスローガンのもと、連邦資金が保護地域に再分配されることになった。ハロルド・ラスキーの理論がここでも見事に生きた。貧しかった人々、特に黒人たちには願ってもない政策であった。民主党は貧者や黒人たちの党という性格を持つようになった。

ニューディールはアメリカのために大いに貢献したといえる。だが私は、このニューディールの背後に忍び寄った「悪しき意志」について書いているのである。

ヒューイ・ロングに話を戻そう。

一九三五年九月十二日、ロングの葬儀で、ジェラルド・L・K・スミス牧師は弔辞をこう結んだ。

ロングは、ねたみ深いドラムや、うらやましがり屋のトントン太鼓と競って音調を上げる、あのイタリアの弦楽器ストラディヴァリウスであった。そして彼は未完成交響曲であった。

ジェラルド・ナイについても書かねばならない。ノースダコタ州選出の進歩的な若き共和党上院議員であったナイは大企業への敵対的態度を強めていった。

ニューディール政策として大々的に登場した全国産業復興法（NIRA）を大企業の独占を強化するものとして猛反対した。ナイの訴えは多くの人々の関心を呼んだ。

一九三五年、最高裁はこの法案に違憲判決を下した。ここにニューディールは終了することになる。ハリマンもNRAを去っていくのである。ナイは一歩も退《ひ》かぬ政治家だった。ナイは「次なる戦争をルーズヴェルト大統領が推し進めている」とし、軍需産業の調査を目的とする「ナイ委員会」（軍需産業調査委員会）の設置に成功した。

ここで、ハリマンたちの「合法的マフィア」やルーズヴェルト政権を支えた人々は、ナイを議会から去らせること、すなわち選挙干渉という手段に訴えた。ナイ委員会は調査資金にも欠乏した。共和党の将来の大統領候補は共和党からも民主党からも見放された。そして政治の世界から去らざるを得なかった。

ナイが指摘した「次なる戦争」の準備は確実に進んでいった。

一九三五年、ロングは暗殺され、ナイは失意のうちにワシントンを去った。ハリマンの時代がついに到来しようとしていた。

一九三六年初頭、アメリカ共産党党首ブラウダはモスクワを訪れ、スターリンに会った。スターリンはブラウダにルーズヴェルト大統領支持を鮮明にしろと命令した。ブラウダはその年の党大会でルーズヴェルト大統領支持を言明し、「共産主義は二十世紀のアメリカニズムである」というスローガンを発表した。

この年を境にして、共産主義たちの動きが活発化していった。共産主義のアメリカニズムはルーズヴェルトとハリマンが目標とするところであった。アメリカは孤立主義（不干渉主義）を放棄し、アメリカ版人民戦線を採用した。ホワイトハウスは集団安全保障体制下のアメリカはどうあるべきかの検討に入った。ルーズヴェルトの執務室をブラウダがたびたび訪れ、アメリカの外交政策を語り合うようになった。共産主義者たちが国務省や財務省、内務省の役人になっていった。彼らは戦闘的武闘派となり、「スペインの内戦には積極的に参加しろ」とアメリカのインテリたちを煽った。

ハリマンは血閥の一人、ウィリアム・ドノヴァン将軍をスペイン活動の主要任務に就けた。アメリカの文豪、アーネスト・ヘミングウェイも左翼思想にかぶれていた。

ハリマンが自らの知己や部下をアメリカ政府の各部門に配していくようになるのは一九三六年ごろからである。ハリマンは友人のディーン・アチソンを国務省の重要な役職に就けた。このディーン・アチソンは、ユダヤ王ロスチャイルド家と複雑な縁で結ばれている。この共産主義にかぶれたアチソンのもとに、アルジャー・ヒス、ユダヤ人のハリー・デクスター・ホワイトたちが集い、アメリカを共産主義の国とすべく活動を開始した。アチソンはアメリカの重要機密情報をソヴィエト政府に流していた。

ディーン・アチソンについて書くことにしよう。

アチソンはハリマンと同じように、グロートン校、エール大学に進んだ。ハリマンよりも二年後輩だった。エール大学ではハリマンと同じようにスカル&ボーンズに入った。後にハーバード大学ロースクールに進む。ハーバードでは極左翼のフェリックス・フランクファンター教授の弟子となり、ロスチャイルド系の法律事務所に入り、ブラウン・ブラザーズ・ハリマンの外国貿易のために働いた。彼は一九四五年、米ソ友好協会のマディソン・スクエア・ガーデン大会で次のように演説している。

　ソヴィエト国境沿いに友好国を持つことが、ソ連邦の安全と世界平和の両方にとって不可欠のことであろう。

第二次世界大戦直後まで、アチソンはハリマンの意向どおりに動き、完全な親ソヴィエト派だったのである。

第二次世界大戦終了のときまで、アメリカ人の多くは共産主義の中に平等思想を見ていた。しかし、それは真の平等ではなく、秘密警察の恐怖という名の下での平等であったのだが、ハリマンやアメリカの学者たちは、ソヴィエトの真実の姿を隠し続けたのである。

どうしてこのようなことが可能であったのか。それはこの本の後章で明らかになるが、まずは簡単に記しておこう。この世界の大半を、大戦後にスターリンの手に渡す計画があったということである。だが、黒い貴族たちの計画は狂った。それゆえに、今日のような世界になったのである。

黒人詩人ラングストン・ヒューズの詩を紹介する。当時のアメリカ人のソヴィエト観を知ることができる。題名は「U・S・Aにもう一つのSをつけよう」である。

ソヴィエトにするために
U・S・Aにもう一つSをつけよう
おお。われわれは、まだ生きているうちに
それを見ることだろう
この土地が農民のものとなるとき
そして工場が働く人々のものになるとき
われわれが支配権をかちとるとき
U・S・Aは
U・S・S・Aになるだろう

この詩は「U・S・S・A（ソヴィエト連邦）万歳」の詩である。この詩にあるように、共産主義国家では土地が農民のものであると、アメリカ人のほとんどが信じていた。工場の支配権が労働者にあることも。

この詩の世界を戦後期の日本人学者やインテリたちも信じ続けていた。それゆえ、日本に共産主義者たちが溢れたのである。ロシア風の革ジャケットを着たアメリカ共産党の指導者たちが、アメリカ中を渡り歩いて、共産主義賛美の歌をうたい続けていた。共産主義者たちはルーズヴェルトに操られ、ルーズヴェルトは黒い貴族たちに操られ、アメリカは一途に共産国家への道を進んでいくかに見えた。

アメリカの大衆は国家の情報操作に完全にのせられた。そして、ヨーロッパで、太平洋で、世界大戦の渦中に巻き込まれた。ハリマンの大活躍する時代が現実のものとなっていく。

「もしも《イフ》」が歴史にゆるされるとしたら、一つだけ忘れてはならない「もしも」がある。それは早すぎたルーズヴェルト大統領の死であった。彼がもう少し、せめてあと一年長生きしていたら、世界のほとんどは共産主義化したであろう。そして間違いなく、人々はこの世に「二十世紀のファウスト」が生まれていた事実を知ることになったであろう。

資本主義と共産主義（＝社会主義）は究極においては一致する。そういう意味において、ソヴィエトは資本主義国であった。

「あらゆる生産・分配の国有化を目指す」ということは、資本家たちの理想でなくて何であろう。独裁者が誕生し、すべての生産と分配を支配する。それが出来るということは、武器と食糧を完全に占有し、人々の生死を完全に掌握することに他ならない。

ハリマンがアメリカを代表する財閥のボスでありながら、社会主義をアメリカに導入しようとした最大の原因はここにある。

社会主義に至る道は一方では「革命」、もう一方では、情報操作を徹底的に推し進め、人間の脳を洗脳しきることである。それゆえ、ハリマンはアメリカの新聞、雑誌、テレビ、ラジオの方面に積極的に介入するのである。ここではテレビとラジオの世界を見ることにする。

CBSの経営陣の一人でもあるハリマンは、経営者のウィリアム・S・ペイリー（ユダヤ人）をイギリスのタヴィストック研究所へ行かせた。「ペイリー、いいか。俺たちはテレビ、ラジオを通じて人間を洗脳しなければならない。タヴィストックで勉強してこい」とペイリーを説得したのだ。ペイリーはハリマンの紹介でタヴィストック研究所で人間洗脳術を学んだ。そしてメディアを通じて人間均一化の思想を広めていった。もう少し具体的に書くことにしよう。

ペイリーはこの研究所で、同じユダヤ民族のフロイトの精神分析を学んだ。「人間は低級な脳を持つ」と、フロイトは決めつけていた。

父親殺し（エディプス・コンプレックス）を心の中に持つというような、低俗的でおぞましい思想をペイリーは学んだ。人間の心に潜《ひそ》むセックス願望が、人間の心をすべて支配しているという思想は容易にマルクスの思想と結びつけることが出来た。かくて、ペイリーによりフロイトの低俗思想と人間均一化のマルクス思想がメディアに乗った。この低俗的思想を一方的に脳の中に流し込まれて、アメリカ人たちは必然的に、父親殺し的な殺人や暴力をまるで当然とするような人間に改造させられた。他のメディアもCBSと同じ方法を採用した。

アメリカ大手メディアの経営者はほとんどがユダヤ人であることに注目しなければならない。何もユダヤ人だけが黒い貴族というわけではない。アメリカのユダヤ人の大多数は下層階級である。ロスチャイルドやウォーバーグなどの超富裕な財閥の人々がアメリカの「合法的マフィア」と結びついて、アメリカのメディアを支配している。ハリウッド映画もほとんど、ユダヤ資本が支配している。

かくて、ルーズヴェルト大統領の独裁体制が完成した。初代ワシントン大統領以来、大統領職は四年の任期で二期八年までという慣習があった。ルーズヴェルト大統領は永世政権を狙った。そして成功し、第四期の半ばで死ぬのである。

アメリカを社会主義国家にしようと狙ったのはルーズヴェルト個人の意向でもハリマンの意向でもなかった。それは、海の向こうのイギリスで、そのような計画が作成されていたからであった。それではハリマンがこの計画に、「ノー」と言ったらどうなったのであろうか。おそらくハリマンでさえ、リンカーン大統領と同じ末路をたどったことであろう。

これはハリマンだけではない。黒い貴族たちがフリーメイソンの秘儀において「納棺と新生」の中で、秘密を守る約束の中に記されていることなのである。

黒い貴族たちは、選ばれた民である。そのメンバーに入った以上は秘密を守らなければならない。ハリマンはエール大学時代に、この黒い貴族のメンバーに加えられていた。ハリマンは運命に生きようとしたのである。そうすれば、アメリカにハリマン財閥を超えたハリマン王朝を建設できることになっていた。たとえその王朝がイギリスにある王朝の配下にあろうとも、世界最大の資産を持つアメリカという国の王朝なのだ。ルーズヴェルト大統領を四期務めさせた後に、ハリマン王朝が予定されていたのである。

さて、ハリマンのＮＲＡ（全国産業復興局）時代に話を戻す。

ハリマンはＮＲＡの後に設けられた戦時生産局に移った。第二次世界大戦勃発の寸前である。

ハリマンは戦時体制づくりの責任者となり、軍需予算を配分することになった。アメリカ人のほとんどは、この戦時生産局の存在を知らなかった。ハリマンの名さえ知らなかったのだ。ルーズヴェルト大統領がアメリカ国民に「戦争に参加することはない」と言い続けていたときである。

ここで別の面から黒い貴族たちを見てみよう。黒い貴族たち誕生の謎の一面を知ることは、アメリカを知るために必要である。

ロスチャイルドとウォーバーグのようなユダヤ財閥は別として、アメリカやイギリスの富裕階級の大半は（十九世紀から二十世紀初頭まで）、アヘン貿易で財を成した連中であった。彼らは中国・インドから、ビジネスの舞台をアメリカに移した。アメリカを麻薬漬けにしようとしたのだ。そのためには社会主義が適していると考えた。アメリカにピルグリム号で渡った移民の中にも「黒い貴族の回し者」たちがいた。

アヘン貿易と奴隷貿易は一体となっている。今日のアメリカ隆盛の最大の原因は、イギリスの黒い貴族たちがアヘン貿易で儲けた金をアメリカに注入したからである。

ルーズヴェルト大統領の先祖はオランダからアメリカに渡り、苦力《クーリー》たちを中国から奴隷船でアメリカに運び、彼らにアヘンを吸わせて常習者にして大金を儲けたデラノ一族である。ルーズヴェルトとは「赤いバラの花」という意味のオランダ語である。彼はユダヤ系でもある。フランクリン・D・ルーズヴェルトの「D」はデラノなのである。デラノ一族はアヘンと奴隷船で大儲けした。ロックフェラーもアスターもその先祖をたどればアヘン貿易業者であり、いずれもユダヤ系である。彼らはあるとき、突然にしてユダヤ人の血統を捨てたのである。

ハリマンの友人ヴィセント・アスターについて書くことにしよう。

ヴィセント・アスターはルーズヴェルト大統領の従兄弟《いとこ》である。アスターはハリマンほどの政治的野心を持たず、優雅な生活を毎日送ることで満足していた物静かな男であった。彼は、ヴィセント・アスター財団を運営し、四十一の私的クラブの会員に名を連ねていた。彼はまたハリマンと同様に、フリーメイソンの最高位、三十三階位に位置し、ピルグリム・ソサエティの重要メンバーであった。また彼は、アメリカン・エクスプレス、チェース・マンハッタン銀行、グレート・ノーザン銀行など数えきれないほどの大企業の役員に名を連ねていた。また、ハリマンの姉メアリー・ラムジーとは長い間の友情を維持し、アメリカ自然史博物館、国立社会科学研究所会員となり、進化論と優生学の普及に尽くしたのである。なお、アスター家は一九一〇年に創設されたピルグリム・ソサエティの中心的存在である。

イギリスの円卓会議《ラウンド・テーブル》の財政を陰から支えたのはアスター家であった。アスター家はローズ奨学金にも深くかかわっている。ヴィンセント・アスターがもし野心的な男であったなら、イギリスの黒い貴族たちは迷うことなくこの男に白羽の矢を立てたであろう。だが、「二十世紀のファウスト」になれる男は、アメリカの中でアヴェレル・ハリマンが一番適していると判断されたのだ。

アスター家はアヘン貿易で富を築いた。そのアスター家は東洋学者のオーエン・ラティモアをアヘン貿易の代理人として用いた。ハリマンはヴィンセント・アスターの依頼を受け入れて、オーエン・ラティモアを太平洋問題研究所（ＩＰＲ）に入れてやり、この研究所の中心に据えた。そして彼を蔣介石の重慶政府の政治顧問に仕上げ、国民政府とのアヘン貿易をとりしきらせたのである。

次にハロルド・ラスキーとジョン・メイナード・ケインズについて、もう少しだけ書くことにしよう。

ラスキーは生産手段の国有化について、ルーズヴェルトに次のように進言した。

経済は支出に応えて生産する。支出は低下させることにより、経済活動を奨励できると考えるのは全くばかげたことだ。個々人が雇用を維持するのに十分な支出ができないときは、政府が彼らに代わって支出しなければならない。純粋な救済支出でさえ何もないよりははるかによい。その目的はアメリカ産業という広大な機能を再び活動させ始めるのに十分な高さまで総合支出を上げることでなければならない。

ラスキーの理論をルーズヴェルト大統領は頭にたたき込まれた。

イギリスの黒い貴族の犬であったウィンストン・チャーチル首相は第二次世界大戦中、ルーズヴェルトと会見した後で、ケインズに手紙を送った。

「私はルーズヴェルトに会っていると、次第にあなたの考えに近づくのを覚えます」

ハロルド・ラスキーとジョン・メイナード・ケインズは、イギリスの貴族たちが自分たちに都合のいいように創り上げた御用経済学者であった。

私はラスキーとケインズの経済学の本を読んでみて、この二人の経済学者は、世界を戦争に導くために、拡大経済を世界に広めるためにのみ、本を書いたと思うようになった。この二人の御用経済学者も今はもう過去のものとなったのであろうか。あのノーベル経済学賞は、この二人の経済学の延長線上にある者にのみに授与されている。自然経済学や縮小経済学を説く者たちは、ノーベル賞は決して貰えない。

ルーズヴェルトを大統領に仕上げた黒い貴族たちは、ラスキーとケインズをルーズヴェルトのもとへと送り込み、忠節を誓わせた。

かくて、ニューディールが「世界を変える巨大なるプラン」へと変貌していったのである。ケインズは、「私としては、上手に管理された資本主義は、おそらくどの体制よりも、その経済目的を達成できると思う」と彼の本の中で書いている。

「上手に管理された資本主義」を二人のイギリス経済学者はアメリカに持ち込んだ。そして、ニューディール政策の中で応用した。かくして、上手に管理したがゆえに、この資本主義は社会主義的なものへと変貌していったのである。

一九三八年四月十九日、ルーズヴェルト大統領は、アメリカを支配する秘密のトラスト的企業連合について、議会で次のように述べた。

徹底した金銭上の支配は、独立した単位をよそおっている企業の経営政策に対する徹底した支配を創りだす。こうして結合された、金融ならびに管理上の支配の巨大な腕は、アメリカ産業の戦略上の重要地点をかたく握っている。私企業はもはや自由企業であることをやめようとしており、ますます一国の私的集産企業になろうとしている。それはアメリカのモデルにならった自由企業をよそおいながら、急速にヨーロッパのモデルにならった、隠されたカルテル組織になろうとしている。

このルーズヴェルトの演説は、彼が黒い貴族の回し者であり、大統領という権力をもってしても、社会主義化へと一歩一歩進んでいくアメリカを防ぎようがないことを告白しているとみえる。「金融ならびに管理上の支配の巨大な腕」が「私企業」の自由企業化を妨害している様子が語られている。「ヨーロッパのモデルにならった隠されたカルテル組織」こそが、イギリスの黒い貴族が、ラスキーやケインズをアメリカに送り込んで、アメリカ人たちを洗脳した結果であった。「金融上の巨大な腕」が第二次世界大戦へとアメリカを誘導していったのである。

一九四〇年、親ヒトラー的な「アメリカ第一委員会」にこの巨大な腕たちの代表が集合し、ヒトラーをヨーロッパに侵攻させる計画を練るのである。

また少し視点を変えよう。タマニー・ホールについて書くことにしよう。

ニューヨークを支配するのはタマニー・ホールであった。このホールには、ギャングたちが集まっていた。フランコ・コステロ、マイヤー・ランスキー、ラッキー・ルチアーノ……。

後に「マフィア」と呼ばれる男たちが、ニューヨークの政治家たちを自在に操っていた。ここは民主党本部のような役割を演じてもいた。ケネディ大統領の父ジョセフ・ケネディは民主党のボス的存在で、タマニー・ホールに集う連中と密接に結ばれていた。民主党は上院、下院の候補者を決めるときは、フランコ・コステロの機嫌を伺わなければならなかった。ケネディはタマニー・ホールの勢力を背景にルーズヴェルトに多額の献金をすることにより、新設された証券取引委員会の委員長の地位を与えられた。その後、駐英大使の地位も金で買うのであった。

ルーズヴェルトはニューヨーク州の知事となり、大統領への階段を昇っていった。その過程でタマニー・ホールの連中やケネディのような、高額献金者たちの後援を受けざるを得なかった。このタマニー・ホールを最大限に利用したのはFBI長官のフーヴァーとスペルマン枢機卿であろう。ハリマンはケネディに代わり、民主党の領袖になっていく。ハリマンはタマニー・ホールのマフィアとは直接結びつくことは極力避けた。そのかわり、労働組合のボスたちとの結びつきを深めていった。

戦後に出来た、ユダヤ人監督エリア・カザンの製作、マーロン・ブランド主演の映画「波止場」にはこの間の模様が描かれている。タマニー・ホールの連中と徹底的に闘ったのはニューヨーク州検事のトーマス・デューイであった。彼は後に共和党の大統領候補になり、トルーマンと闘うが敗北した。

アメリカを戦争へと導くためには巨大企業のリーダーたちの指導力のみでは不可能である。巨大労働組合の友好的な協力がなければならない。ハリマンはこのことを理解していた。大企業が労働者たちに多くの譲歩をしたことはすでに書いた。ハリマンはこの労使関係がアメリカを戦争に導いていくために必須であると、数多くの巨大金融機関、巨大株式会社らの社長たちに説いて回った。マーク・ハンナ、J・P・モルガン、オーガスト・ベルモント、リンカーン・フィリーンたちがハリマンの思想を深く理解した。彼らはすすんで福祉国家論者となり、アメリカは変貌していった。ハリマンは社会主義を導入した協調的資本主義のリーダーとなっていった。第二次世界大戦直前のファウストの姿であった。

ウィリアム・S・ペイリー（一九〇一〜一九九〇）についてはすでに書いた。しかし、もう一度この男について検討してみよう。

ペイリーの本名はパリンスキーという。ウクライナ出身のユダヤ人移民二世を父に持つ、フィラデルフィアの大手葉巻メーカーの御曹司《おんぞうし》だった。彼はペンシルヴェニア大学経済学部を卒業後に父の事業を継いだ。学生時代、WASP《ワスプ》のみならず、ドイツ系ユダヤ人学生からでさえ「下賤な東欧系ユダヤ移民の子」と呼ばれて排斥された経験を持っていた。

やがて、ペイリーはCBSを経営するようになると、十二歳年上のハリマンを経営陣に迎えた。ここから、ハリマンのペイリー教育が始まった。

一九三〇年代後半、パリでペイリーは印象派の画家たちをハリマンから紹介された。ハリマンはペイリーに鋭い美術鑑賞眼を養うように説いた。美術から得た美的センスが経営に大いに役立つことを説き、その方法を説明した。ペイリーはハリマンの指導を受け、美術に興味を持つようになり、美術作品の世界的コレクターとなっていった。その過程でペイリーはハリマンから「さりげなさの美学」を伝授された。「贅沢だがこれ見よがしではいけない」と、ハリマンは男の美学をペイリーに語り続けた。それは、いかなるときでも「ケアレスネス」に心を配るということだった。ハリマンはやがて彼が変身したことを知った。ペイリーはついにアメリカでも最高クラスの美術鑑賞眼を持つにいたり、ニューヨーク近代美術館理事長に就任した。

ハリマンがペイリーをイギリスのタヴィストック研究所に行かせて人間洗脳術を学ばせたことはすでに書いた。ハリマンはペイリーのCBSに、作家H・G・ウェルズの親友エドワード・バーネイズを入れた。バーネイズは集団マインドコントロールの技術に長《た》けていた。バーネイズはアメリカの人気ジャーナリスト、ウォルター・リップマンとならび、タヴィストック研究所からアメリカに送られた黒い貴族たちの回し者であった。バーネイズは『プロパガンダ教本』という著書の中で次のように書いている。

大恐慌によって巷には失業者があふれた

親ソヴェエト派として
てハリマンの意向に
添って動いた
ディーン・アチソン

ニューディール政策で雇用された労働者

FBI長官フーヴァー
の周辺には常に
疑惑が渦巻く

貧困層に支持されたヒューイ・ロングは
ニューディール政策を批判

非合法勢力を利用して
政界工作を続けた
スペルマン枢機卿

ニューヨーク・ギャングの巣窟
タマニー・ホール

この社会の目に見えないメカニズムを操作する人々こそ、われわれの国を真に支配する権力、見えざる政府を構成する。

この短い文章の中に、黒い貴族たちが「見えざる政府」を構成していることを読者は知るであろう。イギリスもアメリカも、目に見える政府は本当の政府ではないのである。

ペイリーは晩年、回顧録『偶然に』を出版した。その中で、「CBSのニュースは、アメリカ国民のために真面目な問題を扱った内容あるものを提供しているが、これは生まれつき私が持っていた趣味だ」と書いている。この文章は全くの偽りである。CBSニュースは黒い貴族たちによる幾重もの管理システムを経て、一般大衆に提供されている。CBSが巨大なメディアに成長していったのは、ペイリーの実力や趣味によってではなかった。ハリマンはバーネイズを操り、ペイリーを誘導したのであった。多数のエンターテイメントもCBSが送り出した。

歌手ビング・クロスビーはCBSが育てた代表的なスターであろう。ユダヤ人のボブ・ディラン（本名はロバート・アレン・ジマーマン）をスターにしたのはタヴィストック研究所とハリマンたちだった。アメリカを麻薬社会にするためにボブ・ディランが利用された。あのビートルズも、ファンには申し訳ないが、黒い貴族たちの演出であった。この件は本書下巻で詳述しよう。

ハリマンはペイリーをルーズヴェルト大統領の執務室に連れていった。ペイリーは民主党支持を鮮明にしていく。

CBSニュースの情報源の一つにハリマン・コネクションがあった。ハリマンはCBSに政権内部の情報を流し続けた。こうして「報道のCBS」の名が確固たるものになっていくのである。

第二次世界大戦後の一時期、マッカーシズムの嵐が吹き荒れた。「アカ狩り」である。「報道のCBS」はハリマンを固くガードした。ハリマンの子分の数人はワシントンを去らざるを得なかったが、ハリマンやディーン・アチソンはこの危機から逃れた。ハリマンこそが共産主義をアメリカに導入しようとした最も注目すべき政治家であり、実業家であったのだが……。

ペイリーは東欧ユダヤの出身で、最下層と呼ばれた階級であったが、ハリマンの教えを忠実に守り、ついにハリマン流「ケアレスネス」を完全にマスターした。上流階級の一員に迎えられ、WASPの女との結婚と離婚を繰り返した。

CBSとロスチャイルドの関係を見ることにしよう。

CBSの役員はほとんどがロスチャイルドの支配下にある人々である。

ユダヤ人でロスチャイルド閥のハロルド・ブラウン（ブラウン家の一族、日米欧三極委員会理事、元国防長官）、ギル・パトリック（クーン・ローブ商会経理部門首席）、ヘンリー・B・シュナハット（チェース・マンハッタン重役）、フランクリン・A・トーマス（ソロモン・ブラザーズ重役）等である。彼らはロスチャイルドの支配下にある。

ABCもNBCも経営者はユダヤ人。その経営陣もほとんどがユダヤ人かユダヤ系か、ユダヤと関係のあるごく少数のWASPである。CNNは反ユダヤを目指して誕生したが、たび重なる策略のために、ロスチャイルドの軍門に落ちてしまった。アメリカの三大テレビ・ネットワークはRCA（アメリカ・ラジオ社）から分離するかたちで出来たものである。RCAはイギリス王室と関係の深い黒い貴族たちが、アメリカのメディアを支配する目的で作った企業だった。

イギリス諜報部MI6は、RCAのビルの中に拠点を置いた。ここを舞台にしてハリマンとドノヴァン将軍のアメリカ諜報部が、ウィリアム・スティーブンソンのイギリス諜報部と結合した。この点は後章で詳述することにしよう。

アメリカの上流階級、特にWASPといわれる新貴族階級（オールド・マネー）の人々はユダヤ人を恐れていた。そして、心の底では軽蔑していた。彼らは名門クラブを作り、ユダヤ人を入れなかった。しかし、彼らもユダヤ人の軍門に降《くだ》らざるを得なかった。それは、金融部門をユダヤ人たちに支配され続けていたからである。ここに、アメリカの真実、アメリカの悲劇があった。ハリマンはその真実、その悲劇の中でユダヤ人たちと組んで「新しいアメリカ」を創造しようとしていたのであった。

あの有名な詩人バイロン卿が一八二三年に詠んだ詩がある。百年前の世界をバイロンは詩にした。百年後のアメリカはこのバイロンの詠ずる世界の中にあったのである。

一八二三年頃のアメリカはユダヤ資本が投入され続けた世界であった。その百年後も状況は変化することはなかった。ハリマンが合併したブラウン・ブラザーズへロスチャイルドから資本が提供され、アメリカで大活躍していた時代であったのだ。

世界を保つのは誰か？
旧も新も苦しみを持って
それも楽しみながらか？
上辺だけの政策を行うのは誰か？

ボナパルトの気高き影か？
ユダヤ人ロスチャイルドと手を結ぶ
キリスト教徒のベアリング

ファウスト、年俸一ドルの賢者になる

ハリマンは、物質主義、金《カネ》を至上とする世界に生まれ、育ち、そして生きた。彼は無神論者ではない。神を讃える。物質と金が生成する力の源を、その変化を愛する。変化を孕《はら》み、物質と金を生成せしめる力は漆黒の子宮に宿っている。その子宮の中から、新しい時代を創造する新生児たちが誕生してきた。その子供たちの父親は、いるにはいる。しかし、時代の中の乱交という名の祝祭が幻想世界の中で開かれているのである。その舞踏会に約束手形を持って入っていくためには、現実の金が必要なのである。そこではすべての独創的なものが金に取って代えられる。

ジェームス・ウォーバーグはアメリカ最高の舞踏会への招待状を手に入れた数少ないユダヤ人である。ハリマンが常に寄稿していた「ニューヨーカー」にウォーバーグは加わることを許された。ウォーバーグは「ニューヨーカー」に、「古いウォール街は伝統と連邦政府との間をつなぐ唯一の連絡役であった」と書いている。そんな彼をハリマンはニューディール派のグループに入れた。そして、ドイツ駐在大使にしようとしたが、ルーズヴェルト大統領は拒否した。彼の一族がドイツの金融を支配していたのを配慮したからであった。

ジェームス・ウォーバーグはルーズヴェルトのニューディール政策を批判する『金融大混乱』を一九三四年に書き、政治の世界から去っていった。それでもハリマンはジェームスの仕事に協力し

続けた。

一九四三年、ジェームスとハリマンはインスタントカメラ（ポラロイド）の製作会社に投資し、一財産をつくった。

一九三六年八月、ルーズヴェルト大統領はニューヨーク州シャトークアで演説した。


私は戦争を体験した。負傷者から流れ出る血も見た。毒ガスでやられた肺で咳きこむ者も見た。愛する者を亡くした母親や妻の苦しみもわかる。私は戦争が憎い。


ルーズヴェルトは国民の心情を代弁していた。しかしこの年の終わり頃に、ある新会社がロンドンで登記された。「補償斡旋《あっせん》株式会社」という名だった。この会社を支配したのはヒトラーに資金援助を続けたJ・ヘンリー・シュローダー商会とハンブローズ銀行であった。その定款《ていかん》には、ドイツと大英帝国の間のバーター取引を支援する、とあった。この意味は、もし大戦中にヒトラーのナチス帝国に投資しても、一定の保険料を支払えば、戦争終了後に投資の欠損を補償するというものであった。「戦争は投資目的のビジネスだから、投資して儲けろ！」と煽る会社の誕生だったのだ。

一九三八年八月、ヒトラーのドイツ軍はチェコスロバキアへ侵攻した。イギリスの首相チェンバレンのナチスに対する宥和《ゆうわ》政策に大きな期待を寄せていたルーズヴェルト大統領は、ヒトラーに手紙を送った。「世界中は安心している」と。アメリカの人々はルーズヴェルト大統領を信じきっていた。大統領は「決してアメリカは戦争をしない」と言い続けていたからである。

ジョン・ガンサーは『回想のローズヴェルト』の中で次のように書いている

彼〔ルーズヴェルト〕は物語の中のプリンスであったし、大衆にとってはお伽話の中の英雄であって、たとえ、それが象牙のシガレット・ホルダーであったとしても、魔法の杖を振って政治を行っていたのである。雨の降る中で、多くの男女が、この歩けない人間のマントの裾に触れようとして争った。「庶民」は彼らを導いてもらうために、この王子を大統領に選び、彼は物語の中の王子のように、彼らのために仕事をしたのである。

アメリカ国民はこの「王子のような男」に夢を託した。ルーズヴェルトは小児麻痺に冒され、両足が鉄のギブスの身だった。

アメリカの人々は、平和の時代、輝かしい時代が過去に置き去られようとしていることは知っていた。しかしルーズヴェルトのマントの裾に触れて、全く安全な場所に到達したような感覚を持ってしまった。しかし、彼のマントがひとたび風に舞うとき、戦争の嵐が吹き荒れるとは知る由もなかった。略奪されて眼を閉じた花嫁のように彼らは自我の暗い森を通り、突然に太平洋の海を渡らされるのである。

当代一流のジャーナリストの一人、ウォルター・リップマンは、ルーズヴェルトとその配下の者について書いている。

彼らは命令を下す。そして助言を求められる。ある程度は人々の代弁をし、その一部をリードすることができる。いかにその王座から追い落とされないようにするかに絶えず腐心している。彼らは成功を手にするための教育はされてきたが、権力を行使する教育をされた者はほとんどいない。

ルーズヴェルトと彼を取り巻く官僚たちの姿を描いている。「権力を行使する教育」をされた者がほとんどいなかったがゆえにこそ、ハリマンが変幻自在に活躍する機会があったのである。アメリカの新興成金たちは息子たちをエール大学やハーバード大学、プリンストン大学などに入れ、国務省の官僚にすることを一つの夢としていた。そういう者たちは権力を行使する本当の才知を持たなかった。

ジョン・ガンサーは「ルーズヴェルトの最悪の欠点は、欺瞞に近い狡猾《こうかつ》さと虚心坦懐《きよしんたんかい》ではないところだ」とも評している。

ルーズヴェルト大統領には洗練された優雅さがあった。その生まれながらの気品が、生活の低俗さの中にうごめく民衆にとっては大きな魅力であった。彼は多重人格者で複雑な性質の持ち主だった。また、セオドア・ルーズヴェルトの血族の一人であったことも大いに彼の立場を優位にした。

何よりも彼はハンサムな男だった。彼の大統領への道をたどってみよう。黒い貴族たちの正体が見えてくるはずである。

一九一二年、ジョン・ジェイコブ・アスター五世は豪華客船タイタニック号とともに海の藻屑《もくず》と消えた。ルーズヴェルトの従兄弟ヴィンセント・アスターは七千五百万ドルという途方もない遺産を受け継いだ。ルーズヴェルトは従兄弟のアスターから資金援助を受けて破産から救われた。

ルーズヴェルト家のハイドパークにある家はハドソン川を望む広大な邸宅で、建国の昔から上流階級が理想としていた屋敷の典型であった。この屋敷を彼は相続した。しかも、大恐慌の相場買いで儲け、二千エーカーの土地を追加した。彼はJ・P・モルガンの管財人としての仕事をしたり、法律事務所で働いたりしていた。しかし、仕事が嫌いで遊び暮らしていて、株取引で大きな負債を抱えるにいたった。

こんな彼に目をつけた最初の人物が、ニューヨークの銀行家ジョージ・フォスター・ピーボディであった。彼はルーズヴェルトに近づくと、ウォームスプリングスの別荘を与えた。こうしてルーズヴェルトと黒い貴族たちとの付き合いが始まった。

ピーボディはユダヤ王ロスチャイルドの一族で、ロスチャイルドがアメリカに派遣した代理人の一人だった。

当時、ルーズヴェルトは小児麻痺性脊髄炎《せきずいえん》にかかり、不具者となっていた。ピーボディは病気と借金に悩むルーズヴェルトに魂を売るよう説得したのである。この方法はイギリスでウィンストン・チャーチルに対しても採用された。後に詳述しよう。

ルーズヴェルトはピーボディの申し入れに同意した。

ジョージ・ピーボディ社はロンドン・ロスチャイルド商会のアメリカ株売買のほとんどを扱っていた。J・P・モルガンはピーボディ社を通じてロスチャイルド商会の資金を導入し、ロックフェラー財閥と並ぶ財閥となった。ロックフェラー財閥もまた同様である、この両財閥の実質的支配者はロスチャイルドである。

アメリカにおけるロスチャイルド商会の代理機関はクーン・ローブ商会が有名である。この他にもオーガスト・ベルモント商会がある。

ジョージ・ピーボディの一族は奴隷貿易を営んだ後に銀行業務に転向した。彼は一九一四年から一九二一年の間、ニューヨーク連邦準備銀行の理事であった。ルーズヴェルトにウォームスプリングスを買い与えた後はウォームスプリング財団（小児麻痺患者治療を目的として）の理事になった。ピーボディはルーズヴェルトを知事にし、大統領にするため、民主党に多額の献金をした。そして民主党の財務担当者となった。その献金こそ、ロスチャイルドの金であったであろう。そのピーボディがノーマン・トーマスに次のような手紙を書いている。

私はずっと個々の社会主義者の願望に深い同情を寄せてきました。英国のフェビアン主義制度に希望をこめながら期待感を抱いていました。

この手紙にあるように、フェビアン主義制度の実現をルーズヴェルトは迫られるのである。そのためにこそピーボディは、ルーズヴェルトの魂を買ったのである。ピーボディの友人で自動車製造業のジョン・ラスコフはルーズヴェルトに二万五千ドルの寄金を申し出た。それからというもの多額の寄金が集まってきた。かくて借金だらけだったルーズヴェルトは知事となり、大統領へとなっていくのである。

アメリカの由緒ある名家出の男は大衆のアイドル的存在となった。しかし、彼は世にも恐ろしき大統領だったのだ。ロスチャイルドの夢とは何か。そのときはおそらく誰も知らなかったであろう。「二十世紀のファウスト」は知っていたのであろうか。たぶん、世界大戦が始まる直前にはロスチャイルド一族の誰かから聞いたことであろう。この「夢」は後章で書くことになる。第二次世界大戦がどうして起こったのかは、この「夢」の中にあるのだから。

このとき、大統領になるのに必要であった条件は、指導者としての能力を持たないこと。持っているのは名門の出であることと愛嬌、ハンサムであること。何よりも話術がうまいこと。ルーズヴェルトはこの条件にかなった。なお好都合なのは借金だらけだったことである。仕事嫌いで遊び事に熱中していたゆえに、最適の人材と認められたのだ。

ピーボディの後に、ロスチャイルドの血族の一人バーナード・バルークがルーズヴェルトの担当になった。彼は選挙資金すべての責任者となった。若き日のルーズヴェルトを知るウィリアム・フィリップスはルーズヴェルトをこう回想している。

　彼は感じがよくて魅力的だったが重厚さがない。才気縦横だが定見がない。誰でも彼の魅力に引き付けられるし一緒にいると楽しいのだが、なんだか一人前の大人のような気がしない。

まことにアメリカ大統領にふさわしい男が一九三〇年代のアメリカにいたものだ。バーナード・バルークがロスチャイルドから、この「一人前の大人のような気がしない」ルーズヴェルトを大統領らしく振る舞わせよと命じられたのであろう。ルーズヴェルトは変わっていくのであろうか。

ルーズヴェルトは黒マントを着用した。ジョン・ガンサーが書いているように、人々は「この歩けない人間のマントの裾に触れようとして争った」のである。ルーズヴェルトはマントの裾をちらさせて群集心理を煽ったのである。どこに思想の重要性が必要なものか。マントの長さこそが必要だったのである。

「王子様」のマントに触れようと群衆が押しかけるように演出された。演説の原稿はすべて用意され、彼は何も考える必要がなかった。ワシントンでの生活の後はウォームスプリングスで情婦と戯《たわむ》れればよかったのである。

大恐慌の後のアメリカに必要な大統領の条件は「スマイル」と「軽み」。「アリストクラート（貴族）」と「パトリシアン（名門至上主義）」であった。ルーズヴェルト大統領の四期間は黒い貴族たちがアメリカを支配していた時期であった。彼らの大目的が達成されかかると、突然に、ルーズヴェルトは死んでしまう。彼が死んだとき、土地や建物などの不動産は増えていた。それだけではない。百四十万ドルもの財産が残っていた。この残った財産こそが黒い貴族たちによる天国への餞別だった。

ルーズヴェルトはヴィンセント・アスターの豪華ヨット「ヌール・マール号」に乗せてもらい、よくクルージングした。一九三五年四月二十二日、ヒューイ・ロングは議会の議席から立ち上がって、ルーズヴェルトの演説を中断させるほどに激しく野次った。

プリンス・フランクリン。不況問題研究のために大金持ちの友達ヴィンセント・アスターのヨット「ヌール・マール号」のクルージングに招待してもらったそうだから、今後はあなたを「ヌール・マールの騎士」と呼ばせてもらいますぞ。

この年の九月八日、黒い貴族たちの回し者によりロングは暗殺される。この日を境にルーズヴェルトは「ヌール・マールの騎士」となる。

一九四〇年はアメリカ大統領選挙の年だった。共和党のウィルキー候補は「われわれは戦争に向かって腰をかまえているのか、どこまで来ているのか、問うことになろう。ところがわれわれにはプランも何もないのだ」と大統領を非難した。しかし、政府の軍需産業への大量の発注によって失業者は減りはじめていた。ルーズヴェルトはその事実を否定し続けていたのだが……。

ハリマンが航空機産業に進出していたことは既に書いた。軍需ブームはその航空機産業からやってきた。何千という単位で労働者がカリフォルニアの航空機工場に流れ込んでいった。

一九四〇年九月、ハリマンは新聞に登場し、「年俸一ドルで国家のために働こうではないか」と言った。彼はこう大見得を切ると、まずはアメリカ人の反響を観察した。ハリー・ホプキンスを呼びつけ、大統領を説得しろと迫った。ホプキンスはハリマンに言った。

「どうなるんです、アメリカは?」

「多くのアメリカの賢者(グッドマン)が、年俸一ドルでアメリカのために働くんだ。そのための職を君たちは作らなければならない」

ハリマンはいつも時代をリードし続けた。大統領選挙はこの年の十月だった。ルーズヴェルトは第三期目も再選されるのは確実であった。ヒトラーとイギリス、フランスがヨーロッパ大陸で戦争しているものの、アメリカの参戦はないと思っていた。ルーズヴェルトは特別の選挙運動もせず、国家の最高司令官として工場や軍需施設の「視察旅行」に出た。シアトルではプラット&ホイットニーの工場を訪れ、ホイットニー一族に敬意を表した。

ハリマンの「一ドル戦士」の言葉はアメリカの「合法的マフィア」たちの心に訴えるのに十分であった。彼らは国家の事業に年俸一ドルで参加することで何が出来るのかを考えだした。ここでは一ドル戦士の名前は書かないでおこう。ほとんどの金融資本家や大企業の社長、役員たちであったと書いておこう。こうしてハリマンは彼らのリーダーとなった。

ハリマンの出身校グロートン校では、今日でもハリマンを聖人扱いしている。犠牲の精神を発揮した救国の英雄として讃えられている。この学校では「一ドル戦士・ハリマン」の行動を生徒たちは教えられる。

「国家が危機を迎えたとき、ハリマンは年俸一ドルで率先して一兵士として働きました」

年俸一ドルの男たちは第一次世界大戦のときにもアメリカに登場した。政府組織に強引に入り込み、アメリカを牛耳った男たちはその口実として「年俸一ドル」のスローガンを掲げたのである。彼らはそうした自分たちを賢者（グッドマン）と称した。また、平和主義者（パシフィスト）とも名乗った。

しかし、真実はアメリカを戦争に導き、軍需の発注を受けて大金をせしめようとする野心の持ち主たちだった。私はこの「グッドマン」たちの暗躍を「男たちだけの秘密の舞踏会」と名付けたいと思う。そう、秘密の舞踏会は、女の姿が見えない男たちだけの祝祭空間であった。

では、もう一度ルーズヴェルト大統領誕生のころに話を戻そう。祝祭空間の意味を追求するためである。

ルーズヴェルト政権の財務長官でユダヤ人のヘンリー・モーゲンソー・ジュニアの話をしなければ

ばならない。彼の父はロスチャイルドの直系バーナード・バルークの友人であった。彼は長年にわたりダッチェス郡に住み、ルーズヴェルトの隣人だった。この財務長官は事実上、ルーズヴェルトの家族の一員であった。また彼はロスチャイルド血閥の一人でもある。ルーズヴェルト政権の財務長官に彼を押し入れることにより、ロスチャイルドは国家の財務を一手に握ったといえよう。

この政権誕生のとき、ロスチャイルドの密使バーナード・バルークとルーズヴェルトの間に一つの密約が成立していた。それはモーゲンソーの「メモ」にルーズヴェルトが無条件に事後承諾するという内容であった。これを証明するような逸話がある。ハリマンが重用したハーバート・ファイス（歴史家で陸軍省の役人、ハリマン・コネクションの一人）は『歴史的記録、歴史家の役割』の中で次のように書いている。

大統領は、財務長官ヘンリー・モーゲンソー（彼はしばしば国務長官の権限を行使したが）が昼食のトレイや机の上に残されたメモを読むことを拒否できなかった。

ユダヤ人ファイスは陸軍省で働き、そこから国務省に移った。国家の重要書類をハリマン経由で手にし、歴史の本を書いた。彼の本を丁寧に読むとアメリカ大統領が何者であったかが分かる仕組みになっている。ファイスも書いているように、ヘンリー・モーゲンソー・ジュニアこそがアメリカ国務長官の役割をこなしていたのだった。

ルーズヴェルトが大統領になると、ハリマンはモーゲンソーと会見し、「アメリカの経済政策に関しては企業指導者たちの助言を受け入れるのが望ましい」と言い、モーゲンソーに、ロックフェラー、モルガン、デュポン、ホイットニーらの意見を代表して説明した。

永続的な経済政策の最良の方針（それは戦争以外に考えられない）を連邦政府に勧告する目的として「経営協議会」が創設された。当初は四十名から六十名の最高経営者たちによる互選であった。一九四〇年までは軍産複合体、金融資本家たち、要するにアメリカを実質的に支配する人々の連合体であった。

やがてゼネラル・エレクトリック社の社長で、バーナード・バルークとともにユダヤ王ロスチャイルドと深い関係にあるユダヤ人ジェラルド・スウォープがこの組織の全権を握った。スウォープはジェーン・アダムスのハル・ハウスで仕事をしていた男で、メアリー・ラムジーやハリマンともニューディール政策のときに一緒に働いている。

また、経営協議会とは別に、アメリカの生産の大部分を占める大企業の経営者たちの集まりである「産業諮問委員会」（ＢＡＣ）が出来た。この委員会は政府と直結していた。産業と経済の流通を図ることを目的としており、その委員長にハリマンが就いた。

アメリカの産業と金融が政府機構と一体となって、アメリカの外交、経済をリードしていくことになった。ここにもロスチャイルドの力を見ることができる。ルーズヴェルト大統領政権の中枢にモーゲンソーとスウォープというユダヤ人が深く介在し、その二人とともにハリマンがルーズヴェルトを動かすという構図が出来上がっていったのである。

ヘンリー・モーゲンソー・ジュニアやスウォープとともに忘れてならない人物がいる。その男の名前はウィリアム・ブリット。外交官である。

一九三三年、ルーズヴェルトは大統領になると、ハリマンらの助言を受け入れてソヴィエトを国家として承認した。初代駐ソ大使になったのがウィリアム・ブリットだった。彼はスターリンの恐怖政治に驚きの毎日を送っていたが、失望のうちにその職を辞して帰国した。一九三六年十月に駐フランス大使としてパリに赴任した。そのブリットが友人で国務省勤務のムーア判事に宛てて親展書簡を書いている。一九三七年一月五日の日付の押印がある。その一部を記す。

私が思うに今後十八カ月間、われわれは不安な時期を過ごさなければならないであろうが、もしこの時期を破局なしにやり過ごすことができれば、人類は再びその文明の力を世界の隅々まで及ぼすことができるであろう。

受信者のムーア判事はブリットの手紙を封印する前に論評を書いた。

しかし、私から見れば、ヨーロッパで軍事訓練を受けている二千万の男子、臨戦態勢にある五百万人、軍需産業に従事している一千万人、二百億ドルの対外債務の未返済、そしてたぶん政府によって支払いを約束されて、銀行から銀行や企業へ流れる百億ドルの流動資金が繁栄の方向を指しているとは思わない。人々が戦争準備を止めるなら二千万人が失業するだろう。何が繁栄だ！　このような中で百社のアメリカ企業が「支払い」抜きで支払いの約束だけで軍需生産に参加している！　何という繁栄！

ムーア判事の鋭い指摘がブリットの予言する「十八カ月間の世界」を示している。アメリカの軍需産業が世界大戦開始の「十八カ月」前にいかにドイツを利用したかを簡単に見てみよう。

一九二三年、ドイツは天文学的なインフレーションに入った。紙幣が怒涛のように造り出された。乳母車いっぱいのマルクでリンゴが一個しか買えなかった。このとき、ドイツ系ユダヤ人でアメリカ国籍のゲッハルト・コルムとレイモンド・ゴールドスミスの二人が、通貨計画を手に海を渡った。経済大臣ルートヴィッヒ・エアハルトは彼らにドイツ経済の再建を一任した。新しいマルク紙幣が登場した。新しい神話の時代にドイツは入っていった。

一九三一年、ドイツ政府は賃金を一〇〜一五％引き下げると発表した。当時失業率は二〇％に上昇していた。最悪の条件下にヒトラーが登場した。

ヒトラーについてはすでに書いた。アメリカの金融資本家たちは、ブラウン・ブラザーズ・ハリマンのルートでドルを湯水のごとくナチスに注入した。軍需産業は、ムーア判事が書いたように数百億ドルの物資（そのほとんどが軍需物資）をナチス・ドイツに送った。アメリカ政府が秘密裡に彼らを保証していた。アメリカ国民は何も知らされていなかった。ブラウン・ブラザーズ・ハリマンの保証を裏付けるのは、モーゲンソー・ジュニアの「メモ」に無条件にサインしたルーズヴェルト大統領の約束であった。

新しいマルクを造ったコルムとゴールドスミスは、ロスチャイルドとウォーバーグの一族である。

第一次世界大戦で敗れたドイツはイギリスとフランスに巨額の債務を抱えていた。その債務のほとんどは支払いを約束したが未返済のままだった。そこにアメリカの銀行が無制限に近い金を貸した。支払い保証も担保もないドイツに、である。その貸出業務を開始すると同時にブラウン・ブラザーズ・ハリマンが窓口になった。ドイツが支払い不可能になった場合にはブラウン・ブラザーズ・ハリマンが保証するという条件がついていた。

巨額の資金を提供されたヒトラーは、その資金を最初は土木工事、鉄道敷設、運河、そして高速道路の建設に使った。経済は活況を呈し、失業者は激減した。

「ハイル・ヒトラー!」の声を発しないドイツ人は稀となり、ヒトラーは救国の英雄となった。

ハリマンはそのヒトラーを罠《わな》に掛けることにした。軍備の増強を迫ったのである。ポーランドがその標的にされた。

一九三六年、世界中でドイツだけが大不況を乗り切っていた。しかしその真実は、アメリカからの大借金だったのである。ハリマンはヒトラーにポーランドの国境を越えさせようと策を練っていく。ルーズヴェルト大統領は、アメリカ国民に「戦争はノーだ。ノーだ。何といってもノーだ」と叫んでいた。

アメリカの金融資本は、国家だけでなく、ドイツ最大の兵器産業クルップにも金を無制限に貸し出した。クルップはその金の一部をヒトラーに寄付した。また、ドイツのみならずソヴィエト領内においても銃器、弾薬の工場を建設した。スターリンは安価で武器や弾薬を手にし、ことのほか喜んだ。そのクルップへの支払い代金もブラウン・ブラザーズ・ハリマンの保証がついた。アルバトロス航空機会社は軍用機工場を造った。アメリカの軍用機メーカーが部品を輸出した。プレーム・ボス社は潜水艦の建造を始めた。クルップはソヴィエトの軍需産業を助けていった。

こうして、イギリス、フランスをしのぐ軍需産業の強大国にドイツはなっていくのに、イギリスもフランスもアメリカも沈黙を守り続けた。

クリップとハリマンの関係を見よう。

アヴェレル・ハリマンが誕生した一八九一年頃、アメリカの列車の車輪はほとんどがクルップ製であった。エドワード・ハリマンはサザン・パシフィックのために一年間にレールを二万五千メートル分もクルップから買っていた。父エドワードの死後も、鉄鋼王にして兵器王のクルップとの関係が続いていたのである。

一九三三年のヒトラーの勝利は、ブリューニング政権がマルク防衛に狂奔《きょうほん》した結果とされている。ヒトラー登場は都合よく準備されていたのである。ヒトラーが選挙で勝つと銀行家たちがヘルマン・ゲーリング邸に集まりはじめた。

グスタフ・クルップがその中心にいた。この銀行家たちをリードしたのがドイツ中央銀行総裁のヒャルマー・シャハト博士だった。彼はドイツ金融グループを戦争経済体制へ組み込む巧妙な方法を案出した。一九三三年一月、ヒトラーが首相に就任すると、ヒトラーに相談の上でその年の五月、シャハトはアメリカに渡りルーズヴェルト大統領と会見し、アメリカの投資家が持つ二十億ドルの債務の利子払いは無理だと言った。

翌六月、シャハトは長期債務の支払い停止を発表した。これにはおまけがついていた。シャハトはドイツの物資を買えば債務の面倒をみると言った。

ドイツに多額の債務を持つモルガン財閥はシャハトの意味するところを理解した。JPモルガン社は積極的にドイツの戦争準備のための資金を貸し出すことにした。モルガンはロスチャイルドに援助を申し出た。ロスチャイルドは大量の金塊を輸送した。ここでJPモルガン社について書くことにしよう。

一九三九年十二月一日付の臨時国民経済委員会議事録の中にJPモルガン社の株主構成について

の記録が記載されている。

その中でJPモルガン社自身の持ち株は九・一％にすぎない。ハリマンの友人ジョージ・ホイットニーが一・九％、その他の株式は二つの例外をのぞけば〇・一〜六％未満である。例外の一つはチャール・W・スチール不動産の三六・六％、もう一つの例外はトマス・W・ラモントの三四・二％。

この例外の二者の株式を合わせると持ち株比率は七〇％を超える。そしてこの株式の正式な持ち主はユダヤ王ロスチャイルドだった。ラモントはJPモルガン社の実質的な経営者として暗躍する一方で、イギリスのアスター卿の奥方の愛人役も兼ねていた。

JPモルガン社はロスチャイルドの実質的な支配下にあったことが、この株式構成を見ても理解できよう。ロックフェラーのグループの中にもロスチャイルドの管財人が入り込み、チェックし続けていた。世界の金《きん》を支配する者が、世界の経済を支配するのは当然である。株式所有もドルも、マルクもポンドも、所詮は紙切れなのである。

かくてアメリカの金融機関（主としてブラウン・ブラザーズ・ハリマンを代理店として）を通じて、ロスチャイルドの金がナチスに流れていったのである。

歴史家のチャールス・A・ビアードは第一次世界大戦を回顧し、「戦争はヨーロッパ諸国を気違い病院へと変えた」と書いた。そして一九三五年二月には次のように書いている。

迫りくる国内政治上の危機と、外に戦うという比較的たやすい道にはさまれている。ルーズヴェルト大統領は何をするであろうか。アメリカの政治家が過去においてたどった道を振り返れば彼は後者を選ぶであろう。

ビアードの予言は見事に的中した。彼はアメリカ歴史学会の会長職を永年務め、アメリカ歴史学会の元老的存在だった。私はアメリカの何たるかをビアードから学んだ。しかし戦後、ビアードは出版界から追放された。どうしてか。アメリカの戦中、戦後を正直に書いたからである。戦後ハリマンは、ハリマン・コネクションの茶坊主歴史学者ファイスに命じて歴史書を作り、アメリカの真実を書いた歴史学者を学会や大学、出版界から追放した。ビアードは失意のうちに死んでいくのである。

ではここで、駐仏大使ブリットの手紙に話を戻そう。どうして、彼が「十八カ月間」と書いたのであろうか。一九三七年一月から十八カ月過ぎた日は一九三八年七月である。

一九三八年十二月にドイツ軍はオーストリアに進駐した。この侵攻に対しては「抵抗はほとんどなく、逆にヒトラーの故郷であるオーストリアの国民は狂喜乱舞して」と、ヘンリー・A・キッシンジャーは『外交』という著書の中で書いている。

その年の九月、ヒトラーはイギリス首相ネヴィル・チェンバレンとミュンヘンで会談し、チェコスロバキアのズデーデン地方をドイツに割譲するのをイギリスが認めるという結果となる。

ブリットは一九三七年一月、すでにドイツが巨大な軍事力を完成させていたことを知り、ヨーロッパにおけるドイツの軍事的優位を知っていたのである。ムーア判事の認識はもっと徹底していた。彼は書いている。

「このような百社のアメリカ企業が支払い抜きで、支払いの約束だけで軍需生産に参加している！なんという繁栄！」

彼はたぶん真相を知っている。非法人組織の合名会社にすぎないブラウン・ブラザーズ・ハリマンが、ドイツとの外国為替取引の保証を与えられていたことを。その背後にイングランド銀行総裁のノーマン卿がいることを。そして、奥の院でユダヤ王ロスチャイルドがすべての指図をしていることを。

一九三五年、アメリカの銀行は投資銀行か商業銀行のどちらかにするように法律で定められた。ほとんどの銀行が投資銀行に移行する中で、ブラウン・ブラザーズ・ハリマンは商業銀行に移行した。預金、貸付、外国為替取引、株式名義書き換えなどの一見平凡な銀行業務を選んだ。しかし、この年から戦争期間中、投資銀行は有価証券市場不振の時代が続くのである。ブラウン・ブラザーズ・ハリマンは賢明だった。ほとんどのアメリカ軍需産業が海外に進出したため、外国為替取引の手数料などで莫大な利益を上げていった。ここにもハリマンとロスチャイルドの深い関係が見えるのである。

ブリットはあの手紙を書いた頃、ポーランドのワルシャワを訪れている。一月十六日、ポトツキー大使と会談した。以下の報告書はワルシャワでドイツ側に押収されたポーランドの外交文書の中から見つかり、後に当時南米に住んでいたポトツキーにより確認されたものである。

英仏は全体主義国家といかなる種類の妥協もやめなければならない、というのが大統領の確固たる意見である。領土的変更を目的としたどんな議論も許されてはならない。合衆国は孤立政策から脱却し戦争の際には英仏の側にたって積極的に介入する用意がある旨を道義的に確約する。

この報告書は、ルーズヴェルト大統領がいかに操られた大統領であったかを証明している。イギリスのネヴィル・チェンバレン首相はドイツのヒトラーとの宥和政策で一時的な平和の時代を築いていた。イギリスの国民はチェンバレンの宥和政策を支持した。ルーズヴェルト大統領はチェンバレンに秘密の書簡を送った。

もし、イギリスがドイツに対し強固な態度をとらないのならば、もし、ドイツに対する宥和政策を今後ともとり続けるならば、私はイギリスに対する支持を撤回しなければなりません。

ルーズヴェルトは国民に対して「決して、決して、あなたたちの子供を戦争に巻き込むようなことはない」と言い続けていた。

ブリットはルーズヴェルト大統領の意向を伝えるべくポーランドに向かい、ジョセフ・ベック・ポーランド外相と秘密の接触を繰り返し、アメリカの強力な援助を約束した。

こうして、ポーランドはドイツに対する強硬外交を進めるようになっていった。

ハリマンのポーランドへの進出はすでに書いた。ハリマンがヤヌシュ・ラジウィル公爵と「スプルナータ・インテルッ」を共同で所有し、四万人の労働者を雇用していたことも書いた。彼がポーランド国内に多数の鉱山や炭鉱を所有していたことも書いた。ラジウィル公爵について書くことにしよう。

ラジウィル公爵はポーランド政界の大物であった。ナチス・ドイツ内の実力者ゲーリングとも友人だった。そしてポーランド議会「セイム」の議員でもあった。ジョセフ・ベック外相を支持し、ポーランドの外交政策を審議する外務委員会の議長でもあった。ハリマンはラジウィル公爵にアメリカの強力な軍事援助を約束していた。

ドイツとポーランドの当面の紛争の種となったのはダンツィヒ問題であった。住民投票が行なわれ、圧倒的にドイツ側の勝利となった。ダンツィヒとはポーランド人さえ認めていたドイツの町であった。この町の住民の九〇％がドイツ人であったからに他ならない。ダンツィヒはドイツが正当な権利を有しているのをベック外相でさえ認めていた。ダンツィヒを返せとヒトラーはポーランドに迫った。ポーランド議会もダンツィヒをドイツに返そうと決議しかけた。それに反対したのがフランス大使のブリットとハリマンだった。

ヒトラーは最終期限を提示し、ポーランドに迫った。ブリットはその期限を無視しろとベック外相に主張し続けたのである。

ブリットはフランスのド・ゴール将軍に、対独戦争になれば、イギリスとアメリカは全面的支援をフランスに対して行なうと約束した。

大戦が近づいたとき、一人の男がドイツを視察し、アメリカ国民に警告した。

その男こそは大西洋を最初に飛んだ英雄チャールズ・リンドバークであった。「ドイツは優秀な戦闘機を持っている。イギリスとフランスはポーランド問題で対ドイツ戦に入っていけない」と、リンドバークは警告したのである。

彼は黒い貴族たちから非難の声をあびた。彼は落ちた英雄となり、大戦中も戦後も戦犯扱いを受けた。リンドバークの警告は完全に無視された。

ヒトラーは「ダンツィヒは第一次大戦で失ったわが領土、わが町」と呼んだ。この叫びをポーランドもイギリスもフランスも完全に無視した。

ヒトラーの声明を受けて三国の首相は同じように答えた。

「そうなったら戦争だ！」

フランスのダランディニ首相にブリットは約束した。「アメリカは参戦します」

ハリマンはポーランド国内を飛び回っていた。まさかの悲劇が起こった。完全に阻止できるはずの戦争ではなかったのか。

ブリットは駐フランス大使であっただけではない。彼はルーズヴェルト大統領の個人的な全ヨーロッパ移動特命大使であった。それはアメリカの利益とは異なる大使であった。当時のアメリカ国民、そして連邦議員の九六％が欧州戦争に参戦することに反対していた。

ヒトラーがノルウェーに侵入した後でさえ、ギャラップの世論調査では国民の九六％が参戦に反対していた。

これはもう、アメリカ国民に対するルーズヴェルトの裏切り行為であった。

一九三九年九月一日、ついに第二次世界大戦が勃発した。アメリカは新しい民間機関や軍事機関をフランスやイギリスに設置した。その主な任務は、世界中に配置された軍隊（すでにアメリカは世界中に数多くの部隊を配置していた）に精巧な装備や供給品を準備するためであった。この中心となったのが経営協議会と商務省であった。ユダヤ人のバーナード・バルークとジェラルド・スウォープがこの組織を動かした。ジェラルド・スウォープについて書くことにしよう。ここからアメリカの暗黒面を見ることが必要である。

GE社（ゼネラル・エレクトリックス）は発明王トーマス・エジソンが創設した会社だった。ジェラルド・スウォープがやがてこの会社の支配者となった。この会社がドイツに設立したのが電機会社AEGである。

AEGは、ドイツの外相として一九二二年四月ソヴィエトと秘密条約（ラティナウ条約）を締結したドイツの実業家でユダヤ人のヴァルダー・ラーテナウの経営によるものだった。スウォープとラーテナウは血族を形成した。ドイツ全土にエジソン発明の技術が花開いたのである。このAEGが現代ドイツ最大の企業集団ダイムラーの中核企業となっている。

ハリマンはスウォープの友人だった。ブラウン・ブラザーズ・ハリマンはGEとドイツのAEGの間を結ぶ為替決済銀行となる。かくてAEGはナチス・ドイツの軍事産業の中核を形成するのである。

またラーテナウは一九一八年から、トロツキーの後を継いでレーニン、スターリン時代の外相を務めたユダヤ人ユーリ・チチェーリンとも一族を形成する。チチェーリンは貴族の出である。一見敵対関係に見える国家でも、その国家を動かす人脈を見ると血族や血閥で結ばれているのである。

ラーテナウはドイツの著名な社会主義者で、社会主義政党の中で頭角を現わし外相となったのであるが、彼には秘密の部分があった。彼はロスチャイルド一族から資金の提供を受けており、ドイツにおけるロスチャイルドのための財務補佐官の役割を命じられていた。ヒトラーはラーテナウの秘密を知っていたと思われる。彼を国民の敵と言っていたからである、一九二二年八月二十四日、ラーテナウは暗殺された。

ロン・チャーナウの『ウォーバーク』に次のように書かれた文章がある。

ラティナウは一九一一年に出した著書の中で「三百人の人間がヨーロッパの経済的運命を支配すべきだ」と提唱した。世界に「三百人委員会」なるものが存在することを証したと世間を揺るがした。これがもとで殺害されたとする説があるが、はっきりしない。マックス・ウォーバーグはこの暗殺事件におびえた。「……崩壊が日増しに進む結果、嵐の到来の予感がする……この暗殺事件は、今日の社会動乱を警告するものであるかもしれない」とアメリカにいる弟のポールに書き送った。

ラーテナウがドイツ＝ソヴィエト友好条約を結んだのは、ソヴィエトのバクー油田を完全支配したいと願うロスチャイルドとウォーバーグの指図であったといわれている。ラーテナウは共産主義国となったソヴィエトを初めて国家として承認しようとした政治家であった。

ハリマンは一九二一年にソヴィエトに行っている。ここにもハリマンを動かそうとするロスチャイルドの意図が見えるのである。ハリマンがソヴィエトに行った一九二一年四月にポール・ウォーバーグとマックス・ウォーバーグの兄弟はロスチャイルド銀行とクーン・ローブ商会の面々と会議を催し、ＩＡＢなる銀行引き受け手形とよばれる一種の貿易金融を取り扱う組織をニューヨークで開業している。ソヴィエトとの貿易を自在に操ろうとするユダヤ系資本の姿がここにある。

スウォープは太平洋問題調査会（ＩＰＲ）の活動資金をゼネラル・エレクトリック社からの利益の一部を充てることにより、この調査会をリードした。彼が提供した運営資金の一部が真珠湾攻撃計画（ジャップスに真珠湾を攻撃させるための研究）の資金となった。スウォープは死亡したとき、遺書を残した。彼の遺産の八百万ドルがイスラエル工科大学に遺贈された。このことを知った黒い貴族たちは、彼が死ぬ直前にアメリカの相続税法を改定した。遺贈において、相続税は無税となった。スウォープはアメリカの英雄ではないが、イスラエルというユダヤ国家の救世主的英雄となったのである。

さて、スウォープはルーズヴェルト大統領の補佐官となったハリー・ホプキンスを動かした。連邦政府は民間企業と競合するような産業施設を建設しないと約束させた。ルーズヴェルト大統領は納得した。

この事実を知ったハリマンはバルークとホプキンスに会い、航空機に関しては例外とすることを認めさせた。政府が生産設備に投資し民間企業がわずかな使用料でこれを使用できるとした。ルーズヴェルト大統領は応じて書類にサインした。大戦直前にハリマンは直接には航空機製造工場を持ってはいなかったが、この産業のアドベンチャー的存在であった。航空機製造関連企業の多額の株式を保有していた。このことはすでに書いた。

かくて航空機関連産業は国家との成約により大きな利益を上げていくことになった。シアトル市郊外にあるボーイング社はハリマンに大いなる敬意を表した。ボーイング社は大した投資もせずに工場と設備を手に入れたのであった。これには伏線があった。

ルーズヴェルト大統領はモーゲンソー財務長官にゴーサインを出していた。その案には「国家が年間に一万五千機の航空機を製造する。そのために、都心部近くに八つの工場を新設し大勢の失業者をそこで働かせる」と書かれていた。ハリマンはハリー・ホプキンス補佐官を動かし、この案を航空機産業業界に都合のよいように改めさせたのである。

一九三九年まで赤字続きだったボーイング社は突然、世界最大の爆撃機メーカーになった。超大型爆撃機（フライング・フォートレス《空飛ぶ要塞》）の注文を捌《さば》ききれなくなったので、ダグラス・ロッキード社と共同で注文を受けることにした。アンソニー・サンプソンは『兵器市場』の中でこの年の状況を書いている。

> 防衛産業と軍の拡大はアメリカ中の雇用形態を一変させた。一九三九年の国防支出はＧＮＰの一五％にものぼっていたが、四四年の国防費はＧＮＰの四五％を占め、失業率はわずか一・二％だった。戦前の失業でいたく苦しんだカリフォルニアでは、その変化はどこよりも劇的だった。

一九三九年、アメリカはヨーロッパの戦争に加わらず中立を保っていた。しかし戦争体制は維持しつつあった。アメリカの世論は戦争反対であった。黒い貴族たちは次なる奥の手をすでに用意していた。それは太平洋に浮かぶアメリカ・ハワイ州の真珠湾を、日本に攻撃させようというものであった。アメリカ人はそのとき一体となって「ジャップス」を憎悪するであろう。ハリマンの配下ディーン・アチソンたちが、日本を挑発する手を考えていくのである。

黒い貴族たちよりの使者、ユダヤ人ジャーナリスト、ウォルター・リップマンは一九四〇年六月に「ニューヨーク・ヘラルド・トリビューン」に次のように書いた。

戦後のハード・ボイルド「リアリスト」たちはアメリカ史の偽造によってすっかり騙されていた。彼らは一群の、悪気はないが物知らずの歴史家たちに誤った教育をさずけられた。途方もないデマや外国の利益に動かされ、アメリカが第一次世界大戦に参加したのは、イギリスの宣伝、銀行家の貸付金、ウィルソン大統領の顧問たちの策謀、あおられた愛国的陶酔などのためであったと信じ込まされてしまっている。彼らは何人《なんぴと》であれ一九一七年についてこの説明を信じ、アメリカはアメリカ自身の重大な権益を防御していたと主張するような者はすべてイギリスの宣伝の手先ないし犠牲者であると教え込まれていた。

リップマンがこの記事を書いた後に、ナチス・ドイツがソヴィエトに侵攻し本格的な大戦となった。あの第一次世界大戦でのアメリカの参戦はイギリスの宣伝に乗ったためである。そして、またアメリカは第二次世界大戦に参入していくのである。

戦争を欲しないのなら、平和が欲しいのなら、アメリカはヒトラーを育てなければよかったのである。ハリマンたちはナチス、ヒトラーの軍隊を短期間に育て上げたのである。そのためにムーア判事が鋭く指摘したように、アメリカがナチス・ドイツに全面的に協力したのだ。「このような、百社のアメリカ企業が支払い抜きで、支払いの約束だけで、軍事生産に参加している！　なんという繁栄だ！」

第二次世界大戦は完全に計画されつくした戦争であった。この戦争を指導したのはアメリカ大統領でもイギリス首相でもない、ましてやヒトラーでもスターリンでもない。彼らはチェスの駒にすぎなかった。イギリスの作家サマセット・モームは『月と六ペンス』の中で書いている。


首相もひとたび職から離れれば、もったいぶった演説をしたにすぎないように思われることが多いし、軍隊から離れた将軍は精彩のない街の英雄にすぎない。


モームは大英帝国の情報部員としてイギリスの権力の裏側を知り尽くしていた。彼が言わんとするところは、政治家の権力はほとんど幻想の権力であり、世界や歴史を動かす権力は政治家の権力、政治的な権力を威嚇してきた、そのような暗闇の中にある権力こそが真実のものであるということである。

日本人の学者たちのほとんどは御用学者であるか、マルクス主義を信仰する教条主義者なので、真実に目をそむけている。それゆえ、ごく一部の者をのぞいて、暗闇の中でうごめく権力を知ることはない。

第二次世界大戦が始まる前年の一九三八年十二月、メキシコに亡命中のトロツキーは『ユダヤ・ブルジョワ階級と革命闘争』を書いた。

将来、世界戦争が始まると、どういう運命がユダヤを待っているかは容易に想像できる。しかし、たとえ戦争がなくても世界規模の反動の次なる展開はユダヤ人の物理的絶滅をほぼ確実に意味する。

トロツキーはスターリンとの権力闘争に敗れメキシコに亡命し、この本を出版した後に、スターリンの密使により殺害された。トロツキーはユダヤ・ブルジョワ階級、すなわちロスチャイルド、ウォーバーグらを頂点とする人々についての予言書を残したのである。

賢明なる読者はここまで読んで思わないだろうか。

「ロスチャイルドやウォーバーグたちはヒトラーに資金を提供し続ければ、ヒトラーは強大化しユダヤ民族を『物理的に絶滅』させると確実に理解していた。それなのにどうしてヒトラーに協力し続けたのか」

第二次世界大戦について書くことにしよう。そしてこの戦争の最後の最後になって、その謎が解けてくるのを読者は知ることになろう。一つの謎の言葉を残してこの章を終わる。

「クリミアのカリフォルニア」

第三章

見えてきた暗黒

ロシア・ソヴィエト共和国は「国民の仕事を指揮するために」千人の第一級の専門家を必要とし、「これらの最上級の『スター』は各々二万五千ルーブルを受給せねばならない」か、あるいはこの目的のために外国人の専門家を雇う必要があるとすれば、その金額の四倍も支給せねばならない。

レーニン『労働者たちのソヴィエト』

戦争の黒い犬たち

「戦争の犬」、そう呼ぶにふさわしい男がいた。あるイギリスの貴族の話である。

一人の少年が一八六六年にオランダのアムステルダムで生まれた。父親は少年が六歳のときに死んだので、貧しい家計を助けるために、学校を終えると彼は銀行に勤めるようになった。小使いではあったが、銀行業務（銀行取引のやり方や有利な投資方法）を勉強した。この少年の生い立ちは、アヴェレル・ハリマンの父、エドワード・ハリマンとよく似ている。

一八九六年、少年はロスチャイルド系企業のロイヤル・ダッチに就職した。やがてユダヤ王ロスチャイルドにその能力を認められ、ロイヤル・ダッチ・シェルに迎えられ、次第に出世していき、ついには専務取締役になった。

一九二〇年、オランダ生まれのこの少年は大英帝国のナイトに叙せられ、サー・アンリー・デタディングと名乗った（本名ヘンドリック・アウグスト・ヴィルヘルム・デデルディング）。サーになる前の一九一三年、デタディングはロスチャイルドの代理人として、ルーマニア、ロシア、カリフォルニア、トリニダート、インド、メキシコなどでの油田で数多くの支配権を握った。もちろん、これらの油田はすべてロスチャイルドの支配下にある。

デタディングは「ナポレオンのように傍若無人、クロムウェルのように徹底した男」と評された。

「神もモルガンも恐れない男」と言われたエドワード・ハリマンと似ている。
さて、ここまでが序文である。不思議な物語の本文に入ることにしよう。

一九一七年、ロシアで革命が起こり、ロシア帝国は滅びてソヴィエトが誕生した。共産主義の赤軍と、それを破ろうとする白軍が戦争状態に入った。

一九二一年、三十歳のハリマンはこのような状態がまだいくらか続いていたソヴィエトへ出かけ、秘密警察チェーカの長官ジェルジンスキーの援助を得てマンガン鉱山の経営に進出した。このことはすでに書いた。白軍は「トラスト」を結成した。ハリマンが秘密情報をジェルジンスキーに送り、「トラスト」の連中の名簿などを教えたことも書いた。以下はデタディングの活動の様子である。

デタディングはロスチャイルドの密使としてロシア内部深くに入り込み、一九二四年のグルジア・コーカサス地方の反乱にも資金援助を続けた。彼は、ソヴィエトから独立を図った「ウクライナ愛国主義者協会」にも資金を提供した。

ユダヤ王ロスチャイルドは、イギリスのミルナー卿、アメリカのクーン・ローブ商会のジェイコブ・シフらに金を渡し、レーニンの共産主義革命を成功させた、ともすでに書いた。その一方で同じ部下のデタディングを反ソヴィエトのために使い、彼らに多額の資金を渡していたのであった。

これがユダヤ王ロスチャイルドの「標準操作方式」と呼ばれるものである。

時は移り去り、デタディングはナチス・ドイツのために働きだした。ナチス・ドイツが政権を獲得した場合、シェル石油はドイツの石油市場でヒトラーに有利な立場を与えるという秘密の契約が交わされていた。

一九三一年、デタディングはナチス・ドイツとの石油専売契約を結ぶ見返りとして、ヒトラーに一千マルクの借款を与えた。

ヒトラーとシェルはこうして深く結ばれた。デタディングはギリシャのオナシスにタンカーの建造を命じた。そして次のように告げた。

「いかなる戦争がドイツとの間で起ころうとも、君のタンカーが沈められることはない」

ヒトラーもデタディングから同様のことを言われた。これはヒトラーの戦争に最後まで協力するという、ロイヤル・シェル社の宣言でもあった。

オナシス（アリストテレス・ソクラテス・オナシス）は不滅の神話をユダヤ王ロスチャイルドから授けられた男であった。しかし、この神話には一つの条件がつけられていた。「一代限り」である。したがって、オナシスの死により「オナシス神話」は消滅し、その財産もオナシス家も消えてしまった。ユダヤ王ロスチャイルドは禍根を残すことを嫌うからである。

かくて第二次世界大戦中、ドイツは自由に石油を手に入れることができた。アメリカやイギリスの航空機も軍艦も、オナシスのタンカーを一度たりとも攻撃できなかった。どうしてか？答えはいたって簡単である。アメリカ政府もイギリス政府も、その中枢のルーズヴェルト大統領もチャーチル首相も、ロスチャイルドに雇われた「戦争の犬」だったからである。これ以上の説明があるだろうか。

デタディングに話を戻そう。

デタディングは一九三六年、七十歳で夫人と離婚、ナチ党員で美貌の三十歳のドイツ女性と再婚し、しばらくベルリン郊外に暮らした。再婚したデタディングは「本当のナチ党員のように考えた」と回想している。

ナチス・ドイツは強力な党員を獲得した。デタディングはユダヤ王ロスチャイルドのために自身の魂を売ったおかげで世界有数の富豪になった。アスコット村のウインザー城から約一マイル離れた場所に、贅の限りを尽くした宮殿を建てた。この宮殿にナチス・ドイツの理論家ローゼンベルクが一九三三年五月に招かれて、デタディングと二回目の会談をした（一九三一年にも会談している）。

この会談の模様を「レナルド・イラストレイテッド・ニュース」は次のように伝えている。


ヨーロッパの現状から考えると、ヒトラーの外交顧問とヨーロッパの「石油政策」上の有力者との秘密会談は興味深い。大石油関連業者がドイツのナチ党と密接に接触し続けたということは、情報に通じた政治サークル内で流布している噂を支持するものである。


この会談の月、ヒトラーは首相に就任している。翌一九三四年八月、ヒトラーは首相と大統領を兼任する。そして総統となるのである。

ユダヤ王ロスチャイルドが創り出したこのやり方を、あるときは「標準操作方式」と言い、またあるときはヘーゲル哲学の応用であると私は書いてきた。日本人はヘーゲルの哲学を応用できない。それは「微妙なるバランス感覚」を身につけられないからである。情に流されるからである。簡単に説明しよう。

ユダヤ王ロスチャイルドはデタディングやハリマンを使いナチス・ドイツを強化した。それと同時に反ナチス体制も強化していった（その詳細は後に書くことになる）。

ヘーゲルの「正・反・合」を応用したロスチャイルドは「勝つ可能性」（＝正）と「負ける可能性」（＝反）を同時に操り互いに競わせ、間一髪のところで「正」に勝たせるか「反」に勝たせるかを決定し、「合」を作り出したのである。そのためには、闘わせる寸前に一方が強力になることを嫌ったのである。ユダヤ王ロスチャイルドの行動は非情そのものである。

ユダヤ王ロスチャイルドが罠を仕掛けなければならないときがあった。ナチス・ドイツへのエドワード八世の親近感に不安を感じたロスチャイルドは、王を去らしめようとした。

エドワード八世は皇太子のとき、プリンス・オブ・ウェールズといった。そのころからナチス・ドイツへの親近感を持っていた。やがて彼は独身ながら王となり、エドワード八世を名乗った。

私たち日本人は、「王冠を捨てた恋」という伝説の中で、エドワード八世とシンプソン夫人の恋模様を見ている。だが事実はまったく異なっている。ユダヤ王ロスチャイルドはイギリスを反ナチスへと導き、ドイツと戦争させようと構想していた。エドワード八世が親ナチスでは戦争は不可能となる。そこでロスチャイルドはアンソニー・イーデン（後の外相、首相）を使い、エドワード八世に忠告した。

「もし、国王が相変わらず、外交問題で勝手な発言をするようでしたら、あなたを強制退位させる手段があります」

若い王はユダヤ王ロスチャイルドの忠告を無視し続けた。かくて罠が仕掛けられたのだ。

離婚歴のあるシンプソン夫人をエドワード八世に近づけることにした。オーストリアを訪問したエドワード八世はロスチャイルドの城に入った。そこでシンプソン夫人が若き国王に性愛の手ほどきをしたのである。これを一大スキャンダルに仕立てたのがカダル派の新聞王、ビーヴァブルックであった。彼はウィンストン・チャーチルに議会で発言させた。「独身の王はシンプソン夫人と恋のアバンチュールを楽しんでいた」と。

この間に本国では、王の弟で凡庸な知恵おくれのジョージ五世が王位に就いたのである。エドワード八世を最初に脅迫したアンソニー・イーデンは、ユダヤ王ロスチャイルドの庇護を受けなかったら、到底、首相になれるような器《うつわ》ではなかった。ウィンストン・チャーチルはその生涯にわたってユダヤ王ロスチャイルドに借金のしっぱなしであった。ビーヴァブルックについては後で詳しく書く。

世界の歴史家たちが第二次世界大戦について、その原因を書いている。館というものは煉瓦を積み重ねて構築される。しかし、その煉瓦が本物でない粘土で焼かれたものであったら、いかに壮大な館でも偽物の館になるのではと、私は思っている。いかなる権威も年月という歴史に晒《さら》される。そこで偽りは暴かれる。

一九三八年一月二日付で、ドイツ外相リッペントロップはスターリンに宛てて手紙を書いている。ここには真実が垣間見えている。

しかし、国家社会主義ドイツ労働者党はいかなることでも成しうると思われる。ボルドウィンはすでにそのことを理解し、エドワード八世は退位せざるを得なくなった。理由は彼の考え方にあり、彼は反ドイツ政策に協力するかどうかの確信が持てないからである。

エドワード八世は、ドイツ外相リッペントロップが指摘するように反独政策に反対していた。政府は対独戦争への国家総動員令に署名するよう国王に迫っていた。エドワード八世は難色を示し続けていた。その最中に、ユダヤ王ロスチャイルドに育て上げられたイーデンの発言が飛び出したのである。

自動車王ヘンリー・フォードは「ユダヤの陰謀」説を立て、本を出版したりして、全米で訴えて回った。しかし、最終的に彼はこの説を放棄せざるを得なかった。その過程は省略する。たしかに「ユダヤの陰謀」説は存在しない。しかし、一つの思想がこの世界を動かしているという考えがある。私はこの思想についてはすでに書いた。それはグノーシス信仰である。人間は生物の中でいちばん優れた種である。それゆえに望むべき行動を神により赦《ゆる》されている。したがって人間は神の代理人であり、その限りにおいてこの世界をどのように改造しても構わないというわけである。この思想が反カトリック（カトリックもグノーシス的ではあるが）としてのプロテスタントを生み、そこから資本主義と社会主義の思想も生まれてきた。

F・バスキエーリ・サルバドーリとピエール・ロレンツォ・フローリオの著書『滅びゆく野生動物』から引用する。

神はまた言われた。「地は生き物を種類に従っていだせ。家畜と這うものと、地の獣との種類に従っていだせ」。そのようになった。神はみて良しとされた。「創世記」によれば、天地創造は第五日目の出来事であった。したがってその後、方舟をでたノアに神が与えた言葉は、これとはいささか異にしていた。しかし、決して動物に有利な言葉ではなかった。

「生めよ、ふえよ、地に満ちよ。地のすべての獣、空のすべての鳥は恐れおののいて、あなたがたの支配に服するであろう」

疑うことなくノアの子孫たちは神の言葉を確実に守った。人間がふえるにつれ動物は減っていった。

この旧約聖書の世界の「神」を信じる者たちは「神の子」となった。この「神」を信じない者たちは「人間の顔をした獣」となった。やがて神の子たちは、人間の顔をした獣に戦いを挑んだ。彼らはこの戦いを「平和のための戦争」と叫ぶのである。

このノアの子孫たちがグノーシス信仰を作り上げた。彼らは動物だけではない。神を信じない多神教の人々を殺戮《さつりく》し続けている。その彼らこそが、「友愛」とか、「正義」とか、「平和」とかの言葉を創造したのだ。

「ユダヤの陰謀」なる言葉は偽りである。そこにあるのは神への信仰である。旧約聖書の神なのか、新約聖書の神なのかは問題ではない。人間が神を信ずることによってのみ聖別されるという思想が問題なのである。どんな神かは知らないけれど、神を信じるのがそんなに大事なことなのかと私は書いておく。

もう一人、神を信じてやまぬ「戦争の黒い犬」の一人を登場させよう。あの「Vサイン」で有名な、大英帝国の「救世の英雄」と今日でも称えられているウィンストン・チャーチルである。まずチャーチルの東洋人観について触れよう。一九四三年、チャーチルの主治医の言葉である。

チャーチルは彼らの皮膚の色のことしか考えない。チャーチルがまさにヴィクトリア王朝的な人間だと思うのは、彼がインドや中国のことを話すときだった。

チャーチルは東洋人たちを表現するときはいつも「ちっぽけな黄色い連中」と言った。彼はまた、「なぜわれわれは他の人種に対するアングロ・サクソンの優位を控えなくてはならないのか。われわれは優等民族なのに……」と広言していた。まさしくチャーチルは彼の主治医が述べたように、ヴィクトリア王朝の人間であった。黒い過去を宿命的に背負った人間だった。

彼の背後にはクロムウェルとユダヤ王ロスチャイルドがいた。チャーチルの若き日のエピソードを記すことにする。以下は彼がセシル・ローズのボーア戦争に従軍し、その戦記をイギリスの新聞社から出版しようとし、母に宛てた手紙である。

ママ、頼むよ。新聞社に交渉してほしい。きっと面白い戦記を送る。絶対、生々しいスケッチだよ。一本、十ポンドか十五ポンドで掛け合ってください。ロスチャイルド卿に頼んでください。彼は全部の新聞社を知っている。タイムのウォーレス、モーニング・ポストのボーンウィックがいいが、彼らがダメならばグラフィック紙でもいい。ママに全権一任します。

チャーチル家はイギリスの最高位に位置する貴族である。その住まいのプレイナム御殿はイギリス一の豪邸と言われていた。マールボロの称号はイギリス史上最も名誉ある名前である。だが哀しいかな、チャーチル家は斜陽の時代を迎えていた。それゆえマールボロ公爵は、泥棒貴族のアメリカ鉄道王ヴァンダービルト家の娘ジェニー・ジェロームと結婚した。持参金二百五十万ドル、その他を入れて一千万ドルをヴァンダービルト家は使った。

チャーチルはボーア戦争に従軍する直前、二十一歳のとき、ロスチャイルド家のパーティに招かれた。彼は母にそのときの模様を手紙で伝えている。


ロスチャイルド卿は素晴らしい感覚の持ち主です。誠に博識です。このような賢い人に会って話を聞くことができるとは、実に貴重な体験です。


前章の「ダーウィニズムの世界」の項で、コンスエロ・ヴァンダービルト一族の娘のジェニー・ジェロームがランドルフ・チャーチル卿のもとへ嫁ぎウィンストン・チャーチルが生まれた、と私は書いた。このジェロームはユダヤ系アメリカ人だった。ジェニーの父はニューヨーク・タイムズの社主であった。この男はロックフェラーとロスチャイルドに非常に近い男だった。チャーチルは生まれながらにして首相候補だったわけである。

チャーチルは生涯、借金に追いたてられた。この点はルーズヴェルト大統領とよく似ている。そして、ロスチャイルドが借金漬けのチャーチルを首相に育て上げるのである。彼は夢の中でたびたび、黒い犬に追いかけられた。彼を追いかけまわしたのは間違いなくロスチャイルドであろう。

ユダヤ人の条件の一つに、ユダヤ娘から生まれた人間はユダヤ人であるというのがある。そういう意味においてはチャーチルもユダヤ人だ。それも純正のユダヤ人なのだ。

私は「黒い貴族」という言葉を使用する。しかし、歴史的には十三世紀ごろイタリアのフィレンツェでの白派と黒派の貴族の争いから来ている呼称である。黒派は「ゲルフ」と呼ばれた。この一派が金融業をヨーロッパに広げていったのである。その中心がメディチ家でありフィレンツェを支配する。彼らは黒い貴族と呼ばれた。

もう一つの名の由来は黒い僧服からである。バチカンの枢機卿などの高僧はしばしば黒い貴族と呼ばれた。私は、「闇の世界を演出する高貴な人々」という意味でこの言葉を使っていく。したがって、ユダヤ人の貴族もそうでない白人の貴族もこの中に入る。また、貴族の地位は持たないけれども闇の世界を演出する権力者も、ときとして黒い貴族と呼ぶことにする。他意はない。表現しやすい方法をとるためである。


一九三八年三月下旬、第二次世界大戦勃発の一年前、チャーチルは借金のために田舎の別荘を売りに出そうとしていた。ロスチャイルドから依頼を受けたユダヤ人金融業者サー・ヘンリー・ストラコッシュが借金の肩代わりを申し入れた。チャーチルは受けた。そしてそのとき、一つの条件も受け入れることになる。金のないチャーチルはヴィクトリア地区の汚らわしいモルペス・マンションに住んでいた。その過去を見ることにしよう。

一九二八年当時、チャーチルは第一次世界大戦の回顧録『世界の危機』の続編を執筆していた。アスター卿の「タイムズ」から二千ポンドの前払い印税を支払ってもらった。これとは別に世界各国での連載を含めて五千ポンド以上が彼の懐に入っていた。しかし、彼は貧乏のどん底にあった。

ウォール街での株投資で大損失をしていたからだ。このことはすでに書いた。

ユダヤ王ロスチャイルド血族の一人バーナード・バルークはチャーチルにアメリカ講演旅行をやらせ、一万ポンドの最低保証をしてやった。それでも借金は返せず、バルークに特別に用立ててもらった。彼はユダヤ王ロスチャイルドの御用新聞「デイリー・メール」のビーヴァブルック卿と特別契約を結び、八千ポンド近い原稿料を得ていた。だがそれでも彼の経済的窮状は、別荘を売り払う段階までいったのである。

しかし、チャーチルは海軍大臣、首相へとなっていく。政治家になれば収入は極端に減る。では誰が、何の目的のためにチャーチルの借金を返してやったのであろうか。ここまで書けば答えは書かずもがなであろう。一九三九年三月、チェンバレン首相は海軍大臣にチャーチルを迎えなければならなくなる。チャーチルは一九一四年八月に海軍省に入っている。

海軍大臣になると、チャーチルはルーズヴェルト大統領に手紙を出した。二人は数多くの手紙のやりとりをする。一海軍大臣がアメリカ大統領と、どうして秘密のルートで手紙の交換が出来るのであろうか。この二人は「黒い犬」で、ユダヤ王ロスチャイルドから長い長い鎖の手綱《たづな》で引っ張られていることを考えれば納得がいくのである。

チャーチルの人気は上昇していく。なぜか。チェンバレン首相の宥和政策に公然と抗議しだしたからである。ヒトラーがポーランド領ダンツィヒの割譲を要求した。チャーチルはヒトラーと闘えと叫びだした。黒い貴族の新聞は、戦争を煽りだした。

一九三八年九月三十日、イギリスとフランスは宥和政策をとり、侵略されたチェコを犠牲にして、ヒトラーと現状維持の協定を結んだ。この宥和政策は後にヒトラーによるポーランド侵攻により破られ、第二次世界大戦へと拡大していく。フランスのユダヤ王ギ・ド・ロスチャイルドは『ロスチャイルド自伝』の中で宥和政策について書いている。

この間、ドイツを指導していた天才的な役者は完璧な心理劇を仕組んできていて、「小さい歩調幅の方法」と題する悲劇を見事に演じていた。一つ一つの歩みのたびに彼は胸に手をあてて、これが最後であると断言していた。チェンバレンという名の非常にエレガントな作者によるイギリスの作品「ザ・アピーズメント」(宥和)を自ら演じていたわけではない観衆は事実上、欺されるのを求めているだけだった。

私はこのロスチャイルドの文章を読んで、ギとその一族たちがヒトラーに心理劇を演じさせていたと思えてならないのである。彼らロスチャイルド一族が、ヒトラーに「歩調の方法」まで指導していたとしか思えないのである。

こうして、世界大戦が始まるのである。ダンツィヒにヒトラーが進駐したのには五分以上の理由がある。その地は古来ドイツ領であり、九割以上の住民がドイツ人であった。たしかにヒトラーが悪いのかもしれない。しかし、イギリスとフランスがこの機に世界大戦を仕掛けていくのは理に適《かな》わない、と私は思う。しかし、ほとんどの歴史家はヒトラーを悪とし、チャーチルを救国の英雄とする。この歴史観こそは「ゲルフ派」の歴史観であるのに。歴史家たちはそのことに気づこうとさえしない。チャーチルは戦争の犬以外の何者でもないのである。

ルーズヴェルト大統領とチャーチル海軍大臣（後に首相）は特別のルートを使い、五年半の歳月をかけて千七百通の電報、手紙、その他の電信を交わしている。そのほとんどは未だに公開されていない。チャーチルが海軍大臣になったときにルーズヴェルト大統領が送ったお祝いの手紙は公開されている。まだ、世界大戦は始まっていない。しかしルーズヴェルト大統領は、あたかも世界大戦が始まっているように書いている。

貴下と余とはこの世界戦争において同じような地位にある。したがって、貴下が再び海軍大臣に返り咲いたことは余のもっとも欣快に堪えないところである。〔中略〕貴下が余と連絡を保ち余に知らしめたいことは何事も直接にご通知下されば、余のもっとも喜びとするところであることも、貴下ならびに首相閣下に知っておいて頂きたい。

別の面から「戦争の黒い犬たち」を見てみよう。

ケーブル＆ワイヤレス社が、二十世紀の初頭にイギリス政府により創立された。一八九五年にグーレルモ・マルコーニが最初の無線通信を行なってから世界は国際通信の時代に入った。一九三九年には国際通信網五十六万キロのうち、三十二万キロをこの会社が占めていた。しかし世界中に大きな海底電線を築くため、イギリス政府は秘密の会社の力を借りた。その会社こそがユダヤ王ロスチャイルドの会社であった。ジブラルタル、マルタ、バミューダ、アデン、ココス諸島、香港など多数の拠点に中継局が設置された。すべてがロスチャイルド一族の支配地であったことは偶然ではない。大英帝国は情報の安全を世界に保証した。しかしそれは表の顔であり、裏では各中継点を通じて重要な情報を集めるという諜報活動をしていた。

一九三三年五月、ドイツ大西洋電信会社の役員会で郵政省長官クネストは、同省はユダヤ人役員の辞任が望ましいと発言した。マックス・ウォーバーグは抗議の後に同社の役員を辞任した。ドイツ大西洋電信会社は、一九二一年、マックス・ウォーバーグの要請を受けてハリマンが資金を用立てたものであった。ハリマンはこの事業に大きな意味を付与していた。ハリマンはイギリスの情報網と結びついていて世界の情報を得るようになっていった。ハリマンは、アメリカがまだ情報の重要性を知らないときに、すでにドイツのマックス・ウォーバーグと組んで世界の情報を得ようとしていたのである。

日本は情報の重要性を知らなかった。世界各地から東京に情報が送られた。日本の暗号電報は全部、イギリス情報部に解読されていた。真珠湾奇襲攻撃の全詳細情報しかりである。

イギリス情報部は秘密の盗聴資料を一人の老政治家に集中的に流しはじめた。「イギリス政府は国防を無視している」と、男は議会でチェンバレン首相を攻撃しだした。この男こそが、ウィンストン・チャーチルその人であった。チャーチルの議会での発言は「荒野の警告」と言われ、チェンバレン内閣を恐れさせた。チェンバレン首相がチャーチルの後ろにロスチャイルドの影を見ていたことは間違いないであろう。

チャーチルの経歴に輝かしいものは何一つなかった。一九一五年のダーダネルス海峡遠征での失敗。このときチャーチルは海軍大臣として多数の兵の命を喪失させた。

一九二五年、イングランド銀行のモンタギュー卿はチャーチルを大蔵大臣にした。ときにチャーチル五十歳。ユダヤ王ロスチャイルドの意を受けて金本位制を復活させ、シティのロスチャイルド商会をぼろ儲けさせた。高金利と物価高での利益を追って資金を動かしていたロスチャイルドは、チャーチルに金本位制を迫ったのである。「イギリスからパリ、ベルリン、ニューヨークへと運ばれた金《きん》は再びイギリスにもどるであろう」とチャーチルは主張した。

しかし、金はアメリカに流れた。高値で自前の金を売り、利益を得たのはロスチャイルド商会であった。イギリスの国民は物価高に苦しんだ。工場では原価高となり、国際競争力を急速に失っていった。イギリス全土が不況に陥り炭坑ストライキが頻繁に起こった。チャーチルは国民の人気を失い、大蔵大臣の職を辞したのである。

チェンバレンはドイツとの平和交渉に敗れた。ついに政権を投げ出すときが来た。彼は外相のハリファックス卿を後継首相にしようとした。

しかし、貴族であるという理由でハリファックス卿は首相になれなかった。一九三八年九月、ヒトラーはゲッペルスに次のような予言の言葉を吐いた。

　チェンバレンはいずれチャーチルに政権を譲り、チャーチルはドイツを相手に世界戦争を始めるだろう。

ヒトラーは、自分がどうして総統の地位に就けたのかを知ったのである。ユダヤ王ロスチャイルド、その配下のアスター卿と「クリブデン・セット」の連中らに騙されたことを知ったのである。チャーチルが「戦争の黒い犬」であることを知った上での予言である。

ヒトラーは『わが闘争』の中で、スラブ民族との闘争は必然としながらも、「イギリスに対しては敬意を持っている」と書いている。また、「第一次世界大戦におけるウィルヘルム二世の最大の誤りはイギリスと戦ったことである」と書いている。

ヒトラーは総統に至った自分自身の数々の偶然の中に、ある必然を感じていたことであろう。チャーチルの存在をまだ世界（ルーズヴェルト大統領やハリマンたちは別として）が注目していないときに、チャーチルと世界大戦を結びつけていたのだから。


ドイツがポーランドに侵入した日は一九三九年九月一日。何という偶然であろうか。ジョージ・マーシャル准将が上位の将軍たちをごぼう抜きして四つ星の陸軍参謀総長に任命され、宣誓をしたのもこの日であった。バーナード・バルークの進言にルーズヴェルト大統領が応じたからである。

ワシントン時間午前三時五十分、パリのウィリアム・G・ブリット大使から大統領に電話が入った。

「いまポーランドのトニイ・ビトルと話したところです。ドイツ軍が進撃を始めました」

ルーズヴェルト大統領は返事をした。

「とうとう始めたのか！」

ルーズヴェルトは戦争勃発後、ラジオを通じてアメリカ国民に話しかけた。

「アメリカは中立の立場で行く。戦争を考えることはできない」

ケインズは一九四〇年、「戦争はいかに賄うか」という論文を「ロンドン・タイムズ」に載せた。この中でケインズは自分が「戦争の黒い犬」であることを証明した。

国家は国民に強制貯蓄をさせなければならない。戦後利子付きで返済されるという条件で賃金、俸給、その他の所得を国家が強制的に貯蓄させるのである。

一九四一年初め、英仏海峡の海戦（ダンケルクの戦い）の後、大西洋横断飛行の英雄、リンドバーグ大佐はアメリカ国民に訴えた。

戦争に敗れた今となっては、わが総力をあげて参戦してもわれわれの力で英国を勝利に導くことはできない。イギリス人とユダヤ人とルーズヴェルト政府だけが戦争を望んでいるのだ。

一九四一年四月の終わり、ヒトラーは各司令官を集めて訓示した。

「われわれは、ドアをひと蹴りするだけでいい。すると、腐り果てた建物は全体が崩れ落ちるだろう」

六月二十二日、バルバロッサ作戦のためのD・ディであった。ソヴィエトへの侵入が始まった。

スイスの心理学者C・G・ユングはこの戦争について書いている。

この戦争の責任は一部のドイツ人戦犯にあるのではない。そしてまたドイツそのものにあるのではない。ドイツ人の無意識の中に潜むゲルマン神話のあらぶる神ヴォーダンが全ドイツに憑依《ひょうい》した結果である。

この一文は、ユングが終戦後にスイスの週刊新聞「ヴェルトヴォッヘ」に書いた文章の断片である。この戦争は、かつて敗れたゲルマンの神ヴォーダンとゲルプの神が戦ったのかもしれない。ゲルプの神は一度殺害したヴォーダンを策略に掛けて黄泉《よみ》の国から引っ張り出し、もう一度殺害したのであろう。もうヴォーダンは甦らないのであろうか。

何はともあれ、この本の主人公である「二十世紀のファウスト」が、世界史に本格的に登場する舞台がやってきたようである。

アヴェレル・ハリマンは五十歳になっていた。ゲーテの「ファウスト」は悪魔のメフィストフェレスに魂を売り、この世の快楽と権力の限りを追求し満喫していく。しかし、「二十世紀のファウスト」はすでに多くの権力や権威に満ち、快楽を満喫し尽くしている。「二十世紀のファウスト」はユダヤ王ロスチャイルドの力添えを得て「ゲルプ帝国」の王となろうとする。「二十世紀のファウスト」はきっと、ゲーテの「ファウスト」の言葉を心の中で呟いていたにちがいない。

富を得てゐながらかけたことを思ふ程、
苦しい事は世間にない

第二次世界大戦は完全な八百長であった

一九四一年六月二十九日、元大統領ハーバート・フーヴァーはアメリカ国民に警告を発した。

スターリン支配下のロシアは人類史上作られた最も血に飢えた独裁恐怖政治であるから、ソヴィエト・ロシアには気をつけなければならない。ロシアに協力してはいけない。それはわれわれがスターリンのためにロシアの共産党支配を確立させ、共産主義が世界中にさらに広がる機会を与えてやることになる。

この月の二十二日、ドイツ軍はソヴィエトに進攻する。進攻寸前にヒトラーは軍事司令官を集めて、「この戦争は通常の戦いではなく殲滅《せんめつ》作戦であり、そのためには慈悲無用の不屈な荒々しさが必要だ」と言った。そしてヒトラーは、ナチスの人種問題担当の理論家ローゼンベルグに占領地行政計画の調整と劣等民族の害毒を一掃するための一切の措置の実施を命じた。かくて、大量虐殺システムが誕生した。この任務にためらう者たちはヒトラーに任命された「特殊部隊」によって抹殺された。こうして、ロシアの大地に進攻したナチスの死刑部隊により、人種的に劣等とヒトラーにより名指しされたスラブ人、ユダヤ人たちは裸にされて空地に立たされ、皆殺しにされていった。

そこには悪臭の風のみが吹き荒れた。

のちに大統領になるハリー・トルーマン上院議員は「もしロシアが勝ちそうならドイツを援助し、ドイツが勝ちそうならロシアを援助すればいい」と冷たく言い放った。どちらの国が勝とうが、最終的にはアメリカが処理すればいいというのがトルーマンの考え方であった。

しかし、ユダヤ王ロスチャイルドは最初からストーリーを考えていたと思われるのである。なぜなら、自国民を二千万から四千万人も殺したスターリンを、「見えざる政府」が全力をあげて救うべく動きだすのである。その中心に「二十世紀のファウスト」のアヴェレル・ハリマンがいた。

イギリスの歴史家ロバート・コンクェストは「スターリン時代の犠牲者の数は詳細には分からないが二千万人はくだらず、四千万人に近いと見積もっていいだろう」と『大いなるテロ』の中に書いている。この数字は当時の日本全土にいた人口と同じほどの数字である。

ドイツ軍がソヴィエトに進攻すると、ルーズヴェルト大統領はアヴェレル・ハリマンを特別代理大使としてロンドンに送り出した。

ルーズヴェルト大統領は武器貸与法の制定準備に入っていった。一九四〇年十二月二十九日、「炉辺《ろへん》談話」というかたちでルーズヴェルト大統領はアメリカ国民にその構想を語った。

「わが国は民主主義の大兵器であらねばならない」。世論はルーズヴェルトの味方をし始めた。大統領に寄せられる手紙と電報は百対一の割合で彼を支持するものだった。

ハミルトン・フィッシュ下院議員は「この法一七七六号によってアメリカ議会はドイツ帝国議会ほどの権限を持たなくなった」と嘆いた。このフィッシュの予言は見事に的中した。議会の権威と権限は戦争が始まると、もっと正確に表現するならば、武器貸与法一七七六号が施行されるとほとんど無となっていった。ではその巨大な権威と権力はいずこに、誰のもとへと行ったのであろうか。それらのほとんどは「二十世紀のファウスト」であるアヴェレル・ハリマンのもとへ行ったのである。さて、武器貸与法案について詳しく書くことにしよう。

一九四一年三月八日、武器貸与法案が六十票対三十一票で上院を通過した。五月二十七日、ルーズヴェルト大統領は「無条件非常事態宣言」をし、ナチスのソ連進攻にそなえた。チャーチルは後にこの法案の成立を第二次世界大戦の「第三の頂点」と呼んだ。

第一の頂点はドイツのポーランド進攻。第二はイギリスとフランスのドイツとの戦闘開始である。第四はナチス・ドイツのロシアに対する攻撃、第五は真珠湾攻撃である。チャーチルが「第三の頂点」と呼んだごとく、この法案の成立と施行はアメリカの対ドイツ戦争への参加そのものであった。

ハリー・ホプキンスが表面的には武器貸与局の長となり、永年の友人ハリマンと行動をともにすることになった。ホプキンスはホワイトハウスの二階、南東角の続き部屋を占領していた。それは大統領の家族の私室がある一角だった。大統領にはルーシー・マーサーという情婦がいたし、夫人には同性愛の女たちがいた。

ホプキンスはスキャンダルを隠すためにホワイトハウスの中に住みついたのであった。彼は一九四〇年八月に商務長官を辞し、大統領首席補佐官として、大統領の目、耳、そして脚となってホワイトハウスの住人となった。そしてついに武器貸与局の局長まで昇りつめた。

ホプキンスはマキャベリ、スベンガリー、ラスプーチンの三人が一人にまとまったような不吉な人物だった。しかし、この謎の男の仕事ぶりは的確であり速かった。スティムソン陸軍長官は日記

海運王オナシスの船団はUボートに
攻撃されることはなかった

ヘーゲルの「正・反・合」
の哲学がロスチャイルド
非情の心性に

「ユダヤ陰謀説」を
主張した自動車王
ヘンリー・フォード

ヒトラー総統誕生に沸くドイツ大衆

チャーチルは青年時より
露骨に東洋人を蔑視
(1914年撮影)

所有馬の口取りをするユダヤ王、
ギ・ド・ロスチャイルド

ホワイトハウス大統領公邸
の奥深くまで入り込んだ
ハリー・ホプキンス

に「ハリー・ホプキンスがホワイトハウスにいるのは天与の賜物《たまもの》である」と書いている。ホプキンスが武器貸与局の局長になったため、国務長官コーデル・ハルの力が衰えていった。ジョン・ガンサーの『回想のローズヴェルト』には次のような記述がある。

アヴェレル・ハリマンを武器貸与局の委員長に任命したとき、ローズヴェルトはハリマンの職名として「エクスペディター」（急配係）という言葉を考えついて愉快そうにこういった。「これなら誰も聞いたことのない全く新しい言葉だから他とぶつからない」

ハリマンは自著の『チャーチルとスターリンへの特使』の中でハリー・ホプキンスについて次のように書いている。

私とホプキンスの友情はニューディール時代にルーツを持つ。戦時の花が咲く頃であった。私と彼は一九三三年ニューヨークからワシントンに向かう同じ列車に乗り合わせるという偶然にであったのである。この時に会話したことが未来の再会、そして永遠に続く友情へと変化したのだ。私は高位なる者、権力を持つ者に対する彼の非礼ともいうべき態度が好きになった。彼はシニカルであり、因習破壊主義者であった。表面的には二人に共通なところはなかった。彼は馬具作りの息子でアイオワ州シィオックス市の出で、グリンネル大学を出た後、ニューヨークのスラムに移ってきたのだ。そこで彼は福祉関係の機関で働いていた。

ハリマンはまったく違った出自の男と出会い、そして深い友情で結ばれる。妻を病で失っていた彼のために再婚のお膳立てまでしてやり、家庭をつくるべく財政援助をした。この男の才能を知り抜いたからに他ならない。一九三八年、ルーズヴェルトはホプキンスを商務長官に任命する。ハリマンとホプキンスの友情はここにいたり深まっていった。

ハリマンがついに政治の表舞台に登場するときが来た。一九四一年五月六日付のルーズヴェルト大統領からハリマンへの手紙を見ることにしよう。

私は君を全面的に信頼して依頼したいと思う。大英帝国へ都合がつき次第行ってもらいたいのだ。私の特別代理人として行動してもらいたい。大使の資格を与えよう。そこで君は大英帝国のために必要なものを促進すべくあらゆることをやるのだ。アメリカ合衆国が援助しうる供給品を配達するために、あらゆる適切な手段を取られるがいい。君のミッションの成功を待つことにしよう。

武器貸与法による他国への武器貸与の最高実行者が、「エクスペディター」(急配係)なる奇妙な名前で呼ばれることになった。武器貸与法(レンド・リース・プログラム)については河村哲二の『第二次大戦期のアメリカ戦時経済の研究』がある。

この研究書にはハリマンの名前が出てこない。奇妙なことである。しかし、私の本を読む読者は、この世界大戦における真の主役はアヴェレル・ハリマンであることを知るはずである。そしてこの武器貸与法こそが、黒い貴族たちが狙っていた法の中の法であると理解するであろう。たぶん、この法こそ、推測の域を出ないのだが、黒い貴族たち（特にイギリスにいる）の作文であろうと私は思うのである。

武器の急配係となったハリマンがイギリス、ソヴィエトに武器とドルを急配して回るのである。チャーチルもスターリンもハリマンに逆らえなくなっていくのは道理中の道理であった。イギリスとソヴィエトを自由に操った男こそが世界の支配者でなくて、誰が世界の支配者であり得よう。第二次世界大戦は「ハリマンの戦争」の様相を呈していくのである。

ハリマンとホプキンスが武器貸与法を自由に操りだした頃、アメリカの作家アリス・デュア・ミラーの薄い詩集がイギリスで出版され、アメリカで売られて大ヒットした。

私はアメリカ育ち
この地で憎むべきことをたくさん見た
許せることも
しかし、イギリスが死に絶えた世界には
私は住みたいと思わない

五月十五日、ハリマンはイギリスのブリストル空港に着いた。C・R・トンプソン司令官と首相補佐官が彼を出迎え、首相官邸のチェッカーズに案内するために特別機を用意していた。ハリマンはその当時を回想している。

首相は私を温かく迎えてくれた。彼は私との最初の会談を憶えていた。それは、一九二七年、ロシアについて彼の忠告を求めカネスに訪問した時のことだ。それから二年後、今度はニューヨークで再び会った。時は丁度ウォール街の大恐慌の最中で、彼はバーナード・バルークのところに滞在していた。彼は当時の株投機の熱に打ち負け大損をしていた。新しい本を出版するために準備してきたお金を失っていた。

ハリマンは、チャーチルがユダヤ資本家バルークやロスチャイルドから借金をしている姿をそれとなく書いている。

ハリマンは首相官邸で大歓迎を受けた。首相官邸チェッカーズはロンドンから車で北西に一時間の場所にあった。チャーチルはこの休養の場所をことのほか好んだ。数多くのプレッシャーや不快さから逃れることができたからである。この屋敷で彼は、家族の一部を形成する「インナー・サークル」のアドバイスを受けるようになった。政治の舞台がダウニング街五番地の行政府ではなくチェッカーズであることがこのことで判明する。「インナー・サークル」の面々はチェッカーズで酒を飲みつつ、大英帝国の針路をチャーチルに指示し続けたのである。

このサークルにハリマンは迎え入れられた。チャーチル夫人はことのほかハリマンが気に入り、娘の結婚話を相談するようにさえなった。ハリマンはやがて、首相の息子ランドルフの若き妻パメラと恋に落ちる。チャーチル夫人は激怒するが、チャーチルは沈黙を守り通した。この物語はここでは省略したい。

一九四〇年の秋、イギリスの対米ドル支払い能力は枯渇していた。イギリスは武器貸与法の施行を待っていた。この施行を待って国防生産は本格的に開始されていった。「産業動員体制」がフル稼動する。

戦争能力がまったくないほどの状況に陥っていたイギリスが、どうして、ポーランドのダンツィヒに侵攻しただけのドイツと戦争に突入したのかという疑問が残る。ロスチャイルドはじめ黒い貴族たちは無国籍のような存在である。彼らは税を極力払おうとせず、イギリス国家がどうなろうと構わないのである。だから、戦争に国家を投入し、自分たちの利益のみを追求する。そのために彼らは「戦争の黒い犬」を養成し、戦争へと駆り立てるのである。

ハリマン機関はロンドンのグロスヴェナ広場のアメリカ大使館内に置かれた。しかしハリマンはアメリカと連絡を取るとき、通常の国務省ルートではなくイギリス海軍の通信機関を利用した。チャーチルは国務省配下のアメリカ大使館、および駐英大使ワイナントとは交渉せず重要事項をハリマンと話し合うことになった。ハリマンとワイナントは親友同士だったが、この件以来仲違《なかたが》いするようになっていく。

ホプキンス局長とハリマン急配係はアメリカ陸海軍、ときとしてイギリスの軍事通信回線を使用していく。七月の初めホプキンスがロンドンに到着したとき、ハリマンは一カ月に及ぶ中東視察、ゴールド・コーストからペルシャ湾に通じるアフリカの旅から帰ってきた。チャーチルはハリマンに英国戦時内閣の一員の資格を与えていた。ハリマンはチャーチルからウェー・ヴェル将軍への命令書を携行していた。

ハリマンは私の完全な信頼を得ており、また大統領ならびにハリー・ホプキンスとも、もっとも親密な関係にあります。……なにとぞハリマン氏にもっと注意深い配慮をお向けください。

チャーチルの要望にホプキンスは具体的な援助について説明を求めた。ホプキンスはヒトラーのソヴィエト侵入後の対ソヴィエト援助についてはは答えを曖昧にし、ソヴィエトに向かって去っていった。

ハリマンは約十八億五千万ドル以上の対ソ援助をするつもりであるとチャーチルに説明した。ハリマンはルーズヴェルトと帰国後のホプキンスと交渉し、追加として約二億五千万ドルの援助を決定した。十一月七日にソヴィエトが武器貸与法の適用国であることが宣言されるのである。

では、チャーチルの特別使節としてどうしてハリマンが中近東、エジプトを視察したのかを検討してみよう。

ソヴィエトは別として、イギリスは、エジプトと中東をナチス・ドイツから守るための戦争に入っていった。この戦争にアメリカから武器を貸与してもらうため、特別大使としてハリマンに視察して貰ったのである。中近東、エジプトを中心とするアフリカはユダヤ王ロスチャイルドの利権地域でもあった。

七月二十四日、チャーチルとハリマンとの三者会談でハリー・ホプキンス局長は訴えた。

アメリカで主要な地位にあって国防問題について決定する人々は、大西洋の戦争こそこの戦争の最終的決戦地であり、そこに集中すべきである。次に重要な所はシンガポールと豪州である。

チャーチルは、シンガポールがエジプトやスエズ運河よりも価値があるというホプキンスの主張に納得できなかった。ハリマンは静観していた。チャーチルは反論した。

エジプト、スエズ運河、中東を喪失することを考えれば、マラヤ〔マレー。シンガポールがある半島〕でどんなことが起きようがその価値は五分の一にもならない。

この会談の後、ホプキンスはモスクワに飛びスターリンと会談した。ハリマンはチャーチルと会見を重ねてワシントンに帰り、ルーズヴェルト大統領を中心に数多くの政府要人たちとの会談を重ねた。

一九四一年の七月末、日本はインドシナ半島占領に向けての準備を完了していた。マレーにおけるイギリス軍、東インドにおけるオランダ軍に撃って出る態勢を築きつつあった。七月二十四日、日本の在米資産が全部凍結された。アメリカとの貿易は止まった。オランダもアメリカと行動をともにした。日本への石油の供給が止まった。石油を失った日本は追い詰められ、やがて太平洋戦争へと突入していくのである。

ナチス・ドイツがソヴィエトとの不可侵条約を破ってまでロシアの大地に侵入していったのは石

油がその大きな原因となっていた。

一九三九年八月二十三日、ヒトラーはスターリンとの間にドイツ・ソヴィエト不可侵条約を結んだ。そしてその一カ月後の九月十七日にナチス・ドイツはポーランドに侵攻した。翌年の二月十一日に、独ソ両国は通商条約を結んだ。

ドイツの目的はソヴィエトから石油、穀物、綿花、マンガン、クロムなどの原材料を手に入れることであった。その中で重要かつ緊急を要するものがバクー油田からの石油の供給を受けることだった。ソヴィエトはその代償として軍需品の供給を受けた。また、両国は密約を交わし、ソヴィエトがバルト三国を占領するのをナチス・ドイツは認めた。ドイツはポーランドからフランスへと迫っていった。ここでは石油に中心をおいて第二次世界大戦を見てみよう。この戦争が「八百長」であることを証明してみよう。


一九四〇年二月十一日の独ソ通商条約締結の後も、ソヴィエトのバクー油田からドイツへ運ばれる石油は、ユダヤ王ロスチャイルドの企業「シェル石油」が支配していた。だがどこかで歯車が狂っていた。一九四一年五月、ヒトラーはスターリンに「もっと石油をよこせ」と迫った。九月、ドイツ軍がロシアに侵攻した。この侵攻にユダヤ王ロスチャイルドの演出の臭いがするのである。「乱」を演出してユダヤ王ロスチャイルドは何を得るのか。第二次世界大戦終了間際にこの謎が解ける。ドイツがどこから石油を手に入れたのかを見ていくと、この戦争の八百長性が眼に見えてくる。アリストテレス・ソクラテス・オナシスから検討してみよう。

オナシスは二十一歳のときには無一文。二十三歳では億万長者。その金の大半は麻薬で儲けたといわれる。オペラの女王マリア・カラスを情婦にし、ジョン・F・ケネディ大統領の未亡人ジャクリーンと結婚したのは有名である。彼の系図を遡るとユダヤにたどり着く。ユダヤ王ロスチャイルドと同じ民族であることを知る必要がある。彼はトルコのスミルナ出身。父はアヘン貿易に関わっていた。彼が育ったサロンカの人口は十万人。そのうち七万人がユダヤ人だった。オナシスはユダヤ系スペイン語のラデノ語を母国語としていた。彼が出世したのはユダヤ王ロスチャイルドの仕事をし続けたからである。

オナシスは第二次世界大戦後、チャーチルを金銭的に援助したりした。また、ロックフェラー、ジョセフ・ケネディとも仕事を通じての友人であった。オナシスは第二次世界大戦中、ヒトラーの仕事に協力したのである。

オナシスは大戦中、敵にも味方にも石油を売りつけることができた。ギリシャ籍の商船は当時四百五十隻、大戦中にそのうち四百十隻が沈められた。オナシスは戦後自ら語っている。オナシス所有の船は三百六十隻であったという。しかもこの船でドイツに石油を運んでいたのに、「一隻としてアメリカやイギリスに沈められなかった」と。

それだけではない。ドイツの潜水艦も航空機も、オナシスの船が石油をイギリスに運ぶというのに素知らぬ顔をしていた。このことは、戦争とは金儲けを主眼とする者たちのゲームであることを証明している。

もう一つ大事なことがある。ロックフェラーのスタンダード石油は、スペインやラテン・アメリカでナチス・ドイツの船舶や潜水艦に燃料補給を続けていた。どうしてか？ 石油をナチス・ドイツに安全に充分に提供しないと戦争が始まらないし、長続きしないからである。

このことは何を物語っているのだろうか。アメリカやドイツの国家を超えた超国家的組織が確実に存在し、その秘密組織が石油の供給システムをチャーチル、ルーズヴェルト、ヒトラー、スターリンに伝えていたからである。あの戦争は条件付きのゲームであった。

ハリマンが主唱した「一ドル戦士」としてネルソン・ロックフェラーも参加した。彼はラテン・アメリカの問題を検討するアメリカ、ラテン・アメリカ間の問題委員会の調整官になった。ドイツに石油を送りつけることに反対する調整官はすべて追放された。

ラテン・アメリカ諸国も武器貸与法による援助をアメリカから受けた。この委員会はナチス・ドイツを助けるために活躍した。ドイツの残党が敗戦時に南アメリカに逃亡したが、彼らは妨害しなかったのである。ヒトラーも敗戦後アルゼンチンに逃げ、その地で余生を送ったという説がある。真実であるかもしれない。すべてが芝居の世界なのだから。

大戦中の一九四二年十一月二十八日、谷正之《たにまさゆき》外相（一九四二年九月十七日〜四三年四月二十日在任）はドイツ駐在大使大島浩に極秘電報を打った。

> ドイツは重要物資を入手したことで長期戦に備えることができたという点だが、たとえば一つだけ取り上げるとしても石油はどうなるのか？　ドイツが占領したのはマイコップのみである。貴官はなぜ十分な準備ができているというのか。本官は理解できない。〔中略〕ドイツにグロズヌイ（石油の一大中心地）を占領させよ。これらをこの冬に占領させよ。スターリングラードは陥落しなかった。そうではなかったか。ドイツ軍が全力を傾注したにもかかわらず、同市も奪えなかったのは不吉である。

日本が戦争を開始した一年後に日本の外相が既にドイツの敗北を予感していた。この電文もすべてアメリカとイギリスは解読していた。ヒトラーは大島を囮《おとり》としてナチス・ドイツの秘密を「見えざる政府」に流していたのである。日本の外相はナチス・ドイツがユダヤ王ロスチャイルドから石油を安全に十分にもらっているのを知らなかった。

では、どうしてヒトラーはロシアに侵攻したのであろうか。その答えはいたって簡単である。ユダヤ王ロスチャイルドが石油の供給のストップを匂わせたからである。石油を安全に十分に提供するという提案を受け入れるかたちでヒトラーは安心して戦争に入った。それが突然様変わりしたのである。ユダヤ王ロスチャイルドはソヴィエトを荒廃させようとした。だからヒトラーにロシアへ侵攻させたのである。そして戦後にソヴィエトのクリミア半島を手に入れようとした。この計画は「クリミアのカリフォルニア」と呼ばれた。すべてはユダヤ王ロスチャイルドとその一味のシナリオで進んでいったのである。しかし、このシナリオを、一九四一年当時は誰も知ることがなかったのである。後章で詳述することになる。

ナチス・ドイツとシェル石油の関係を別の面から見てみよう。

一九三九年八月二十五日、イタリアのムッソリーニ総統はヒトラー宛ての手紙を書いた。

私は今人生の中でもっとも胸を痛めている。イタリアはまだ戦争の準備ができていない、ということを貴殿に申し上げねばならない。わが国の石油の備蓄は三週間分しかないとの連絡を軍首脳から受けた。私の立場をご理解願いたい。

しかしイタリアは強引に戦争に引きずり込まれる。そして石油が続かず連合国に敗北してしまう。ムッソリーニ総統は、ヒトラーがユダヤ王ロスチャイルドから石油を無制限に近い状態で提供を受けるという秘密の約束があったのを知らなかったのである。

広瀬隆の『赤い楯』の中にナチスとソヴィエトの石油をめぐる争いが書かれている。

開戦から九ヶ月、一九四〇年六月七日に、ナチス政府は次のように公表した。

「ソ連とルーマニアからの大量の石油輸送によってわが国のガソリンは確保されているのである！」

この石油を運んだのがロスチャイルドの企業「シェル」であった。

これはまた、解けない謎である。

これは謎でもなんでもない。広瀬は盲目の学者たちを笑っているにすぎない。しかし、ソヴィエトはヒトラーのナチスに石油を運べなくなる。石油が不足してきたからである。ヒトラーは約束を破られたとして怒った。そしてドイツ軍がソヴィエトに侵攻することになる。シナリオはかくも見事に作られている。

この戦争の八百長を裏付ける証拠がある。スタンダード石油から資金を与えられて一九〇七年に設立されたハンブル石油社は、ナチスに石油を送り続けた。ハンブル石油社と英国王室は、イギリスのロンドンへの爆撃に使われるナチスの飛行機の燃料として使用したガソリンに対して、一ガロンごとに特許使用料をナチスから徴収していたのだ。ウソのようなホントの話である。

　この会社の経営者はウィリアム・スタンプス・ファリッシュ。エリザベス女王が戦後アメリカを訪問した際、唯一民間人の家に宿泊したのがファリッシュ家だった。ブッシュ父子は、このファリッシュ二世の手の中で踊らされている。ファリッシュは戦争中、スタンダード石油の社長も務めた。スペインやラテン・アメリカにある給油所を通じてナチの船舶や潜水艦に燃料補給した。ハリマンの甥《おい》はファリッシュの娘と結婚している。

　一九四四年五月二十七日、駐独大使大島浩は、リッペントロップ外相と彼の屋敷で二時間内輪話をしたあと、ベルグホフの総統官邸でヒトラーと会談した。大島はこの会談の模様を東京へ電報で知らせた。


　　私としては比較的不吉な前兆から判断して、牽制作戦がノルウェー、デンマーク、西フランス南部、地中海沿岸、つまりいろいろな場所で実施されると思う。ノルウェーとブルターニュ半島に橋頭堡を築いてから、見通しがどうなるかを考えてみて、ドーバー海峡地区において全面的な第二戦線の構築に走り出すだろう。


アメリカとイギリスの情報部は、このヒトラーの言葉をアイゼンハワー総司令官に送った。この電文解読がもとになってノルマンディ上陸作戦が決定される。

　では、どうしてわざわざヒトラーは大島にこんな重要な情報を喋ったのであろうか。ヒトラーは日本の暗号のすべてが米英の情報部に解読されているのを百も承知であった。だからこそ大島に語り、アイゼンハワーに知らせたのである。何を？　「ノルマンディに上陸してください。私は何もしないでこの上陸を成功させましょう」

ノルマンディ上陸作戦も完全な八百長であった。

日本の暗号情報がアメリカに流れていたことをドイツ側は知っていたのである。その例を一つ挙げよう。元外交官の加瀬俊一《かせとしかず》は『日本外交の憂鬱』の中で次のように書いている。

日米交渉が始まったのは正確には開戦の年の四月十八日ですが、その頃は松岡洋右《ようすけ》が外務大臣、私は彼のそばにいて日米交渉をやっていたわけです。ところが同盟国ドイツの外務大臣のリッペントロップが、日本のドイツ大使大島中将に五月頃でしたか、日本の暗号はアメリカが解読している形跡がありますよ、と注意をしてくれたんです。しかし、日本側の再度の要請を受けてドイツ側からは「その形跡なし」という返事が来た。

加瀬が語る例だけではない。日本の秘密電報は全部解読されていた。ヒトラーはこのことを利用したのである。

次にアレン・ダレスの『諜報の技術』から引用する。彼はスイスでドイツの情報を集めていた。

ドイツ外務省内にいる私の情報源は、一九四三年から四五年までの間に全部で二千以上のドイツ外交及び軍事の極秘文書をスイスにいる私の所にもたらし、また秘かに持ち出してきた。〔中略〕

ヨーロッパ戦局が終局に近づいた時、依然として対日戦は長引く可能性にあった。その時私は、ドイツ外務省内の私のソースは、極東、殊に東京および上海におけるドイツ外交機関よりの報告を、従来にも増して送ることに重点を置くようにとの要請を本部から受け取った。極東へのこの窓口をより広く開くべきである、との本部の意見に私は同意したものの、この訓令を速やかに実施するのは容易なことではなかった。私の情報源はベルリンに居り、私はスイスにいた。

ヒトラーの秘密情報はほとんど全部、アメリカとイギリス側に流れていた。アメリカ、イギリス側の秘密情報も同様だった。片八百長ではなかなかうまく事が運ばない。完全なる八百長が物語を面白くするのである。

ヒトラーはイギリスの黒い貴族が大事に育てた主人公の一人であった。後で彼の正体を暴くことにする。ドイツ外相のリッペントロップ（ヒトラーの外交官）の自伝をもとにしてノルマンディ上陸作戦を描いてみよう。

一九四四年六月六日午前一時半、風で荒れ狂う暗がりの中でノルマンディ上陸作戦が決行された。この大ニュースが入ったとき、ヒトラーは睡眠薬を大量に飲んで睡眠中だった。寝る前にヒトラーは「決して起こすな」と言っていた。この日ヒトラーは午後三時まで寝ていた。従って連合国の上陸を水際で阻止する作戦は何らとられてはいなかった。戦車師団の一部は待機態勢に入っていた。しかし、ナチス・ドイツ軍の出動はヒトラーの出動命令が下されなければ不可能となっていた。

午後四時五十五分、ヒトラーは「今夜までには海岸堡から敵を押し返せ」という不条理きわまりない命令を下した。

これはリッペントロップ外相の回想である。そのとき連合軍の橋頭堡は確保され強化され続けていた。私たちはノルマンディ上陸作戦の映画をたくさん見せつけられた。しかしあの映画では、上陸した兵士たちには知らされていなかったのだが、アイゼンハワーやハリマン（彼もこの作戦に加わっていた。後述する）たちは八百長であることを知っていたのである。

ヒトラーはノルマンディ上陸作戦を誘導し、その日時を知りつつ大量の薬を服用して「決して起こすな」と言ったのである。このことに疑問を持つ人はリッペントロップの評伝『ヒトラーの外交官』（ジョン・ワイツ著）を読むがよかろう。

もう一つの戦いの「ダンケルクの攻防戦」も完全な八百長である。この戦闘も映画のようではなかった。ヒトラーの芝居であった。

一九七三年二月十七日、ニクソン大統領の補佐官ヘンリー・キッシンジャーは毛沢東と会談した。そのとき話はヒトラーに及んだ。「どうしてヒトラーの軍隊はイギリスに上陸しなかったのか」とキッシンジャーに問うた。キッシンジャーは答えた。

もし、ドイツが海峡を越えてイギリスに上陸していたらイングランド全体でわずか一師団しか残っていなかったから……。ヒトラーは戦略家というよりも芸術的な戦略をとりました。直観で指揮したのです。大局的な構想もありませんでした。

毛沢東はキッシンジャーに幾度も疑問点をぶつけている。キッシンジャーはヒトラーの戦略を「芸術的戦略」と認めた。これは「八百長的戦略」と同義語である。

一九四一年五月十日、ドイツ軍はフランス、ベルギー領内へ進撃を開始した。ドイツ戦車の大群はおよそ三十万人のイギリス大陸派遣軍を一週間のうちにダンケルクの砂浜に追い詰めた。しかし奇跡が起こった。このイギリス軍はほとんど無事にイギリス本土へ帰還した。無能の王ジョージ六世はダンケルクの奇跡を見て、「われわれは戦《いくさ》を演じられるようになった」と日記に書いた。

毛沢東は第二次世界大戦を研究し、多くの疑問点を持っていたのであろう。死を目前にした毛沢東は、他の重要問題があるのに積年の疑問点をキッシンジャーにぶつけた。キッシンジャーは歴史学者であり、ネルソン・ロックフェラーのブレーンでもある。ダンケルクの秘密を知り尽くしている。だから彼はついに「芸術的戦略」であったと言ってしまった。歴史を熟知している毛沢東に偽りを語れなかったのである。

第二次世界大戦は戦争の初めからストーリーが出来ていた。チャーチルは六月初めのさわやかな初夏のある日、BBCを通じて演説をした。

われわれは、海岸で、渚で、そして田園で、街路で、丘陵で、あらゆるところで戦い続けよう。われわれは決して降伏しない。

毛沢東は執拗である。キッシンジャーに重ねて問うている。「ヒトラーの部下たちも、ヒトラーの芸術的戦略に賛成したのか」と。キッシンジャーは同意している。

ではもう少しヒトラーの謎に迫ろう。ドイツ敗戦後のニュルンベルグ裁判でヒトラーの参謀ゲーリングは次のように述べた。

大戦中、特に一九四二年以降、ヒトラー本人が受けた決定的な影響は、ボルマン氏が与えたものであります。まことに悲惨な影響であります。

ヒトラーの個人資産、ナチ党の財務を握った男マルティン・L・ボルマンはグスタフ・クルップの言いなりであった。すなわち、ゲーリングは裁判の席で、ドイツの巨大軍需産業、クルップ社の経営者がボルマンを使ってヒトラーを完全にコントロールしていたと語って見せたのである。

ヒトラーはグスタフとアルクリートのクルップ父子に操られていた。クルップの軍需工場は連合国の空襲をほとんど受けなかった。ドイツでは一般住宅に的を絞ってアメリカ軍は空爆した。これらは黒い貴族たちがプルデンシャル生命保険会社の作戦に応じたためである。

戦後、クルップはヒトラーの被害者とされた。日本では昭和天皇と軍産複合体が東条英機の犠牲者とされたのと同じ構図である。クルップはニュルンベルグ裁判で戦争責任を問われたが、ドイツにいた高等弁務官のジョン・J・マクロイはクルップを釈放した。

「大戦中、クルップ社には爆薬用の綿を押さえる良質な獣脂がなかった。だから、この獣脂を強制収容所で殺した人間の脂肪を使うことで代用した。こんなことはなんでもない」としたあの裁判も、また八百長であった。

ボルマンはベルリンから脱出したが、イギリス諜報部がボルマンをイギリスに連行した。ナチス・ドイツの富が黒い貴族たちの手に落ちた。ボルマンはパラグアイで余生を送り、生涯を終えることができた。

ヒトラーを助けた企業の中にIT&T（国際電話電信会社。全米最大の多国籍コングロマリット）がある。この創立者のサンシーンズ・ベーンは一九三三年八月四日、ドイツの新首相ヒトラーと初会見した最初の実業家であった。

一九三八年、IT&Tはドイツの子会社ロレンツ社を設立した。ロレンツ社はフォッケ・ウルフ社（戦闘機、爆撃機の製造メーカー）の株式を二八％買収した。また、IT&Tのスイス子会社は大戦中にドイツへの輸出を増やした。一九四一年から四四年、IT&Tのスペイン工場は生産の大半をドイツの戦争続行のための武器製造に充てた。アメリカのマーシャル参謀総長とスティムソン陸軍長官らは、IT&Tのナチス・ドイツへの戦争協力に全面的な支持を表明していた。IT&T社の子会社フォッケ・ウルフ社の飛行機がアメリカ軍を攻撃しているとき、IT&Tのアメリカ工場はドイツ潜水艦の所在を探知する高周波方向探知機を開発した。戦後の一九四六年、ハリー・トルーマン大統領はサンシーンズ・ベーンに最高の功労賞を授けた。

ゼネラル・モーターズの一〇〇％子会社ドイツのオペル社は、一九三六年、敵機の空襲に耐えるトラックの製造を開始し、ヒトラーを喜ばせた。一九三九年、オペル工場は軍用機の製造に入った。ドイツ空軍の最も素晴らしい爆撃機は、アメリカのゼネラル・モーターズ製の飛行機と空中で爆撃ゲームを演じ続けた。本社と子会社のゲームこそ、アメリカとドイツの戦争の真の姿であった。フォードも同じようなことをしていた。

戦争が終わるとIT&Tもゼネラル・モーターズも、在ドイツの工場がアメリカ軍の攻撃で損害を受けたと申し立て、アメリカ国家から賠償金を受け取った。このような例を挙げれば一冊の本がすぐさま書けるほどである。IT&Tもゼネラル・モーターズも八百長ではなかったのか。アメリカ、イギリス、ドイツ、ソヴィエト……これらの国の支配者たち（大統領、首相、総統）は、黒い貴族たちの策略に踊っていたのである。

どうしてこの八百長が隠され続けているのか。黒い貴族たちは高貴な「マスク」を被っているか、闇の中でうごめいているからである。彼らは、高尚なる冷笑をチラリと見せて、民衆の間をすり抜けていく。政治を委託している大統領や総統や首相たちには、影の男を配して交渉させる。解くに解けないアリアドネの糸を解こうとする者には、マスクの中で、顔に刻まれた殺意の痕跡すら見せず隠喩が伝達される。かくて、リンカーンやケネディは暗殺されていく。

経済学者J・K・ガルブレイスは第二次世界大戦後のドイツで戦後爆撃調査団の団長として、ナチスの要員たちの調査と査問をした。彼は『不確実性の時代』の中で、次のように書いている。

ヘルマン・ゲーリング、ヨアヒム・フォン・リッペントロップ、アルベルト・シューペーア、ワルター・フンク、ユリウス・シュトライヘル、およびロベルト・レイは一九四五年に、私の調査と査問を受けたが、そこからわかったのは、彼らの国家社会主義はかなり知的能力が低い。そして驚くべきことに、ひどいアルコール中毒状態でのギャングもどきの幕間演劇であったということである。

こんなアル中のギャングもどきの連中が、ヒトラーを支えて芸術的な行動、すなわち八百長なる戦争を演じていたのであった。ガルブレイスは「政治とは可能性の芸術である」と書いている。彼もヘンリー・キッシンジャーも、「芸術」という言葉を使うのである。

この二人は世界の秘密を知っている。だから、ヒトラーを中心に演じられた八百長劇は、ギャングもどきの「幕間演劇」であった。

ではここで八百長を説明するのに都合のよい例を書くことにしよう。いたって簡単なストーリーがある。

一九四〇年六月十日、ノルウェーはドイツに降伏した。フィンランドはソヴィエトに占領された。しかし、フィンランドとノルウェーの中間に位置するスウェーデンは中立を維持し得た。歴史学者の中にはスウェーデンが中立を守っていたからだと馬鹿げたことを真顔で言う者がいる。フィンランドもノルウェーもそれを望んでいた。しかし占領された。どうしてか。答えはいとも簡単である。

この国にノーベル産業があり、火薬と兵器をイギリスとフランスの両陣営のみならず、ドイツ、ソヴィエトの陣営にも提供していたからである。「アルフレッド・ノーベル社」はイギリスに「ICI」を設立した。ノーベル産業は二つの会社を使い分けて、ドイツと連合国軍に火薬を売りつけていた。

一九三九年十一月三十日、ソ連軍はフィンランドに侵入した。ルーズヴェルト大統領は「この恐るべきフィンランド略奪」と叫んだ。フィンランドはアメリカにドル援助を依頼した。「そのドルでスウェーデンから兵器を買うためだ」と言った。

一九四〇年四月、ドイツ軍は軍用船でノルウェーに侵攻した。デンマークと同じように数週間後には完全に占領された。スウェーデンだけは無事であった。スウェーデンからドイツとソヴィエトは武器を買っていたからだ。それだけではない。このノーベル賞の国は、イギリスと組んで戦争を仕掛けた黒い貴族たちが住む国だったのである。ユダヤ王ロスチャイルドとノーベル家がノーベル平和賞を決定するのである。戦争と平和はこの黒い貴族たちが決定する重要事項である。

中立国とは黒い貴族たちの最終的な避難国である。彼らは死の囁《ささや》きを交わしつつ、裂け目や亀裂を平和の地に作ろうとする。そして乱を演出して平和を取り戻す。そのときに、ノーベル平和賞や経済学賞を用意する。彼らの「平和」に貢献した者たちへの褒美のために。

黒い貴族たちはスイスも中立国にした。永世中立を宣言した国で、スウェーデン以外はスイスしか認められなかった。ロックフェラーのスタンダード石油・ニュージャージーは、スイスという中立国を通してナチスの船に連合国の燃料を提供し続けた。このことを問われたデーヴィッド・ロックフェラー二世は、「総支配人のファリッシュがやっていることをこの私が知るわけがない」と逃げた。中立国のスイスの依頼だから罪にならないとアメリカの司法省も認めた。ルーズヴェルトの正体が見えてくる。チェース銀行はフランスを占領したナチスのためにパリで財政援助を続けた。これも占領地だから問題外であった。フォード自動車もフランスでナチスのためにトラックを売った。これも無罪だ。

これらはすべて、「同胞愛」という言葉で片付く問題とされた。ロンドンはIT&Tがナチスへの売り込みに成功した自動装置付きの爆弾攻撃を受けて荒廃していた。黒い貴族たちは安全な場所へ逃げて大儲けを続けた。自国民が死のうと、いかなる不幸が待っていようと、国家が三流になろうと、手前の利が優先であった。

黒い貴族たちは死の商人でもある。戦争とは何かを知ろうとするとき、死の商人たちがどんな行動をとったかを調べれば、黒い貴族たちがその姿を垣間見せる。「倒れた馬車」なのか「転覆させられた馬車」なのかも見極めなければならない。戦争はいつも「転覆させられた馬車」なのである。

ヒトラーはナチスに活動資金を与えたオッペンハイマー男爵、マックス・ウォーバーグらに育てられた。彼らはフランクフルトのゲットー出身で、ロスチャイルドの一族である。

ヒトラーは彼らから献金を受け、制服を作り集会を開いた。マックス・ウォーバーグは、レーニン、トロツキー一派の革命資金を調達した。レーニンたちを封印列車でソヴィエトに運ぶとき、マックスは従兄弟のフェリックス・ウォーバーグに特別資金を持たせ、レーニンに渡した。マックスの弟は、アメリカに渡る。連邦準備制度理事会（FRB）を創設したポール・ウォーバーグである。ソヴィエトやナチス・ドイツを作らせたのがフランクフルトのゲットー出身のユダヤ人たちであったことが理解できると、歴史の闇がいくらか見えてくる。彼らは種族としての優位性をいつの日か実現しようとして、数々の演出をしてきたのである。

一九四〇年九月、イギリスの詩人T・S・エリオットは詩集『イースト・ヨーカ』を出版した。

年をとるにつれて
世界はますます見られるものに……
死者と生者の織りなすあやは
ますます複雑なものになる

戦争は一つの哲学性を持っている。ドイツの生んだ偉大な哲学者イマニエル・カントは自然の抗しがたい「不可抗力性」に対して、自然とは独立のものにして自分を認識しろ、と説いた。それが自己保存の基礎となる、と彼は考えた。すなわち自然に対する自己の優越性を明らかにせよと説いたのだ。

そうすれば、脅威的な自然の力に直面したときに生まれる恐怖に対し、自然は小さく、われわれの優越感は壮大であるとする感覚が生まれるであろう。

残念と言うべきかどうかは別として、日本人にはこの感覚がない。従って、ヨーロッパの人々やアメリカ人たちがあれほどの戦争を経験し、また経験しようと構えているのを理解できない。

カントの哲学もヘーゲルの哲学も、キリスト教やユダヤ教と同様である。その根底にグノーシス信仰がある。人間優位の思想である。彼ら西洋人は自然を過小評価し、自己の優越性を表現せしめんとし、奴隷貿易を促進し原住民を皆殺しにして、戦争を繰り返すのである。彼らの精神は残酷さに堪えられるように養われている。そのためには、すべての脅威に対して心を痛めない無感覚の人間が最も称賛される。ヒトラーと彼の部下たちは見事に「芸術的戦略」を遂行したのであった。彼らなくして第二次世界大戦は起こり得なかった。

ヒトラーは壮大なドラマを演ずるように黒い貴族たちからの依頼をうけた。ヒトラーは応じた。彼は明日の糧《かて》も約束されていない画学生だった。政権を奪取する前年の一九三二年、オペラ歌手のポール・ドゥブリアンがヒトラーを鏡の前に立たせ、自分の顔をどう表現するかの演技指導を行なった。彼は左手を高く掲げ、右手で胸を押さえた。そして、眼を天空にむけて……。

あの表情を見よ。

私はヒトラーのドキュメント映画を幾度も観て考えてみた。あの表情は身体と精神の苦しみから、泣かずにはおられないさまを表わしている。ヒトラーの動きが激しくなると群衆は異常に興奮した。彼らは恐怖に震えるヒトラーにナルシズムを発見した。ナルシズムは鏡像の世界である。彼らはヒトラーと一体となる。

『シオン長老の議定書』の中に、「預言者たちによれば、われわれは世界のすべてを支配すべく神自身に選ばれたのである。神はわれわれがこの使命を遂行できるようにわれわれに天余の才を授けられた」とある。

また、「ゴイムの目は開いていても何も見えてないし、何も創造しない。このことをもってしても自然はわれわれが世界を導き支配するように創造したことは明白である」とも書かれている。

ユダヤ人はヒトラーを利用して戦争を仕掛けても、ゴイム（非ユダヤ人）は「目は開いても何も見ていない」とたかをくくっていたのである。ヒトラーとは何者なのか？

ヒトラーの正体を知ると第二次世界大戦がどうして起こったかの数十％はわかるのである。ウォルター・ランガーの『ヒトラーの心』（ニューヨーク、一九七二年）がヒトラーの正体を暴いている。この本は第二次世界大戦当時、ルーズヴェルト大統領に提出された報告書である。米国諜報機関（OSS）の極秘文書だ。OSSが逃亡してきたドイツ系ユダヤ人の精神分析家に依頼して数多くの人々にインタビュー調査をしてまとめたものだ。二十九年後、やっとこの秘密文書は本となり、出版された。

ヒトラーの祖母は、グラッツのロスチャイルド男爵のもとでメイドをしていたときに妊娠した。

アドルフ・ヒトラーの父アロイス・ヒトラーは二分の一ユダヤ人だった。この二分の一ユダヤ人の最初の妻は彼よりも十三歳も年上で、子供はいなかったが一人の養女クララがいた。彼女はアロイスにとって四親等の従姉《いとこ》にあたっていた。次に二度目の結婚をした。三度目の結婚でアロイスは最初の結婚のときの養女で従姉にあたるクララ・ベルツルと結婚した。クララは彼よりも二十三歳も若かった。クララには姉がいた。その姉の息子はせむしで言語障害を持っていた。クララ自身は一人を死産し、三人は子供のときに死亡、長女アイダは白痴で、次女パウラは半分白痴だった。

このような兄弟姉妹の中で、アドルフ・ヒトラーだけが生き延びてノーマルだった。ヒトラーの父系にはユダヤ人の血があり、母系には梅毒感染の可能性があった。ヒトラーの洗礼親はプリンツというユダヤ人であり、ヒトラー家のかかりつけの医者もプロッホというユダヤ人だった。青年時代のヒトラーの唯一の親友、ラインホルド・ハニッシュもユダヤ人だった。その彼が後に次のように書いている。「当時ヒトラーはユダヤ人に非常に似ていた。それで私は彼にはユダヤ人の血が混じっているとしばしばからかったものだ」

ランガーの本の中で最も重要なのは、「彼の祖母はロスチャイルド男爵の家でメイドをしていた」と書かれている点である。グラッツにはロスチャイルド家の邸宅があった。そこにはアンセルム・ソロモン・ロスチャイルド男爵が住んでいた。ヒトラーの祖母はほぼ間違いなく、アンセルム・ソロモン・ロスチャイルドから子供をはらまされたのであろう。

ハリマンとともにヒトラーの財政を助け、オランダ銀行を通じてハリマンとともに第二次世界大戦へとヒトラーを導いたフリッツ・ティッセンは、一九四一年に『私はヒトラーに金をやった』という本を出版した。第二次世界大戦の最中である。この本の重要部分を引用する。

ヒトラーは摘出ではないけれどもロスチャイルドの一族として伝えられている。ヒトラーの祖母はロスチャイルドの館で家政婦をしていた。そこで彼女は身ごもった。

戦後にティッセンはこの事実を否定している。だが、彼が書いたのは事実である。ヒトラーを総統に仕上げた最功労者が、ヒトラーをロスチャイルドの一族であると明言したことは歴史上の事実である。アンセルム・ソロモン・ロスチャイルドとヒトラーを結ぶ線上に第二次世界大戦が発生した。仮にこの事実に疑問符が投げかけられようとも、ヒトラーが四分の一ユダヤ人であることは間違いのない事実である。『ヒトラーの心』には次のような記述がある。

ヒトラーいわく「私は自分をほとんどイエス・キリストのように感じていた」、精神分析者いわく「人が自分をイエス・キリストだと想像していると思い始めるとその人は精神病院に入院してもよい」。ドイツにおける優生学の最高の専門家マックス・フォン・グルーパー教授いわく「下賤なタイプの顔と頭、混血、低く傾斜している額、ぶざまな小さい目……ユダヤ人の特徴を示している」

ランガーは書いている。「ティッセンとコーイラアーは例えば次のように主張している。ドルフエス首相はオーストリア警察にヒトラーの家族についての調査を命じた」と。ティッセンはヒトラーの正体を知っていたのである。また、ランガーは「ヒトラーはこの調査記録の存在、すなわち罪となりかねない証拠を知るに及んでドルフェス殺害を命じた……」と書いている。

ヒトラーはロスチャイルド一族であり、彼らから育てられ、全世界の人々を悪魔のメリーゴーランドに乗せたのであった。

「与え、与え、そして与えよ」

隠れユダヤ人の一人チャーチルが宥和政策のチェンバレン首相を批判し続け、ユダヤ王ロスチャイルドと国王の支持を得て首相となり、イギリスを戦争へと突入させる。イギリス艦隊の副参謀長エドワーズは「チャーチルは首相になったが信用できない。これは悲劇だ」と嘆いた。親ドイツのジョセフ・ケネディ駐英大使はルーズヴェルト大統領に電報を送った。

チャーチルは残酷で腹黒く、アメリカを戦争に巻き込もうとしており、特に影響力のあるユダヤ人のリーダーと接触している。

チャーチルはこの電報を傍受し、ケネディの更迭をルーズヴェルト大統領に要請した。「特に影響力のあるユダヤ人のリーダー」とはユダヤ王ロスチャイルドを指す。

ケント事件について書くことにする。イギリスのアメリカ大使館で働いていたタイラ・ゲイトウ・ド・ケントは暗号担当者の一人であった。彼はチャーチルとルーズヴェルトの通信記録を知るにおよんで、二人が世界的陰謀を企てアメリカをチャーチルが大戦に巻き込みつつあると知る。それで千五百ページの秘密書類を盗み、チャーチルを極度に嫌う反戦主義者の数人に見せた。しかし、ケントはその一人のジョセフ・ケネディに切り捨てられた。ケネディは後年、ケントを「本当の平和主義者だった」と認めたが遅かった。この電信の内容は今日にいたるも公表されていない。しかし、ケントが自ら明かした事実は興味深い。

ケントによれば、海軍大臣がアメリカ大統領を通じてチェンバレン首相を追い出して、ナチス・ドイツに対する全面戦争を仕掛けたということである。彼は命を犠牲にしてもこの電信文を公表し、世界が大戦に入っていくのを防ごうとした。しかし、彼は志半ばにしてチャーチルに逮捕された。ルーズヴェルトはチャーチルにケントをイギリスの囚人にすることを許した。電信文は公表されていないが、一通のケントの手紙だけは漏れた。

「もっとも厳しいユダヤ人非難を望む……」

ケントはイギリスで七年間の刑に服した。チャーチルは自らの強敵となりそうな人物を強制的に逮捕し続けた。クリクストンの刑務所に、一九四〇年五月二十三日から六月にかけての十日間で千八百四十七人の男女がチャーチルにより逮捕され、投獄された。

しかし、別の事実がケント事件の後で判明した。その一つは、フランス大使ウィリアムJ・C・ブリットやポーランド大使アンソニー・D・ビッテルがワシントンに送った電文の一部が判明したことである。その電文はポーランド人をけしかけてヒトラーに抵抗させようとするものであった。

後年ケントは述懐している。

「権限をはるかに逸脱し、ヨーロッパに反独同盟をつくるために彼らは積極的に工作していた」

チャーチルは『第二次大戦回顧録』の中で、一九四一年八月十日のルーズヴェルトとの会見場面を次のように描写している。

八月十日日曜日の朝。ルーズヴェルトはプリンス・オブ・ウェールズに来て、参謀将校たち、米国海軍、海兵隊の各階級の代表数百名と共に、後甲板上の礼拝式に参列した。われわれは皆この礼拝式を両国民の信仰の深い感動的な表現であると感じた。〔中略〕賛美歌は私が選んだ。それは「はてしもしらぬおおうなばらも」と「みよや十字架の旗たかし」で、われわれは「過ぎにし代々にも来ぬ代にも」で終えた。この最後のものは、クロムウェルの鉄騎兵がジョン・ハムデンの死体を墓に運んだときに歌ったものであることをマコーレはわれわれに思い出させる。一語一語が心の中をゆさぶるように思われた。それは生きがいのある大したひと時であった。歌ったものの半数近くが間もなく死ぬのであった。

チャーチルはあるとき、側近の歴史研究家モーリス・アシュリに語った。

「事実を集めてくれれば、私は自分の主張に合うようにそれを捻《ね》じ曲げてみせる」

チャーチルの『第二次大戦回顧録』は事実をねじ曲げた本である。

チャーチルはクロムウェルの名をこの場面で効果的に使う。彼が最も尊敬する人物はクロムウェルなのである。

オリバー・クロムウェルに革命のための資金を提供したのはユダヤ人であった。ユダヤからの無尽蔵の資金を使ってクロムウェルは軍隊を雇い、イギリスという国家を奪った。クロムウェルは表向きは、キリスト教徒である。チャーチルと同じように、ユダヤ人に雇われたキリスト教徒であった。このクロムウェルの革命によって、一時はイギリスから追放されていたユダヤ人たちがイギリスに帰ることができた。

チャーチルがクロムウェルを賛美するのはユダヤ王ロスチャイルドに媚《こ》びを売るためなのである。チャーチルが首相になってからも、彼の地所の抵当権はユダヤ王ロスチャイルド配下のユダヤ人金融業者に握られ続けていた。

チャーチルとルーズヴェルトは大西洋憲章に署名した。平凡な内容である。ここで取り上げるほどのものではない。彼が八月十一日にイーデン外相に送った電文の一部を記すことにする。

一週間後、大統領が巡幸から帰った時、日本大使に手交する覚書の末尾には私の草案からとった次の文章が加えられるであろう。

「西南太平洋に対する日本のこの上もない蚕食《さんしょく》は、たとえ日米両国間の戦争に導くようなことがなかろうとも、米国としては対抗手段をとらねばならない事態が生ずるであろう」

チャーチルは、日本との戦争に入れとルーズヴェルトに迫ったのだ。そのことをイーデン首相に誇らしげに伝えたのである。「私の草案」とはチャーチルの日本攻撃案を指すのである。

次の日の八月十二日、チャーチルはある閣僚に電報を送っている。

飢えた食卓にロシアが珍客として来たことでわれわれと米国軍両方のために大きな追加計画が必要とされている。米国の生産を再検討し、拡張することが絶対に必要である。大統領は近く議会に、さらに五十億ドルの武器貸与法案を求めるつもりであると言っている。ビーヴァブルックがワシントンに行くことを大統領は歓迎しており、私はそれが必要な実際措置であることを信じている。われわれのジョ老〔ジョセフ・スターリンのこと〕へのルーズヴェルトとチャーチル信書を見られたい。米国側は代表としてハリマンを送るであろうから、われわれの方もビーヴァブルックをモスクワなり、またどこなりとロシア政府の所在地に送るべきであると私は希望したい。〔中略〕大統領の子息フランクリンは右の駆逐艦の一隻に勤務しており、アイスランドで私が過ごす一日の間、私のために連絡将校を務める命令を受けた。

ビーヴァブルック卿は今、ハリマンと空路米国に向かおうとしている。

ルーズヴェルトとチャーチルの会談後の労働者休日に、ルーズヴェルトは短いが強烈な演説をした。この演説を受けて、「ニューヨーク・タイムズ」は戦争賛美の社説を掲げた。

われわれはまだ実戦において直接的役割を果たす宣言もしていないし、その役割もはたしていない。しかしわが国の現在の政策だけではヒトラーを打ち破るのに不十分なことが判明した場合には、そのような直接的役割を実質的に果たさざるを得なくなるであろうというような態勢を、われわれはとってきた。いまやわれわれがあとへ引くことができない態勢である。それは、アメリカ国民の圧倒的大多数がそこから後へ引くことを全然望まない態勢である。

アメリカを戦争へ導こうとする太鼓の音がだんだんと高くなっていった。「ニューヨーク・タイムズ」が黒い貴族たちのプロパガンダであることはこの記事を見ても理解できる。

バーナード・バルークなる人物について書くことにしよう。彼は謎に満ちた人物である。しかし、その出自を見るとその謎は解けてくる。

一七〇〇年代、ドイツのフランクフルトにユダヤ人ゲットーがあった。その中に軒を寄り添うようにして、ユダヤ王ロスチャイルド家、カーン家、シフ家、そしてバルーク家があった。彼らはこのゲットーの中から出発した一族であった。バルークは第一次世界大戦のときウィルソン大統領の顧問となり、アメリカを戦争に導いた男だった。また、ルーズヴェルト大統領の執務室に自由に出入りできた。ルーズヴェルト大統領は休養が必要なときはサウスカロライナ州にあるバルークの農場「ホブロー」によく出掛けた。

バルークは一匹狼として株式仲買業で財を成した。ジャーナリスト、ファンディナント・ランドバーグの『アメリカの六〇家族』の中にバルークが登場する。アメリカ資産家の最上位クラスとしてだ。

彼はユダヤ人なのでWASP《ワスプ》たちの名門クラブには入れなかった。そこで、ユダヤ人経営者たちを仲間に誘い、秘密結社的なクラブを作った。それは「ラファイエット・パーク」と呼ばれるようになった。

このクラブには、バルークとともにウィルソン大統領を操ったエドワード・マンデル・ハウス大佐が加入した。アヴェレル・ハリマンやルーズヴェルト大統領の叔父フレデリック・デラノも、このクラブに顔を出すようになった。ホワイトハウスから道を隔ててラファイエット・パークがある。この公園の名前をつけた秘密クラブは「第二のホワイトハウス」とも呼ばれた。このクラブの中で武器貸与法の法案が作られたのである。ルーズヴェルトを大統領に育て上げたバルークとハウス大佐は、ルーズヴェルト大統領をラファイエット・パークの密室に呼びつけ、数々の政策の実行を迫った。

また、バルーク一族の財務長官モーゲンソー・ジュニアもこのパークの密室に出入りし、アメリカの財政についてバルークやハウス大佐と相談し、大統領にメモや書類を渡してアメリカの政治そのものを動かした。このパークに招かれたユダヤ系軍人で凡庸そのものの准将だった男が、ナチスによるポーランド侵攻の日に突然、アメリカ陸軍参謀総長に任命される。バルークらが決定し、大統領にその日のうちに発表しろと迫ったからである。かくして、ジョージ・C・マーシャル参謀総長の誕生となった。

イギリスの「クリブデン・セット」がヒトラーを総統に祭り上げたアスター卿のクラブであることはすでに書いた。もう少し、アスター卿について書く。

アスター卿はタイムズ紙のオーナーで、クリブデン党の指導者だった。その豪壮な館、クリブデン城で、J・ヘンリー・シュローダー商会の経営者クルト・フォン・シュローダーとともに「英国は絶対にヒトラーに宣戦布告しない」と言い続けた。

この「クリブデン・セット」の情報をヒトラーに告げる役をしていたのがジョン・フォスター・ダレスである。彼はブラウン・ブラザーズ・ハリマンのために、ドイツの軍需産業復活の資金を取り扱った男でもある。戦後、日本との講和条約締結の立役者である。アイゼンハワーの下で国務長官を務めた。

もう一人、ドイツのために働いた「ラファイエット・パーク」の秘密会員がいる。イングランド銀行総裁モンタギュー・ノーマン卿だ。ジョン・ハーグはノーマンの伝記の中で書いている。


ノーマンがスレッド・ニードル街の砦から経済的に操作することにより、持てる全力を尽くしヒトラー党の政治権力の掌握、維持を支援したことは明白である。


一九三三年九月三十日、ヒトラーが首相に就任して八カ月後、ロンドンのデイリー・ヘラルド紙に「イングランド銀行がナチスを支援する」という記事が出た。「モンタギュー・ノーマンの決定」という見出しがついていた。もう少し回り道をしてみよう。

ノーマン卿とハリマンにとって深い関係があるのがアスター家である。このアスター家を知ると、戦争がどうして、何のために起こるかが分かってくる。以下は黒い貴族たちの物語である。

エンパイアステート・ビルはウォルドーフ・アストリアホテルの跡地に建っている。ニューヨーク三十三丁目と三十四丁目の間を通るミドル・アヴェニュー（五番街）の西である。一八二七年、二万ドルの価格でウィリアム・B・アスターの所有となった。ウィリアムの父はジョン・ジェイコブ・アスターといい、フランスからのユダヤ系移民だった。あっという間に成功して富豪となっていった。十九世紀中頃、移民たちはアストリアホテルのアスター荘を見て、自分たちもアメリカで情熱と決断力をもって働けばこうした館が手に入ると思っていた。映画「ゴッドファーザー」の、あの時代である。アスターはどのようにして大金を手に入れたのか。それは中国とのアヘン貿易だ。

ルーズヴェルト大統領一族のデラノ家と同じだ。デラノ家もユダヤ系である。

アスター一族は十八世紀、ユダヤ王ロスチャイルド家から、アヘン貿易だけでなくアメリカでの毛皮取引の独占権も得ていた。こうして他のアヘン貿易商たちよりも大金を手にすることができたのである。ロックフェラー家も、アヘン貿易で儲けた金で銀行業に進出したユダヤ系一族にほぼ間違いない。

二十年前の資料によってもアスター家の資産は四百億ドル以上である。ロスチャイルド家、ロックフェラー家と並ぶ世界の大富豪である。そのジョン・ジェイコブ・アスターはイギリスに渡って金で貴族の地位を買い、アスター卿となった。息子のウィリアム・B・アスターはアメリカの各企業に投資して巨大組織を作った。

一九一九年、RIIA（王立国際問題研究所）がつくられ、アスター家はその中心となった。ここからCFR（外交問題評議会）が生まれた。このことはすでに書いた。

ハリマンとヴィセント・アスターは長年の友人だった。ヴィセント・アスターは「ヴィセント・アスター財団」をつくり、アメリカの世論を対ドイツ参戦に誘導しようとした。アスター家は、イギリスとアメリカで正反対の行動をとるのである。では彼らは仲違いしたのだろうか。ここに戦争がどうして起こるかの秘密がある。彼らはユダヤ王ロスチャイルドの「標準操作方式」を採用しているのである。

「ヴィセント・アスター財団」はカトリックに多額の献金をした。どうしてか。ここにもハリマンの意向が働いている。アメリカが、ドイツ、イタリアと戦争状態に入った際に、カトリックを反ドイツ、反イタリアに一本化せんとするためである。アスターとハリマンは、ニューヨークのカトリック大司教をルーズヴェルト大統領に会わせる工作をした。そして、フランシス・スペルマン大司教（後に枢機卿）にも多額のドルを渡した。こうしてアメリカ・カトリックは全カトリック教徒に「アメリカの参戦に賛成せよ」との声明を発した。カトリックの司祭たちはヨーロッパの戦線に立ち、従軍牧師となり、「神の名によって多数のファシストたちを殺せ」と叫んだ。ドイツとイタリアの兵士のほとんどはカトリック教徒であった。従軍司祭の長にはスペルマン枢機卿がなった。彼は黒い貴族たちの密使の役割をする。後章で彼の正体を暴こう。

ヴィセント・アスターについてもう少し書くことにしよう。

イギリスのアスター家が「クリブデン・パーティー」を作りナチス・ドイツを讃えていた頃に、ヴィセント・アスターを中心とした「ルーム」と呼ばれる秘密組織が出来た。アスターは情報を収集するために「ルーム」に人員を集めた。この情報を従兄弟のルーズヴェルト大統領に伝える一方で、アメリカの世論を誘導するための活動に入っていった。アスターはセオドア・ルーズヴェルトの次男カーミット・ルーズヴェルトをこの「ルーム」に入れた。チェース・ナショナル銀行頭取のウィスロップ・オルドリッチも加わった。「諜報活動と破壊活動には金がかかる」とは、アスターがよく使っていた言葉である。回り道をした。本文に戻ろう。

一九四一年六月二十二日、ナチス・ドイツはソヴィエトに侵攻した。チャーチルはカルヴィン派の新聞王ビーヴァブルックの意見を容《い》れ、対ソ援助の宣言をした。もちろんイギリスは武器貸与法によって、金と武器をソヴィエトに送らせようとしたのである。イギリスもアメリカの援助を受け始めた。この国家は大帝国ではない。ヨーロッパでも貧しい国なのである。富んでいるのは黒い貴族たちと王の一族だけである。パブリックと呼ばれる人々は今でも彼らと差別されている。

さて、チャーチルはラジオ放送を通じて一般民衆に向けて語った。いつの世も、民衆は騙されてばかりいる。


私は見ます。

ロシアの兵士たちが古き昔より父祖が開拓した祖国を守るために門の前にたちはだかるのを。

私の眼に浮かびます。

母が、妻が、愛する者の無事、夫の帰還、これらの国を護《まも》る英雄たちの凱旋を祈る姿を。

今こそまさに国を挙げての祈りの秋なのです。

私には見えます。

幾万のロシアの村々や不毛の野が。

暮らしはつらいものであろうとも素朴な人々が楽しみに満ち
乙女は笑い、子供たちが駆け回るあの野を。


ロシアの国民はレーニンとスターリンにより数千万人も殺された後に、今度はヒトラーとチャーチル、ルーズヴェルトにより殺されることになったのである。

明確に書くことにしよう。第一次世界大戦も、第二次世界大戦も、黒い貴族たちと「戦争の黒い犬」たちによって作られたシナリオ通りに進んだのである。

「乙女は笑い、子供たちが駆け回るあの野」はロシアだけではなかった。イギリス、フランス、ドイツ……ヨーロッパの野は荒れ果てた。それを百も承知で、彼らは数百万人の人々を殺してまわった。そしてチャーチルとルーズヴェルトは今でも「救国の英雄」と呼ばれている。

スターリンは「レーニンが創造したすべてをわれわれは失ってしまったのだ」と、党政治局会議で演説した。

一九四一年七月三日、スターリンは全ソヴィエト国民に「わが兄弟、姉妹たちよ、友人たちよ、余は諸君に訴える……」との呼びかけで始まる演説を行なった。

ヒトラーのロシア侵攻を「タイム」は次のように書いた。あのナチス・ドイツを支持し続けたアスター卿の新聞がである。豹変すべきときは豹変するのが黒い貴族たちの流儀なのである。

沼からはい出してきた二匹の巨大な原始時代の怪物のように、怒り狂って盲目となった世界の二つの全体主義者たちは、いまやお互いの喉にくらいついているのだ。

この当時、ほとんどのアメリカ人はドイツとソヴィエトとの戦争を劇画のようにとらえていた。アメリカの人々は、武器貸与法はイギリスとフランス、そしてポーランドに適用されると思っていたのだ。それがソヴィエトに適用されると知り、驚いたのである。

ヒトラーは八月二十三日、クリミア地方ドレル盆地の炭坑の占領、コーカサスからの石油ルート分断を主要目標として進撃を開始した。主要都市キエフが陥落しそうになった。スターリンは八月三十日、チャーチルからの手紙を受信した。

ルーズヴェルト大統領が私と会見した時、彼には南方であろうと北方であろうと日本によるこれ以上の侵略行為に対して強硬な方針をとろうとする様子が見えました。「戦争（対日戦）がやってくれれば私は大統領の味方に立つ」ことを彼に言明しました。

チャーチルはルーズヴェルトに、イギリスの「見えざる政府」の方針を伝えたのである。日本を追い込み、戦争へと導く。そうすればアメリカは、この大戦に参加できるというわけである。チャーチルとルーズヴェルトによる八月十四日の戦艦プリンス・オブ・ウェールズ号での会見の主要目的がここに明らかになった。あの会見でチャーチルは、日本をしてアメリカを攻撃させるシナリオを作成して急いで実行に移せという「見えざる政府」の方針を伝えたのであった。チャーチルがスターリンに言いたかったのは、「ヒトラーの攻撃にしばらく耐えろ。そのために武器とドルをスターリンに与える。そして、一日も早くアメリカがヨーロッパ戦線にやってくるよう努力しているから期待してよい……」である。

こういうことだったのである。

第二次世界大戦に日本を巻き込んだ連中は、日露戦争で日本を救ったのと同種の人間の群れであった。要するに、日本を真珠湾攻撃させるという最終決定が一九四一年八月十四日に下されていたということである。

日本の学者たちはこの事実を無視して、日本はどうして真珠湾を攻撃したのかと、あの攻撃の一、二カ月前の日米交渉に的を絞る。アメリカは日米交渉など完全に無視していたのである。戦争というものは何かを考えないと、また日本は、戦争へと導かれる。しかも永遠にだ。
ハリマンとビーヴァブルック卿がワシントンから帰り、チャーチルと会見した。二人はチャーチルにイギリスが受け取る軍需品や補給品の全貌を知らせた。チャーチルは大満足であった。この頃、ハリー・ホプキンスがホワイトハウスに住みついていたように、ハリマンはイギリスの大事な客として、チャーチルの首相官邸に住みついていた。
チャーチルとハリマンは、ルーズヴェルトとスターリンを操り、世界大戦をいよいよ拡大し、しかも永続させるための作戦について話し合った。とりあえずハリマンとビーヴァブルックがモスクワを訪れ、スターリンにソヴィエトが必要とする武器や補助物資を与えることにした。ビーヴァブルックの訪ソの許可をイギリス内閣は与えた。ルーズヴェルトもハリマンのモスクワ行きに同意した。そしてハリマンにスターリン宛ての手紙を送った。

ハリマン氏は貴国戦線の戦略的意義をよく知っています。彼はモスクワ交渉を成功裡に終わらせるためにできるだけのことをするであろうと私は確信しています。

ハリマンとビーヴァブルック卿は九月下旬、モスクワでスターリンと会見すべく、海路モスクワに向かった。艦船の中でビーヴァブルック卿は、代表団の任務を「交渉するのではなく、軍需物資を与えることに限定して」と語った。ハリマンは「与え、与え、そして与えよ、一切の見返りを考えず」と語り、記者団を驚かせた。

ビーヴァブルック卿はカナダのオンタリオ州のメイブルという田舎町で、貧乏牧師の息子として生まれた。二十八歳でイギリスに渡り、保守党のボナ・ロー（蔵相）の秘書となり、出世の道が開けた。チャーチルと親しくなったのは、国王エドワード八世のシンプソン夫人事件で活躍したからであった。ビーヴァブルック卿は自分の新聞で「国王は退位せよ」と迫った。二人はユダヤ王ロスチャイルドの筋書き通りに動いた。ビーヴァブルックはユダヤ王ロスチャイルドから資金の提供を受けてデイリー・エクスプレスを買収し、社長となった。その後、ロイド・ジョージ首相の黒幕として暗躍し、サンデー・エクスプレス、イブニング・スタンダードも支配した。卿という貴族の称号は、ユダヤ王ロスチャイルドのために働いて富豪になった者にはほとんど与えられる。国王はただ承認するだけのことである。

イギリスの新聞王となった彼は、黒い貴族たちのためにイギリスを戦争に導くように世論操作をした。モスクワへ出発する二カ月前、チャーチルから軍需物資供給大臣に任命された。

ハリマンとビーヴァブルックはスターリンと三回会談した。ビーヴァブルックは途上の艦上では「供給だけである」と記者団に語るだけであったが、スターリンにはチャーチルから受けた密命を伝えた。それは、当時世界最大を誇るバクー油田をイギリス特殊部隊に破壊させせよ、というものであった。スターリンはこの申し出を拒否した。

この申し出の中に世界大戦の意味が見えてくる。ヒトラーはユダヤ王ロスチャイルド配下のデタディングから、シェル石油の石油を戦争用として無制限に提供するとの約束を受けていた。このことはすでに書いた。ヒトラーは無制限の石油をシェル石油とスタンダード石油から受けて、戦争に突入したのである。ここで、ユダヤ王ロスチャイルドは第二のシナリオへと移行した。シェル石油とスタンダード石油の供給は無制限ではないとヒトラーに伝えたのだ。ヒトラーはソヴィエトへ攻め入らねばならなくなった。

ここから第二のシナリオが始まる。チャーチルに伝えられた第二のシナリオは、「ヒトラーとスターリン両方を徹底的にたたきのめす作戦」であった。バクー油田の特殊部隊による破壊をスターリンに拒否されることは百も承知であった。しかし、スターリンは恐怖を感じないわけにはいかなかったであろう。「ソヴィエトの宝」を破壊すると脅迫されていたのである。

いろいろな資料を調査したけれども、別の脅しがあったとは書いていない。以下は私の推測である。ビーヴァブルックは、「スターリンよ、あなたはアメリカの武器貸与法で武器やドルを提供されます。しかし、お返しも用意しなければなりません。その内容はここに書かれています。この封印されたメモに書かれていることに反対されるようでしたら、アメリカは武器を送らないでしょう。ソヴィエトもあなたにも未来はないでしょう」と語ったと思われる。「封印されたメモ」こそ、黒い貴族たちの王からのものであったろう。

では、ハリマンはスターリンに何を語ったのであろうか。ハリマンはスターリンに次のように語った。そしてスターリンは承諾した。

「スターリン、私はペルシャ湾からカスピ海に至る鉄道と大自動車道路の建設を米国の国家事業として進めたい。あなたの協力を求めたい。どうです、この壮大な計画は」

父エドワードの果たせぬ夢がハリマンに甦ったのであった。

ハリマンの夢は現実的な夢だった。

一九四一年八月二十五日、イギリスはスターリンの合意を取り付け、イギリス軍とソヴィエト軍を強引にイランに侵攻させた。パーレビ国王の政権樹立を謀《はか》り、イランの石油を確保した。そしてバクー油田の石油をイラン経由で世界に流そうとしていた。ハリマンの発言は、シェル石油の実質的オーナー、ユダヤ王ロスチャイルドとハリマンの合作であったと思えるのである。そこにある両者の行動規範は「乱」の一字である。歴史はいつも一つのパターンを繰り返している。

一九一四年七月二十八日、オーストリアがセルビアに宣戦布告して第一次世界大戦が始まった。十一月五日、イギリスはトルコに宣戦する。そのときイギリスの海軍大佐だった若きチャーチルは艦隊を動員してトルコに向かわせ、トルコ南東沖の島キプロス併合を一方的に宣言した。この作戦は最終的には失敗する。油田を狙ったロスチャイルドがチャーチルを動かしたのであった。なぜトルコなのか、なぜペルシャ湾なのか、と考えれば、第二次世界大戦の謎がまた一つ解けてくる。海軍大佐チャーチルは「石油の一滴は血の一滴である」という有名な言葉を残している。

ハリマンはスターリンの素性を知っていたであろう。スターリンは石油利権に関してユダヤ王ロスチャイルドの野心に逆らえなかったのである。

スターリンはロシア帝国時代、オフラナ（ロシア帝国の秘密警察）に所属していた。若き日、スターリンは秘かにユダヤ王ロスチャイルドと接触し、二重スパイになることを承知したと書いた本もある。スターリンはバクー油田で働き、経営陣に名を連ねるほどの実力者となった。若き日のスターリンは銀行破りなどをしたギャングの一面も持っていた。彼の経歴書は、ユダヤ王ロスチャイルドの資料庫に入っていた。ルーズヴェルトやチャーチルと同じように、スターリンも実に使いやすい男であった。

このことを理解してスターリンを見ると、世界大戦におけるスターリンの役割が見えてこよう。カスピ海を中心とするこの地域の石油を独占的に支配しようとするのが、ロスチャイルドとロックフェラーの最終目的の一つであった。

この計画は途中まではうまくいった。ドイツ軍がスターリングラードでソヴィエト軍に敗れるやいなや、イギリス軍はソヴィエト軍とともに疾風のごとくイランに襲いかかり、無数の死者をものともせず、共同でイランを占領してしまった。今日に至るまでイラン人たちは、イギリス人とロシア人を嫌悪している。現在のイランと米英との争いは、歴史的な視点から理解しなければ何も見えてこない。

ビーヴァブルックは、「俺はソ連側を喜ばせたし、合衆国側も満足させた。なあ、そうだろう」とハリマンに声をかけた。ハリマンはうなずいた。ハリマンとビーヴァブルックは通訳もモスクワ駐在大使も入れず、スターリン側の通訳だけを介し、スターリンと三人だけで話し合った。これは外交上異例である。他に秘密が漏れるのを二人は恐れたからだ。また、米英の両大使を除外したということは、二人が大使以上の存在であることをスターリンに知らせ、スターリンもそれを認めたことを示している。ハリマンはルーズヴェルトの代理人であり、ビーヴァブルックはチャーチルの代理人、その二人の背後には「見えざる政府」の黒い貴族たちがいた。

「ビーヴァブルックは偉大なセールスマンであった。彼の天才ぶりがこれ以上遺憾なく発揮されたことはない」とハリマンは後年述懐している。

最後の日の晩餐会は想像もし得ぬほどの御馳走に溢れていた。ハリマンは「この御馳走を見て最初は吐き気を覚えてむっとした」と回顧録に書いている。
ロシア人たちはやっと生きていた。しかし、スターリンのクレムリン宮殿は天国だった。ビーヴァブルックは「スターリンの親切さに心打たれた」と報告書にしたためた。ビーヴァブルックに同伴したイスメイ将軍は、この晩餐会でスターリンを鋭く観察していた。彼は後年、『回顧録』の中で次のように書いた。

スターリンはあたかも獲物を狙う野獣のように忍び足で歩き、目はくるくるとめまぐるしく動き、狡猾さに満ちていた。彼は人の顔を決して見ようとしなかった。それでいて、ある種の威厳をたたえ、人を圧倒する個性の持ち主だった。彼が部屋に入って来るやロシア人はみな凍りついたように沈黙してしまうのだ。居並ぶ将軍達の何かを探るような目つきはそれだけで彼らが住んでいた世界での止むことのない恐怖感を端的に物語っていた。かくも勇敢な将軍達がそれほどまでに情けない卑屈な態度に堕してしまうのを見ると吐き気さえ覚えさせられた。

ハリマンの「吐き気」とイスメイ将軍のそれとは違うけれども、スターリンの恐怖政治を語っている点では同じであろう。ハリマンとビーヴァブルックが帰国すると、スターリンはルーズヴェルトに返書を送った。

あなたの書簡をハリマン氏から受け取りました。この機会にあなたがハリマン氏のような権威ある人物にアメリカの代表団としての指導をゆだねられ、同氏の参加がモスクワ三国会議の活動にすこぶる効果を上げたことに対し、ソヴィエト政府として深い感謝の念を表します。

十月一日、米国、ソ連、英国で第一回の秘密会議が持たれ、「秘密議定書」がハリマン、ビーヴァブルック、モロトフ外相によって署名されたが封印された。戦後、その議定書の内容が世に出た。そこには七十余りの主要項目と八十余りの医療・補給項目とが含まれていた。戦車、飛行機、駆逐艦、軍靴……あらゆる物資がソヴィエトに送られていくことになった。

ルーズヴェルトはモスクワのハリマンに電報を打った。

貴殿ならびに同僚諸君に、私は貴殿らのモスクワにおける使命が成功裡に成就することに大いなる満足の意を表したい。貴殿らすべては偉大な仕事をした。

ハリマンはモスクワからロンドンに着き、ただちにＢＢＣとＣＢＳのラジオ放送を通じてアメリカ国民に会談の模様を伝えた。

スターリン自身はたった一つのことに関心を示しています。それはロシア国家のことです。彼はこの国が必要とするものについて語り続けました。この国の未来について語り続けました。いかにしてナショナリストのロシアが大英帝国とアメリカ合衆国との関係を発展しえるかについてです。互いに働きあうという共通の信念を信じています。もしロシア軍人や飛行士が銃、戦車、飛行機などを得続けることができるならば、前線が今日は何処に、明日は何処にあるのかは知りませんが、与えられた武器でロシアは戦い続けることでしょう。

ルーズヴェルトはマイセン・テーラーをローマへ送った。スペルマン大司教の仲介であった。バチカンはテーラーを迎え入れた。共産主義の国へ百数十億ドルを超える武器貸与物資を与えることに対するバチカンの理解を求めたのである。何ら重大な論争も起こらなかった。アメリカのカトリック司祭たちのほとんどが政策を支持したからであった。一方、ローマ法王ピオ十二世はヒトラーを支持し続けた。

スターリンの目的はこのモスクワ会談で達成された。航空機だけをとっても一万機以上、戦車も軍需用原料もタダで、しかも無尽蔵に近いかたちでアメリカから受領した。「貸与」ではあったが、戦後も返さなかった。アメリカも強く「返せ」とは要求しなかった。これも八百長と言われても仕方がない。戦争が終わった瞬間から、アメリカはソヴィエトを「悪の帝国」と言いだすのだから。

この武器貸与法は「年俸一ドルの賢者」たちにも大きな富をもたらした。戦争末期、コーデル・ハル国務長官の後を継いだステティニアス国務長官も、この年俸一ドルの兵士として、USスチールの会長から政権内へ入った人物だった。この会長はソヴィエトへの武器貸与法で大量の軍需物資の注文を受けた。年俸一ドルは数億ドル以上の金を生んだ。アメリカの軍需産業は大いに飛躍し、失業者は街角から消えた。女性や老人たちまでもが工場で働きだした。

航空機メーカーはハリマンの尽力による航空機製造設備法により、タダ同然でアメリカ政府から設備を借り受けていた。その設備を動員してフル操業に入った。大不況ゆえに失業していた労働者たちはこれらの大軍需産業に吸収された。ルーズヴェルト大統領は稀に見る偉大な政治家であると称せられていった。どこに間違いがあるというのか。あらゆる非難、反論の声は、戦争賛成の声の中に消えていった。

チャーチルにとっても幸運であった。ドイツが戦線を拡大したお陰で、ユダヤ王ロスチャイルド傘下の当時世界最大の兵器メーカー、ヴィッカースは生産規模を拡大した。

チャーチルの名声はイギリスだけでなくアメリカにも広まった。

しかし、イギリスは軍事費の極度の増大、植民地での反乱、ナチス・ドイツによるロンドン空襲、大量の兵士たちの戦死、アフリカ戦線でのナチス・ドイツとの死闘などにより国力が極端に落ちた。この戦争のために大英帝国は二度と栄光の時を持ち得ず、現在あるように二流国へと落ちていった。戦後もアメリカのドル援助がなければ国家財政は破綻していたのである。

大英帝国の黒い貴族たちは国家の衰亡を懸けてまで、どうしてこの戦争を演出し続けたのであろうか。その答えはすでに書いた。八百長は、仕掛けた者のみがいちばん儲かるシステムである。国家にとてつもない損害を与えたが、彼らは大きな財宝を中立国スイスの銀行に蓄積したのである。

黒い貴族たちは国籍に力点を置かない。彼らは多国籍企業体である。利益を巧妙に隠す方法を考えている。利益を秘密にし、マネー・ロンダリングをして、最終的にスイスの銀行やこの国の山中に金塊を隠すのである。スイスは彼らの利益を守るために中立国となったのである。ヒトラーもこの国の銀行を利用した。その財は最終的に黒い貴族たちの手に落ちた。彼らにとって戦争とは甘美な果物であった。しかし、そのために何百万、何千万、何億という人々が不幸になった。ここに神が登場する。

神は神を信ずる者に言う。「私を信ずる者に幸あれ！」と。

その神の正体を見つけなければならない。

第四章

日本人よ真珠湾を忘れるな

言うなかれ君よ
別れを世の常をまた生き死にを
海原はるけき果てに
熱き血を捧ぐる者の大いなる胸を叩けよ
満月を杯に砕きて暫しただ酔いて勢えよ
吾等往く沖縄の空
君もまたこれにつづけ
この夕べ相離れまた生死相へだつとも
いつの日かまた万朶《ばんだ》の桜を共に見ん
言うなかれ君よ
別れを世の常をまた生き死にを
空と水うつすところ
悠々として雲は行き
雲は行けるを

西田高光「訣別の歌」

ジャップスに真珠湾をやらせろ！

太平洋戦争終結後、A級戦犯となった人々は、巣鴨の収容所に入れられた。ここで検察官の尋問を受けた。以下、ジョン・G・ルースの『スガモ尋問調書』から引用する。問いは検察官フェルプス、答えは元首相、広田弘毅《ひろたこうき》。尋問の日は一九四六年二月四日。敗戦から約半年後である。以下は長い尋問の一部である

(問) この時期（一九三五年頃）のハルピンや奉天《ほうてん》で大量の阿片《アヘン》が製造されていた事実を知っていますか。

(答) そう、そんな話を聞いていた。だが、その場所を見たことはありません。

(問) その阿片工場は軍が命令して作ったものですか
(答) そうだったのではないかとおもいます。

(問) その阿片の市場はどこだったか聞いたことがありますか。

(答) よくわからないが中国全土で売られたに違いない。日本人によって中国に送りこまれた朝鮮人の一部が阿片を取り扱っていたと理解している。

(問) 中国での阿片製造は、陸軍指導部の筋書きに沿って中国人の抵抗を弱めるのが目的

だったと思いますか。

（答）日本軍がそうした類のことを企てていたかどうか、私にはいえない。中国の阿片を支配することは、文明諸国の間で議論の種になってきた。国際連盟でも討議された。例えば、英国なら戦争という手段に訴えてでも阿片市場を握り続けた。これはあまりにも大きな問題だ。日本軍は心の中でこの種の事を考えていたかどうか私は知りません。

広田は最後の部分で「英国なら戦争という手段に訴えてでも阿片市場を握り続けた」と言っている。そこから彼は「日本軍は心の中で……」と語るのである。

間違いなく、日本軍はイギリスと同じように、戦争という手段に訴えてでも中国のアヘン市場を守ろうとしたのであった。太平洋戦争はアヘン戦争が発展したものであった。

一八九八年、インド総督カーゾン卿が書いた文章を引用する。

トルキスタン、アフガニスタン、トランスカスピア、ペルシャといった名前は大方の人にとっては、はるか遠隔地とか不思議な転変とか、忘れかけたロマンスを思い出すよすがかもしれない。告白するが私にとって、これらは皆チェス盤上の駒である。これを賭けて世界征服ゲームが戦われていたのである。

大英帝国はインドからイラン（ペルシャ）やアフガニスタン、トルキスタンなどに進出していた。そしていたるところの土地でアヘンを製造していたのである。

これらの土地を支配しアヘンを製造し、現地の人々をアヘン中毒にしつつ中国へアヘンを送り込んでいたのである。インド総督が言うように、これがイギリスの「世界征服ゲーム」だったのだ。このアヘンを中国だけでなく世界中にばら撒こうと考えていたのである。一九〇五年、日英同盟が締結されたが、イギリスはインドでの利権を確かなものにするために日本を利用したのである。インドの辺境、アフガニスタンやトルキスタンでアヘンを製造したが、ロシアの介入を恐れていた。これほどまでにイギリスがアヘンの利権を「世界征服ゲーム」と考えていたのに、日本はペルシャにアヘンを買い付けに行ったのであった。

太平洋戦争の遠因はここにある。日本の学者たちはそのほとんどがこの遠因について考察しない。ルーズヴェルト大統領の母方デラノ家がアヘン貿易で財を成したことはすでに書いた。ルーズヴェルト自身もこの事実を認めている。そしてこの事実について問われるたびに不機嫌になった。ケネス・デービスは『FDRのニューヨーク時代』の中でルーズヴェルトの言葉を引用している。

私の先祖は中国貿易に従事したことがある。だから中国人には親しみがある。そんな私が、日本をやっつけようというスティムソン（陸軍長官）に同意しないわけがない。

アヘン貿易に参加して財を成すということは、イギリスの王族、黒い貴族たちの承認が得られなければ不可能であった。デラノ家はアメリカにおける黒い貴族の一員として認められたのだった。ルーズヴェルトはデラノ家出身（ユダヤ系）ということでパトリシアン（名門出身者）になれたのである。

ルーズヴェルトが、イギリスの苦境を救うために「日本をやっつけようというスティムソンに同意しないわけがないではないか」と言うのは当然なのである。「ジャップスに真珠湾をやらせろ」という計画は、自らの母方デラノ家への恩返しでもあった。

広田弘毅はすべてを知っていた。あの太平洋戦争がアヘン戦争に他ならなかったことを。

フェルプス検察官が執拗に広田に迫ったとき、あの戦争はアヘンがもたらしたものであることを広田は理解した。彼は首相であったが「アヘン貿易を拒否せよ」とは叫べなかった。何人《なんぴと》も叫べなかった。大英帝国にフリーメイソンの掟《おきて》があるように、日本には天皇教の掟があったからである。

それでも広田弘毅は尋問されて真実に近いことを語った。日本軍は戦争という手段に訴えてもアヘン市場を守ろうとしたのだ。この「尋問証書」には、どうして黒い貴族たちが日本を殲滅せんとしたかの原因が書かれている。この中にあるように、アヘン製造工場がハルピンや奉天にあった。日本軍（関東軍）は中国北部で中国人にケシ畑を作らせていた。イギリスの黒い貴族たちでさえこんなことはしていなかった。

ケシの実の入ったサヤを、カミソリや鋭利なナイフで傷つける。すると樹脂状の物質が切り口から溢れてくる。これを凝固したものがアヘンの原料となる生《なま》アヘンである。日本人はこれをハルピンや奉天の工場に運んでアヘンを製造した。ケシ畑から一貫してアヘンを製造する。これを朝鮮人（朝鮮は日本の植民地であった）たちに売らせた。

この事実を知った「黒い貴族たち」の怒りの深さを知るのは難しいことではない。

一九三八年、イギリスでフリーダ・アトリーの『日本の粘土の足』が出版された。アトリーは日本を攻撃しろとイギリス人に訴えた。第二次世界大戦の直前である。

必要なのは短期間だけ英米が協働することだけである。日本は、その生糸をアメリカ合衆国に、その綿製品をインドやイギリス領植民地で売ることができず、その鉄や石油や武器を購入するための信用の供与が受けられなくなれば、二、三週間で崩壊するだろう。日本はアメリカ合衆国と大英帝国以外には、どこからもその必需品を得ることはできないし、アメリカ合衆国、イギリス、フランスしか大がかりな信用を日本に供与できない。

アメリカもイギリスもフランスも、アトリーが主張せんとすることは百も承知であった。それゆえにこそ、日本を増長させ、好機の到来を待っていた。日本の生糸の八五％がアメリカ市場に向けられていた。アメリカから日本は綿花を大量に仕入れたが、アメリカの総生産の一八％にすぎなかった。鉄、石油……重要な物資はほとんどすべて、アメリカに依存していた。アメリカから鉄屑を輸入し、その代金は生糸と生糸製品をアメリカに売った金を充てていた。

日本は、日本人が考えるほどの優等国ではなかった。お粗末すぎる小国だった。一九三〇年まで対米貿易は輸出超過であった。しかし一九三二年以降、生糸価格は下落し、綿花の輸入増大のためにそれが逆転した。そうした中で日本は太平洋の島々で剣を振るい、生身の中国を切り刻むべくアヘンを中国人に売りつけた。誰がいちばん儲けたのか。

関東軍の保護のもと、満州や華北でアヘンが製造され販売された。軍人たち、アヘン製造業者、密売業者たちが大儲けした。しかし、本当に大儲けしたのはアヘンをペルシャから輸入した三井、三菱の両財閥であり、それに食らいついた軍人、政治家、皇族たちだった。彼らは日本の「黄色い貴族たち」であった。

馬暁華《ばぎょうか》の『幻の新秩序とアジア太平洋』を引用する。

阿片戦争以来、中国におけるイギリスの関心は基本的には経済的なものであり実利的なものでもあった。アジアの貿易関係においてイギリスは日本の攻撃（真珠湾）以前にすでに厳しい脅威にさらされていた。そのため、イギリスはアジアでの通商上の地位を再建するという必要に直面していた。

一九三八年七月、元在中国外交官ロジャー・グリーンや元在中国宣教師マックウェル・スチュワートらが中心となって、「日本の侵略への加担を拒否するアメリカ委員会」ができた。翌年八月、元国務長官ヘンリー・スティムソンがこの委員会の名誉会長に就任した。一九三九年一月十九日、スティムソン主導のもとで、「掠奪者日本の侵略活動への加担を拒否する」と、アメリカ委員会はその目標を内外に表明した。この表明が出された同じ日、イギリスの新聞に次のような記事が掲載された。

屑鉄、石油、鋼鉄などの物資の日本への供給を中止させることを目的として、元国務長官スティムソン主導による多くの著名人を集めた巨大な組織が設立された。

この声明の通り、日本は屑鉄、石油、鋼鉄などの輸入ができなくなっていくのである。

ここにイギリスの「黒い貴族たち」のシナリオが見えてくる。日本の敗戦後、イギリスは日本のアヘン貿易について沈黙を守り続けている。アヘン貿易を守り続けるために、アメリカを誘い、真珠湾攻撃をやらせたとは言えないのだろう。アヘンという欲望の名の神風が日本中に吹き荒れて、誰もその風を抑えることができなかったのだった。アメリカとイギリスで日本人に神風を吹かせようという計画があり、日本人はまんまと嵌《はま》ったのである。

しかし、日本の学者たちは国務長官コーデル・ハルから「最後通牒」を突きつけられてやむなく真珠湾を攻撃したという雁説にしがみついている。この「最後通牒」が定説になったのは、戦後アメリカの情報操作に日本人学者たちが同調したからである。

アメリカの情報操作は今日でも生きている。その一例から物語を進めよう。

戦後、ユダヤ人で歴史学博士でもあるハーバート・ファイスは『眞珠湾への道』（一九五〇年）という本を出版し、日本の太平洋戦史について記述した。また、ＧＨＱ（連合国軍総司令部）が放送や出版（新聞に連載された）を通じて太平洋戦争や真珠湾攻撃について日本人を洗脳した。

ここで、ハーバート・ファイスについて記すことにする。

ファイスは一九三〇年、ハーバート・フーヴァー大統領の国務長官ヘンリー・スティムソンのもとで国務省の経済顧問に任命された。その後ルーズヴェルト大統領の国務長官コーデル・ハルのもとでも働いた。一九四三年末、スティムソン陸軍長官に呼び戻され特別補佐官になった。戦後スティムソンが陸軍長官の地位から去った後も一九四七年まで陸軍省に残った。それゆえに、彼が書いた現代史の本は国務省と陸軍省の秘密書類をもとに書かれているのである。

もう一つ重要なことがある。ファイスはアメリカ政府に都合のよい方向へ歴史を操作したということである。後年、ハリマンが回想録を執筆したとき、ファイスがゴーストライターの役を引き受けた。ハリマンの回想録は綺麗ごとばかりで面白くない。ファイスとハリマンの関係は、スティムソン陸軍長官の補佐官時代に始まった。

ファイスは陸軍を去ると歴史学者に戻って歴史書の執筆に入った。彼の『眞珠湾への道』も『終戦秘史』も、ハリマン・ルートでの国家機密資料を引用した面白い読み物となっている。ファイスは彼自身が「ハリマン・プロジェクト」と呼んだ仕事に従事していた。給料以外に事務所と事務補佐員をハリマンから提供されていた。

一九五四年十一月五日付の、ハリマンが経営するブラウン・ブラザーズ・ハリマン&カンパニーのJ・D・パウエルに宛てた手紙に、金銭面での支払いを求める書類が入っている（その内容は省略する）。

一九五三年九月一日付のハリマンからファイス宛ての手紙を引用する。

私は戦争中の経験を記録に残したいと切望している。とりわけその経験は私が関わった事件の歴史的な意味に関連しているからだ。この件で一九五三年九月一日からの一年間、私に協力することを承諾していただきたい。この職務はフルタイムではなく、他の興味ある仕事に関わることは貴殿の自由である。〔中略〕貴殿の仕事の報酬として総額九千ドルを支払うものとする。

ファイスはハリマンの戦時中の経験を記録するために特別な報酬で雇われた学者だった。一九五三年は朝鮮戦争の最中である。ハリマンは自身の経験が予期せぬ方向で暴露されることを恐れて、ファイスを使って歴史の改竄《かいざん》をして、歴史への自身の参加を正当化しようとしたのである。戦後になるとルーズヴェルト政権を批判する歴史書が登場していたからである。

一九四七年、「サタデー・イブニング・ポスト」に元アメリカ歴史学会会長チャールズ・ビアードがある論文を載せた。

ロックフェラー財団とCFRは、〔中略〕できることならお国の言葉で「第一次大戦後の暴露的ジャーナリズム運動」の再現を阻止するつもりである。正確な英語に直すと、これは財団とCFRが第二次大戦中の「われわれの基本的目的と行動に関わる公式広報や公式声明を、ジャーナリスト、あるいは、いかなる余人にも、あまり綿密に調べたり気ままに批判したりしてもらいたくない」ということである。要するに彼らは、とりわけフランクリン・D・ルーズヴェルトの政策と手段が第一次大戦後にウッドロー・ウィルソンと三国協商国の政策と手段に降りかかったあの批判的な分析、評価、暴露から、今後もうまく逃れることを望んでいる。

ビアードはルーズヴェルト政権を批判する二巻の書を出版して成功していたが、この文章が書かれた当時は歴史学会から葬り去られ、翌一九四八年に寂しく世を去った。

ビアードは夫婦で大著『アメリカ文明の興起』を書いた後に『アメリカ精神の歴史』を書いた。彼はルーズヴェルトの戦争を批判する本を書き、出版界から葬り去られた。彼はマルクス主義がアメリカに与えた悪影響について冷徹な目で批判し続けた。

戦後、ロックフェラー財団やCFRはイギリスの黒い貴族たちと組んで、「国際主義」や「世界連邦」という言葉を流行《はや》らせようとしていた。ビアードはこの言葉の持つ恐ろしさを見破り、警告し続けた。そしてついに歴史学者の地位からも追放された。ファイスがビアードの地位を奪ったのである。やがてファイスは「ピュリッツァー賞」を授与された。ピュリッツァー賞もノーベル賞も、「黒い貴族たち」や「合法的マフィア」の思惑《おもわく》で決まる賞なのである。

朝鮮戦争が終結すると「ハリマン・プロジェクト」が動きだし、自由に歴史を評価させないという風潮がアメリカの言論界を大きく支配していった。ハリマンは一九四八年、ファイスを日本に送り、マッカーサーの占領政策について調査させている。

ロックフェラー財団やCFR好みの歴史家として、ウィリアム・ランガー、アーサー・シュレジンガー、サムエル・モリソンたちがいた。彼らの本を読むとルーズヴェルトの政治を批判する記述が全く無いのがわかる。ハリマン配下のファイス流・歴史の本を書いているのだ。ファイス流の本は「ニューヨーク・タイムズ」での好意的な書評が保証され、大々的に宣伝してもらえる。そしてベストセラーとなる。

ファイスはルーズヴェルト時代の「公文書」を自由に閲覧できたが、「批判的」な歴史家たちはシャットアウトされた。

一九四五年から一九六〇年代にかけては特にこの傾向が著しかった。「反共主義」がはびこった時代、「ハリマン・プロジェクト」が大きな力を発揮した。『ローズヴェルトと第二次大戦』を書いたジェームズ・バーンズも検閲措置に泣いた一人であった。一九五三年、彼は「ブック・クラブや図書販売店は強力な圧力団体に支配されている。政治の分野での批判図書を販売しようとすると本屋はつぶされかねない」と発言している。

一九七一年、ハリマンは『米ソ、変わりゆく世界』を出版した。この本についてはしばしば引用しているが、この中に気になることが書かれている。シュレジンガーはハリマンのブレーンの一人、当時はハーバード大学の歴史学の教授でハリマン好みの歴史家である。

今、当時の歴史を書き直す試みをなしつつある歴史家の一団がある。アーサー・M・シュレジンガー二世は、歴史を書き直そうとする試みは過去においてもしばしばあったことを指摘した。(「冷戦の起源」フォーリン・アフェアーズ。一九六七年十月号)

これら修正主義者たちは、起こったことをわれわれの目的がなんであったかについて神話を創造しつつある。彼らのうちのある者は、前後関係の文脈のうちから事実を取りだして想像的な目的に対する事例を作りあげることを試みる。

あるものはスターリンが協力を実行しなかったこと、彼の個別的協定違反と侵略的行動を勝手に看過する。もちろん、私はあと知恵の利点をもって、出来事とおそらく過ちの意義を、その当時可能であったよりも明確に指摘する思慮深い分析家のことをいっているのではない。

二〇〇一年、チャーロット・T・イザーベイトが『アメリカのゴミ捨て場』を世に問い、「アメリカの教育システムはロックフェラーとゲーテに始まる。このシステムはスカル&ボーンズによってもたらされたヘーゲルの思想の影響下にある」と書いた。

ヘーゲル主義者たちは国家統制主義者や唯物主義者を増加させる伝達手段として、他の者を欺《あざむ》くために二枚舌をつかう。彼らにとって国家は全能の神となる。企てられた闘争を通して正反対のものをコントロールしさえすれば自ら結果が生まれるとされる。

戦争を仕掛けよ、されば幸せが訪れん！

第二次世界大戦が終わった直後の一九四六年、ロックフェラー財団は、黒い貴族たちによる戦争の陰謀が暴露されるのを防ぐために、政府機関に十三万九千ドルを寄付し、公的な歴史書の作成を求めた。この過程で、真の歴史家たちは抹殺されていったのである。

真実の歴史を書かねばならない時が来た。偽りの歴史を修正する仕事は、日本の御用学者にとっては荷の重い仕事である。だからこそ、私があえて挑戦者になろうと思う。


ジェームズ・バーンズが本の販売方法について嘆いた一年後（一九五三年）に、ハリマンは「ハリマン・プロジェクト」に着手した。彼は「ニューズウィーク」誌の創刊に大きくかかわった大株主の一人だった。では、もう一つの有力誌「タイム」はどうか。ハリマンの弟E・ローランド・ハリマンが融資のメンバーとして創刊にかかわっていた。

さて、ファイスは『眞珠湾への道』の中で次のように書いている。


日本がもし、シンガポールやオランダ領東インドを攻撃すれば、われわれがどうすればよいかをイギリス側が知らなかっただけでなく、ルーズヴェルトもハルも知らなかったのだ。

ファイスは、アメリカもイギリスも何ら対策を練っていなかったのに、一方的に日本が真珠湾に攻め込んだために太平洋戦争が始まったと言う。彼はこの本を「合法的マフィア」や「黒い貴族たち」の要請のもとに書いたに違いないのである。

この本の中に「ハル・ノート」についての解説もある。日本の学者たちはファイスの戦争論を疑うことなく受け入れている。

さて、前置きが長くなった。真珠湾の真相に迫ってみよう。「太平洋アヘン戦争」の世界へと読者を案内しよう。

一九一九年、イギリスに官立暗号学校（GCCS）が出来た。チャーチルに国家の重要秘密を一方的に流していたケーブル&ワイヤレス社の秘密通信を、この暗号学校が受け入れて解読することになった。ケーブル&ワイヤレス社はイギリスにある秘密の子会社の力を借りて世界中に大きな海底電線網を築いていった。ベルリンやパリから東京に送信された電文もこの会社の回線に乗って送られた。

暗号学校とケーブル&ワイヤレス社の協力を得て、イギリス政府は世界最大の盗聴機関を持つようになった。

一九二〇年からの日本の電信はほとんど解読されていた。一方、アメリカも一九二一年に行なわれたワシントン会議の日本側通信の全文を解読していた。

ハーバート・オズボーン・ヤードリという天才的な才能の持ち主が日本の暗号を解読していた。一九二九年三月、ハーバート・フーヴァーが大統領になり、国務長官にヘンリー・スティムソンを任命した。

スティムソンはヤードリの解読機関を違法だとして解散させた。ヤードリは一九三一年、『アメリカン・ブラック・チェンバー』なる本を出版し、自ら諜報機関の内幕を暴露した。この本は日本でも翻訳出版され、三万三千部以上が売れた。その中でヤードリは、日本の暗号をどのようにして解読したか、その結果、ワシントン会議でアメリカの代表団がどれだけ有利に日本側をリードしていたかを描写した。ヤードリはまた、『日本の外交秘密一九二一～二二年』を書きあげ、出版しようとした。連邦政府はこの本を発禁とした。アメリカ政府による正式な発禁本は、今日に至るまでこの本が唯一である。

日本は新しい暗号作成に取りかかった。もう一人の天才がアメリカに登場した。ウィリアム・フリードマンである。彼を長とする無線情報部（SIS）が一九三〇年、陸軍に出来た。一方、海軍では、ローレンス・F・サフォードを長とするOP－20－G（海軍作戦部）が出来た。当初この二つの組織は没交渉であったが、やがて協力しあうようになり、新しく開発された日本の暗号を次々と解読するようになった。

日本人は、日本語は難解だから暗号は解読できないと信じていた。しかし、日本語の仮名を横文字で表現する方式（日本に長く滞在していたアメリカの宣教師ジェイムズ・C・ヘボンが創作したヘボン式）を使ったので、解読班は簡単に解読できた。日本が機密交渉にあたり、アメリカ側とテーブルに着く前に、東京発の内容をアメリカ側はすべて知り尽くしていたのである。日本側の暗号は

「紫《パープル》」と言われていた。

ではイギリスではどうであったか。日本大使館向きの暗号通信「紫」とは別に、海軍武官用の暗号もすべて解読されていた。

一九一八年から一九三〇年までは「赤本」、次いで一九四一年までは「赤本」と「JN－25」なる暗号を使ったが、すべて解読され、イギリス政府のもとにデータとして集められていた。日本の暗号担当者の一部は「JN－25」の暗号がイギリス側に解読されているのではと気づきながらも、上官にそれを報告する勇気さえ持たなかった。イギリスの暗号解読者エリック・ネイヴは『真珠湾の裏切り』という本の中で次のように書いている。

日本の暗号担当者が「JN－25」の暗号書が安全でないのに気づいたのは、一九四二年のミッドウェー海戦に敗北した後であっただろうと推測する。あの海戦での敗北は決定的であった。新しい暗号を再配備する仕事を意味無くさせるほどの敗北であった。

イギリスは暗号の解読にとどまらず、盗聴の技術も持っていた。ベルリンのヒトラー総統官邸の無線電話も盗聴されていた。

日本の暗号のすべてが解読されていた事実を考えてみるだけで、ファイスの『眞珠湾への道』が完全なる偽書であることがわかるのである。

あの真珠湾攻撃、すべてがイギリスとアメリカが仕組んだ芝居だった。イギリスの「黒い貴族たち」とアメリカの「合法的マフィア」たちとの間でヨーロッパの戦争を世界規模の大戦に拡大し、日本を太平洋で巻き込んでアメリカを参戦させ、そしてドイツと戦うというシナリオが完成していた。ルーズヴェルト大統領は故意に日本を真珠湾攻撃させるべく、諸々の貿易規制や資産凍結をするのである。

真珠湾を攻撃させるための工作

チャーチルは日本や中国人について、生理的な嫌悪感に満ちた発言を繰り返していた。彼は中国人を「細目野郎」とか「弁髪《べんぱつ》野郎」と呼んでいた。

一九四〇年八月八日、閣議の席でチャーチルは、「イギリスの自治領が黄色人種に征服されるのを傍観しているわけにはいかない」と述べた。しかし、一九四一年の秋には極東情勢は悪化の一途をたどっていたのだが、その年の十月二十日、チャーチルは内閣防衛委員会で「マレーに対する武力攻撃は予想していない」と述べた。

一方で日本の進攻に警告を鳴らし、他方では日本の攻撃を無視するというのが、チャーチルが常々採用していた「両面作戦」だった。チェンバレン内閣の外相だったウッド・ハリファックス卿はチャーチルの指名をうけて駐米大使になっていた。そのハリファックスがイギリスの外務省に宛てて、日本関係の専門家を駐米大使館に送ってほしいと申し出ると、チャーチルはその要請を拒否した。ハリファックスは、チャーチルの首相官邸に住みついたハリマンの手下とチャーチルの秘密諜報員が、駐米大使館を無視してアメリカで暗躍しているのを知っていた。一九四一年から戦争終結までハリファックス大使の駐米大使館は無視され続ける。

チャーチルは日本海軍の最重要通信「ＪＮ－25」のすべての暗号解読文を読んでいた。そして、その秘密を効果的に利用した。それでハリファックス大使は無視されたのである。

一九四一年に入り、イギリス、アメリカ、オランダ、オーストラリア、そしてニュージーランドの代表者たちが「ADB協議」なる秘密会議をシンガポールで、のちにはワシントンで開いたが、チャーチルは彼ら代表者に「JN－25」についての情報は少しも洩らさなかった。アメリカの海軍情報部は、チャーチルが日本海軍の動きを完全に捕捉しているのを知っていた。しかし情報の提供は求めなかった。アメリカも、日本の暗号を全部解読していたからである。しかし、世界中に張りめぐらされた情報網を通じて日本の動きを最もよく知っていたのはチャーチルであった。

一九四〇年一月二十六日、日米通商条約が失効した。この失効を待ちかねていたかのように数々の大統領令が出され、航空機用ガソリン、屑鉄などの日本への輸出が禁止されていく。日本を窮地に追い込んでその出方をみるというのがルーズヴェルトとチャーチルの作戦だった。日本が急襲作戦に出なければならないような方法が次々と取られていった。

一九四一年五月二十九日、ルーズヴェルトはフィリピンから日本への一切の原料輸出禁止を命じた。日本の仏印進駐に対する報復手段として、アメリカ、イギリス、オランダは日本の全資産を凍結し、日本との貿易を停止した。

日本は石油不足に陥った。石油を求めて東南アジアへと進攻せざるを得なくなった。

オランダ領東インドの油田を奪う以外に日本の進むべき道はない……。なぜアメリカはこれほどまでに日本に敵対する作戦に出るようになったのか。アメリカ国民の反日本熱はほんの少しだけ燃え上がっていた。しかし、日本はアメリカになんらの敵対行為もしていなかった。

イギリスの「黒い貴族たち」とアメリカの「合法的マフィア」の合同戦略が、ルーズヴェルトとチャーチルを動かしていったのである。日本を窮地に追い込み急襲攻撃を取らせる作戦はこうして進行していった。別の面からこの作戦について書くことにする。

ウィリアム・J・ドノヴァン（一八八三〜一九五九）がハリマンの血閥の一人である点についてはすでに書いた。彼はコロンビア大学で一人の級友に出会った。その男こそ、後のルーズヴェルト大統領である。ルーズヴェルトはドノヴァンを「私の秘密の脚」と呼んでいた。

ドノヴァンは国際的な弁護業務を職業としていた。その点においてはジョン・F・ダレスと似た点がかなりある。しかし彼は一匹狼的な男であり、「ワイルド・ビル」という綽名《あだな》が示すように豪胆さを持つ男であった。彼が育ったバッファロー市のアイルランド人地区に由来するゆえに「バッファロー・ビル」との異名を持つ。生まれ育った場所が示すように、彼はアイルランド出身のカトリックである。ジョン・F・ケネディと同じ出身である。

若きドノヴァンはハリマンと違い、女性関係が複雑だった。最初の結婚相手はラムジー家のルース・ラムジーだった。ハリマンの姉がラムジー家の男と結婚し、メアリー・ラムジーとなったことはすでに書いた。ドノヴァンとハリマンは血族となり、政治的行動をともにするようになる。

一九一五年、ドノヴァンはロックフェラー財閥から選ばれて、「戦争救済使節団」の一員としてヨーロッパに派遣された。第一次世界大戦時には「レインボー師団」の創設に参加し、ドイツ軍と戦った。このときに名誉勲章を授与されて、アメリカ中にその名を轟《とどろ》かせた。

一九二〇年、ドノヴァンはJ・P・モルガンの情報収集の責任者となり、二十万ドルの提供を受けてヨーロッパを秘密旅行し、まだ名もなきアドルフ・ヒトラーとモーリッツ館で会見している。

ドノヴァンはヒトラーを「素晴らしい語り手」だったと、J・P・モルガンへの報告書に記している。

一九二九年、ドノヴァンは会社組織の法律事務所をウォール街二番地に設立した。一九三〇年代、彼は他の誰もが入れなかったといわれるファシスト・ムッソリーニ占領下のエチオピアに入り、ムッソリーニの軍隊に関する完璧な情報を持ち帰った。

一九三七年にはロスチャイルドのウィーン分家の依頼を受け、ドノヴァンはロスチャイルド家が所有していたボヘミアの資産についてナチス政府の最上層部と交渉した。ヒトラーはこの交渉を断った。しかしハリマン・ルートを利用し、ナチスとの間に妥協点を見つけることができた。彼はドイツの参謀本部の将校たちとスペイン内戦の戦況を視察した。

ドノヴァンの人生の概略を書いてきた。「合法的マフィア」と「黒い貴族」と深く結び付き、またヒトラーとも交渉しあう男であった。ドノヴァンの背後にはハリマンの影を見ることができる。

一九四〇年五月二十九日、イギリス諜報部ウィリアム・スティーブンソンはブリンカー・ホール提督からのドノヴァン宛ての一通の手紙を携えてニューヨークに到着した。その手紙にはアメリカの諜報機関設置が提案されていた。ここから本格的に、ルーズヴェルト大統領の「秘密の脚」となるドノヴァンの活躍が始まる。ドノヴァンはその手紙を受け取ると、非公式のオブザーバーとしてロンドンに着いた。ドイツ空軍機がイギリス本土を空爆するさまをドノヴァンは視察した。

六月十五日、ウィリアム・スティーブンソンはロンドンに電報を打った。


ウィリアム・ドノヴァン大佐が大統領の個人的代理として、昨日クリッパー船にて出発せり。合衆国大使館は関知せず。繰り返す。関知せず。

ドノヴァンはロンドンからドイツに占領されたヨーロッパ南東部の国々に行き、実態を調べた。ヒトラーはドノヴァンの諜報活動を阻止しようとはしなかった。ヒトラーはアメリカとの間の友好関係を維持しようとしていたし、アメリカ国民も合法的マフィアの連中も、ヒトラーは敵対する行為を取らないだろうと期待していた。何よりも、ドノヴァンがユダヤ王ロスチャイルドと深く結び付いた男であったから、ドノヴァンの行動を阻止できなかったのである。

ドノヴァンはワシントンに戻るとルーズヴェルト大統領と会見し、チャーチルに軍艦を貸与するよう勧告した。チャーチルはこのことを知るとドノヴァンに電報を打った。「ドノヴァン氏のイギリスの支持は名誉に関わる事柄である」

チャーチルはドノヴァンを再度イギリスに招き、諜報担当のゴドフリー少将に引き合わせた。ゴドフリーは秘密諜報活動についての個人指導をドノヴァンにした。ゴドフリーはドノヴァンが優秀な生徒であると知り、チャーチルに詳細を報告した。こうして、アメリカにＦＢＩとは別に、新しい国際諜報機関が誕生していくのである。「ＳＩＳのマンハッタン占領計画」について書くことにしよう。

ニューヨーク・マンハッタン、ミッドタウンのロックフェラー・センター。この広場のインターナショナル・ビルディングの四十四階にはアメリカのＦＢＩ、三十五階には日本領事館があり、三十六階には「ラフ・ダイヤモンド有限会社」という幽霊会社があった。この幽霊会社こそ、ウィリアム・スティーブンソンを中心とするイギリスの秘密情報部、すなわちＢＳＣ（イギリス安全保障連絡局）の活動の場であった。

一九四〇年から四一年にかけて、スティーブンソンの囮《おとり》工作員がニューヨークでドイツ船の船員を次々と暗殺していた。この作戦はイントレピッドというスティーブンソンの綽名にちなんで「イントレピッド作戦」と呼ばれた。スティーブンソンはイタリアのマフィアを使いドイツ人を殺害し、ヒトラーに対米宣戦を布告させるというシナリオを「黒い貴族たち」から授かっていた。

スティーブンソンはカナダの億万長者にして発明家、ボクシングのアマチュアの元ライト級チャンピオン。暗号名のイントレピッドは「大胆な」という意味である。

アメリカは、スティーブンソンがニューヨークで活動するような中央の秘密情報機関を持っていなかった。FBIは西半球のスパイ活動を扱っていたが、それ以外の世界は陸軍と海軍の情報部が扱っていた。スティーブンソンはドノヴァンに、アメリカにも中央秘密情報機関を作るべきだと指摘した。ドノヴァンはルーズヴェルトを説得した。

チャーチルもルーズヴェルトに手紙を書き、中央秘密情報機関の重要性を説いた。チャーチルとスティーブンソンの思惑どおりに事が運んだ。しかし問題が一つあった。FBI長官のエドガー・フーヴァーが、新機関の長に自分がなることを熱望したのである。「007」シリーズの作家イアン・フレミング（当時スティーブンソンの部下だった）がフーヴァーを説得する役を引き受けたがうまくいかなかった。最終的には陸軍長官ヘンリー・スティムソンがフーヴァーの野望を挫《くじ》いた。かくてドノヴァン将軍（大佐の資格を持っていた）が中央情報機関の長となった。

ハリマンは血族のドノヴァン将軍が中央情報機関の長となったので、アメリカとイギリスの情報をチャーチルとともに知り得る立場になった。ハリマンはソ連国内にも情報源を持っていた。当時、総合的な面から見て世界で一番の情報組織を持つのはユダヤ王ロスチャイルドであり、次がハリマンだったに違いない。

一九四一年一月以来、ハリマンはイギリスとアメリカを往復していた。アメリカにいるときはドノヴァンやスティーブンソンに会う機会が増えた。ハリマンはドノヴァンに、できるだけの軍事援助をアメリカ政府から引き出すようにしろと説得した。それはイギリスの「黒い貴族たち」の要求でもあった。ドノヴァンの組織は少しずつ大きくなり、ＯＳＳ（戦略事務局、ＣＩＡの前身）と呼ばれるようになった。スティーブンソンがチャーチルに送った手紙を見ることにしよう。

> ドノヴァンはノックス（海軍長官）には支配的影響力、スティムソン（陸軍長官）にはつよい影響力、大統領とハル（国務長官）には友好的で助言的影響力を行使している。他のいかなる人物よりもドノヴァンを通じてやれば無限に得られるものがあることには疑いがない。

ドノヴァンが「黒い貴族たち」のために「無限に得られるもの」を持っている可能性があるとスティーブンソンは書いている。このスティーブンソンとドノヴァンのルートと、チャーチルとハリマンのルートとの仲介をする役割をルーズヴェルトの息子ジェームズ・ルーズヴェルト大佐が担っていた。

ウォール街二番地にあったドノヴァン法律事務所の隣にあった合衆国旅券管理事務所を通し、スティーブンソン配下のイギリス工作員たちは特別旅券を用意してもらった。イタリア系のマフィアたちが刑務所から出て特別の旅券を貰い、イタリアのシシリー島上陸作戦に加わっていくのは戦争が終わりかける頃である。

スティーブンソンは後のCIA長官となるアレン・ダラス（ジョン・F・ダレスの弟）を味方とした。ダレスはドノヴァンの諜報活動に入っていった。スティーブンソンはダレスと組んでロックフェラー・プラザ三十番地の二十五階にいるテナントすべてを立ち退かせた。スティーブンソンは下の二十四階に英国商業会社を作り、ダレスは二十五階に情報調整官事務所の支部を開設した。こうして二つの階はダレスとスティーブンソンの秘密情報基地となった。スティーブンソンはロックフェラーのスタンダード石油を調査し、ロックフェラー財閥に脅しをかけた。

スタンダード石油はスペイン経由でドイツに石油を供給しており、危険かつ敵対的な敵国機関として活動している。

ビルを借りている店子を脅かすとその効果は倍増する。「アメリカ一の財閥、ロックフェラーよ、イギリス諜報活動の邪魔をするな」とスティーブンソンは脅迫して見せたのである。それは彼らの情報活動の邪魔をするなという意味も持っていた。ユダヤ王ロスチャイルドとアメリカの「合法的マフィア」の王ロックフェラーはこうして戦争中に大儲けしていくのである。

ロックフェラーのスタンダード石油とドイツのIGファルベンとは一九二七年に協定を結び、アメリカIGなる会社を設立した。そしてスタンダード・IG石油会社も生まれた。この会社が第二次世界大戦中においても運営されていた。このIGファルベンを支配し続けたのがハリマンと共同作戦をとり続けていたウォーバーグ一族である。スタンダード・IGなる石油会社に石油を運び続けた会社はウォーバーグとハリマンの共同経営の海運会社だった。

ユダヤ王ロスチャイルドのシェル石油が、オナシスの海運会社を使ってドイツに石油を運ぶ。ロックフェラーのスタンダード石油が、ドイツにある子会社にウォーバーグとハリマン共同経営の船で石油を運ぶ。そして戦争を長引かせる。これがユダヤ王ロスチャイルドのシナリオである。オナシス、ウォーバーグ、ハリマンはこのシナリオに協力したのだった。

スタンダード石油とIGファルベンは一つの密約を結んでいた。それは、戦争が始まる前のある時であるとしか分からない。戦後に密約の文書が見つかった。

「連合軍がドイツ軍に対して使用する軍需化学製品から上がる利益の二〇％は戦争中スタンダード石油が保管し、戦後、IGファルベンはその債権を行使することができる。IGのパテント使用に関してもスタンダード石油は戦後二〇％を返却する」

この文書は、戦後のドイツの復興計画が戦争前から決められていたことを示している。ロックフェラーは戦争であまりにも巨大な金を稼いだ。それゆえ、マンハッタンの一等地に、国際連合のための土地を無償で提供したのである。

この巨大なIGファルベンと軍需産業のクルップは、ハリマンのブラウン・ブラザーズ・ハリマンを通じてアメリカの資金の導入を得ることになった。ハリマンはまた、ヒトラーを育て上げていった。ハリマンが「世界の王」への道を歩み続けていったのは当然であろう。ヒトラー、IGファルベン、そしてクルップを育て上げた。

ドイツの敗戦はシナリオ通りであった。彼らは何ら心配することがなかった。IGファルベンもクルップも、戦後にちゃんとユダヤ王ロスチャイルドとロックフェラーたちから報奨金をもらって大繁栄するのである。どこに損があろうかと、「黒い貴族たち」や「合法的マフィア」たちはうそぶいている。しかし数千万の人々が死に、数億単位の人々が財産を失ったのである。

スティーブンソンの伝記の一つに『イントレピッドと呼ばれた男』がある。その本の中に、スティーブンソンがルーズヴェルトを「大統領はわれわれの側の一人だった」と語る場面がある。「われわれの側」とは「黒い貴族たち」の側のことであり、イギリス国民とは何ら関係がない。ルーズヴェルトは「戦争の黒い犬」であると私は書いてきた。

スティーブンソンの友人ゴトフリー少将が一九四一年六月十日、ルーズヴェルトをホワイトハウスに訪ね、ドノヴァンを中央情報機関の長にするように勧めた。イアン・フレミングはロンドン宛てに報告書を送った。

ドノヴァンの計画が直接大統領とスティーブンソンの間で検討され、ドノヴァン大佐が情報調整官として適任者ということで大統領に推薦されました。

ドノヴァンは情報調整官に就任した。この就任に一役買ったフレミングは、ドノヴァンから「特別の任務のために」という文字の刻まれた三十八口径のコルト・ポリス・ポジティブ回転式拳銃を贈られた。その銃を持ってリスボン行きの旅客機に乗ったフレミングは、ジェームス・ボンドのモデルとなるユーゴズラヴィア生まれのドゥシャン・M・ポポフを追跡する。フレミングの最初の小説『カジノ・ロワイヤル』はこのポポフがモデルである。

ルーズヴェルトは情報に何らかの濾過《ろか》装置が必要であることをゴトフリーに認めたという。六月十八日、ドノヴァンはルーズヴェルトから濾過装置についての許可を得た。かくて、FBI、陸軍、海軍などの情報部のビッグ・スリーを超えた対情報収集工作の幕が切って落とされた。スティーブンソンはチャーチルにこのことを知らせた。

ワシントンで何カ月も戦い、策を弄《ろう》したあげく、意中の人物が収まる所に収まり、私がどれほど安堵したかはご想像にまかせます。

ドノヴァンとFBI長官フーヴァーの確執が続いた。しかし、フーヴァーはドノヴァンの本当の仕事の内容を知ることはなかった。ドノヴァンは日本を極限状況に追い込み、アメリカを第二次世界大戦に参入させるための役割をルーズヴェルトとチャーチルから授けられたのである。

ドノヴァンは国務省、内務省、商務省の法律作成を担当する高級官僚に的を絞って行動を開始した。当初、ルーズヴェルトはドノヴァンに「情報調査官」という役職を与えた。ドノヴァンは情報を収集し、その情報を調整する。すなわち、情報をもとにしてアメリカをいかにして第二次世界大戦へと導き得るのかを研究し、そして実行に移していったのである。真珠湾攻撃は一九四一年六月にすでにアメリカにおいて決定済みであった。

『イントレピッドと呼ばれた男』の中で、チャーチルがスティーブンソンに「われわれにはロックフェラーとロスチャイルドが必要だ」と語る場面がある。スティーブンソンはチャーチルに次のように答えている。

私はロックフェラーを何とかできます。われわれを支援させましょう。援助の見返りにはわれわれの極秘情報を提供できますからね。

チャーチルがロスチャイルドの「戦争の黒い犬」であることが、この記述からも分かるのである。チャーチルはアメリカを第二次世界大戦に引き込むための工作をスティーブンソンに命じた。その第一の鍵がロックフェラー財閥であった。スティーブンソンはロックフェラーを説得する役を買って出た。ロックフェラーはドイツに石油を送っていた。スティーブンソンは戦争がいかに儲かるかを説得したに違いないのである。第二次世界大戦がすべて八百長であったことは、この『イントレピッドと呼ばれた男』を丹念に読めば理解できるのである。

一九四一年八月、ハリマンは親友のジェームス・ウォーバーグをウィリアム・ドノヴァン大佐の特別補佐官にしてやった。ロスチャイルドと並ぶドイツのユダヤ人ウォーバーグ財閥の一人が日本とドイツに対するアメリカ参戦を企画するのである。ドイツのウォーバーグ財閥がロックフェラーのスタンダード石油のタンカーをヒトラーのナチス・ドイツ軍に運ぶ役を受け持っていたのである。

ジェームス（通称ジミー）・ウォーバーグは各国向けの宣伝方針を策定する最高責任者となった。ウォーバーグは高級ホテルのクレリッジスの最上階に執務室を構え、ハリマンの指示を受け、ドノヴァンとスティーブンソンの仲介役をこなし、ナチス・ドイツと日本を、アメリカと参戦させるための機密文書の作成に取りかかっていった。彼はドイツのウォーバーグ家と連絡をとり、ヒトラーをアメリカ参戦へと向かわせていくのである。

人類はそのすべての恐怖とともに

ウィリアム・ドノヴァンの仕事の中心は日本であった。平日の朝九時半、ワシントンの議会図書館の一室に、ある学者たちのグループが集まり、大きな戦略世界地図を背景にして議論を闘わし始めた。彼らが最優先課題としたのは「日本に関する全体的な状況」についてのデータを集めることであった。グループの正式名称は「アナリスト委員会」である。しかし、彼らは「枢機卿カレッジ」とか「弱視者旅団」とか、自嘲気味に呼んでいた。ドノヴァンの情報調整官事務所が彼らを集めたのだった。アーラム・カレッジの哲学科教授ケネス・ランドンが委員長の役を引き受けた。彼は大学を休職し、この委員会をリードして学者たちの討論のデータをドノヴァンに提供し続けた。この委員会の初会合の席にルーズヴェルト大統領の息子ジェームズ・ルーズヴェルト大佐がやってきて一席ぶった。

私の仕事は、父の要求通り、他の諜報機関が「国家の安全にかかわるすべての情報」を引き渡すよう礼儀正しく圧力をかけることだ。

ジェームズ・ルーズヴェルトはドノヴァンと一緒に情報調整官の役を果たしていった。彼は父親の代理としてさまざまな分野に顔を出した。FBI長官のフーヴァーでさえ、ドノヴァンは無視できてもジェームズ・ルーズヴェルトを無視することはできなかった。

イアン・フレミングの「007」のモデル、ポポフがパンナム機でニューヨークにやってきたのは一九四一年九月十七日だった。彼は二重スパイで、ナチス・ドイツから金を貰っていた。十月のある日、ポポフはFBIに一つの文書を提出した。その文書の中には「真珠湾を調査せよ」というナチス・ドイツの資料が入っていた。

ナチス・ドイツがポポフに課した秘密の任務は、真珠湾のステート埠頭、および発電施設、作業場、給油施設、第一乾ドッグ、および建設中の新乾ドッグの正確な詳細図面と状況スケッチ、潜水艦基地の詳細（状況図）、機雷捜索隊の所在……などであった。

日本はナチス・ドイツに真珠湾のデータを依頼していたのである。日本はすべての無線がイギリスの諜報機関に解読されていることを知らなかった。チャーチルは日本の真珠湾攻撃が近いことを知っていたのだ。

FBI長官補佐のフォクスワースはこの情報をドノヴァンに伝えなかった。しかし、ジェームズ・ルーズヴェルトはFBIの別ルートでこの情報を知り、ドノヴァンに報告していた。ドノヴァンは部下に、「年末より前に、アメリカは戦争に引きずり込まれるだろう」と口にした。

ルーズヴェルトはこの戦争の意味を知り尽くしていた。彼が一九四一年一月二十日、チャーチルに送った手紙がチャーチルの『第二次大戦回顧録』の中に載っている。

親愛なるチャーチル

ウェンデル・ウィルスキーはこれを貴下に呈するでしょう。彼はこちらで戦争を閉めだすことに本当に尽くしています。私はこの詩がわれわれと同様に貴国民にも当てはまると思います。

進め、おお、国の船よ！
進め、おお、強大なる連邦よ！
人類はそのすべての恐怖とともに

この詩はロングフェローの作である。人類は「そのすべての恐怖とともに」、ルーズヴェルトとチャーチルにより生かされていくことになる。この歌は、ルーズヴェルトがナチス・ドイツと日本帝国と戦うぞ！　と宣言した歌であると私は思う。大統領補佐官ホプキンスに宛ててチャーチルは二月二十八日に電報を打った。

いつ武器貸与法案が通過するであろうか知らせて下さらんか。当方の苦痛は日と共に募りつつある。

すると、間もなくアメリカからの吉報がチャーチルのもとへ届いた。彼の『回顧録』を見る。

武器貸与法案は議会を通過し、三月十一日、大統領の熱心な裁可を経た。ホプキンスは一番早く私にそれを知らせてくれた。それはわれわれにとって慰安であると共に拍車であった。物は出て来るのだ。われわれはそれを運びさえすればよかったのだ。

三月十一日、武器貸与法が成立し、アメリカは武器の大量生産を一段と図っていく。真珠湾を攻撃させる体制がこの日に完成したといえよう。さて、この成立の二週間前の二月十五日、チャーチルはルーズヴェルトに手紙を出している。日本に関するものだ。

現在の日本は英米両国との戦いを招くことを、戦いに挑むことを辞さないであろうと信ずるものであります。私個人としては、そのような場合の生じることは、全くないと思うのですが、これは誰にも明言できぬことであります。二重戦争についての恐れを日本に吹き込むために、あなたが成し得ることは、何事によらず、この危険を防止することになるかと思います。もし、日本が参戦して、われわれが単独であったなら、その結果の重大性は容易に誇張できるものではありません。

ルーズヴェルトに日本の恐怖を吹き込んで、日本に対して何らかの処置をとれとチャーチルは迫ったのである。

ハリマンがドノヴァンと同時に、ルーズヴェルト大統領の陣容に入れるために動かした人物がいた。その男の名はヘンリー・スティムソンという。ハリマンの古い友人の一人である。スティムソンは、ウォール街の著名な弁護士であり、共和党員にして、フーヴァー元大統領のもとで国務長官を務めていた。ハリマンの要請を受けてスティムソンはルーズヴェルトに会い、一九四〇年の夏に陸軍長官となった。陸軍長官は、正しくは国防長官の意である。同じ共和党員で弁護士のフランク・ノックスは海軍長官に迎えられた。ここに民主党と共和党の挙国一致内閣が誕生する。

スティムソンはフーヴァー大統領の時代、国務長官として日本に対して強硬に行動せよと言い続けた男であった。満州事変のときには自ら国際連盟に働きかけ（アメリカは国際連盟に加入していなかった）、満州における日本の行動を調査するようリットン調査団に迫り、マッコイ将軍一行を調査団に加えさせた。日本が国際連盟を脱退する原因の一つをスティムソンが作ったのである。

彼は一九四〇年に次のように語っている。

昔から日本は、アメリカがその明確かつ断固たる極東政策遂行の意見をはっきりした言葉と大胆な行動によって示せば、たとえそれが日本自身のアジア政策や権益と衝突する場合でも、アメリカの政策に屈してきた。

スティムソンは、アメリカが「世界の治安維持にあたるべきである」という確信を抱き、その実現に突進した男として知られていた。彼の尊敬する人物はセオドア・ルーズヴェルト大統領だった。彼はタフト大統領には陸軍長官として、クーリッジ大統領にはフィリピン総督として、フーヴァー大統領には国務長官として仕えた。フィリピン総督のときには「彼らを向上させ、文明化し、キリスト教に改宗させる」というマッキンレー大統領の決定を遵守した。彼はフィリピン人を「極東におけるアメリカ理想主義の通訳」と言っていた。キリスト教、アメリカの理想主義、アメリカの経済文明が中国の近代文明に必要であり、それに相反する日本を叩けと叫んでいた。アメリカの理想に逆らう「ジャップ」を憎しみ続けていたのだ。

スティムソンはハリマンと同じエール大学出身。しかもスカル&ボーンズの会員であった。ハリマンと同様、「神のため、国のため、エールのため」というモットーに生きてきた。ハリマンの先輩として、ウォール街でハリマンの仕事を手伝うパートナーとして、深い友情で結ばれていた。

スティムソンは黒い貴族の中でも特別の存在だった。ユダヤ王ロスチャイルドに最も近い人間であったからだ。世界権力(ザ・オーダー)の中にいたのである。大統領を動かすアメリカの黒幕だった。

一八九〇年、若きヘンリー・スティムソンはエール大学を卒業した。それからハーバード・ロースクールへ進み、卒業後はルート・ロー・ファームという法律事務所に入った。一般にはルート&クラークと呼ばれていた。一八九七年にはルート・ウィンスロップ&スティムソンと呼ばれるようになった。そして一九〇一年にはウィンスロップ&スティムソンとなった。

スティムソンはチャールス・A・ホワイト(ザ・オーダー)の娘、マーベルと結婚した。彼は法律家としての才能を認められ、第一次世界大戦のとき(一九一一年)に、タフト大統領により陸軍長官に任命された。一九一七年から二二年まで軍隊に入り准将、一九二七年にはフィリピン総督になった。一九二九年ハーバード・フーヴァーは彼を国務長官に任命した。そして一九四〇年に、共和党員であるにもかかわらず、ルーズヴェルトは彼を陸軍長官(実質的な国防長官)に任命した。

フーヴァー大統領のもとで国務長官を務めていたヘンリー・スティムソンは、一九三三年一月に「スティムソン・ドクトリン」を発表していた。その内容は中国の主権を謳う九カ国条約を楯に、いかなる侵略による領土の変更も認めないとするものであった。

大統領就任式まであと二カ月と迫った一九三三年一月九日、ルーズヴェルトはハイドパークの私邸にスティムソンを迎え、五時間に及ぶ二人だけの会談をした。この会談から一週間後、ルーズヴェルトはスティムソン・ドクトリンの支持を表明する。産経新聞取材班の『ルーズベルト秘録』の中に、ルーズヴェルトのブレーンのレイモンド・モーレイが嘆く場面が描かれている。

「……極東に大きな戦争を招く政策を支持したのと同じことだ。いずれ米英が日本に対して戦争を仕掛けることになるかも知れない」

モーレイの予言は見事に的中した。あの五時間に及ぶ会談こそが、世界権力（ザ・オーダー）がルーズヴェルトを見事に説得し終えた証左であった。

ルーズヴェルトは大統領に就任する前に、真珠湾攻撃のスケジュールをスティムソンから知らされていたものと思われる。

一九三二年、国務長官だったスティムソンはイギリスのサー・ジョン・サイモンに、「上海に対する日本の攻撃は道徳的問題にかかわると同時に、アメリカにとって金銭的価値にかかわる問題である」と主張した。これがアメリカの門戸開放の真の意味であった。

ルーズヴェルトの見張り役であるラファイエット・パークのバーナード・バルークのお目に適《かな》ったスティムソンは、「ジャップスに真珠湾をやらせよ」を実現させる役を引き受けたのである。

大統領も国務長官も、ロックフェラーやモルガンやハリマンたちより権力を持っていないのである。アメリカを実質的に支配するのは「合法的マフィア」たちである。そして彼らの背後にユダヤ王ロスチャイルドがいて、「合法的マフィアたち」を操るのである。

アイゼンハワー大統領時代の国務長官、ジョン・F・ダレスについて書く。

ダレスは大学卒業後ニューヨークで弁護士をしていた。第一次世界大戦中、戦時産業委員会の委員長バルークに見出されて彼の下で働き、一九一九年、ヴェルサイユ講和会議のアメリカ代表団顧問となり、黒い貴族たちに認められた。また、ハリマンの法律顧問となり、ヒトラーにアメリカ資本を貸し出す役割を与えられた。その功績ゆえ日本の講和条約の責任者となり、後に国務長官となる。『合法的マフィア』の下で働く一介の政治屋だ。

一九四一年七月、バルークの意向を受け、ユダヤ人の財務長官モーゲンソー・ジュニアを使ってルーズヴェルトを説得し、在米日本資産凍結をあっと言う間にやってしまったのはスティムソンとアチソンだった。ユダヤ人が経営する、あのニューヨーク・タイムズさえ、「戦争に次ぐ強硬措置」と書いた。

そして石油禁輸である。日本への石油禁輸を直接ルーズヴェルトに進言したのはハリマン一派のディーン・アチソン（当時経済担当の国務次官補）であるが、スティムソンとハリマンの影響力が大きい。日本には石油禁輸、ドイツには石油を与え続けるというわけである。

一九四一年五月七日、ハリマンは武器貸与局給配係としてロンドンへ旅立つ前に国務長官のコーデル・ハルと会談した。ハルは次のようにハリマンに語った。以下は『チャーチルとスターリンへの特使』からの引用である。

私は太平洋上における海軍の無活動状態が続いていること、海軍が日本とのトラブルを発展させせないようにしているのを見て不安にかられている。真珠湾とオランダの極東支配地域をクルージングしろという私の忠告に海軍は抵抗した。日本の冒険を思いとどまらせるためなのに。日本軍は極東のある戦術的地点を征服しようとの誘惑に駆られているのだ。海軍はハワイに主要軍艦を停泊しておくと強硬に主張している。

ハリマンは港の名前が何であるかを聞いている。「パールハーバー」だとハルは答えている。この談話を読んでも、陸軍長官スティムソンと海軍長官ノックスの意向が見えるのである。日本に好き勝手な真似をさせておけ！ という戦略である。

ハリマンは心の中でハル国務長官を笑っていたであろう。ハリマンは同じ日にスティムソン陸軍長官にも会っている。スティムソンはハリマンに次のように語っている。

ここ数年のヨーロッパ第一義的な戦略は海軍の長老たち、再編された不干渉主義者たち、そしてダグラス・マッカサー元帥をひどく怒らせている。大西洋戦争は戦争の決定的な劇場となった。アメリカは極東へと行動をそらすべきではない。イギリスに対する援助の効果が弱まるからだ。

スティムソンは日本が必ず罠にはまると考えていた。アメリカはヨーロッパで全力を発揮すべきだとハリマンに説いた。アメリカ海軍は、ドイツの潜水艦に沈められようともイギリスに必要物資を運ぶのが主要任務であるとハリマンに説明した。ハリマンもスティムソンに同意した。

一九四一年七月二十四日、ルーズヴェルト大統領はニューヨーク市長ラガーディアに伴われた義勇協力委員会の一団と引見し、次のように語った。

……日本は自己の石油資源を北方に持っていなかった。従って、もし、米国が日本に対する石油供給を停止したとしたら、日本は一年も前に蘭印《らんいん》に押しかけて行って、既にその地域での戦争はとっくに起きていたことであろう。そこで、言ってみれば、われわれ自身の利益のため、英国の防衛のため、また大きくは海洋の自由のために、南太平洋での戦争防止を期待して、日本に石油を供給するという「手」があったわけで、この「手」が二年間役に立った。

アメリカは、日本を戦争に誘い込むために、二年間という有効な「手」を使って準備していたとルーズヴェルトは語ったのだった。翌々日の二十六日、ニューヨーク・タイムズは「ルーズヴェルト大統領は今夜米国における日本資産の全部を凍結した。かくして米国は日本に対し、戦争の一歩手前とも思われる最も徹底的な打撃を与えた」と報じた。

この凍結令の運営委員会の委員長に、ハリマンの友人にして部下のディーン・アチソンが任命された。

ルーズヴェルトは自分の名が歴史の中で汚《けが》れていくのを自覚するようになった。日本と妥協しようと試みだすのであった。真珠湾攻撃の半月前の十一月下旬、日本側の最終提案を一部修正の上で受け入れようとした。

陸軍参謀総長のマーシャルも海軍作戦部長のストークも、戦争をする準備がまだできていないとしてルーズヴェルトの政策に賛成した。

スティムソンはこのことを知るとマーシャルとストークを恫嚇《どかく》した。

「ノーだ！　なんと言ってもノーだ！」

ハリマンの部下のファイスを中心に、ユダヤ王ロスチャイルドの血肉にしてロシアのスパイであるホワイトが「最後通牒」を作成し、ハル国務長官に一方的に押し付けた。ハルは仕方なく日本に渡した。

「ジャップスに真珠湾をやらせろ！」。耳を澄まされよ、ジャップスと蔑《さげす》まされた日本人たちよ。アメ公たちの声を聞け。

スティムソンはハリマンの考え、「世界を支配する者は西洋か東洋か、宿命的に両文明は対決し決着のつく日がやって来る」と信じていた。日本の軍人たちが信じていたように。真珠湾がその決着になるだろうと日本の作家たちは本に書いていた。アメリカは日本との戦争が起こることを確信し、決着をつけるために未来を先取りしようとしていた。その思想の最大の信奉者がスティムソンであり、「合法的マフィア」の闇の権力者たちは、この男の思想と決断力を信じて陸軍長官に仕立てたのであった。

アメリカ大統領は、国務長官や財務長官、陸軍長官などの要職を、闇の権力者たちから提供されている。

戦争は一日一日と迫っていた。国務長官でありながら、コーデル・ハルはルーズヴェルトから冷たくあしらわれていた。ハルはテネシー州選出の上院議員で、一九三三年、ルーズヴェルトを民主党の大統領候補に指名させるのに誰よりも力を尽くしていた。ほとんどの民主党員は、一九四〇年には二期務めたルーズヴェルトの後継者としてハルが大統領になるだろうと信じていた。

ハルは正統派の政治家だった。スティムソンのやり方には反対していた。日本との現状維持協定（日本とアメリカは向こう三カ月間、極東情勢を凍結し妥協点を求める）を提案し、ルーズヴェルトに日本との関係改善を迫った。このハルの政策を知ったチャーチルは十一月二十五日（真珠湾攻撃の二週間前）、ルーズヴェルトに打電した。

もちろんこの問題の扱いはあなたの責任ですし、われわれとしてもさらに新たな戦争をすることは望んではいない。ただ、われわれの気にかかる問題が一つある。蔣介石はどうなるのか。彼には乏しい食餌しかないのではないのか？　われわれの心配は中国のことである。彼らが崩壊すれば、われわれ両国の危険は途方もなく増大するだろう……。

この電報を送った頃、アメリカ武器貸与法の優先順位は、一位がイギリス、二位がソヴィエト、三位が中国であった。しかし、中国は武器貸与の全体の一・七％に過ぎなかった。しかもチャーチルは蔣介石をなめていた。

チャーチルのイギリスは中国のために何をしたのか？　大量にアヘンを売りつけ、苦力《クーリー》を奴隷のごとく世界に売りさばいた国ではなかったのか？

「われわれ」という言葉をチャーチルは多用する。これは、ユダヤ王ロスチャイルドが支配する「われわれ」という意味なのである。ユダヤ王ロスチャイルドが新しい戦争を欲しているのだ。逆らえばお前も俺も殺される運命にあるのだと、ルーズヴェルトに訴えているのである。

日本は艦隊を動かし始めた。決して邪魔をするな、決して、決して……。チャーチルはルーズヴエルトにメッセージを送り続けた。その一方、チャーチルは閣議で、「日本がアメリカを攻撃すれば一時間以内に宣戦布告する」と言明した。

十一月二十九日、ルーズヴェルトはドノヴァンとスティーブンソンの秘密ルートを通じて、日米交渉の決裂と、アメリカ軍は日本の真珠湾攻撃の後二週間以内に行動を予定していることをチャーチルに極秘裡に伝えた。真珠湾攻撃まで十日と迫った日の決断であった。

十一月二十五日、ハル・ノートが日本に送られた。スティムソンの意向でホーンベックが修正文を書いた。スティムソンがハルに電話すると、ハルは「ジャップに覚書を送ってやったよ。私はもうこの一件から手を引く。あとは君とノックス将軍と海軍の問題だ」と、半ば投げやりに答えたのである。

十一月二十七日、宮中で開催中の連絡会議にこのハル・ノートが伝えられた。

「これじゃあ最後通告じゃないか！」

そこにいた日本人、皆がそう思った。ハル・ノートにはタイとインドネシアから撤退せよというアメリカの要求が書かれてあった。日本が一方的な南進を強引に推し進めたのが原因には違いなかった。しかしたとえそうであれ、一方的に、しかもその当時としては不可能な「撤退」を要求されて、日本は退路を断たれてしまった。

スティムソン、その背後で操ったハリマン一派の勝利の瞬間だった。ハル国務長官はハル・ノートを最後にして外交の指導権を陸軍と海軍に奪われてしまった。外交の時は終わりを告げ、戦争の時が始まったのである。ハリマン配下のファイスはスティムソンの秘書となるために国務省から陸軍省へ移った。ハリマンは陸軍を支配すべく動きだした。

ルーズヴェルトは十二月五日、真珠湾攻撃の二日前、駐フランス大使でハリマンの友人、策謀家でもあるウィリアム・ブリットからヨーロッパ情勢の説明を受けた。ブリットはルーズヴェルトに「チャーチルとの間に大西洋憲章とは別の、より具体的な協定は締結するな」と警告した。

また、バーナード・バルークはルーズヴェルトに、「ケインズ卿の経済政策を放棄しろ」と迫った。ケインズはルーズヴェルトのためにニューディール政策を立案した一人であった。ケインズは「軍需よりも民需を通じて国家は財政投資すべし」とルーズヴェルトに助言していた。

今やすべては軍需産業のために、という方針になった。ルーズヴェルトは真珠湾攻撃が決定的になった十日間に闇の権力者たちから多くの助言を受けた。ハルは駐米大使のハリファックスを国務省に迎え、「自分は日米関係については手を引いた」と述べた。そう語った後に、「すべては陸軍と海軍の手の中に……ある」と付け加えた。

スティムソンの十一月二十五日の日記を見ることにしよう。

その日、大統領から「われわれはおそらく次の月曜日に攻撃を受けるであろう」という警告があった。……問題は、こちらの危険をできるだけ少なくして相手から先に攻撃の矢を射かけさせるように、どうやって仕向けるかだ。

真珠湾攻撃を待ち望むスティムソンの気概が伝わってくる。

ジョン・フォスター・ダレスはヒトラー支援のために、アメリカの銀行、大手兵器産業のために働いていた。十一月末、ダレスは「アメリカ第一運動」グループを支持しつつ、「日本がわれわれに戦争を仕掛けようとしていると考えるのはヒステリーの妄想だ」と言った。ダレスは真珠湾攻撃を隠す役割を演じていた。ダレスはロックフェラーのスタンダード石油をペルー経由でナチス・ドイツに石油を運ぶ契約をヒトラーと結んだ男である。ナチスが滅びるまでこの契約は生きていた。ジョセフ・ケネディ（駐米大使を務めていた）は、「民主主義のためにイギリスが戦っていると主張するのはまやかしだ」と言った。

ケネディはすべてを知り尽くし、軍需産業の株を買い漁って巨利を得ていくのである。

十一月二十八日、スティムソンはルーズヴェルトに会った。ルーズヴェルトは蓄膿症の悪化のためベッドの中にいた。スティムソンはルーズヴェルトに言った。

「われわれには三つの選択肢があると思う。第一は何もしないこと。第二は、どうなればこちらが戦うかという線を明記した最後通告のようなものをもう一度出す。第三は直ちに開戦する」

スティムソンが「私は第三の方をとりたい」と言うとルーズヴェルトは黙っていた。

その日の正午、スティムソン、ノックス、ハル、スターク、マーシャルの五首脳が会議を開いた。スティムソンは即開戦論をぶった。残りの四人は、「ある地点、ないしは特定の線を越えれば開戦」という警告を日本へ送れとスティムソンに言った。スティムソンは四人を怒嚇した。かくて日本は真珠湾を攻撃するのである。

ある「風の物語」

少しだけ別の面から第二次世界大戦を見てみよう。ルーズヴェルトとチャーチルが一九四一年八月十日に戦艦プリンス・オブ・ウェールズの艦内で日本について語り合ったことは前章で書いた。

この会談の一カ月前に、ルーズヴェルトはある重要な行政命令を出していた。チャーチルと会見する八月十日の時点で、ルーズヴェルトはチャーチルの要請に応じて対日戦に参戦すると、はっきりと明言したと思われるのである。

その行政命令とは在米日本資産の凍結であった。この政策には、後に国務長官となるディーン・アチソンが深く絡んでいた。この七月の行政命令のときには、アメリカは全面的な対日通商禁止は明言しなかった。しかし、アチソンはルーズヴェルトに内密の承諾を取り、「アメリカ政府は今後、日本との通商に対していかなる資金投入も認めず、輸出許可証も発行しない」と発表した。これは事実上の通商禁止に他ならなかった。

この行政命令の拡大解釈により、一九四一年七月二十五日以降、日本に石油が入ってこなくなった。後年、この石油禁輸について多くの問題点が指摘された。

大統領が承認した実際の規則では、日本の石油の注文に対してそのつど調査し判定するとなっていた。この石油禁輸が日本の真珠湾攻撃の直接の原因となっていくのである。

それでは、日本を戦争へ、真珠湾へと導き、石油禁輸を演出したディーン・アチソンを見ていくことにしよう。ハリマンの影がまたもや浮かび上がってくる。

ディーン・アチソンはハリマンと同じグロートン校とエール大学の出身。ハリマンの後輩である。しかも、スカル&ボーンズの洗礼を受けた男である。出身はゴスフォード伯爵家。J・P・モルガン家とも血のつながりがあった。したがって彼は卒業後、JPモルガン商会に勤めた。

従兄のゴスフォード伯爵はイギリスのロスチャイルド家とは商売面での取引があった。アチソンはハリマンとゴスフォード伯爵、及びロスチャイルドのルートに乗り、国務省に入った。

国務省では親ソヴィエト派となり、大統領補佐官のアルジャー・ヒス、ロックソン・カリー、ハリー・デクスター・ホワイトらを操ってスパイ活動し、重要書類をハリマンに渡す役割を引き受けるようになった。ルーズヴェルトを親スターリンにすべく暗躍したのだ。

一九四八年八月三十日、下院非米活動委員会に喚問された国務省次官A・バーリ二世は、「アチソンは国務省内の親ロシア・グループのボスだった」と証言している。

バーリ二世のボスであるディーン・アチソンのボスが、ハリマンだった。しかし、バーリ二世は「アチソンのボスはハリマンだった」とは証言し得なかった。見えない政府や合法的マフィアの恐怖を知っていたからだ。もしアメリカの中枢を支配するハリマンについての真実を語れば、この世から消えていく以外になかったのである。アチソンは小物だった。たとえ、トルーマン大統領の下でその数年後（一九四九年一月）に国務長官になろうとも。

アチソンは日本への石油禁輸をなし遂げただけではない。ヒトラーのために石油を確保する工作も続けた。見えざる世界政府から石油を提供してもらえなかったら、ヒトラーは戦争を続けることができないからである。すでに書いた通り、ヒトラーはアーサー・デタディング卿から、いかなる状況になろうともダッチ・シェルの石油を提供されるとの約束を受けていた。

アメリカはどうか。アチソンはロックフェラーのスタンダード石油に、ヒトラーへの協力を要請した。アチソンの背後で「イントレピッド」と呼ばれたスティーブンソンと「ワイルド・ビル」と呼ばれたドノヴァンのOSS長官が動いた。かくてナチス・ドイツはロスチャイルドとロックフェラーの全面的協力を得て、第二世界大戦中に石油で不自由する事態に陥ることはほとんどなかった。アリストテレス・ソクラテス・オナシスの巨大タンカーは一隻として沈められることなく、ロスチャイルドとロックフェラーの石油をナチス・ドイツの軍事基地に運んだのである。

しかし、日本は屑鉄さえ禁輸となった。ヒトラーはボールベアリングが手に入らないから戦争は不可能だと、見えない世界政府の使者に告げた。ハリマンはアチソンに処置を命じた。SKF（スウェーデンの世界最大ベアリングメーカー）のアメリカ工場はフィラデルフィアにあった。アチソンは、この工場が敵性施設に指定されると政治力を発揮し、部下たちを使いリストからSFKを外させた。J・P・モルガンとロスチャイルドはハリマンの要請を受けてアチソンに全面的に協力した。かくてヒトラーは第二次世界大戦中、ボールベアリングをSFKから貰い受けた。これが戦争なのだ！

同じSFKのボールベアリングを使用した高射砲を、ドイツの軍人もアメリカの軍人も撃ち合って、死んでいったのである。いいタマだ！　SFKのボールベアリングは。

このSFKとダイナマイトのノーベル社がスウェーデンの兵器産業の代表格である。この二社は見えざる世界政府と地下深く結ばれていて、ナチス・ドイツを戦争に導き入れ、日本に真珠湾攻撃をさせたのである。ノーベル賞とは何か？　見えざる世界政府に貢献した者だけに授けられるダーティこの上ない賞である。読者はノーベル賞を少しは理解できたであろうか。

ジェーン・アダムスがノーベル平和賞を授与されたことはすでに書いた。彼女はソヴィエトを「平和の国」と言い続けたおかげで、見えざる世界政府に貢献したとして平和賞を授与された。彼女以外のノーベル平和賞も以下同文である。

話は少し横道に逸れるが、アリストテレス・ソクラテス・オナシスについて書くことにしよう。オナシスが歴史の表舞台に姿を見せるようになったのは、ジョン・F・ケネディ大統領の夫人であった「ジャッキー」と後に結婚したためである。ジャッキーことジャクリーンとオナシスが結婚したとき、ケネディの友人たちは、「きっとあの女のスカートの下がスペシャルなんだぜ」と悪口を言った。

オナシスが「ジャッキー」とどうして結婚したのか疑問が残る。まさかジャッキーのスカートの下ではあるまい。オナシスは多くの美女を愛人にしていた。あの世界的なプリマドンナのマリア・カラスも愛人の一人だったのだ。

フランスのユダヤ王ギ・ド・ロスチャイルドは、フランスの作家ロージュ・ベルフィットとその著書『ユダヤ』の発行人を裁判所に訴えた。この本の出版社はフランスでは権威ある「フラムマリオン」だ。その本の内容を記すことにしよう。

ユダヤ人はフランス人の生活の全分野で重要なポストを占めており、全世界の政治的、社会的、金銭的活動の大多数はユダヤ人である。ちなみにその中の若干は「隠れユダヤ」

で、彼らがユダヤ出身であることを誰も疑っていない。次の人たちが隠れユダヤの代表である。暗殺された米国大統領ケネディ、現大統領ジョンソン、フランス大統領ド・ゴール、英国女王エリザベス、彼女の夫フィリップ殿下、元西独首相アデナウアー、スウェーデン王家、ハプスブルク家、スペインの独裁者フランコ、キューバ独裁者フィデル・カストロ。

フランスの法廷はユダヤ王のギ・ド・ロスチャイルドの訴えを斥《しりぞ》けた。どうしてか。それはいたって単純である。彼らはすべてユダヤ人であるからである。

この真実は二重の意味で保証された。ニューヨークで発行されているロシア語のユダヤ新聞「ノーボェ・ルスコエ・スローポ」(一九六五年七月七日付)がこの裁判記録を世に出したのである。真実であるとこのユダヤ新聞は事実を認めたのだ。ヒトラーもユダヤ人の可能性がある。スターリンもレーニンもユダヤ人である。

私が書き続けている「見えざる世界政府」の真相がここにある。ロックフェラー家もユダヤである。あのキューバの英雄フィデル・カストロは、見えざる世界政府の隠し玉である。彼については後章で真実の姿を読者に知らしめよう。

ド・ゴールは、見えざる世界政府の意に添わない行動ゆえに幾度も暗殺されそうになった。ケネディはこの政府により暗殺された。ユダヤ人がユダヤ人を殺すのである。ケネディがユダヤ人である証拠はない。いくらか血が混じっているということであろうか。ケネディの父はユダヤ人を嫌っていた。しかし真相は隠されているのかもしれない。

ケネディがパリに滞在していたとき、ジャッキーがラジオ放送で「私もフランス女です」と見得《みえ》を切った。フランスの新聞は次のように応えた。

「その通りだ。ジャッキーの祖父はフランス系ユダヤ人だ」

オナシスは同じ民族の女を嫁に迎え、ユダヤ王ロスチャイルドに恩を返したのである。

さて、私たち日本人は、ルーズヴェルト、トルーマン、アイゼンハワー、ケネディ、ジョンソンと続く大統領がすべて隠れユダヤ人であるという事実を知って、歴史を見る必要がある。横道に外れてしまった。本筋に返ることにしよう。


パールハーバーの悲劇の背景を見てきた。アヴェレル・ハリマンの行動を通して日本の悲劇を見てきた。ロスチャイルドとロックフェラーのユダヤ財閥の力添えを得たユダヤ人オナシスはヒトラーに石油を供給し、戦争へと導いた。

今日の日本人は、もう一度、パールハーバーの悲劇を迎えつつあるのではないだろうか。日本は砂上の楼閣ならぬ油上の楼閣の国ではないのか。

日露戦争のときから、日本は悲劇を約束された国であった。アメリカから屑鉄を買い入れて軍艦と飛行機を作り、その軍艦と飛行機を動かすためにアメリカから石油を買った。日本は大国でも何でもなかったのだ。あのパールハーバーの前からアメリカに完全に操られていた。日本の悲劇は、太平洋戦争は、必然の結果だったのだ。

一九四一年十一月一日、チャーチルはロンドン市のギルトホールで演説した。


……もし鋼鉄が現代戦争の根本的基礎であるならば、年間約七百万トンに過ぎぬ鋼鉄を生産している日本のような国が、現在九千万トンもの鋼鉄を生産している米国との闘争に全く不必要に挑戦するのは、どちらかと言えば危ないことのように思えます。

十二月二日、イギリスの戦艦プリンス・オブ・ウェールズとレパルスがシンガポールに到着した。シンガポール！　この難攻不落の伝説の島にまた一つ大きなシンボルが加わった。しかし、この両艦の目的をしっかりと見定めていた南アフリカのヤン・スマッシュ首相はチャーチルに電報を送った。「日本軍が本当にすばしっこくやるとすれば、ここに第一級の悲劇が始まります」

シンガポール陥落の後、アメリカ国務省の高官は、「オランダ領東インド、フィリピン、ビルマ、インドの先住民の目に、白人、特に大英帝国とアメリカ合衆国の白人の威信を限りなく低めるだろう」と予言した。

まさに、その通りとなった。初めからルーズヴェルトとチャーチルは真珠湾とシンガポールを犠牲にする密約を交わしていたのである。南アフリカのヤン・スマッシュ首相はかのときチャーチルの野心を見事に見抜いていた。シンガポールには十三万人の部隊がいたが、戦車の一両もなく、飛行中隊もほんの少人数だけのものであった。そこにあったのはチャーチルの野心だけであったと言っても過言ではあるまい。

アメリカの真珠湾とイギリス領のシンガポールを日本は攻撃してくるであろうとチャーチルは考えていた。イギリスも、アメリカと同じように悲劇が必要だったのである。イギリスは日本の暗号を傍受し続けていた。

機動部隊は単冠湾《ヒトカップ》を十一月二十六日朝出撃、十二月三日午後に集結点に進出し速やかに燃料補給を完了すべし。

十二月一日、ルーズヴェルトは駐米大使のハリファックス卿とホプキンスにそっとささやいた。
「オランダが直接攻撃を受けた場合、われわれは皆明らかに一体なのだ」
ハリファックス卿は速やかにルーズヴェルトの「ささやき」をチャーチルに知らせた。シンガポールでなくとも、オランダ領であれ、日本が攻撃すれば即座にアメリカは参戦するというルーズヴェルトのチャーチル宛てのメッセージだった。この事実をシンガポールに知らせてはならぬ。チャーチルは秘密を厳守するように部下に命じた。ハリファックス卿にも。シンガポールは犠牲となるべき運命にあった。
チャーチルは『回顧録』の中で、ほんの少しだけ、日本の暗号について触れている。

十二月二日に私は解読された電報のいくつかを受け取った。それは何ら特別な英国の行動を求めるものではなかった。ただわれわれは待つことだけが必要だった。事実、日本の空母艦隊は真珠湾を攻撃するために海軍の空軍兵力を積んで二十五日に出港していた。もちろん、まだその時には、東京からの制止命令が艦隊を呼び戻し得る段階であった。

日本の空母艦隊は、真珠湾攻撃を英米に気づかれたら即座に中止して引き返せと厳命を受けていた。日本側のすべての暗号を解読し、静かに「われわれは待つ」とチャーチルは書いている。「われわれ」に注意してほしい。最も大事な場面に「われわれ」が登場する。
チャーチルと首相官邸で日夜を共にするのがハリマンであったことを思い出してほしい。この官邸にユダヤ王ロスチャイルド一派が顔を出していたのかもしれない。ハリマンはチャーチルの首相官邸に陣取り、ドノヴァン・ルートを通してジョージ・マーシャル陸軍参謀総長を動かしていた。ハリマンは真珠湾攻撃の情報を知るとロンドンからモスクワへと行動の場を移し、スターリンやモロトフらと日本参戦について協議した。
十二月六日（真珠湾攻撃はアメリカ東部時間で七日午後一時）に、ハリマンはモスクワからロンドンに帰った。ハリー・ホプキンスに電報を打ってチャーチルの対応策を知らせている。以下、その電文を記す。

大統領に以下のことをお伝えいただきたい。日本による攻撃が行われた場合に、ルーズヴェルト大統領が行動に移るまで、イギリスとしてはたとえ軍事的な損失があろうとも行動を差し控えるのが最良の策であるとチャーチル首相は考えている。ただし、アメリカが動きさえすればチャーチルは「時と云わず」分のうちに行動を開始するであろうと言っている。私は明日もチャーチルに会うので特に聞きたいことがあればどうかご指示願いたい。

この電報を読むと、明日にも迫った真珠湾攻撃を前にしてハリマンがチャーチルと具体的な話し合いをしたことが分かるのである。戦争は明日にも始まる！　明日、真珠湾が攻撃される！　その瞬間までルーズヴェルトもチャーチルも静かに待つほかにすることはなかったのである。

この電報には真珠湾攻撃の瞬間にチャーチルと話し合うということが書かれている。ハリマンはホプキンスに伝えている。「私は明日もチャーチルに会うので特に聞きたいことがあればどうかご指示を願いたい」とハリマンは書いている。チャーチルにではなく、ハリマン自身に電報を寄こせと、ホプキンスを通じてルーズヴェルトに報告しているのである。真珠湾攻撃の直後からこの戦争を実際に指揮し動かしていくのはルーズヴェルトやチャーチル、そしてスターリンでさえなく、アヴェレル・ハリマンになっていくのである。

ハリマンはモスクワからロンドンに向かう日、スターリンに、かつての外相でソヴィエト外交の重鎮であったリトヴィノフを至急ワシントンに派遣しろと言っている。スターリンはハリマンの助言を受け入れた。かくてリトヴィノフはスターリンの密使としてワシントンへ行った。そしてマーシャル陸軍参謀総長やスティムソン陸軍長官らとソヴィエトの対日参戦についての協議に入った。

日本の艦隊は真珠湾に向かっていった。

十一月二十日から十二月七日までの間、単冠湾《ヒトカップ》、真珠湾へと向かう海上の機動部隊に連合艦隊司令官の山本五十六《いそろく》は通信文を送ったが、そのすべてはイギリスとアメリカの情報機関によって傍受されていた。アメリカは、そのうちの通信文二十通をワシントンDCの国立公文書館に保管している。イギリスは一通も公開していない。しかし、JN－25の暗号を解読したエリック・ネイヴの『真珠湾の裏切り』という本を読むとその全貌を知ることができる。

JN－25、すなわち日本海軍の暗号を完全に傍受し解読していたのはイギリスの諜報機関だったと、この章の初めに私は書いておいた。読者に真珠湾の謎を最初から知ってもらうためであった。

チャーチルは情報部のデータにより、日本の大機動部隊が敵対行動を開始する目的をもって洋上にあり、その目標とするところが真珠湾であることを十一月二十五日までには知っていた。その事実を知らされたハリマンは急いでモスクワへ行き、スターリンと日米決戦について話し合った。十一月二十五日、チャーチルはルーズヴェルトに電報を打った。スティムソン陸軍長官は日記にこの日の出来事を書きとめている。

ルーズヴェルトもスティムソンも、イギリスからの情報だけでなく独自の情報網で日本の暗号文を解読した文章を読んでいた。

第二次世界大戦中のチャーチルとルーズヴェルトの膨大な書簡は読むことができる。私もほとんどに眼を通した。しかし、最も重要と思われる一通の手紙、それはチャーチルがルーズヴェルトに送ったものだが、その書簡だけは残念ながら永遠に見ることができない。一九四四年、アメリカで真珠湾攻撃についての疑問点が持ち上がり、陸軍真珠湾委員会と海軍真珠湾委員会においてもこの秘密の電信文が問題となった。しかしアメリカ政府もイギリス政府も「国家の安全を害する」との理由で公開を拒否した。チャーチルとルーズヴェルトは真珠湾とシンガポールを犠牲にすることを同意しあったのだろう。それ以外にないと思う。そしてアメリカの即時参戦も。

十二月二日付でチャーチルが『回顧録』に書いている、「私は解読された電報の幾つかを受け取った」とあるのは、十二月二日遅く、イギリス情報部から届けられたものであった。

それは山本五十六連合艦隊司令長官から機動部隊への電信文であった。

ニイタカヤマノボレ・一二〇八・反復一二〇八

「どんなやつでもこの暗号の意味を解読できるぞ！」と、この暗号を読んだ解読チームの連中は笑い転げたと、エリック・ネイヴは『真珠湾の裏切り』の中で書いている。

何という暗号か、これは！　ニイタカヤマは新高山（英語ではマウント・モリソンという）で、標高三千九百五十メートル、台湾にある山である。大日本帝国の領土で最高の高さを誇る山であった。当時、台湾は日本の領土であり、この山を征服することは日本人にとって一つの偉大な行動であった。

「ニイタカヤマは真珠湾だ！　一二〇八は十二月八日だ！」

チャーチルが『回顧録』の中でこの十二月八日の解読電報のことを書くはずである。

こうしてチャーチルは日本の動きを確実に把握していた。機動部隊は十一月二十五日に千島を出て八日後には海上で燃料を補給し、攻撃は十二月八日（日本時間）に決行される。航海の日数、洋上の給油、空母参加が何よりも真珠湾を目指していることの証であった。

「ニイタカヤマノボレ」が日本人の心意気を表わしていた。

山本五十六は謎の人物である。彼はアメリカ側のスパイだったと書いた本もある。その代表的な一冊がヤコブ・モルガンの『山本五十六は生きていた』である。作者名はペンネームで、日本人の作家に違いない。ここではその理由は省略する。さもありなんと思われる点が多いとのみ指摘しておきたい。

ある「風」の物語について書くことにしよう。この物語も多くの作家が書いている。だから簡単な描写にとどめたい。

十一月十九日、日本の外務省は領事館暗号で在外公館に対して警告を発した。

日米関係が危険になれば……東の風、雨
日ソ関係が危険になれば……北の風、曇
日英関係が危険になれば……西の風、晴

十二月四日（ロンドン時間）、イギリス情報部は東京からのニュース放送を傍受した。イギリス、西ヨーロッパ、オーストラリア、アメリカ……全世界に「東の風、雨」という天気予報が流れた。ワシントンの日本大使館では、当直無線士の萩原健一兵曹が海軍武官補佐官の実松譲中佐の部屋に入るなり、「風が吹きました！」と叫んだ。「東の風、雨」の天気予報が流れていた。「風」が吹くと彼らは暗号書や秘密文書を焼却するように命じられていた。アメリカの情報機関も同時刻に「東の風、雨」を傍受した。

アメリカは暗号の全文を解読していた。日本側の暗号ではルーズヴェルトは「キミコ」で、ハル国務長官は「ウメコ」と呼ばれていた。十一月二十九日の日本大使館からの電報も解読されていた。

大使館「開始はいつになりますか」
東京「それではお教えいたします。十二月八日です」
大使館「で、場所はどこですか」
東京「真珠湾です」

ＯＳＳのスイス駐在最高指揮官アレン・ダレス（Ｊ・Ｆ・ダレスの弟）はＣＩＡ長官退任後の一九六五年に『諜報の技術』を出版した。その本から引用する。

幸運なことに、当時アメリカ軍部の考えは、次にもし戦争がおこる場合には、アメリカの主要な敵は日本となる可能性を予見して、特に日本に重点を置いて一九二〇年代の終わり頃よりアメリカ陸海軍は暗号問題に取り組み始めていた。真珠湾攻撃のあった一九四一年までに、暗号解読者たちは日本海軍の暗号のほとんどを解読していた。結果として、アメリカは太平洋戦争において次の日本側の作戦の証拠を事前に入手していた。太平洋における海軍戦の帰趨《きすう》を決したミッドウェー海戦は、解読した日本側の通信から日本帝国海軍の主要機動艦隊がミッドウェー沖に集結中と判ったので、われわれが行った戦闘であった。敵艦隊の配置および大きさに関するこの情報はアメリカ海軍に予期せぬ利益をもたらした。日米開戦後における重要な問題は、アメリカが日本側の暗号を解読するのに成功した事実をいかに隠し通すかということであった。〔中略〕

ルーズヴェルト大統領に対抗して大統領選挙に出馬したトーマス・Ｅ・デューイは連邦政府に近い多くの者が知っていたように、アメリカが日本の暗号を解読するのに成功していた事実と、真珠湾攻撃の前にアメリカが当時所有していた日本側に関する情報を活用しなかったらしいという事実を知った。デューイが自分の選挙戦でこれに言及するのではないかと思われ、この可能性がアメリカ統合参謀本部を非常に心配させた。統合参謀本部議長だったマーシャル元帥は自らデューイに親書を出し、「日本側はその暗号が解読されている事実をまだ気付かず、アメリカは日本の通信を傍受、解読することにより軍事的成功を収めている」事実を説明した。この結果デューイはアメリカによる暗号解読成功には触れず、秘密は守られた。

日本人の御用学者たちは、今日でもこの事実に触れもせず太平洋戦争を論じている。すべてはこの事実を基に論ずるべきである。

十二月七日(日本時間では八日)、南雲忠一《なぐもちゆういち》中将の指揮する航空艦隊が真珠湾に到着しようとしていたとき、ルーズヴェルトは中国大使の胡適《こてき》を招いて、日本の天皇に宛てた最後通牒を一語一語読み上げていた。ルーズヴェルト夫人が入ってきて二人の話を遮《さえぎ》り、一家の者が皆集まっており日曜の午餐の準備が整っている旨を知らせた。胡適は立ち上がり、いとまを告げようとした。するとルーズヴェルトはなおも彼を座らせ、自分の文章を説明して聞かせようとした。中国外交官の面前で、平和と正義のためにいかにアメリカが奮闘しているかを強調した。胡適が帰ろうとするのを幾度も引きとめた。しかし、胡適は丁重な別れの言葉を述べて大統領の部屋を去った。

胡適は午後十二時三十分から一時十分まで大統領の話を聞いていた。彼が去った九分後に真珠湾は攻撃されたのだった。

ルーズヴェルトは胡適と一緒にこの瞬間を迎えようとしたのであろう。後に胡適は蒋介石総統にこの話を伝えている。蒋介石はルーズヴェルトが次のように述べたと書いている。

「日本の天皇に対し電報を打った。和平の最後の努力である。楽観はしていない。おそらく四十八時間以内に日本の陸海軍は戦端を開くであろう。これは人類の悲劇であるが、中国のための一大転機である」

ちょうどこの瞬間、真珠湾に日本が攻撃を仕掛けた頃、マーシャル陸軍参謀総長はリトヴィノフと会っていた。ハリマンがスターリンに会ったのが十二月三日。ハリマンはリトヴィノフを指名してワシントンに行かせるようスターリンを説得した。これは偶然ではないだろう。マーシャルはリトヴィノフにこう言ったのである。

「もうすぐ日本がアメリカを攻撃する。スターリンは君に何と言っていたのだ？　日本と戦うと言ったのだろう」

その会話の最中に真珠湾を日本が攻撃したのであった。

ジョン・ガンサーはアメリカを代表するジャーナリストである。

彼はルーズヴェルトの伝記の中で、真珠湾攻撃の日の彼について次のように書いている。ここには胡適は登場しない。この文章こそがアメリカを、否、世界を支配する闇の政府がガンサーを指名して公式記録として残したものである。したがって多くの歴史家たち、特にアメリカの大学（スタンフォードなどの）で学んだ日本の現代史家たちは、この公式記録を疑おうとすらしないのである。

十二月七日、日曜日、午後一時四十七分、大統領は息子の古いセーターを着て、彼のデスクに座り、ハリー・ホプキンスと楽しそうに話していた。軽い昼食をすませたところだった。ＦＤＲ〔ルーズヴェルトのこと〕はこの日を休息日と決めて、切手のコレクションの整理がたまっているのを片付けるつもりであった。電話のベルが鳴って交換手が申し訳なさそうに、海軍長官フランク・ノックスがすぐに繋いでくれと言っていると知らせた。FDRは「繋いでくれ」と命じて、そして、「ハロー、フランク」と言った。ノックスは言った。「大統領、日本が真珠湾を攻撃したようです」。FDRの答えは「まさか！」だった。

われわれの知る限りにおいては、彼は十八分間、何もしないで過ごした。二時五分、彼は国務省のハル氏を電話に呼び出し、そして、戦争が始まった。

「われわれの知る限りにおいて」に注目してほしい。真実は隠さなければならない。真実はいつも「われわれ」の側にあるのだ。「われわれ」が認めた真実のみを伝えなければならないと、日本からアメリカに留学し、後に大学教授となる御用学者たちは洗脳されている。彼らは決して、真珠湾の真実を語ろうとはしない。皆、「ハル・ノート」を語り、書き継ぐのである。あんなものには一文の価値もない。

私はチャーチルの『回顧録』を丹念に読んでみて不思議な点に気づいた。十二月二日の「ニイタカヤマノボレ」の暗号文について少しだけ触れた後に、真珠湾攻撃に至るまでの大事な日々について何も書いていないのである。「風」のメッセージも、暗号文を焼いた日本の在英大使館の動きについても、何も書いていない。チャーチルは真珠湾攻撃の日に『回顧録』の場面を移す。彼は役者として登場する。シェークスピア劇の場面のように。

十二月七日（日曜日）の午後、チャーチルはハリマンと駐英大使ジョン・ワイナントを首相官邸チェッカーズに招いた。

チャーチルはワイナントに、「もしアメリカが日本に攻撃された場合、イギリスは直ちに日本に宣戦布告しますが、イギリスの領土が攻撃された場合、アメリカも同じことをしますか」と問うた。

意地の悪いチャーチル一流の皮肉な質問だった。真珠湾攻撃について何も知らないワイナントは「アメリカで宣戦布告できるのは議会だけです」と答えた。

真珠湾攻撃はイギリス時間で午後六時であった。チャーチルはハリマンとワイナントの間に、ホプキンスが贈った十五ドルのアメリカ製ラジオを置いていた。宴が進んでいた。日本軍が真珠湾を攻撃したと告げるBBC放送のアナウンサーの声が流れてきた。チャーチルはハリマンに約束していたように「一分以内」に日本に対して宣戦布告をしようと思ったが、中止することにした。ワイナントが驚いていたからである。三人の宴は夜の九時をまわっても続いていた。

チャーチルは（もちろんハリマンも）、真珠湾攻撃の瞬間、この事実を知っていた。正確に書くなら、知ったのは十二月二日だろう。チャーチルはハリファックス駐米大使からの電話を受けてすぐにハリマンに知らせていた。『回顧録』の中では「何も知らずに真珠湾攻撃の一報を知り驚いた」と書いている。ほとんどの歴史家たちは（特に大学という場所に住む人々は）、『回顧録』について疑うことすらしない。

ハリマンも彼の『伝記』の中で、「パールハーバーがやられた！　私は衝撃の言葉を繰り返した」と書いている。

とんでもない話だ！　チャーチルとルーズヴェルトたちは、ハリマンを主役の一人とする見えざる世界政府の陰謀に加わっただけじゃないか！

十二月七日（日曜日）の午後、チャーチルはハリマンの娘キャスリーン（彼女はハリマンのもとに来ていた）の誕生祝い（本当の誕生日は月曜日だった）をチェッカーズで催した。もちろんそれは口実だった。ハリマン、キャスリーン、パメラ（チャーチルの息子の嫁、ハリマンの愛人）が招待された。その他にもワイナント（アメリカ大使）、イスメイ将軍、トンプソン首相補佐官たちも加わった。

ハリマンは回想している。

「首相は疲れて意気消沈していた。夕食の時も喋ろうとはしなかった。彼は両手で頭をかかえ、物思いにふけっているようだった」

九時前だった。執事のセイヤーがアメリカ製のラジオ（ホプキンスがチャーチルに贈ったもの）を置いて去った。

リビアの戦車部隊の戦いの模様がラジオから流れた。そしてアナウンサーが、別のニュースを報じた。

たった今ニュースが入ってきました。日本の空軍機がパールハーバーを攻撃しました。アメリカの海軍基地があるハワイです。この攻撃の報道はルーズヴェルト大統領の簡単なステートメントによってなされています。海軍と陸軍の基地も攻撃されました。これ以上の新しい情報は入っていません。

「私は跳び上がらんばかりに驚いた。『日本人がパールハーバーを攻撃した』と何度も繰り返した」

とハリマンは回想している。これほど日本人を馬鹿にした言葉はない。ルーズヴェルト、チャーチル、そしてハリマンは、真珠湾攻撃の正確な時間を知り尽くしていたはずだ。

それゆえにこそ、攻撃のほんの数分前に、執事にラジオを持ってこさせたのである。これもまた偶然と呼べるのであろうか。

チャーチルはハリマンに「もし日本が真珠湾を攻撃すれば一分以内にイギリスは日本に宣戦布告しよう」と約束していた。十二月二日、ハリファックス駐米大使からチャーチルに電話が入った。真珠湾の攻撃日と予定時刻について伝えられた。それでチャーチルとハリマンはキャスリーンの誕生日を祝うという口実でワイナントやイスメイ将軍たちを迎えたというわけである。

チャーチルは『回顧録』の中で、「何も知らなかった。真珠湾の攻撃の一報を知り驚いた」と書いている。日本の大学で歴史を教える教授や正統派と名乗る学者たちはチャーチルの主張を鵜《う》呑《の》みにして疑うことすらしない。

チャーチル、ハリマン、ワイナント大使は首相執務室に急いだ。そこでワイナントは大統領へ電話をかけた。ルーズヴェルトが電話口に出るとチャーチルが替わり、ルーズヴェルトに問いかけた。ルーズヴェルトは次のように答えた。

> 空からの攻撃による被害についての情報はまだ入っていない。しかし、それはたいした問題ではない。われわれは今や同じ船に乗っている。次の日の朝、日本に対する宣戦布告をするつもりだ。あなたと共に祈ろうではないか。

ハリマンとワイナントはこのルーズヴェルトの電話を聞いて、「物が言えぬほどに驚いた」と『チャーチルとスターリンへの特使』の中に書かれている。知り尽くされたストーリーの一部がついに完成したのだ。チャーチルとハリマンはホワイトハウスに住みついているハリー・ホプキンスに二人の連名で電報を打った。「この歴史的瞬間の時にあなたのことを考えています」

「首相、海軍省から電話です」と主任秘書のマーチンが戸口に現われた。ハリマンとワイナント大使はチャーチルの後を追った。執務室に入り、海軍省から真珠湾攻撃の正式なニュースを知らされた、とほとんどの歴史の本には書かれている。「首相、日本がやったのですね」というハリマンの問いに、「そうです、日本は真珠湾を攻撃しました。今やわれわれは同じ船に乗っているのです」とチャーチルは答えた……と続くのである。これがイギリスの正史となっている。

日本に真珠湾を攻撃させる計画、ドイツのアメリカへの参戦計画のすべては、一九四一年の春、すでに準備されていた。これはアメリカの軍需計画「ヴィクトリー・プログラム」と呼ばれていたものである。そしてさらに規模を拡大して「戦争軍需プログラム」へと移行していった。

このプログラムによると、一九四三年九月三十日までに戦争は終わることになっていた。軍需に関する総額は一千五百億ドルに達する、となっていた。約二年間で第二次世界大戦は終了する予定だったのである。

しかし、現実の戦争は二年間ほど延びてしまった。見えざる政府の悪《ワル》どもがこの戦争を延ばしたのである。どうしてか？　答えはいたって簡単である。二年間延長して大儲けしようとしたのである。このことは後章で詳述しよう。この主役もアヴェレル・ハリマンであった。

歴史の偽造者ハーバート・ファイスは
ハリマン回想録のゴーストライター

ルーズヴェルトが
「秘密の脚」と呼んだ旧友
ウィリアム・ドノヴァン

真実の歴史を追究したチャールス・ビアードは
学界から追放された

真珠湾工作の
蚊帳の外に置かれた
国務長官コーデル・ハル

真珠湾でアメリカ太平洋艦隊は大打撃を受けたが……

爆沈する戦艦アリゾナ、戦死者多数の惨劇が
米国民の憎悪を駆り立てた

この軍需予算を見ても、アメリカと日本は横綱と幼児みたいなものだ。したがって、バトルそのものについては書く気にもならない。真珠湾攻撃後の昭和天皇の様子ぐらいは書くことにする。
さて、この「戦争軍需プログラム」を実行するにあたって、大企業と大労組を軸とする産業体制が真珠湾攻撃を想定して一九四一年六月ごろにはすでに完成していた。その体制の調整に力を発揮したのはハリマンその人だった。労・使・公益の「三者体制」を維持する力の具現者としてハリマンが登場したのである。

チャーチルはBBCのラジオのスイッチを入れた。ニュースが流れた。

ニュースの時間です。担当はアルヴァ・リデルです。ルーズヴェルト大統領は日本軍がハワイ諸島のアメリカ軍基地を空から攻撃した、とただいま発表しました……。

チャーチルは『回顧録』に、この瞬間の喜びを素直に書いている。

……わが島国の長い歴史においてもう一度立ち上がって……安全と勝利を享受する。抹殺されてたまるものか。感動と興奮に満ち足り、満ち溢れて、私はベッドに入って、救われたる者の、感謝を知る者の眠りを眠った。

高名な歴史家ワインバークは「チャーチルは自分がこの戦争の歴史を書くことになると、おそらく在任中から予想していたので歴史記録として後世に残すために、首相在任中の自分のコメントの一部に工夫を凝らしていた」と書いている。チャーチルは真珠湾の場面を劇的に表現するため、わざわざハリマンとワイナント大使を首相官邸のチェッカーズに迎えたのであろう。

チャーチルは『回顧録』に書き加えている。

「これでとうとう戦争に勝った」と。

チャーチルがシンガポールに送った戦艦プリンス・オブ・ウェールズとレパレスの艦隊は、南アフリカのヤン・スマッツ首相の予言通り、第一級の悲劇の主役となった。十二月十日、マレー沖で将校四十七名、水兵七百九十三名の犠牲者とともに日本の航空部隊により撃沈されたのである。チャーチルは両艦を囮《おとり》にしたと言えよう。

アメリカを戦争に引きずり込んだチャーチルの眠りは歓喜の眠りであったに違いない。ルーズヴェルトもチャーチルも借金だらけだった。二人の借金を黒い貴族たちは棒引きにしたのである。眠りに眠ったチャーチルは翌日、戦時閣議に出席した。そこで閣僚の一人が、「真珠湾攻撃以前と同じように低姿勢でアメリカ政府と折衝しましょう」と提案した。チャーチルは次のように言い放った。

何という世迷《よま》い言《ごと》か。それはアメリカが永遠の恋人だったときの話だ。彼らは今やわれわれのハーレム（後宮）に囲われる妾《めかけ》になったのだ。今後は遠慮する必要など全然ない。

ウィリアム・スティーブンソンの『イントレピッドと呼ばれた男』については先に書いた。この本の中に、スティーブンソンとドノヴァンが、ドイツと日本の重要な暗号を協力しあってルーズヴェルトに提供していたことが詳しく書かれている。スティーブンソンのイギリス安全調整局（ニューヨーク）が、「われわれは真珠湾事件の六カ月も前から敵に対する全世界に渡る秘密活動についてアメリカ側の全面的な参加と協力を得てきた」とある。

アメリカとイギリスが歩調を合わせ、緻密な行動計画を立てて日本を真珠湾へと追い込んだのであった。この本の中でスティーブンソンが語った言葉をもう一度書きとめておきたい。

「われわれにはロックフェラーとロスチャイルドが必要だ」

チャーチルも「われわれ」を多用する。彼にとって「われわれ」は隠れロックフェラーでありユダヤ王ロスチャイルドであり、ハリマンであるけれども、決してイギリスやアメリカの人民ではない。「われわれ」と言われる闇の人々がチャーチルに戦争を要求し、戦争の遂行を迫ったのである。

屈辱の日

この真珠湾攻撃と同じような事件が第一次世界大戦のときにも発生した。イギリスの作家コリン・シンプルの『ルシタニア号』を要約してみることにしよう。

一九一七年、ニューヨークからイギリスへ航行中だったイギリスの大西洋航路定期船ルシタニア号がドイツの潜水艦に撃沈され、乗船していたアメリカ人の多数が死亡した。この事件の発生と同時にアメリカはヨーロッパ戦線に加わった。このルシタニア号は、六百万発の弾薬及び他の軍需品をイギリスへ輸送中だった。しかし、この軍需品の積み荷目録原本は故意に隠された。当時のイギリス海軍大臣ウィンストン・チャーチルは、この船が沈められた際の政治的効果を予示する報告書を作るよう命じていた。イギリスの海軍情報部は「ルシタニア号を、ドイツのUボートが待ち伏せしているのを知りながら、護衛艦が引き揚げている海域へ、かなりスピードを落として故意に差し向けた」と後に報告している。しかもドイツ軍は、アメリカ人船客がルシタニア号に乗らないよう、ニューヨークの各新聞に大きく通告していたのである。そしてルシタニア号は沈没した。

そのときのイギリスの海軍大臣はチャーチルであり、アメリカの海軍次官補はルーズヴェルトだった。この二人によって「ルシタニア号事件」の再演が生じた。それが真珠湾攻撃というわけだ。

この真珠湾攻撃は、チャーチルにとって申し分のないシナリオによる劇的なものであった。しかし、大戦にアメリカが参戦した後になって、アメリカでは各方面から非難の声が上がった。

当初、真珠湾の失敗はホノルルにいたハワイ方面陸軍司令官のウォルター・C・ショー中将と太平洋艦隊司令官のハズバンド・E・キンメル大将二人の職務怠慢によるとされた。二人はなすりつけられた罪をはらうべく闘いを挑んだ。

真珠湾攻撃から一九四五年にかけて、数々の調査委員会がこの謎の解明に取り組んだ。しかし、結論は最初から決定済みだった。ショーとキンメル、二人の怠慢ゆえに真珠湾攻撃はなされたという結論がすべての調査委員会で出された。

この事件に関しては大戦終了後、数多くの出版物が出ている。ハリマンは自由に操れるファイス博士を使って「ハリマン・プロジェクト」を作り、真珠湾攻撃の真相を隠すべく動いた。多くの歴史家たちが出版を妨害されることになった。

日本の学者のほとんどはアメリカの大学、特にスタンフォード大学かコロンビア大学に学び、「ハリマン・プロジェクト」の歴史資料を戴いて帰国して教授への道を進むというシステムの中で生きている。したがって、彼ら教授連中には、この真珠湾攻撃の真相を書く者は一人としていないのが悲しき現状である。ハリマンの亡霊はここにも生きている。

ヘンリー・スティムソン陸軍長官は、一九四五年一月二十四日から九月十二日にかけて、部下の陸軍中佐ヘンリー・C・クラウゼンにこの事件の調査を命じた。そのクラウゼンが一九九二年に『真珠湾最後の真実』という本を出版した。私はこの本を読んで愕然《がくぜん》とした。今日においても真珠湾の真実を隠そうとしている闇の支配者の存在をこの本の中に発見したからであった。この本について書くことは無駄である。ジョン・トーランドの『真珠湾攻撃』の中から少し長い文章を引用しよう。

あのときの太平洋艦隊司令官キンメル大将は、自分の無実を証明するため、チャールズ・B・ハニフィー海軍中尉とロバート・A・ラベンダー退役海軍大佐を弁護士として雇い、アメリカ政府そのものに挑戦した。ハニフィーはJ・O・リチャードソン提督と会った。彼はキンメルの前任者だった。

さて前置きが長くなった。トーランドの本の中で引用されたリチャードソンの言葉は意味深長である。

もし、君が地上最強の国の指導者だと仮定しての話だよ、地球上のある地方に君が奉じる西洋文明をぶち壊そうとする勢力ができそれがだんだん脅威になってきた。ところが君が抱く危機意識には、選挙民の多くが同意してくれない。君はその敵による西欧文明の壊滅を恐れているが、それにも拘わらず、君の国民はその危機に気付かない。いま行動すれば西欧文明を救済できると君は信じているが、国民は心理的にも軍事的にも準備不足なわけだ。ところが仮に、国民にショックを与え一致して立ち上がらせるために、ある出来事において、君は受動的、平和的で虚《きょ》を突かれたふりをすることができ、相手にとっては、その出来事が弁護の余地のないほど攻撃的なものでありうるとする。もし、君がその出来事に近づきつつあるのを知り、しかもそれが国民にショックを与え、西欧文明の救済という難事に起き上がらせるための格好の事件だとしよう。君は当然のことながら、相手に決定的な形で第一撃を加えさせようとは思わないかね。出来事の性格がどうであれ、君は完全に受け身で、それが国民たちに一大打撃を与え、全体主義勢力の脅威に目覚めさせるようにしたいとは思わないかい？　そこのところをよく考えてくれ。私は架空の問題を論じているのではない。お伽話でもないんだ。ただ、君が事件を調べている時に、ちょっと、このたとえ話を思い出してくれればいい。そうすれば、いろいろなことがはっきり見えてくると思うんだ。

リチャードソンの話した筋道を慎重に考えてみれば、西欧人がこの地球上で起こした戦争なるものの真相がすべて見えてこよう。

日本人は、同じ日本人でありながら、アメリカに留学した大学教授や評論家になったエセ・インテリに騙され続けていることを明確にしよう。いつも、何かを仕掛ける者たちが、首相や大統領の背後にいて彼らを操っている。仕掛ける者たちは単一の世界政府を考えている。これは新世界秩序という名で呼ばれたことがある。

彼らは第一次世界大戦も第二次世界大戦も同じような方法で見事に演出した。スターリンとヒトラーを養成し、ソヴィエトとドイツの独裁者に仕立て上げた。それからその問題が闘争になるように工夫してから反応を冷静に見続けた。こうして戦争の準備ができた。戦争は八百長を隠さなくてはいけないので都合のいい政治家や軍人を使った。特に借金だらけの政治家、頭の極端に悪い軍人をリーダーとして採用した。その連中を首相や大統領に仕立てた。また、陸軍長官や陸軍参謀長にして自由に操った。

真珠湾攻撃もその一例にすぎない。

真珠湾攻撃の日本側の暗号をハワイの司令部へ全く流さなかったスティムソン陸軍長官、マーシャル陸軍参謀総長、ノックス海軍長官、スターク海軍作戦部長らは、闇の権力者たちの「馬鹿な黒い犬」にすぎなかった。この犬が少しでも疑問を察して吠えたなら、こんな悲劇は決して起こらなかったはずだ。だから黒い犬たちは、「紫《パープル》」なる日本の暗号文を読んだけれども危機を察してハワイの司令官に送ろうとさえしなかった。あの「ハル・ノート」で有名な（これは日本の学者だけが騒ぐのだが）ハル国防長官でさえ日本側の暗号はほとんど知らなかった。ハルはアメリカ側の案山子《かかし》だった。ルーズヴェルトはハルに会おうとさえしなかった。後に大統領になるトルーマン副大統領とさえ、会ったことも、電話したこともなかった。

ワシントンのホワイトハウスは、ルーズヴェルトとホプキンス補佐官とハリマンの三人を中心に動いていたのだ。もちろんルーズヴェルトもホプキンスも、闇の支配者の決定をオウムのように喋るだけであった。真珠湾攻撃を境にしてハリマンが政治の主役として舞台に立ったのだった。闇の支配者の代表者として。

ハリマンは十二月六日（土曜日）にホプキンス宛てに電報を打った。四一二頁の電文を見てほしい。「ハリマン・プロジェクト」を推し進めたハーバート・ファイスは『眞珠湾への道』の中でこの電報に触れていない。彼は、真珠湾攻撃を前もってアメリカ側が知っていたとする史料を完全に無視している。しかし、ルーズヴェルトに仕えた政治家にして作家であるロバート・シャーウッドは「ルーズヴェルトとホプキンス」(『現代史大系』所収)の中でこのハリマンの電報に触れている。

　この電報に見られる「たとえある種の軍事的犠牲を払うとも何らかの行動」を延期することへの言及は、おもに、日本の上陸に対して英国の海軍または空軍がシンガポールから発進して行動を起こすという態度を意味していたのである。

シャーウッドの表現は回りくどい。彼の言わんとすることは以下の通りである。

「真珠湾と同じようにシンガポールも、向こう(日本)への処置を講ずることなく、日本軍の進攻を一方的に赦すことにする。それについてチャーチルは、ハリマンを通じてルーズヴェルトに伝えろと言った。そこでハリマンは電報を打った」

それでもシャーウッドは大事な点を故意に書かずにいる。ハリマンがホプキンスに電報を打ったのは、ハリマンがモスクワからロンドンに帰った直後、チャーチルと会見した後であった点である。マキシム・M・リトヴィノフについて触れておきたい。ハリマンが若き日マンガン鉱山の開発に意欲を燃やし、革命直後のソヴィエトに入国したときの通訳がリトヴィノフであった。ユダヤ人のリトヴィノフはロシア有数の外交官だったが、スターリンから嫌われて不遇をかこっていた。ハリマンの強い要請にスターリンは折れた。ハリマンが戻った直後にリトヴィノフはアメリカ大使としてワシントンに向かった。真珠湾攻撃の日、リトヴィノフはマーシャル陸軍参謀総長と、ソヴィエトの日本参戦やアメリカのドイツ戦への参加についてのスターリンの意向を伝えていた。

後にマーシャル陸軍参謀総長は「真珠湾攻撃の日に何をしていたか」と詰問されて、「まったく記憶にない」と答え続けたのである。

リトヴィノフはソヴィエトのために武器貸与法による大量の物資とドルをアメリカに要求し、獲得する。

真珠湾攻撃の前日十二月六日の夜、ルーズヴェルトは切手の切り抜きをしていた。ホプキンスが日本側の暗号電報（解読されたもの）を持参した。ルーズヴェルトはそれを読むと、「これは戦争だよ」と言った。同じ頃、クレーマ少佐から持ち込まれた解読済み電報をノックス海軍長官が読んでいた。ノックスはスティムソン陸軍長官とハル国務長官に電話し、翌日午前十時に三人だけで会おうと約束した。

では、マーシャル陸軍参謀総長はどこにいたのか？　彼は数々の調査委員会の尋問の場で、一貫して「十二月六日の夜のことは記憶にない」と言い通していた。しかし後になって、彼はホワイトハウス近くで開かれた、欧州大戦に従軍した人々による在郷軍人会に出席していたと判明した。その後でホワイトハウスに向かっていた。マーシャルは七日の午前十一時二十五分に出勤してきた。

真珠湾の司令部に「日本の攻撃に備えて警戒体制に入れ」というだけの警告電報を書きあげるだけの仕事に一時間も費やした。スタークが「海軍の通信線ですぐに届きます」と申し出たが拒否された。軍用電話の回線を利用すれば即座に通じたはずだ。だがマーシャルはそれを拒否した。「誰が盗聴しているか分からない」とスタークに弁解した。

誰も盗聴などする者はいなかった。このときの一回を除き、マーシャルはこの軍用電話をいつも利用しているのだ。

彼は商業通信のウエスタン・ユニオンを使って緊急電信を送った。間違いなくその電信はハワイの司令部に届いた。ただアメリカにとっては残念であり、日本にとっては幸運というべきか、その指令が届いたのは発信から七時間後、ハワイが灰燼《かいじん》に帰した後であった。

ジョージ・マーシャル将軍はハリマン一派によって参謀総長に仕立てられた男であった。作戦の立案能力はゼロに近く、部下を統率する能力にも欠けていた。次期参謀総長の候補だったら彼の上に数百人もいたのだ。ハリマンは彼を参謀総長に仕上げると元帥へと昇格させていく。そして、「元帥の中の元帥」という称号を授けた。マーシャルは真珠湾に七時間遅れで電報を届け、真珠湾攻撃は実行された。闇の権力者たちはマーシャルを「賢者たち」の仲間に入れた。そして大戦後に国務長官、国防長官へと昇格させていく。

七時間遅れの電報に関してスティムソンは「マーシャルには罪はない」と主張し続けた。マーシャルは六日と七日の記憶がまったくないと主張し続けた。かくして真珠湾の攻撃を未然に防げなかったのはハワイの二人の司令官であると決定した。今日でも二人の司令官の息子たちは父の汚名を晴らそうと代々の大統領に請願中である。しかしすべての大統領は完全に無視し続けている。

六日の夜遅く、真珠湾攻撃が翌日決行されることを知ったルーズヴェルトは、ホワイトハウスにホプキンス補佐官、スティムソン、ノックス、マーシャルを集めて今後の方針を討議していたと、海軍長官ノックスの友人ジェームス・C・ストールマンが後年、その秘密を明かしている。

十二月八日、ルーズヴェルトの宣戦布告の日、議事運営委員会は宣戦布告決議の審議を開始した。共和党の有力議員、ニューヨーク州選出のハミルトン・フィッシュ議員は、アメリカの国家的団結と最終勝利に向けての戦争支持要請の演説を行なった。この演説はラジオ放送された。

議長、私は悲しみと日本に対する深い憤りの念を持って宣戦布告に対する支持を表現するものである。私は過去三年の間、欧州およびアジアにおける戦争にアメリカが参加することに一貫して反対してきた。しかし、ワシントンにおける和平交渉継続中に、かつ、最終段階における天皇に対する大統領の個人的要請を無視して行われた、日本の海・陸軍による不当、邪悪、かつ厚顔無恥で、卑怯な攻撃の結果、戦争は不可避かつ必要となった。米国内で論争、対立すべき時は過ぎた。今や行動を取るべき時である。

十二月八日、日本に対する宣戦を布告する共同決議が下院で読み上げられた。アメリカ議会史上初の女性連邦議員ジャネット・ランキンは立ち上がって叫んだ。

「議長、私は反対です！」

投票結果は三百八十一対一だった。ランキンは露骨な敵意に出合った。十二月十日付の「エンポリア・ガセット」紙でウィリアム・アレン・ホワイトは以下のように書いた。

今から百年後、義憤に基づく勇気、全くの勇気がこの国で讃えられるとき、自己の信念のために愚かにも断固として闘ったジャネット・ランキンの名は、彼女が行なったやり方のために、ブロンズの記念碑に刻まれるだろう。

マーシャル将軍は後にノーベル平和賞を授与される。ジャネット・ランキンは平和賞とはまったく無関係の存在となり、評価されることもほとんどない。

すでに七十年近くが過ぎ去った。ブロンズの記念碑がアメリカに誕生する日がやってくるのであろうか。ノーベル平和賞はどうして彼女に授けられなかったのか。理由は簡単である。ランキン女史は戦争が始まってからでなく、始まる前に止めなければならないと信じて行動したからである。真珠湾攻撃を演出した闇の権力者たちが選出するノーベル平和賞にふさわしい人物は、ランキン女史ではなくマーシャル将軍なのだ。現在においてもこの選出方法に変化はない。

ルーズヴェルト大統領は息子のジェームズに腕を支えられて上下《じょうか》両院本会議場に入り、演説を始めた。

昨日、一九四一年十二月七日は屈辱の日として長く記憶されるべきでありましょう。アメリカ合衆国は日本帝国により突如計画的に襲撃されたのであります。

ロシアの学者ボリス・スラヴィンスキーの『日ソ戦争への道』には、真珠湾攻撃の日、十二月七日について次のように書かれている。

一九四一年十二月七日、太平洋戦争開始のきっかけとなった日本の真珠湾攻撃の当日、駐米ソ連大使マキシム・M・リトヴィノフがワシントンに着任した。この日彼はルーズヴェルト大統領に信任状を提出した。モスクワへの報告によると、この時の会談でルーズヴェルトはマニラに配備されている米国の爆撃機が日本に爆弾を投下し、それからウラジオストックに飛んで新たに爆弾を積むということができないか検討してほしいと提案した。

これはマーシャルのリトヴィノフへの提案だった。マーシャルはリトヴィノフをルーズヴェルトの執務室に連れていった。真珠湾攻撃のその日、元外相の大物中の大物政治家リトヴィノフが、駐米大使となって信任状を大統領に提出したのである。その後、大統領は中国大使の胡適《こてき》と会見する。その九分後に真珠湾が攻撃されたのである。

さて上下両院会議場で演説した後、ルーズヴェルトは緊急会議を開いた。その会議の冒頭でルーズヴェルトは二十分近くを費やして、メイン州でのロブスターの捕り方について長々と喋ったとジョン・ガンサーが『回想のローズヴェルト』の中で書いている。

ロブスターは海底に沈められた木製の籠の中の鮭を食った後、出られなくなると、得意げに喋り続けたという。真珠湾の攻撃をロブスターにたとえたのであろう。日本人は鮭を食ったのはいいが、海の底の木製の籠の出口が閉められたのを知らないのだ。「これでお前たちは俺たちの罠に嵌《はま》ってしまったんだぞ。ざまあみろ!」。ルーズヴェルトは笑いをこらえるために、ロブスターの話を二十分間も喋ったに違いないのである。

しかし、まさにそのとき、この真珠湾攻撃の成功を本当に喜んだ神が、太平洋のはるかなる波の彼方にいたのである。ロブスターではない。神であらせられる。

内大臣木戸幸一の『日記』を見ることにしよう。歴史を動かすチャーチル、ルーズヴェルト、ハリマン、ロスチャイルド、そして天皇裕仁が満足するとき、アメリカ、イギリス、そして日本の多くの人々は、悲惨で残酷な運命の渦中へと突き落とされたのである。

歴史はいつも底辺の人間の運命を不幸へと導く。人々を不幸に導いた英雄や神はいつももてはやされ、「救国の」という形容詞のつく称号が与えられる。内大臣木戸幸一の『木戸幸一日記』を読んで、読者はどのように思うであろうか。

一九四一年十二月八日（月）晴
十一時四十分より十二時拝謁す。国運を賭しての戦争に入るに当りても、恐れながら、聖上の御態度は誠に自若として些かの御動揺も拝せざりしは真に有難き極なりき。

十二月十日（水）晴
マレ沖に於て、プリンス・オブ・ウェールズ、レベルスの二艦、我航空部隊にて撃沈の報に接し快哉を叫ぶ。

一九四二年二月六日（月）晴雲
シンガポールの陥落を聴し召され、天機殊の外麗しく、次々に赫赫たる戦果の挙がるについても、木戸には度々云ふ様だけれど、全く最初に慎重に充分研究したからだと思ふとの仰せあり。真に感泣す。
十一時十分宇佐美元武官長来訪。一時半には牧野伯爵来訪。何れもシンガポール陥落の御慶びの為に参内せられたるなり。老臣の心よりの感激せらるる様子を見ては余も亦感激を新にしたり。

三月九日（月）晴

午前十時四十五分より同十一時四十分迄、拝謁す。御召により、御前に伺候したるに、竜眼殊の外麗しくにこにこ遊され「余り戦果が早く挙り過ぎるよ」との仰せあり。七日、ジャバ方面にてはバンドンの敵軍は降伏を申出て、目下軍は蘭印の全面降伏に導かんとしつつあり、スラバヤの敵軍も降伏し、又ビルマ方面にてはラングーンを陥落せりとの御話あり。真に御満悦の御様子を拝し、感激の余り頓には景祝の言葉も出ざりき。

六月八日

十時四十分御召しにより拝謁。十一時四十分退下。ミッドウェー付近海戦につき御話あり。航空艦隊の蒙りたる損害誠に甚大にて、宸襟を悩ませられたるは元よりのことと拝察せるところなるところ、天顔を拝するに神色自若として、御挙措平日と少しも異らせ給はず、今回の損害は残念であるが、軍令部総長には之により士気の沮喪を来さざる様に注意せよと命じて置いたとの御話あり。英邁なる御資質を今目の当り景仰し奉り、真に皇国日本の有難さを痛感せり。

ミッドウェー海戦に敗北したのは、イギリスとアメリカの情報機関が協力しあって日本の暗号を解読し、作戦に活かしたのが最大の原因であった。日本のトップはこの事実を敗戦後に知ることになる。チャーチルが真珠湾の一報を知るや、「これでついに勝った！」と叫んだのは正しい判断だった。

日本の敗北は戦争の始まる前から、日露戦争を始めたときから運命的に決定していたのである。神と悪魔の闘いを歴史の必然として生きてきた人間たちにとって、日本人は騙しやすい「細目の人間たち」「イエローモンキー」のジャップスでしかない。今日でもそれは変わることはない。日本人はその真実を知るのを恐れているだけである。

真珠湾攻撃から七日が経った。財務長官のユダヤ人ヘンリー・モーゲンソー・ジュニアはルーズヴェルト大統領に一通の書類を提出し、承認のサインを手にした。その書類とは、敵対国との取引法令修正案であった。敵対国との取引でも、モーゲンソーが許可すればそれを認めるというものだった。

こうして大統領の許可書を得て、ユダヤ王ロスチャイルド、隠れユダヤのロックフェラー、同じく隠れユダヤのオナシスの連合体が、第二次世界大戦中、今や敵国となったナチス・ドイツに石油や武器を送ることができたのである。しかし、日本にはただの一滴の石油も供給してくれなかった。

ここに戦争の秘密がある。

第二次世界大戦中、オナシスの大船団は一隻も沈まなかった。連合国にとってもナチス・ドイツにとっても、オナシスの船は聖なる船であった。どうして沈まなかったのかを読者は考えてほしい。イギリス、アメリカ、ソヴィエトの連合軍よりも、ナチス・ドイツ、イタリア、日本の三国同盟の国家よりも、もっと大きな「見えざる世界国家」がこの世にはすでに存在していたということである。だから戦争が起こったのである。この「見えざる世界国家」が戦争を仕掛け、長引かせたと考える以外に「オナシスの船が一隻も沈まなかった」理由を説明できるものがあろうか。戦争はすべて八百長である。日本人はこの欺瞞だらけの戦争の原因に眼を瞑《つむ》ったまま、今日においても時を過ごしているのである。

ルーズヴェルトの宣戦布告に対して国民に戦争支持を要請する演説をしたハミルトン・フィッシュはやがて、「真珠湾の秘密」を知るようになる。彼は真珠湾から数十年後に『日米開戦の悲劇』を書いた。

「あのとき真実を知っていたら、あんな戦争支持要請の演説などしなかった」と告白した。彼の本から引用する。

真珠湾の悲劇の責任はルーズヴェルトに帰される。これは恥ずべき最後通牒のためのみならず、彼が最後通牒に対する日本の回答を確実にキンメルとショートに伝えることを怠ったからである。ショートとキンメルは汚名をきせられ馘《くび》を切られたが、これは恐らく、ルーズヴェルトとその戦争内閣の責任を免れさせるためであった。

アメリカはハミルトン・フィッシュのような素晴らしい議員もいる国である。フィッシュの父親はホィッグ党の指導者であった。またニューヨーク州知事も務めた。一族は建国以来の名門である。このフィッシュが「真珠湾」を語る言葉は重い。

彼は同書の中で、一九三九年九月一日から一九四一年十二月七日までの間にルーズヴェルト大統領が考えていたのが、いかにしてアメリカを戦争に引きずり込むかであったとみる理由として次の要因を考えた。
[一] 暗黙の約束を含め、対外コミットを守るため。
[二] 悲劇的な失業状態を回復するため。六年間の「ニューディール」政策とその失敗の後、アメリカでは千三百万人が失業状態であった。
[三] 国際主義者として、ルーズヴェルトは実際に戦争に介入したいとの欲望をもっていた。
[四] 戦争を指導した大統領として権力欲を満たし、その名を歴史に止めるため。
[五] 国際連合を結成し、それらの実質的支配、ないし、スターリンとの共同支配者になろうとしていた。

[一] の「暗黙の約束」については、フィッシュは言葉を濁している。
私は「闇の支配者との約束」とみるのである。フィッシュはルーズヴェルトとハーバードの同級生で、同じようにハドソン川中流地区出身の政治家だった。そして元フットボールの名選手だった。

真珠湾から一カ月後、戦時生産局が創設された。絹のリボンを作っていた工場は絹のパラシュートの生産に、自動車工場は戦車と軍用機の生産に切り替えられた。飛行機が大量に生産され、太平洋を飛びかった。一九四〇年頃には六千機だったのが、一九四二年には四万七千機、一九四三年には八万五千機が生産された。ジャップスの運命は、この飛行機の増産とともに決定的な敗北へと向かった。ルーズヴェルトが言ったように、ジャップスはロブスターの運命そのものだったのだ。

さて、真珠湾攻撃を受けた後のアメリカを見ることとしよう。あの攻撃の後に「ジャップス」というラベルを付けたゴリラが出現した。そのゴリラほどアメリカ人が嫌ったものはなかった。そして、やがて「イエローモンキー」と呼ばれるようになった。しかし、「ジャップス」の名は大戦中生き続けた。南太平洋方面軍の司令官となったウィリアム・ハルゼー海軍大将は名言を吐いた。

「ジャップスを殺せ、もっと殺せ、もっと多くのジャップスを殺せ！」

そしてついにと言うべきか、もっと有名な言葉が生まれた。

「真珠湾を忘れるな」(リメンバー・パールハーバー)

日本人による奇襲に対するアメリカ人の答えはほとんど同じだった。

「まさか……あの黄色い猿が……」

そして、あるブラックユーモア(?)がアメリカ兵の間に広まっていった。

「日本人はみんな天皇のために死ぬことが使命と考えている。それを見届けることが諸君の使命である」

このユーモアはまだ上品なほうだ。天皇についてもいろいろな文句が生まれた。

「あの黄色い猿の中の親玉が神だって？　なんて野郎だ、ジャップスは」

こうして「黄色い猿」に対する非難はますます盛り上がっていった。そしてルーズヴェルト大統領の首席補佐官ウィリアム・レート提督は、日本を「われわれのカルタゴ」と言い、「とことんやって、徹底破壊すべし」と叫んだ。

ソヴィエトのスパイだった国務省のアルジャー・ヒスは、「日本国民の心全体を根本的に修正しなければならない。それゆえ日本を完全敗北に落とすのだ」と言った。おそらくスターリンの言葉をルーズヴェルトに伝えたかったのであろう。

戦後、日本のマッカーサー司令部で働いたT・A・ビッソンも、「アメリカが完全勝利を得ない限り、次の世代もまた、日本との戦いを交えなければならない」と論じた。

ルーズヴェルト大統領の下で、日本国および日本国民をこの世から葬り去ろうとする計画は確かに存在した。後章でその計画が実在したことを書くことにしたい。日本は、北海道をソヴィエトに渡すだけでは済まなかったであろう。日本国民と同時に天皇一族も悲劇に遭ったことであろう。ルーズヴェルトがあと半年か一年、長く生きていれば……。

「黄色いジャップス」の悲劇を象徴するような写真も多数登場した。その代表的な一葉が「ライフ」紙に掲載された。太平洋戦線で戦っている婚約者の兵士から贈られた日本兵の頭蓋骨の横でポーズをとるブロンド美人の写真だった。黄色い猿は、死して写真のためのアクセサリーになり下がった。

もう一つのエピソードを書きとめておきたい。米軍の兵士がルーズヴェルト大統領に、日本兵の死体から作ったペーパーナイフを贈った事件である。さすがのルーズヴェルトもこのナイフの使用は断った。この事件を知った賀川豊彦（キリスト教信者、敗戦前に一時的に反米主義者に転向）は、この事件を日本で報道した。しかし戦後、彼は率先してマッカーサーの協力者になった。

この「黄色い猿」観こそが、原子爆弾投下の最大の原因となったと私は考えている。あのときのトルーマン大統領は、「そうなったらジャップは終わりだ」と言って原爆投下を命じた。

この平成の時代においても、この日本人観はアメリカ人の脳裡深くに生き続けている。私たち日本人が忘れているだけである。戦争はこれからも続いていくと覚悟しておかなければいけない。

第二章「ニューディールに踊るアメリカ」の項で、私は、P・ナイ上院議員について触れた。彼は一九三九年、「次なる戦争」というイギリスの公文書の存在を公にした。その中に次のような一文がある。

もしも日本を巻き込むことができれば、当然のことながら、わが国の立場は非常に有利になる。それができればアメリカを巻き込めるだろうし、恐らくさしたる努力も不要であろう。いずれにせよ、このことが達成されればそれは、わが国のプロパガンダ担当者の当然かつ明瞭な努力の結果である。先の大戦でアメリカを対ドイツ戦に巻き込むことに成功したのとまったく同様である。

「先の大戦」とは第一次世界大戦のことである。真珠湾攻撃の後にアメリカは日本に宣戦布告し、またドイツにも宣戦布告する。「次なる戦争におけるプロパガンダ」と題する、数巻におよぶ第三次世界大戦の計画書がすでに作成されていることは間違いないであろう。

私たち日本人は、今でもアメリカ人たちが「リメンバー・パールハーバー」と叫んでいることを知っている。だから、それゆえにこそ、私たちもアメ公に向って声高らかに叫ぼうではないか。この平成の世で叫ぼうではないか。

「日本人よ、真珠湾を忘れるな!」

産経新聞取材班が書いた『ルーズベルト秘録』から引用する。

ハーバード・フーバー元大統領は晩年の一九六〇年代、自宅の書斎にこもり『裏切られた自由』という未完の大著を書き続けた。全四巻とも三巻ともいわれるこの大著は発刊されることもなく今もスタンフォード大学フーバー研究所の倉庫に眠っている。内容は日米戦争への懐疑だった。フーバーは日本との戦争を避けられたと考えたのである。

八十歳代後半に入った老人が後任大統領の失政を問うために毎朝七時に机に向かい一心不乱に書き続ける姿に側近はぞっとしたそうだが、この場面こそルーズベルトとその時代が持つ一種独特の魔性のようなものがこの時代にあると考えたからだ。

ルーズヴェルト時代の側近の回顧録などは例外なく絶版になっていると、この本の中に書かれている。私はハリマンの『チャーチルとスターリンへの特使』をアメリカの古本屋ルートで友人を通して手に入れることができた。この本はルーズヴェルトに都合よく書かれているからこそ、現在まで残っているのであろう。

第五章
クリミアのカリフォルニア

チャーチルへのルーズヴェルト大統領の代理役として私の仕事は極めて単純明快だった。大統領は私にこう言っていたんだ。言葉をそのまま使えば、「イギリスを浮上させておく」ために援助できることは何でもすると言って来いってことだったんだ。

われわれは単なる援助から、干渉するようになって大変化が出てきたんだ。ルーズヴェルトは孤立主義から世界のリーダーシップへ政策転換するビジョンを持っていたんだよ。画期的な大変革だったね。わが国は昔のようじゃなくなったんだよ。で、戦争が皆の姿勢を変えてしまったが、ほとんど一夜にして国際主義者になったんだよ。

アヴェレル・ハリマン

ユダヤ王国建設への夢

アヴェレル・ハリマンは九十歳の誕生日の祝宴の前にインタビューを受けた。前のページに記したのは、そのときの彼の発言の一部である。彼は九十七歳まで生きた。このインタビューのなかで「大変化」や「大変革」という言葉を使っている。

アメリカが孤立主義から国際主義へと一夜にして変わったのは真珠湾への攻撃を受けた後であった。この一九四一年十二月七日から八日にかけての一夜にしてアメリカは、大戦に参加することになった。私たちは戦争を空と陸と海の上での戦闘であると思いがちである。しかし、戦争はどんな戦争でも大きな目的のもとに敢行される。目的のない偶発的な戦争など、この世の中に一つとして存在しない。

ノラ・レヴィの『一九一七年以降のソヴィエト連邦におけるユダヤ人たち』(ニューヨーク大学出版局、一九九〇年)に次のような記述がある。

ソヴィエトのユダヤ人をクリミアに再定住させる案が最初に持ち上がったのは一九二〇年代のことだった。これは消えることのない神話となった。百万エーカーの土地と四十万人の住民を巻き込むことになる膨大な計画である。この計画は革命によって小さな商売が成り立たなくなったため、ユダヤ人が陥った貧困への解決策に、そしてユダヤ民族の団結を維持する方法になるはずだった。このように早い段階でも、社会主義の目的とは相反する民族主義を奨励すべきかどうかというジレンマが生じていた。

これは「消えることのない神話」となった。一九二〇年代にソヴィエト国家の誕生とは別に、もう一つの物語が進行していたとノラ・レビィは書いている。ソヴィエトの領土であるウクライナのクリミアに、ユダヤ国家を創成するという計画があったという物語であった。

あのソヴィエト革命がほとんどユダヤ人たちによって敢行されたことはすでに書いた。クリミア半島はスイスより少し狭く、黒海に面している。そこに住んでいた四十万の少数民族の人々を移動させる壮大な計画が、革命時からあったということを知らねばならない。

現在流布《るふ》している歴史は黒い貴族たちによって書き換えられている。このユダヤ人移住による王国の建設計画は「クリミアのカリフォルニア」と呼ばれたが、ユダヤ系の歴史家、または彼らに洗脳された歴史家たちは、一行としてこの計画について書こうとはしない。歴史の闇の中に葬り去られたこの事実に注目してみよう。

彼ら歴史家は、ひたすら「パレスチナ」についてのみ書く。しかしこの計画が姿を見せたとき、「海と砂漠の間の線状の土地」パレスチナは、ユダヤの富豪たちにとって、「その大部分が植民地化に不向き」とされていたのだ。

エルサレムの物語は語り尽くされた物語である。イスラエルの国が一九四八年に出来たことにより、ユダヤの民は永年の夢を叶《かな》えたとされる。しかし、この建国は世界に新しい紛争を巻き起こした。世界はこのユダヤ人の歴史を書いた本を多数、目にしてきた。

しかし、アメリカやイギリスの歴史家たちは、反体制派であっても、このクリミア半島をユダヤの王国にしようとした大きな動きがあったことをほぼ完全に無視している。どうしてか？　ユダヤ王ロスチャイルドが暗闇の中でこの国家を建設しようとしていたからである。

ユダヤの陰謀説が世には溢れている。だが、どれもこれも同じようなことを書いている。ユダヤ人との馴れ合いみたいな陰謀説ばかりではないか。

この計画はしたがって、ロシア側の資料が世に出てから少しずつ判明したのである。だが全貌を知るのはほとんど不可能に近い。それゆえ私がこの神話の謎に挑んでみる。

ユダヤ王ロスチャイルドがユダヤ王国を作り、その国の王としてユダヤ王国を宣言しようとした物語である。この物語こそ、ハリマンが九十歳の誕生日に語った「大変化」「大変革」であった。この計画はほぼ完璧に遂行されていった。しかし、未完に終わるのである。

この計画を現実化する主役を演じたのは、「二十世紀のファウスト」たるアヴェレル・ハリマンその人であった。物語をはじめよう。

ハンガリーのブダペスト生まれで、テオドール・ヘルツル（一八六〇〜一九〇四）というユダヤ人が一八六九年に『ユダヤ人国家』という本をウィーンで出版した。その中でヘルツルは、「ユダヤ人を収容するのに充分な土地がほしい。その土地ではユダヤ人に主権が与えられる。その主権の及ぶ土地でドージェ〔総督の意か、王の意か〕としてロスチャイルドが選出されるべきである」と書いた。彼はまた、「土地を獲得するための長征があることになる。首都はベネチアがモデルとなろう。王宮が作られ戴冠式が行なわれ軍隊が創設されるであろう……」と続けて書いた。

当初、このヘルツの思想について、ユダヤの富裕層は反対の意を表明した。危険思想と思えたからである。特にイギリスのロスチャイルド卿は彼に会うことさえ拒否した。しかし、フランスのロスチャイルド家のヘルツルに対する対応は異なっていた。エドモン・ド・ロスチャイルドはパレスチナにあった小さなユダヤ人居住地の援助をしていた。当時エドモンの援助を得て、イスラエル国家建設は少しは意味を持ち始めていた。

ロシアのバクー油田に投資し、その権利を支配していたエドモンは、ロシアの経済に大きな力を発揮していた。他方、ユダヤの虐殺、虐待の「ポグロム」で逃亡するユダヤ人たちをパレスチナの地に送り込んでいた。彼は工業化されたヨーロッパに不可避なる危機を感じ、農業発展の必要性をパレスチナに移住する難民たちに説いていた。それは、農業に従事することを拒絶され続けたユダヤ民族の夢の実現でもあった。

ついにイギリスのロード・ロスチャイルドであるナサニエルが一九〇二年にヘルツルを迎えて私的な会合を持った。ナサニエルはヘルツルの計画に秘かに賛意を表し、自らもユダヤ王国の王となる決意をするに至った。

シオニズム（ユダヤ人がユダヤ国家を持つための民族的運動）がヘルツルの小さな運動の中から芽生え、現実的なものへとなっていくのである。

ロシアでは、その中心のスラブ人たちがユダヤ人に対し、自分たちの生活を脅かす民としてロシア帝国の暗黙の了承のもとで「ポグロム」と呼ばれる虐殺・虐待を続けていたのであった。

一八九〇年代は「アンティ・セミティズム（反ユダヤ主義）」の時代であった。この迫害を逆手にとって、ユダヤ人は、ユダヤ人思想家マルクスの共産主義思想を掲げて革命を起こしていく。したがって共産革命とは反ユダヤ主義に対する革命でもあった。この点を忘れたり無視したりしては世界の歴史を知ることはできない。

一九〇四年のヘルツルの死後、ハイム・ヴァイツマンが登場する。ヴァイツマンにエドモン・ド・ロスチャイルドはこう語っている。

「私がいなかったらシオニズムは成功しなかったであろうが、シオニズムがなかったら私の仕事も台無しになっていたであろう」

ロスチャイルドのシオニズム支持は利権と裏腹の関係にあった。ロスチャイルド家の代理人として中国でアヘン貿易をしたサッスーン家が、パレスチナでも同じような役割を果たした。

さて、ロシアによるソヴィエト国家の建設を見ることにしよう。ユダヤの富豪やユダヤ教のラビたちはシオニズムを秘かに信奉はしたが、表向きは反対であった。彼ら東欧ユダヤ人は、ロシア革命を通じてその貧困と抑圧状態を終わらせることができると信じていた。彼らは、パレスチナの土地で農業国家を建設するよりも、実質的にロシアを支配し、そこに強大な政治的、経済的な基盤を築き、その過程でロシアの一部の土地、すなわちクリミア半島を獲得しようと動きだした。

東欧のユダヤ大衆の代弁者としてポーランドからイギリスに渡ったヴァイツマンはマンチェスター大学の生化学の教授となり、イギリスで多くのシオニストの仲間を得た。特にユダヤ人の自由党員で国会議員のハーヴァード・サミュエルを味方にし、また、ランカスター出身の若き国会議員ウィンストン・チャーチル、保守党のアーサー・バルフォアとも知り合うことができた。

一九一五年にロード・ロスチャイルドのナサニエルが死に、ウォルターがその後を継ぎロード・

ロスチャイルドとなった。ヴァイツマンを迎えたロスチャイルドは策を練り、バルフォア外相に一つの草案を渡し、発表するように迫った。後にこれが「バルフォア宣言」と呼ばれるものになる。

一九一七年十一月二日、バルフォア外相はその草案をもとに、閣議の了解として「英国政府は国策として政治的シオン主義を承認した」という一通の書簡を外相の名においてウォルター・ロスチャイルド卿に宛てて送った。

陛下の政府はユダヤの民のための民族的故地をパレスチナに樹立するのに賛同し、この目的を促進するために最善の努力を払うものとする。

ちょうどソヴィエト革命が成功した時期である。ウォルター・ロスチャイルドがこの一通の手紙を手に入れたことにより、ユダヤ国家が確実に実現の道への一歩を踏み出した。当時のパレスチナには、総人口六十万人のうち約十万人のユダヤ人が住んでいた。

ロイド・ジョージ首相、バルフォア外相、そしてロスチャイルドの「黒い犬」、若きチャーチルらは、ユダヤ国家を建設するために戦争を利用しようとした。戦争がなければ、五十万人のアラブ人たちを去らせてユダヤの独立国家を誕生させることはできない。

入植地に提供された百七十万ポンドのうちの十万ポンドを除く資金はロスチャイルド家のポケットマネーだった。こうしてシオニスト本部による組織的な植民地活動が開始された。それは、アラブ人たちを虐殺したり追放したりして、パレスチナの土地をユダヤ人のものにする運動であった。

第二次世界大戦の主な原因がシオニズムにある点を明確にしておきたいと思う。

戦争の時代は、確実に、このシオニズムから始まっていった。この運動がなかったらおそらく第二次世界大戦はなかったであろう。ハリマンの言う「大変化」「大変革」はシオニズム抜きには考えられない。「バルフォア宣言」をアラブ人のほとんどは理解し得なかったけれど、大勢のユダヤ人たちが移住してきたのでアラブ原住民たちは明白な敵意を持ってユダヤ人たちを迎えた。こうして殺人と虐待の事件が日常茶飯事となった。二十世紀、それはユダヤ民族とアラブ民族の対決の時代でもある。

第一次世界大戦のとき、イギリスが火をつけてアラブ民族主義は燃え上がった。そしてイギリスはアラブ民族に無数の空《から》手形を濫発した。イギリスのシオン主義連合会会長ウォルター・ロスチャイルドの思惑ははずれ、パレスチナでは血と涙が流れた。

パレスチナの土地は狭く、しかもほとんどが荒地である。ユダヤ人にとって歴史的に多少の権利があるといってもはるか二千年前のことにすぎない。ユダヤ王ロスチャイルドの心は動いた。彼はユダヤ王国の王となるために乳と蜜の溢れる土地を求め続けた。それを黒海に面するクリミア半島に定めたとしても不思議ではない。ウクライナにあるこの半島は国家を作るのに十分な大きさだった。しかも乳と蜜の溢れる温暖な土地である。ユダヤ人作家フランツ・カフカの心の叫びを聞こう。

私はここにいる。それ以上はわからない。これより先に行くことはできない。私の船には舵がない。船ははるか遠い死の世界に吹き込む風に動かされている。

ユダヤ王ロスチャイルドの心境もまさにそうであっただろう。世界一の大富豪が、それゆえにこそユダヤ王国を作ろうとした。二十世紀のすべての物語はクリミア半島に「クリミアのカリフォルニア」の王国を作ろうとした計画と実行により始まっているのである。

　クリミアにユダヤ王国を建設する計画は「クリミアのカリフォルニア」と呼ばれた。クリミアがカリフォルニアと気候的によく似た土地であるという意味だろうか。ロシア革命後のロマノフ一族はカリフォルニアに亡命し、カリフォルニア・ワインの大農園を作った。

「クリミアのカリフォルニア」という言葉には、ロマノフ王朝の復興を願う気持ちが混じり合っているのだろうか。しかし、この台詞はユダヤ王国の希望の言葉だ。アメリカのワインはほとんどがカリフォルニア・ワインだ。禁酒時代、ロマノフ一族は大きな財閥を形成していく。ロマノフ家は決して滅んではいなかったのだ。ブドウの栽培は帝政ロシア時代にバクー油田に近い黒海地方からクリミアに持ち込まれた。そういう関係もあって、この「クリミアのカリフォルニア」との暗号名が作成されたのだろうか。

　カリフォルニアはアメリカ人にとって二つの意味を持つ。一つは、WASP《ワスプ》から遠く離れた土地、という意味である。アヴェレル・ハリマンの父エドワードがユニオン・パシフィック鉄道を太平洋岸に通して生まれた新世界であった。もう一つは何か？　それは映画産業の土地という意味である。ポール・ジョンソンが『ユダヤ人の歴史』の中で書いた次の文章が、「クリミアのカリフォルニア」の意味を暗示しているように見えるのだが。

> ……ワスプが支配する北東部の「エジプト」からカリフォルニアという約束の地に映画産業を率いて新しい「出エジプト」したのがユダヤ人であった。ロサンゼルスは太陽が照

り法規が緩やかで、特許会社の法律から簡単に逃げ出してメキシコへ行くことができる都市であった。

テオドール・ヘルツルは一八九六年、近代シオニズム宣言の書『ユダヤ人国家』を書いた。その中にカリフォルニアという言葉が登場する。

新しいユダヤ人の移動は、神学的な諸原理によって行なわなければならない。ほんの四十年ほど前には、金鉱探しが驚くべき単純な方法で行なわれた。カリフォルニアにおいて、それは何と冒険的に進行したことだろう。そこでは噂が噂を呼んで、世界中から無頼者たちが蝟集《いしゅう》し、地面を盗掘し争って金《きん》を奪いあった。そして手に入れた金を同じように賭博で失ったのである。

今日ではどうだ。眼下のトランスバールにおける金鉱探しを見るがよい。ロマンチックな放浪者はもはやなく、醒めた地質学者や技術者たちが採金業を指揮しているのだ。よく工夫された機械が既知の鉱脈から金を採掘する。偶然に委ねられた部分は極めて少ない。このように新しいユダヤ国家は近代的な手段によって研究され獲得されなければならない。土地がわれわれに保証されたならば直ちに領土取得船がそこに向かう。船上にはユダヤ人協会、ユダヤ会社、そして地域グループの代表者たちが乗っている。〔中略〕

アメリカにおいては新しい領地を開拓する際に今なおごく素朴な仕方で占有が行なわれる。土地取得者たちは境界に集合し、一定の時間に同時に突進を開始し占有に取り掛かる。

新しいユダヤ人の土地ではそのようなやり方は不可能である。地方と都市の広場は競売にかけられる。それも金銭と引き替えではなく業績に対して与えられるのだ。

このヘルツルの文章から「クリミアのカリフォルニア」という暗号名が生まれたのであろうと私は推測している。確証があるわけではないのだが。

クリミアはブドウの産地である。ユダヤ人は飲酒を「ミッヴァ（宗教的な義務）」とする。ユダヤの律法は飲酒を奨励さえしてきた。『詩篇』に「ぶどう酒は人々の心を喜ばせ……」とある。ユダヤ人にとって葡萄酒《ワイン》は食事に欠かせないものだ。安息日の夕食は子供も加わって葡萄酒を聖別するキドゥーンの祈りで始められる。

過ぎ越しの祭セデルでは、そこに参集する者が四杯の葡萄酒を飲むことがミッヴァである。デニス・プレガーとジョーゼフ・テルシュキン共著の『ユダヤ人はなぜ迫害されたか』には、ユダヤ人と葡萄酒の深い関係が書かれている。ユダヤ人は昔からこのクリミア半島でブドウを植えて育ててきたのである。ユダヤの自治国をクリミア半島に作ろうとしたとき、「クリミアのカリフォルニア」という暗号名がつけられたのは、カリフォルニアに逃げたロシアの民がその地で葡萄酒を作ったからだ。葡萄酒がこの計画の鍵となる。

ロード・ロスチャイルドであるウォルター・ロスチャイルド卿は、新しい「出エジプト」のリーダー、二十世紀のモーゼを目指していたのではなかったかと私は思う。帝政ロシアを打倒するために、ユダヤ王ロスチャイルドは多額の金をユダヤ人レーニンに渡した。レーニンはその金を遣い革命に成功した。レーニンの革命は、同じユダヤ人トロツキーの革命でもあった。しかし革命後、ユ

黒海に面したクリミア半島
(現ウクライナ南部)は
温暖で肥沃な地

ユダヤ人国家を構想した
テオドール・ヘルツル

1915年に「ロード・ロスチャイルド」
となりパレスチナを狙ったウォルター

バルフォア宣言の欺瞞性は
かなりが明らかになっている

史上最大のユダヤ人虐殺
はソヴィエト革命時の
「ポグロム」

前線のアメリカ兵士は戦争の終結を
指折り待ち望んでいた

ダヤ人でありながらトロツキーはユダヤ人を嫌悪し、彼らと接することさえ拒否した。他のユダヤ人革命家たちもトロツキーに倣《なら》った。クリミア半島に住む少数民族やロシア人たちはソヴィエト革命に反対し、内戦に突入した。ユダヤ人によるソヴィエト革命とロシア人や少数民族による戦闘の過程でユダヤ人虐殺史上最大の「ポグロム」が起こった。ソヴィエトのユダヤ人たちは革命から何も得られなかったと思った。ほとんどの西洋の歴史家たちはその点で一致している。

私は別の史的な視野から考えている。この混乱こそが、ロシア人とユダヤ人の顕在化した闘争の結果である。「ポグロム」こそが、ユダヤ王ロスチャイルドの真の目的ではなかったのかと考えている。

ユダヤ王ロスチャイルドは、レーニン、トロツキー、スターリン時代におけるソヴィエト経済の実質的な支配者であった。隠れユダヤのロックフェラーをロシアの大地に入れたけれど、自らの夢を叶えてくれる人物をアメリカの中で求めた。その男こそが若きハリマンであったに違いない。

革命後しばらくして発表された重工業中心の「五カ年計画」は、ハリマンが中心となり、合法的マフィアが動員されてこそ生まれたものである。この計画を背後で支え操ったのは、間違いなく、ユダヤ王ロスチャイルドである。若きハリマンがマンガン鉱山を開発し、ロックフェラー財閥が積極的に工業開発に参加した。一九二九年、革命から十年後、ユダヤを嫌悪しロスチャイルドを名指しで誹謗していたフォードも自動車工場をモスクワ郊外に建設した。発電所の建設には若きアメリカの技術者が活躍した。日本の共産主義の理論家たちはこの点に触れもせず、眼を塞いでいる。共産主義は富も食糧も生まず、富と食糧を収奪する方法を説くものである。

アメリカが「五カ年計画」を実現してやったのである。革命当時のソヴィエトはヨーロッパから完全に遅れた農業の国であった。農民たちのほとんどが農奴解放を受けたとはいえ、畑を耕す鍬《くわ》のほとんどは木製だった。この点は前述したが、ロマノフ王朝の資産はアメリカ、イギリス、フランス、スイス等の銀行に預けられており（二十一世紀の今においても）、革命とともに凍結されていた。ロマノフ王朝の金塊はあっという間に消え、ソヴィエトの金《きん》、石油、ダイヤモンドなどは、ユダヤ王ロスチャイルドとその系統の支配下に置かれた。常に借金体制であり続けた国、不渡手形を濫発し続けた国としてソヴィエトは存在した。否、こう表現すべきであろう。ソヴィエトはネバーランドの国であった、と。

日本人の共産主義者、多くのマルクス主義者、戦後の言論界をリードしたインテリたちは、真実のソヴィエトを見ずに、ネバーランドのソヴィエトを見続けていた。この国家を動かし、この国家を壊すのも、ユダヤ王ロスチャイルドを中心とする闇の権力者たちによったのである。

こうした事実を知ると、「クリミアのカリフォルニア」計画が現実味を帯びてくるであろう。ソヴィエトにおいては、ユダヤ人たちが迫害され続ける必要があった。だからこそ、ユダヤ王国がクリミア半島に建設されるべきであった。ここにユダヤ王ロスチャイルドの野心が見えてこよう。

これは難しい理論ではない。小さい子供でも説明されれば分かる「ヘーゲルの理論」の応用であるが、頭の堅い学者どもには、到底理解不可能なのだ。彼らは時代の風潮というメシを喰らっているために心と頭が腐っているのだ。

ユダヤ王ロスチャイルドは考えた。この王国の実現のためには、もっと多くのユダヤ人が迫害されなければならないであろうと。いつの時代も犠牲は神聖なものなのだ。正義の名において、ユダヤの神の名において、その犠牲は永遠に語り継がれていくであろう。もっとこの世界は「乱」になるべきではないのか。もっと「不正義」が横行すべきではないのか。もっともっと、世界に大きな戦争が起こるべきではないのか。しかもその戦争はより拡大し、長く続くがいい！

　そこから、破壊しつくされた精神の荒野の中から、ユダヤ民族の永い夢である乳と蜜に溢れる土地が誕生してくるであろう。その目的に添うようにスターリンは「ポグロム」をより拡大し、ヒトラーは「ホロコースト」を開始するだろう。

　ソヴィエトとドイツは闘うがいい。勝敗はどうあれ両方の国土が荒廃したとき、金《カネ》の力が完全に支配するときが来るのだ。その金の力によって、「クリミアのカリフォルニア」は完成するであろう。ユダヤ王ロスチャイルドの戴冠式が、かつてのベネチアに似た都市で行なわれる。その地こそ、ヘルツルが『ユダヤ国家』の中で表現した国家なのだ。


　……土地を獲得するための長征があることになる。首都はベネチアがモデルとなろう。王宮が作られ戴冠式が行なわれ軍隊が創設されるであろう……。

戦争を延ばし、拡大せよ

にすることにする。

「クリミアのカリフォルニア」について書くのを一時中断して、ヨーロッパ戦線について書くことにする。

ヒトラーのナチス・ドイツとスターリンのソヴィエトが五年に渡って行なった戦争は計画された「欺瞞だらけの戦争」であったことを検証してみる。この戦争が、なぜ長引いたのかを知れば、「クリミアのカリフォルニア」が現実味を帯びて読者の心にしっかりと残るであろうと思うからである。

では、真珠湾後のハリマンの動きを中心に見てみよう。「クリミアのカリフォルニア」計画の実行者ハリマンは、「二十世紀のファウスト」らしく、この世界を動かすのである。ようこそハリマンワールドへと、あなたを誘惑しよう。

ハリマンとチャーチルは真珠湾攻撃の半月後、十二月二十二日から一九四二年一月十四日の長きにわたりアメリカに滞在し、軍事会議に出席した。この軍事会議の暗号名は「アルカディア」と呼ばれた。その基本的な議題はドイツ対策だった。

ドイツの敗北は米英の勝利を意味した。ドイツが敗北すれば、イタリアの敗北も日本の敗北も確実だった。したがって、ドイツを包囲するための松明《たいまつ》を灯すという意味をこめて「トーチ作戦」と呼んだ。しかし、この作戦は実に妙というか、予想外の作戦だった。予想外とは、将校たちの間での感想である。

この作戦は空白を埋めるためにソヴィエトの前線を直接援助するだけでなく、トルコと中東を軍事的に強化すること、そればかりか、北アフリカの海岸線をも占領しなければならないとした。また、極東はアメリカの直接戦争範囲となった。オーストラリア、ニュージーランド、インドを維持しなければならない、対日作戦を発展させなければならない……。

ドイツ軍の中枢を叩けば戦争はあっという間に終わるのに、ルーズヴェルトとチャーチルは、戦争を世界中に拡大する方針を決定した。真珠湾をジャップスに攻撃させた目的が明白となった。チャーチルがアメリカの軍事会議で「どうしても譲れない」と強固に主張したのは、フランス領北アフリカ作戦だった。その共同作戦の第一目標として「カサブランカ進駐」が決定した。

チャーチルの「カサブランカ進駐」は、ユダヤ王ロスチャイルドの希望を受け入れたものと私は理解している。フランス領モロッコの港町カサブランカは、ジブラルタル海峡の外側にある。この港を死守して北アフリカの戦線で闘えば、ユダヤ王ロスチャイルドの最大の財源である南アフリカを死守することができるとチャーチルは考えたに違いない。

一九四〇年六月から四三年五月にかけて、この北アフリカ戦線では、大戦中で最大の死闘が繰り返された。戦争はアフリカからヨーロッパ、中東、極東へと、南アフリカを除いて全世界に拡大していった。ヒトラーとスターリンに資金を提供し続けた国際金融家や軍需産業の資本家たちがその富を倍々に殖やしていくにつれ、死者の数は数万から数十万へと、そして数百万から数千万へと増えていった。

この戦争を終わらせる一つの戦略があった。しかし、この戦略は闇に葬り去られた。この原因を究めれば、第二次世界大戦のみならず、過去の戦争もその勃発の原因がすべて見えてこよう。

戦争とは常に、故意にそれをやらせようとする「黒い貴族たち」と、その戦争を簡単には終わらせまいとする「死の商人」たちがコンビを組んで暗躍する邪悪なゲームである。

もちろん、「黒い貴族」と「死の商人」は複雑に入り組んでいる。この闇の世界に蠢《うごめ》く連中が政治家を操り、黒い戦争の犬に仕立て上げるのである。政治家だけではない。軍人も報道関係者も宗教家も黒い戦争の犬に仕立てるのである。

神と悪魔は、どうして人間の姿をしているのかと心に問うてみてほしい。読者よ、神と悪魔は一心同体なのだ。あの砂漠の地で生まれた神は悪魔であり、悪魔は神であった。その真相に迫ってみよう。

ヒトラーがアメリカで最も価値のある情報源としていたのはドイツ人のアメリカ駐在武官フォン・ベティヒャーだった。ベティヒャーはアメリカ陸軍の一人の将軍と友人になった。その男の名前はアルバート・C・ウェデマイヤー。若手将校の中でも最も有能な人物であった。マーシャル将軍が、自分がもし参謀総長になったらぜひ昇進させてやりたい候補の筆頭として、小さな手帳に記してポケットにしまっていたほどの将校だった。

ヒトラーはベティヒャーの依頼を受け入れて、一九三五年から二年間、ウェデマイヤーにドイツ陸軍大学への在籍を許可した。アメリカとの友好を第一とするヒトラーは、アメリカを疑うことすら知らなかった。アメリカの将校たちも、イギリスやフランスの将校よりもドイツの将校に、ある種の好感、ドイツびいきの親和感を共有していた。

ヒトラーはベティヒャーが伝えるアメリカの将校たちの孤立主義を信じていた。ベティヒャーは、アメリカ軍の海外派遣は、たとえアメリカが第二次世界大戦に入ったとしても最低六カ月はかかるであろうと報告していた。ヒトラーはアメリカを甘くみていた。その上、ハリマンやダレスを通じてヒトラーはアメリカから軍需資金を導入し続けていた。

軍備に必要な資金も物資もハリマンはすぐにヒトラーに提供していた。ダレスとブッシュの二人の部下が御用達の役を演じていたことはすでに書いた。アメリカは決して自分を裏切らないであろうと、ヒトラーは確信していた。しかし、ヒトラーはアメリカに裏切られるのである。

ウェデマイヤーはドイツから帰国し、しばらくするとマーシャル陸軍参謀総長のもとで、「勝利の計画」なる作戦を立てるのである。この計画書には、ナチス・ドイツをいかにして撃滅させるかが書かれてある。長編小説ほどの厚さの計画書である。

あの真珠湾攻撃の十二月七日の四日前の十二月三日、陸軍航空隊の一大尉がこの計画書を、孤立派で非戦論者のバートン・ホイラー上院議員のところへ極秘裡に持ち込んだ。ホイラー上院議員はこの全資料をシカゴ・トリビューン紙のワシントン特派員に渡した。翌十二月四日、シカゴ・トリビューンと特約しているワシントンタイムズ・ヘラルドに特ダネとして登場し、ワシントンの中枢部は大きな衝撃を受けた。

ルーズヴェルトの戦争計画、一千万人の動員目標、半数は海外の戦場へ、一九四三年七月一日までに大陸侵攻、ナチ撃滅のため……。

ウェデマイヤーは後に『ウェデマイヤー回想録』(『第二次大戦に勝者なし』)の中で、十二月四日の出来事について書いている。

ワシントンに爆弾が落ちてもあれほどまでに驚かなかったであろう。われらに開戦準備があり、しかもまもなく始めるぞという動かぬ証拠です。ルーズヴェルト大統領が繰り返してきた不戦の誓いが選挙用のカラ約束であることは一目瞭然でした。

真珠湾攻撃の後にすぐヒトラーがアメリカに宣戦布告する。この新聞の記事に激怒したのが原因の一つとされている。しかしこれは出来すぎたドラマであろう。日本が真珠湾攻撃をせざるを得なくなったように、ヒトラーもアメリカに宣戦布告をするように仕向けられたのである。ヒトラーは、八百長を演じ続けるように育てられたドイツの戦争の犬であった。チャーチルがイギリスの黒い犬であったように。もう一匹、黒い犬がいた。スターリンという黒い犬だ。

ハリマンはこれらの黒い犬を調教し、自由自在に操っていくのであった。

『イントレピッドと呼ばれた男』には、スティーブンソンが、同志だったアメリカの陸軍大尉を利用して意図的に漏洩させたと書いてある。日本の航空隊が真珠湾に襲いかかる日が決定的に判明したので、スティーブンソンがチャーチルやルーズヴェルトを説得し、「勝利の計画書」を世に知らしめたのである。そして、あるルートを通じてヒトラーに「アメリカへの宣戦布告」を命令したのである。

かくして日本とドイツはアメリカとの戦争に入ったのである。すべてが計画されていた。すべてが八百長なのである。ハリマンがチャーチルに命令を出し、スティーブンソンに指令を下す。最終決定は、黒い犬を飼い慣らしている闇の支配者たちが決定したことである。「二十世紀のファウスト」のハリマンはこの闇の支配者の一人として、チャーチルとルーズヴェルト、ヒトラーとスターリンに極秘指令を出したのであろう。

この命令に逆らえば死が待っているのである。黒い犬であることを証明する悪行のファイルが開かれる。この故意なる「勝利の計画」の漏洩が後に大きな問題となる。

さて話を進めよう。

一九四二年一月三十一日、リトヴィノフ駐米ソ連大使はソヴィエト外務人民委員会宛てに次のようなメッセージを送った。

ヒトラーは春の攻撃に備えて大部隊を集結させてきたが、その攻撃時期が向こう二カ月足らずに迫っています。その時期までに、われわれは米英の支援を確保する必要があり、その必要性を今ただちに公表すべきであり、われわれは大陸上陸を要求するか、あらゆる面において優秀な敵に匹敵する大量の航空隊と戦車を必要としていることを言明しなければなりません。

スターリンは動きだした。一九四二年四月十二日、ルーズヴェルト大統領はスターリンに対し、共通の敵との戦闘行動に関し、一連の重要な問題をソ連高官の代表者と意見を交換するのは有益だと考える旨を伝え、ソ連政府にモロトフ外相を派遣する用意があるかを打診した。ソ連はすぐに同意し、モロトフ外相がアメリカに渡ることになった。この訪問は極秘扱いにされ、「ブラウン氏の使命」という暗号名がつけられた。

かくてウェデマイヤーの「勝利の計画」が現実味を帯びてきた。同月、ルーズヴェルトはホプキンス補佐官とマーシャル陸軍参謀総長をイギリスに派遣し、「勝利の計画」を実行する大陸上陸作戦をチャーチルに伝えた。チャーチルは当面の北アフリカ作戦、中東作戦とはかなり異なるのを知ったが、北アフリカ作戦の時期、上陸地点などを併せて一応承認した。

四月十四日の会談後の翌日、ホプキンスは、ルーズヴェルト宛てに英国政府がアメリカの主要提案に対して同意した旨を海外電報で伝えた。マーシャルも陸軍長官宛ての海外電報で、ホプキンスの電報の内容を裏書きした。その晩、ホプキンスとマーシャルはダウニング街十番地で、国王および首相との晩餐会に招かれた。ロンドン最後の日、ホプキンスはチャーチルと会談した。チャーチルは、「待つ時間が長引けば長引くほど湯はそれだけ熱くなるだろう」とホプキンスに言った。ドイツへの進攻が急務であるという点で二人は一致した。

モロトフ首相は「ブラウン氏の使命」という暗号名を与えられてワシントンに向かう途中、ロンドンに立ち寄り、チャーチルとの間にヨーロッパの同盟国との交渉と戦後の協力および相互支援に関する英ソ同盟条約に調印した。

そのとき、モロトフは、チャーチルと「勝利の計画」について話し合い、この計画の実行についての同意を取り付けてからワシントンへ向かった。一九四二年五月二十九日午後、ホワイトハウスに到着した。彼は旅行鞄にピストルを入れていた。不安と憂慮を抱いてやってきたのである。ルーズヴェルトとモロトフは西側同盟国のフランス上陸計画と独ソ戦線の状況について論じた。モロトフはルーズヴェルトに言った。

「一九四二年に同盟軍が独ソ戦線から少なくとも敵四十個師団を撤退させれば、戦力のバランスは根本的にわが方に傾き、ヒトラーの命運は尽きるでしょう」

ルーズヴェルトは同席させていたマーシャルに尋ねた。

「われわれはいつでも第二戦線を開始できるとスターリン閣下に報告できるかね」

マーシャルはうなずいた。

大統領は言った。「どうか貴国の政府にお伝え願いたい。年内の第二戦線開設を期待していただきたいと」

ルーズヴェルトとチャーチルは、この「勝利の計画」と第二戦線開設に同意し、「一九四二年のヨーロッパ第二戦線開設の緊急課題に関して両国は完全な合意に達した」との共同コミュニケが発表された。一九四二年中にすべての戦闘が終わる予定だった。遅くとも一九四三年の初頭には……。

六月、ルーズヴェルトはチャーチルと会談した。そしてこの計画の実行に入ることで同意した。そのときルーズヴェルトは枢軸国に関する覚書をチャーチルに渡した。そこには当時のドイツ警察及びSSの通信の暗号解読資料が含まれていた。ルーズヴェルトはこの作戦の実行によって、ヒトラーによるユダヤ民族の絶滅作戦は途中で終わると告げた。

アメリカ大統領とイギリス首相は、この作戦計画がユダヤ王を頂点とする黒い貴族から拒否されるとは思いもよらなかった。しかし、この共同コミュニケを破棄せよとの闇の支配者からの圧力が加わった。

読者はもう間違いなく、闇の王の信頼厚い人間の名を名指しできるであろう。そう、あの「二十世紀のファウスト」のハリマンが、この共同コミュニケを拒否すると言ったのである。『チャーチルとスターリンへの特使』の中で、延々とこの計画を延期すべしと彼は書いている。

この事実により、ルーズヴェルトやチャーチルやスターリンよりも高位の支配者がこの地球上にいたことを読者は疑うことなく知り得たであろう。「二十世紀のファウスト」がその姿をこの三人の前にはっきりと見せたのであった。


「勝利の計画」はどのように変化していったのか？　結論を書くことから始めよう。

チャーチルが変心し、イギリスの主戦力は北アフリカ作戦の遂行に向かったのであった。一九四二年九月のフランス上陸作戦よりも、「サハラ砂漠の狐」と呼ばれたロンメル将軍と戦う方が大事である、となったのだ。

アメリカ海軍大将アーネスト・キングはこの北アフリカ作戦に大反対した。あの「勝利の計画」実行の責任者マーシャルでさえ、北アフリカ作戦よりもフランス上陸作戦を迫った。この時点ではマーシャルは、キング大将と同様に、第二次世界大戦の本当の意味を知らなかったのだ。

今や、黒い犬を統率する支配者の一人だけが、その姿をこの世に見せる時が来た。アヴェレル・ハリマンはマッカーサーのフィリピンから一人の将軍を呼び寄せた。その男は中佐のままで、出世も昇給も望みのない凡庸な将軍（マッカーサーの言葉）として将軍仲間からも馬鹿扱いされていた。その男の名はドワイト・アイゼンハワーといった。彼の素性は闇に隠されているが、父はユダヤ人で、アメリカのシオニズム運動の中でも突出した理論家であり、実践家でもあった。父がユダヤ人ならば、その子であるドワイトも間違いなくユダヤ人だろう。彼は「隠れユダヤ」として生涯を終えることになる。

アイゼンハワーは北アフリカ作戦へのアメリカ参加計画の立案者の一人として名を連ねた。一九四一年には臨時大佐となり、四二年には臨時准将に昇進した。このスピードは異例のものであった。彼の昇進の背後には、父の友人でユダヤ人のバーナード・バルークがいた。アイゼンハワーの出身校ウエストポイント校の卒業アルバムに「スウェーデン系ユダヤ人」との記載がある。彼は生涯にわたって「隠れユダヤ」を守り通した。

アイゼンハワーはハリマンから北アフリカ作戦の指揮官になるように説得されて承諾し、チャーチルの首相官邸へと向かった。

イギリス空軍の一千機による爆撃部隊が最初のケルン空襲を実行して成功した夜、チャーチルはワイナント大使、アメリカのアーノルド将軍、イギリスのサマヴェル将軍を招待した。この夜の主役は、何はともあれ、ハリマンとともに首相官邸に招かれたアイゼンハワー将軍その人であった。ハリマンは首相官邸の別室からホワイトハウスに電話した。ホプキンス補佐官が出ると次のように語った。

「アーノルドはすぐに帰国するはずだ」

アーノルド将軍はイギリスの提督、マウントバッテン卿を連れてホワイトハウスを訪れ、ルーズヴェルトとホプキンスと会談し、晩餐を伴にした。帰国後、マウントバッテン卿はその会談の後でルーズヴェルトに報告書を送った。「勝利の計画」は受け入れられない、というものであった。チャーチルも説得されて自分の意見を修正せざるを得なかった。マウントバッテン卿は見えざる秘密権力の中の一人であった。大統領も首相も、彼の一言の前では黒い負け犬にすぎなかったのである。

あなたが百万の兵士を送りながら、しかもおそらくロシアの完全な崩壊のために、ついにフランスに対する正面攻撃が不可能になるような事態を見たいと思っておられないことを私は指摘しました……。

六月二十二日、チャーチルはアメリカに渡り、ルーズヴェルトとホプキンスと会談した。チャーチルは言った。
「一九四二年内の大西洋横断攻撃（スレッジハンマー）の代わりに、北アフリカの作戦（ジムナスト）を復活させよう」

こうして「勝利の計画」は破棄され、戦場は北アフリカの砂漠地帯に移った。ヒトラーに石油を提供しなければ、大西洋横断攻撃も必要がなかったであろう。チャーチルもルーズヴェルトも「石油」は禁句で口に出せなかったのだ。「勝利の計画」が実行されれば、大西洋を横断してフランス（ナチに占領されていた）に渡り、フランスとソ連の両面からナチスの主力部隊を壊滅し、一九四二年内に確実に戦争は終結するはずだった。それでは、北アフリカ進攻計画への移行を説明しておこう。

ハリマンと一族のドノヴァンが、イギリスの諜報機関MI6のスティーブンソンの協力を得てOSSとOWIの諜報機関をロックフェラーセンター内に設立したことはすでに書いた。この設立を陰で働きかけた男がイギリスにいた。その男こそルイス・マウントバッテン卿であった。

一九五〇年版のイギリス『紳士名鑑《フーズ・フー》』の中に次のような記述がある。

「ビルマのマウントバッテン卿はドノヴァンの個人的な親友だった。ドノヴァンの戦略事務局の創設と運営を支援した英国参謀本部委員会の四人の委員の一人だった」

四人の委員とは、ルイス・マウントバッテン卿、後に貴族となったウィリアム・スティーブンソン、チャールス・ハンブロー（特殊情報部のSOE長官、ハンブローズ銀行役員）、スチュアート・メンジース大佐（特殊情報部SISの長官）である。彼ら四人は黒い犬たちを調教する役割を、英国王代理人ユダヤ王ロスチャイルドから授かっていた。

黒い貴族たちの使者、当時四十二歳のマウントバッテン卿の登場により、すべてがひっくり返された。アメリカ大統領もイギリス首相も無力であることが証明された。その会談後、ホプキンスは次なるメモを残している。

「首相と大統領とは、チャーチルのロンドン到着の際に両者が行なうべき共同声明について全く意見の一致に達していなかった」

ルーズヴェルトはチャーチルから北アフリカ作戦に切り替えるように説得された。しかし、彼は逆らった。そして会談は決裂した。だが、最終的にはマウントバッテン卿の脅しに屈服するのである。マウントバッテン卿とは何者なのか。

彼はビクトリア女王の曾孫《ひまご》にあたり、ジョージ六世の従弟《いとこ》である。英国王室の一員として高位の王族の地位にあった。また、フランクフルト出身のロスチャイルドおよびカッセル家の親戚でもあった。イギリス王室のエリザベス女王とフィリップ殿下は隠れユダヤである。

英王室とユダヤ王ロスチャイルド家とは親戚であることを知るべきである。その血は濃く混じり合っているのだ。

マウントバッテン卿は東南アジア連合軍総司令官として日本軍を降伏に追い込んだ。彼はアイゼンハワー将軍およびマッカーサー将軍とともに、「勝利の英雄」として世界にその名声を博したのであった。

アメリカに眼を移そう。ドノヴァン将軍のOSSにはヴァンダービルト家、アーチボルト家、デュポン家などの名門出身の工作員がいた。その中にロスチャイルドと親戚関係にあるドイツ系ユダヤ人ジェームス・ウォーバーグがいた。彼はドノヴァン将軍の個人補佐官を務めた。

ハリマンのニューディール政策のNRAで働いていたとき、経済学者のケインズと組んでルーズヴェルトを騙し、アメリカに金本位制度を破棄させた経済学者の一面も持っていた。この破棄によりアメリカは、無制限にドルを印刷することになったのである。ハリマンとドノヴァンはバルークとともにウォーバーグを戦争情報局の副長官にすべく動いた。そして彼をイギリスのロスチャイルド家へ送り込んだ。そこにMI6長官のメンジースが待っていた。

メンジースとウォーバーグは、「勝利の計画」を「北アフリカ作戦」へと転換させるための準備工作に入ったのである。この世のすべての出来事で偶然に起こるものは少ない。

バルークは同じころアイゼンハワーをフィリピンからワシントンに呼び寄せ、准将の資格を与えると同時に、対独、対日作戦の秘密を教えた。アイゼンハワーはハリマンが支配していた戦時企画局に迎えられ、局員が用意した対独戦に対する「アメリカ戦略書」を秘密裡にルーズヴェルト大統領、マーシャル、スティムソン、ホプキンスに提出した。ここにアイゼンハワーが世界大戦のヒーローになっていくのを大統領以下のメンバーは知った。

土門周平（日本軍事史学会副会長）の『戦争を仕掛けた国、仕掛けられた国』が二〇〇四年に出版された。大作である。その大半はホプキンスの私生活を描いている。もう一つ、「勝利の計画」も描いている。しかし、私には彼が何を言いたいのか理解できない。

「一九四一年に作成された計画〈勝利の計画〉で陸軍の全所要員数は航空部隊を含め八七九万五五六五八名であった。これに対し陸軍及び陸軍航空部隊の実際の最大員数は八二九万一三三六名であった」と土門は書く。しかし、ハリマンとアイゼンハワー以外の政治家、軍人の全員がなぜ、この計画を遂行し、戦争を一日でも早く終わらせようとしなかったのか、その説明を一行も書かない。

どうして日本の学者たちは、アメリカやイギリスの「第二次世界大戦史」を鵜呑《うの》みにして、数十年経過した現代においても同じような本を書き続けるのか。ほとんど無能、無用のホプキンスがごとき男が、どうして大戦の中心人物なのか、と思うのである。

ルーズヴェルトはマーシャル陸軍参謀総長とホプキンスをロンドンに行かせた。ハリマンの『伝記』の中に、ハリマンが二人を迎えて「勝利の計画」をあきらめさせようとする場面が書かれている。「マーシャルとホプキンスがアメリカを発つやいなや、セコンドフロント〈勝利の計画のこと〉の時と場所が確認されたということに真の理解は示されていないという疑問をもった」

そして二人をロンドンに迎え、チェッカーズに連れていく。

チャーチルが二人を説得する。しかし二人はこの計画に固執する。「マーシャルはまだオペレーション・スレッジハンマー〈勝利の計画のこと〉について語り続けている。一九四二年の秋にロシアからドイツを去らしめると言っている」と書いている。ハリマンは完全にチャーチルの立場に立ち、アフリカ作戦を支持した様子が『チャーチルとスターリンへの特使』の中に書かれている。ここでは省略する。

どうしてイギリス王室はマウントバッテン卿をアメリカに送り込み、戦争の終結を二年近くも延ばすような工作をしたのであろうか。

一九四〇年の夏、イギリス大蔵省とイングランド銀行は内閣に報告書を提出している。

「大英帝国の破産近し」

当時、イギリスはアメリカの資金と物資を、武器貸与法を通して戦後の返済の見通しも立たないほど大量に受け入れていた。一九三九年以前、イギリスの債務はその金《きん》、外貨準備高に十分に見合っていた。それが戦争に勝利する一九四五年、外貨はすべて失い、十一億ポンドを超える海外資産は売却され、債務は四億七千万ポンドから三十三億六千万ポンドに増加した。これはマウントバッテン卿がルーズヴェルトに戦争の延期を強硬に伝えたときに予想されていた事態であった。

中東では一個師団半にすぎないドイツ軍に対して、米国製戦車を装備した五十万の大軍をチャーチルは派遣した。蔵相のジョン・サイモンはチャーチルに、「このままいくと半年間で対米債務は八億ポンドに達する」と告げた。

しかし、チャーチルもマウントバッテン卿も、この蔵相の懸念に聞く耳を持たなかった。私は読者の疑問点に答えねばならない。

英王室は複雑にユダヤ人の貴族たちと混血を繰り返し、ロスチャイルドを中心とするユダヤ系貴族たちの支配下にあったからである、と。その原因の最大のものは、大英帝国を滅亡させようともクリミア半島に二千年来の「真正ユダヤ王国」を建設せんとするユダヤ民族の夢があったからだと。

「クリミアのカリフォルニア」については、後で詳しく書くことにより読者の疑問に答えたい。

マウントバッテン卿についてもう少し書いておこう。彼はインドの最後の総督となった。インドが独立したからである。イギリスはインドの独立運動を抑える力を失っていた。彼は大戦中に「Mセクション」なるイギリスの最高機関の情報部を指揮していた。Mセクションは経済戦争省に所属していたが、その傘下に政治戦争部、特別作戦部などの秘密組織を持っていた。マウントバッテン卿はこのセクションのリーダーの一人として、国王と首相とを結ぶ重要な役割を演じた。経済戦争省のリーダーとして、国王ジョージ五世の従弟で高位の貴族が「勝利の作戦」を覆したのであった。

当時のMセクション最高責任者デスモンド・モートンは、チャーチルの別荘で、チャーチル、ハリマンと密談を重ねた。この三人の秘密会談でマウントバッテン卿をルーズヴェルトのもとへ送ることが決定したのである。

ハリマン、ドノヴァン、スティーブンソン、そしてMセクションのデスモンド・モートンとマウントバッテン卿の五人こそが、第二次世界大戦のシナリオを決定した秘密作戦の最高指導者であろう。もちろん背後にユダヤ王ロスチャイルドがいたことは疑問の余地がない。

ここで私は一冊の本を読者に紹介したいと思う。その本の名は『大国の陰謀』である。著者はW・H・マクニール。原著の題名は『アメリカ、イギリス、そしてロシア・三大国の対立（一九四一年〜一九四六年）』である。この本は、著者も書いているように、チャタムハウス（英国王立国際問題研究所）の協力を得て完成したものである。チャタムハウスの研究部長（当時）のアーノルド・トインビーが指導して出来上がった。トインビーが「序」を書いている。私が言う黒い貴族たちの推薦の書となっている。この本の中から引用する。文中、「スレッジハンマー作戦」とあるのは「勝利の計画」のことである。

これらと時を同じくして、米英両国の軍事指導者の見解の不一致は、戦争の全期を通じて最も危険な局面にまで達した。ロンドンにいるアイゼンハワーは、英国が「スレッジハンマー作戦」の得失を議論するのに多くの時間を割くことを望んでいないのを知った。彼が新しい指揮官としてロンドンに到着した、ちょうど二週間後の一九四二年七月五日、チャーチルはアイゼンハワーとその部下マーク・クラーク将軍を、別邸へ招待した。チャーチルはこの機会をとらえて、一九四二年のフランス侵攻は愚かでソ連にとっても何ら大きな助けにならないと思うと語った。チャーチルはその代わりに米英の戦力が一九四二年に実施できるもっとも効果のある作戦として、北アフリカ侵攻を提案した。その翌週のことだった。アイゼンハワーは米軍指揮官たちとの一連の会議の際、フランス上陸を一九四二年に実行する前に、克服しなければならない障害にぶつかった。彼はチャーチルとの会見の五日後の七月十日までに、ドイツに対する合理的な勝利の希望を達成するための大規模な進攻は、四三年の秋以前はもちろん、四四年でさえも実行できないと考えるようになった。

H・アレンは『グレートブリテンとアメリカ』の中で、「北アフリカ作戦について米英間の統一が可能になったのは参謀たちの努力もあるが、その中でアイゼンハワーが最も重要な影響力を与えた」と書いている。

アメリカ将軍の中でアイゼンハワーただ一人が、北アフリカ作戦に賛成し続けたのである。この作戦に賛成した将軍を彼以外に私は発見できなかった。

マーシャル陸軍参謀総長は北アフリカ作戦に反対し続けたが途中で折れた。マーシャルは知っていた。「日本と闘うならば復讐のために真剣に闘うだろう」と。しかし、北アフリカの砂漠の中で闘えとどうして彼らを督励できようか。一九四二年十一月八日、アメリカ軍は北アフリカに入った。アメリカ軍の士気は上がらず、多数の死傷者を出し続けた。ただ一人、アイゼンハワーだけが燃えていた。

こうしてアイゼンハワーは北アフリカでの指導力が見込まれて（実際は失敗の連続であったが）、ヨーロッパ軍のトップにあっという間に昇りつめた。中佐から大佐、少将、中将、大将……そして元帥と栄進するのである。

戦後、アイゼンハワーは戦争を二年延ばした功績が認められ陸軍参謀総長となる。そしてトルーマン大統領の後の大統領となる。黒い貴族たちにとって、この隠れユダヤの凡庸なる将軍ほど「待ちに待っていた男」はいなかった。こんなろくでなしが大統領になるアメリカとはどんな国家なんだ、と怒りたくなるが、日本も同じだと知ると私はシュンとなってしまう。

話をもう一度、「勝利の計画」に戻そう。一九四二年中に戦争を終了させる予定のフランス上陸作戦であったが、計画倒れとなったので、チャーチル首相はソヴィエトのモロトフ外相に心変わりの手紙（六月十日付）を出した。

……最後に、もっと重要なことです。われわれは一九四三年にイギリス軍とアメリカ軍の大規模な大陸進攻を組織し準備するために最大の努力を傾けています。われわれはこの戦争の規模と目的にはどのような限界ももっていません。この戦争は当初しかるべき空軍支援のもとに百万人以上のイギリス軍とアメリカ軍によって行なわれるでしょう。

駐ソ軍事顧問のディーン少将（アメリカ）は『奇妙なる同盟』という本を書いた。その中で次のように書いている。

「ルーズヴェルトは戦争に勝つと考えていた。他の二人は戦争に勝ってからの地位を考えていた」チャーチルは戦後のイギリスの勢力範囲を考えていた。スターリンもそうだった。ルーズヴェルトはこの作戦変更の頃から、政治に集中する情熱を失っていくのである。大統領が必要でなくなるほどに黒い貴族たちがこの大戦を指揮するのを知って、失望の日々を送るようになっていった。

一九四二年の戦争終結が一九四三年となり、さらには無制限の延長へとなっていった。ドイツの陸軍参謀長だったフランツ・ハルダー将軍は終戦直後の一九四六年に次のように語っている。

この計画が実行されていたら、ドイツにとって決定的、時宜を得た攻撃となったはずで、少なくとも一年は早く戦争は終わっていたであろう。

ジョン・ガンサーの『回想のローズヴェルト』の中に奇妙な文章がある。

一九四三年、アイゼンハワー将軍がカサブランカでチャーチルに会った。当時ローズヴェルトはアイゼンハワーをほとんど知らなかったのであるが、チャーチルはアイゼンハワーが部屋をでていってから、こう言った。「どうだ、味方にしたら頼もしい男じゃないか」

アイゼンハワーを大西洋方面の最高司令官に任命したのは米国大統領である。その大統領が、アイゼンハワーを知らなかったというのである。最高度の人事に大統領が少しも関与していなかったことがこのエピソードに隠されている。大事な人事さえ、ルーズヴェルトは関心を失っていく。自分がアメリカの本当の大統領ではないことを「勝利の計画」作戦中止の後に知ったのだった。

こんな重要な計画が、どうしてイギリスの黒い貴族の説得だけで消えていったのかという疑問が残る。答えを考えてみよう。

大戦が始まる前にハリマンはすでに重工業行政官で大統領特別大使であり、イギリスのビーヴァブルックと同じように軍需物資調達の最高責任者だった。イギリスとソヴィエトに多量の軍需物資やドルを貸し付ける「武器貸与法」なる法律が、アメリカの軍産複合体にどれだけの利益をもたらしたかを考えてみれば理解できよう。自らがマンガンを生産する大企業のオーナーであり、航空機産業の実質的支配者で、しかもブラウン・ブラザーズ・ハリマンのオーナーでもあったハリマンは、この戦争で大儲けしていたのである。ハリマンの呼びかけに応じた「一ドル戦士」たちにはすでに触れた。年俸一ドルでアメリカの戦争のために馳せ参じたのは「合法的マフィア」の連中だった。「戦争を延期するぞ」というハリマンの提言に逆らう一ドル戦士はいなかった。ロックフェラー財閥はロスチャイルドと手を結びドイツに石油を輸出し大儲けしていたではないか。

もう一度、『大国の陰謀』を引用する。

七月十五日の夜だった。ルーズヴェルトはいろいろな問題についてホプキンスと語りながら、統合幕僚長会議が七月十日に提出した勧告のことを、もう一度心の中で思い浮かべた。ホプキンスはルーズヴェルトの言葉をこう回想している。

「……われわれは顔をドイツから背けて日本の方に向けるべきだということに僕は同意できない。

僕は英内閣の態度に満足していない。英国に行っているわが国の軍人たち（アイゼンハワー、スパーツ、クラーク、スターク）がどんなふうに考えているか、僕は知りたい。彼らは英内閣に賛成なのだろうか。君は彼らから秘密報告を入手できるかね？〔中略〕僕の見たところでは英国からの電報には一九四三年の企画に乗り気がしないといった徴候は少しもないようだ。一九四二年を放棄してしまうことに僕はいくらかの憂慮を感じている。彼らは一九四三年もやはり放棄してしまうのだろうか。しかし、僕の考えの要旨を言うと、われわれはドイツを攻撃するのに一九四三年まで待つことはできない」

米国大統領がいかに無力な存在であったかを、イギリスの黒い貴族が制作させた本が書いているのである。戦争はルーズヴェルトの語るごとく、一九四二年か一九四三年初頭には終わっていたのである。ソヴィエト側の立場からの「勝利の計画」に対する反対意見が『大国の陰謀』の中に書かれている。

マルクス理論の指導者のひとりであるユーディン教授が一九四二年十月二十八日に述べた、人民大衆に対する声明でその頂点に達した。「第二戦線（勝利の計画のこと）が遅れているのは政治的な理由だけによるもので、有力な社会主義グループ（冷静で抜け目なく打算的な資本家連中に支援されたアスター派）が、ソ連が敗北しないまでも完全に弱体化するまで、第二戦線を差し控えるように英国政府に影響力を与えているからである」

ユーディン教授はチャーチルの動機に疑惑を投げかけ、チャーチルはソ連との同盟を不愉快な必要事と考えているという意味のことを述べた。この演説はぶっきらぼうにありふれたマルクス主義の疑惑を再確認したものであり、広く新聞に報道された。それはソ連が西側諸国に対して慇懃無礼の姿勢を示したものであった。

この文章の中のユーディン教授の説が、真実であることが証明されるのである。どうしてか？私がこの説の正しいことを証明するからである。アスター派とは黒い貴族たちを指している。彼らはソヴィエトを弱化させて領土の一部を略奪しようと企んだのである。

「勝利の計画」はかくて破棄された

一九四二年七月十五日、ルーズヴェルトはホプキンス補佐官に胸の内を打ち明けた。

僕は英内閣の態度に満足していない。英国に行っているわが国の軍人たち（アイゼンハワー、スパーツ、クラーク、スターク）がどんなふうに考えているか知りたい。

その軍人たちは黒い貴族の術中にはまり、ある者は美酒を、ある者は美女を与えられていた。この時点で、ルーズヴェルト大統領は指揮を執るという実権を失っていたのである。戦争の指揮権は、イギリスの王室と、それに連なる黒い貴族たちの手に落ちていたのである。大統領は情熱を失い、ウォームスプリングスの別荘にこもる日々が続くようになっていた。

ルーズヴェルトは七月十六日、ホプキンス、マーシャル、キング提督をロンドンへ送り出した。大統領は大西洋横断進攻計画に未練があった。しかし、チャーチルの方針は変わらなかった。七月二十七日、彼らはワシントンに帰った。七月三十一日、チャーチルはルーズヴェルトに、「マーシャル将軍の代理としてアイゼンハワー将軍が当地で働くことになれば、私たちにとって嬉しいことになりましょう」という海外電報を打った。

八月十日、ハリマンとチャーチルはモスクワへ飛び、スターリンに会った。

ドイツ軍はセパスポリと全クリミアを奪取していた。そしてロストウを占領し、ドン川を渡り、スターリングラードに向かって進撃を続けていた。

ハリマンはスターリンに一つの提案をした。

「アメリカの航空機をシベリア経由で輸送したいと思うがどうかね」

「計画だけでは勝てない」

スターリンはすげない返事をした。三者の会談が続く日々のなか、スターリングラードから敗勢の報が次から次へともたらされた。スターリンは「勝利の計画」に大きく期待していた。ソヴィエトをナチス・ドイツから救うにはこの計画しかないことを知っていたのだ。

チャーチルは、北アフリカ作戦の方がいかに重要であるかをスターリンに説いた。スターリンは、ルーズヴェルト大統領の上位にハリマンがいることを明確に知ることになった。そしてチャーチルがイギリスの黒い貴族たちの黒い犬であることも知った。チャーチルからスターリンへの極秘の手紙（八月十四日付）を見てみよう。

……第二戦線に関するモロトフ氏（外相）との会談は口頭あるいは文書の保留事項によって保証されていましたので、この会談がロシア軍最高司令部の戦略計画を変更するための何かの根拠になったことにわれわれは同意するわけにはいきません。実行しうる手段によって、わが同盟国ロシアを援助しようとする決定を再確認します。

チャーチルはモロトフ外相と結んだ同盟のための条約を一方的に破棄したのである。こうしてモロトフの「ブラウン氏の使命」は、儚《はかな》い一夜の夢と化した。チャーチルがスターリンに手紙を出す二日前、スターリンは会談に先立ってチャーチルに一通の手紙を渡している。

一九四三年の第二戦線を開設する上で、一九四二年と同じように有利な条件を提供できるか不明です。従ってわれわれは、まさに一九四二年にヨーロッパ第二戦線を開設することができ、また開設すべきだと考えます。しかし、遺憾なことに、私はイギリス首相閣下にこの点を説明することに成功せず、モスクワ会談の合衆国大統領代理ハリマン氏は、首相閣下を完全に支持しました。

スターリンは、一九四三年に変更された「勝利の計画」をまた変更してくれとハリマンに懇願した。しかし、ハリマン、チャーチルと会談し、この計画の実行が一九四三年中ではなく、期限を定めないものであると知らされて愕然とするのである。

スターリンはチャーチルに、「どうして中止になったのか」と迫った。チャーチルが「勝利の確信がもてないからだ」と応えたそのとき、スターリンは突然叫んだ。

危険を覚悟しないで、どうして戦争に勝てるというのか！　英国はそれほどまでにドイツを恐れているのか！

スターリンのこの言葉を、私たちは深く考えなければならない。私はこの戦争が八百長だと書いてきた。その例証をたくさん記してきた。「英国はそれほどまでにドイツを恐れているのか」というスターリンの叫びは何を意味するのか、読者はもう知っているはずである。

ドイツを恐れる理由は何もなかった。潜水艦Uボートも問題ではなかった。ロスチャイルドのシェル石油やロックフェラーのスタンダード石油がドイツの潜水艦に燃料を供給しなければ、ドイツは戦闘能力を一瞬にして失うのである。「万が一の場合を考える」というチャーチルの説得は詭弁であった。ハリマンもユダヤ財閥のウォーバーグと組んで、ハンブルク・アメリカン・ラインのオランダ経由で武器や原材料をナチス・ドイツに大量に送っていた。ドイツはいつでも敗北させることができたのだ。

スターリンのこの言葉に、それまで黙って聞いていたハリマンが怒りの言葉をスターリンに投げつけた。

「成功の見込みのあるものを用意して、あらゆる犠牲をはらっているではないか」

しかし、スターリンはハリマンを無視した。翌朝、チャーチルはモロトフ外相に、「ソ連を助ける方策を話し合うためにわざわざ遠路はるばるやってきたわれわれ一行に対し、失礼な態度を取らないよう、スターリン閣下に伝えてほしい」と言った。

しかし、スターリンは二日目の会談でも同じ質問を繰り返した。

「いったいいつになったら、あなた方は反抗作戦を開始するつもりなのか」

チャーチルは椅子から立ち上がり、テーブルを拳で叩いてスターリンに言い放った。

「われわれはお前から侮辱されるいわれはない」

ハリマンは、チャーチルが裏切らないかと沈黙の中で監視し続けていた。モロトフ外相に約束して文書にしたためたように、チャーチルも「勝利の計画」が最善だと知っていた。しかし、彼を支配する闇の権力者から説得されて変心したのである。恐らくスターリンもこの事実を知っていたであろう。しかし、このままナチス・ドイツの進攻が続けば首都モスクワも占領されることになる。自らも最悪の運命を迎えるのである。

ハリマンは、スターリンとチャーチルの果てしなき論争を見続けていた。そして彼はこのモスクワ訪問によって、スターリンが「勝利の計画」ではなく北アフリカ作戦に理解を示したとアメリカ国民に知らせることに成功する。ハリマンは一人の新聞記者と軍事顧問を同行していたのだ。

新聞記者の名は「クリスチャン・サイエンス・モニター」のエドモンド・スティーヴンズ、軍事顧問はラッセル・マックスウェルであった。二人はこのモスクワ会談の独占記事を書き、アメリカへ送った。スティーヴンズは一九四五年に『ロシアは謎ではない』を出版し、ハリマンとスターリンを称賛した。一九五一年には『これがロシアだ検閲なし』を出版してピュリッツアー賞を受賞する。彼はハーバート・ファイスとともにその生涯を通じてハリマン一派であった。そしてまた、秘密のアメリカ共産党員であった。

スターリンとチャーチルは八月十五日、夜を徹して会談した。議論は延々七時間も続いた。スターリンは最後まで「勝利の計画」の即時実行を迫った。チャーチルは拒否し続けた。ハリマンは次のように回想している。

戦争中を通じてチャーチルとの接触をもったことが多かったにも拘わらず、モスクワにおけるここ数日のうち、私は彼に対してより高くさえある尊敬と賛嘆の念を、もしそれが可能であるとしたら、抱くに至ったのであった。雄弁、決断、そして挑発にあっての抑制といった資質の全てが、彼がこの粗野なソヴィエトの独裁者たちに直面し、これと対応する挙措《きよそ》のうちに輝いたのであった。

ルーズヴェルトの決断を無視し、ハリマンとチャーチルが一方的に「勝利の計画」を放棄したのであった。黒い貴族たちの前に敗れたルーズヴェルトは力つき、これ以降、戦争に対する情熱さえ失っていき、趣味の切手蒐集と、ある若き女性との情事に溺れていくのであった。

ルーズヴェルトの妻エレノアは、同性の女性との恋、ある男性との恋、二つの情事に走る。ホワイトハウスを守ったのは「歩く案山子《かかし》」と言われたホプキンス補佐官であった。彼はルーズヴェルトとエレノア夫妻は仲が良いとの風評をジャーナリストたちに流し続けた。

ルーズヴェルトはこの夏の間じゅう、ワシントン北方約六十マイルのメリーランド丘陵中のシャグラという名の隠れ家に身をおいた。キャトクティン渓谷が見渡せる眺めのいい小さなポーチにすわり、切手コレクションで遊んだり、一人でトランプをしたり本を読んだりした。彼は『詩篇』の一節に印をつけて幾度も暗誦していた。

「我ここを去りて失せざる先に汝、面をそむけて我を爽快ならしめよ」

八月三十日、この静かな世界へハリマンがやってきた。彼は二週間前にモスクワで行なわれたチャーチルとスターリンの会談の速記録を携えていた。そして楽観的すぎる報告をした。

このときルーズヴェルトはやっと、ハリマンのその恐ろしい正体を知ったのであった。そして、自分が大統領になった意味も。

テーブルの上の一篇の詩が彼の心に突き刺さった。

「汝、面をそむけて、我を爽快ならしめよ」

悪魔の姿を見せたハリマンは、うつろな眼をキャトクティン渓谷に向けていたルーズヴェルトに語りかけた。

大統領、テヘランからバスラに至るイラン鉄道経由でソヴィエト連邦に入る補給路において問題が発生しました。そこで、米国陸軍工兵隊がバスラの港湾施設の拡張と、鉄道及び道路によるイラン経由でコーカシアに至る交通の責任を引き継ぐ提案をしました。

ルーズヴェルトはハリマンの言葉を聞いてはいなかった。ハリマンに聞こえないほどの小さな声で『詩篇』の一句をかろうじて口ずさんだ。

「我をして爽快ならしめよ」

ハリマンはペルシャ鉄道の件のファイルを残して去った。ルーズヴェルトはそれを読み、チャーチルに電報を打った。ハリマンの空恐ろしさを知り、無視できないと悟ったからであった。

「アメリカはペルシャ鉄道を引き継ぐ準備があり、今その運営計画を作成中である」

さて、「年俸一ドル兵士」ハリマンは、ペルシャ鉄道で大儲けするのである。『伝記』を見ることにしよう。

ハリマンは大統領へ報告した後、東洋〔ペルシャのこと〕においてヒトラーと対峙するアメリカ軍に供給するための新しい役割を用意し始めた。新しいディーゼル機関車を設置するために、ユニオン・パシフィックの技師たちが派遣された。山々の急勾配に対応し、橋を渡れるほどに軽量な機関車が準備された。

この事業によってハリマンの鉄道会社は巨大な利益を上げた。アメリカの軍隊がペルシャからソヴィエトの占有地域に入った。このことにより、一九三九年には一日二百トンの輸送だった鉄道輸送量が、一日に三千三百九十九トンと、約十七倍に急増した。

この輸送量の差がすべて、ユニオン・パシフィックの利益となった。軍隊と一緒に武器がソヴィエトに送られたのだ。

何がなんだかわからぬうちに、アメリカの若者たちはペルシャや北アフリカに駆り出された。アメリカのGIたちは故郷を想い、感傷的になっていた。「戦争が一日も早く終わってほしい。故郷で恋人に会いたい」

彼らは一つの歌に耳を傾け、そして自らも歌いだした。その歌が「リリー・マルレーン」だった。

兵営の前、正門のわきに
街灯があった、いまでもある
そこでまた会おう

街灯の下で、会おう
昔みたいにリリー・マルレーン
昔みたいにリリー・マルレーン

そして彼らの故郷では、夫や恋人を戦線に送り出した妻や娘たちの間に、ある歌が流行《はや》りだした。

幸福な花嫁さん
今日は太陽が輝いているよ
僕は帰ってこう言うだろう
五月のある日
そして、君の名を僕と同じにようにしよう
リンゴの花咲く頃、会えるだろう

リリー・マルレーンは歌い継がれた。しかし太陽は輝かなかった。五月が来ても、そして次の年の五月が来ても。

ルーズヴェルトと会見してから二カ月が過ぎた十二月初め、ハリマンはロンドンへ帰任した。次のように回想している。

スターリンは、二年の間、海峡を横断してヨーロッパにおける第二戦線を設定しないことに対して叱責し侮辱さえした後で、われわれが上陸に成功した時、私に向かって言った。「戦争の歴史は未だかつてかくのごとき壮大な作戦を経験したことはなかった」と。

これはまさしくハリマンの詭弁である。二年以上前に実行していたら、ヨーロッパでの大戦はほぼ百%に近い確率で（百%とは言わないが）、終わっていたはずである。多くの人々が死なずにすんだのだ。GIたちは「リンゴの花咲く頃に恋人と再会し、結婚式を挙げることができた」はずである。

昔みたいにリリー・マルレーン
昔みたいにリリー・マルレーン

多くのリリー・マルレーンが嘆きの底に突き落とされた。誰によってか？ハリマンとその仲間の黒い貴族たちによってだ。

ヒトラーは、「現在、死活的に重要なことは、投入し得る全兵力を集中してスターリングラードとボルガ河岸全域を占領することだ！」と全軍に発破をかけていた。決して北アフリカ戦線ではなかった。そちらは少数の軍隊をロンメル将軍に任せておけばよかった。ただ、チャーチルとアイゼンハワーがハリマンと闇の支配者たちに急きたてられて、その重要性を説いているだけであった。

その年の初秋（一九四二年）、日本軍はガダルカナル島でマッカーサーの軍隊と闘っていた。秋の終わるころ、日本軍はガダルカナルから追い出された。日本の敗北の序章である。

ウェデマイヤーの「勝利の計画」、すなわちフランス上陸作戦が実際に開始されたのは一九四四年の六月六日である。米英連合軍の主力二百万はアイゼンハワーが指揮した。世に言う「ノルマンディ上陸作戦」であった。あの作戦も完全に八百長であった。このことはすでに書いたとおりである。

「勝利の計画」を強引に延期させたマウントバッテン卿は一九四四年、東南アジア司令官であった。一九四四年四月、彼は「日記」に次のように記している。

厳しい現実はアメリカ人がわれわれを思うままにできるということだ。〔中略〕アメリカからの援助物資なしではわれわれはこの戦線で何もできない。だから、もし、彼らがイギリスの政策や戦略を承認しないのなら、物資を提供してくれないだけのことで、それで計画全体が終わりになる。〔中略〕笛吹きに金を払う者には曲を注文する権利があるのだ。

マウントバッテン卿にとって、大英帝国の滅亡よりも黒い貴族たちの利益の方が大事であった。そして彼の悲しみの歌が現実となった。イギリスは今や二流国家に転落したではないか。

彼の言う「計画全体が終わりになる」とは、どういう意味なのだろうか。ユダヤ王ロスチャイルドの血族のマウントバッテン卿が、未だ実現せざる、クリミア半島のユダヤ王国という「計画全体」の終わりを嘆いていると私は推測するのであるが、どうであろうか。

しかし、この一九四四年を境にして戦争は終結に向かうようになる。どうしてか？　マウントバッテン卿の嘆きの一言に尽きよう。「厳しい現実」がイギリスを襲ったのである。イギリスは国家として破産状態であった。アメリカが、一日一日分のドルと食糧と武器をイギリスに渡していた。その責任者がイギリスの首相官邸に陣取った「二十世紀のファウスト」、アヴェレル・ハリマンであった。

私は、一九四四年後半からハリマンは、闇の支配者の上に立つ「闇の王」への階段を昇り始めたと思っている。

アイゼンハワーについて書くことにしよう。

一九四一年にはマッカーサーの下で凡庸な一中佐だった男が、一九四三年には陸軍大将になっていたことはすでに書いた。「勝利の計画」を捨て「北アフリカ作戦」に転換させるべく、ハリマンの指示どおりにアイゼンハワーは、マフィア映画の主役のように、マーシャル、キング、ウェデマイヤーたちを個別に訪れ、脅迫した。後年大統領となったとき、「アイク」と親しみをもって言われ微笑を絶やさなかった男の本性はその「凄《すご》み」にあった。将軍たちは「生をとるか、死をとるか」の選択をアイクに要求された。

かくて軍人たちも「勝利の計画」を放棄せざるを得なくなった。

一九四三年一月十四日、西アフリカのカサブランカでルーズヴェルトとチャーチルが会談した。フランスのド・ゴール将軍も参加したが蚊帳《かや》の外に置かれた。

ハリマンと配下のホプキンス補佐官も二人の会談を見守った。ルーズヴェルトとチャーチルが何を話し合おうと問題ではなかった。ただ、会談の内容が、どんなコメントであれ、ハリマンの意を無視したものであってはならなかっただけだ。

この会談の中で、アイゼンハワーの「北アフリカ作戦」が話題に上った。アイゼンハワーは作戦計画を立案できず、毎日毎日を無為にすごしていた。ルーズヴェルトはチャーチルに「彼を本国に戻す」と言った。チャーチルは「アイゼンハワーは北アフリカ司令部の最高司令官にふさわしい人物である。いずれヨーロッパ軍の最高司令官にしたい」と言った。

マーシャルはルーズヴェルトに「アイゼンハワーは実績を上げていないから大将にすべきではない」と忠告していた。しかしこの会談の一カ月後、彼は大将に昇進した。チャーチルは英国下院でアイゼンハワーを称えた。

「私はアイゼンハワー将軍に大いなる信頼を寄せています。私は将軍を目にして、今までに会った最も優れた人々の一人であると見ております」

かくてアイゼンハワー陸軍中佐は、二年足らずで大将に昇進した。チャーチルの首相官邸チェッカーズに迎えられる日々が多くなった。そこにはいつも、「二十世紀のファウスト」ハリマンがいた。そして英王室のメンバーたちも顔を出した。ユダヤ王ロスチャイルド一族の面々がいつも高位のテーブルに着き、次なる作戦を指示するのであった。

一九四三年十月、チャーチルは閣議で三時間に及ぶ大演説をした。そして結びにあたり、次のように語った。閣僚たちは震えだした。


ドイツをあまり弱めすぎてはいけない。われわれ〔黒い貴族たちの意である〕は、ソ連に対抗する力としてドイツを必要とする。

翌年テヘラン会議に向かう途中のチャーチルに側近のハロルド・マクミランが戦況を報告し、次のように付け加えた。「ドイツはほとんど片付きました。……今こそロシアが問題です」。チャーチルは報告書に目を通し、うなずいた。

チャーチルは、いや、黒い貴族たちは、一九四三年の秋頃からこの八百長の世界大戦をどのような形で終わらせるかを考えだしていた。

ヒトラーの「ユダヤ人国外移住計画」

かくて戦争は長引いていった。歴史とは常に勝者をほめたたえる記録である。だからアメリカとイギリスは勝者の国として正義を代表し、敗者のドイツ、イタリア、日本は不正義の国として糾弾され続けている。

正義とか不正義とかの面から戦争を見ようとするから黒い貴族たちの術中にはまってしまう。ユダヤの陰謀説が盛んになればなるほどユダヤ人たちは喜んでいるのかもしれない。「そんなものはなかった」の一言が大きな意味を持つからだ。だから私はユダヤの陰謀説という言葉は使わないで、別の面から黒い貴族たち、あるいは闇の支配者たち、また同じような意味において世界統一政府を狙っている人々を追求してみようと思うのである。

私はこの本の中で幾度も、「ユダヤ王国を建設したいと願うユダヤの人々の夢」について書いてきた。この原点というべき場所に戻ろう。「クリミアのカリフォルニア」という構想を、謎を解く最も重要なる鍵にしようと思う。そのためにナチス・ドイツについて書くことから始めよう。ヒトラーを語ることはナチス・ドイツを語ることだ。

一九三三年一月、ヒトラーはドイツ首相となった。その夏、彼はシオニストと「振替協定」なるものを結んでいる。これはユダヤ機関がドイツ経済省と結んだ協定である。当時は国外移住の際、ドイツからの外貨持ち出しは禁じられていた。しかしこの協定によって、パレスチナに移住する場合に限り、資産の実質的な持ち出しが可能となった。

一九三九年九月の第二次世界大戦勃発後、この運用が不可能となるまでこの協定は生きていた。これにより数千人の富裕なユダヤ人がパレスチナに移住し、千四百万ポンド相当のドイツ工業製品がパレスチナに流入した。ある伝説が今も生きている。

「ヒトラーなしにイスラエルなし」

ヒトラーは、パレスチナにイスラエル国家を築くことを認めていた。この移住計画がどうして挫折したのかを検討してみる必要がありそうだ。

ヒトラーは国際ユダヤ資本の力を恐れていた。ユダヤの王国を作る運動には左派と右派があり、互いに争っていた。ヒトラーと協定を結んだシオニストの闘士たちは、ダビッド・ベングリオン指揮下の左派であった。この協定を批判し続けた右翼反対派との抗争が激化し、この協定は破綻した。歴史とは実に皮肉なものである。

ヒトラーの怒りがホロコーストとなり（真実はそうではないが、歴史の「正史」ではそうなっている）、百万人単位（?）の虐殺の中からシオニストは争いをやめて一つになり、その結果としてイスラエルという国家が成立したと大抵の本には書かれている。

ヒトラーが「反ユダヤ主義」を作り出したのではない。長い歴史の中で、ユダヤ憎悪の念がヨーロッパ民衆の中で燃え上がっていたからである。ユダヤ人が世界を堕落させている、というユダヤ陰謀神話が、ヒトラー登場とともに一気に溢れ出した。ヒトラーはドイツ再生のためにこの神話を道具として使った。ヒトラーに煽動されたとはいえ、キリスト教徒たちがユダヤ人たちに直接手を下し、殺したのである。ナチス・ドイツという国家が、ではない。ドイツの民衆が、である。ソヴィエトのスラブ民族がユダヤ民族を殺し続けたように……。

一九三五年一月七日、世界中のユダヤ人指導者たちがロンドンのニューコートにあるロスチャイルド銀行に集まった。多数のユダヤ人指導者を前にしてライオネル・ロスチャイルドが語りだした。ユダヤ王の言葉は重い。

私はマックス・ウォーバーグ（ドイツ在住のユダヤ財閥）の案を皆様に説明します。全世界各地の移住に必要な資金を用立てることにする。そのために資本金三百万ポンドの銀行を設立します。このマックス案こそが中心的計画であるべきで、パレスチナ移住計画はこれに従属するかこの一部にすぎません。

この一見何でもない発言には大きな意味が込められていた。シオニストの旗頭ファイーム・ヴァイツマンはこのロンドン会議から除外されていた。彼はパレスチナ移住のみを説いたシオニストであった。

「パレスチナ移住計画はこれに従属するかこの一部にすぎない……」

ライオネル・ロスチャイルドとマックス・ウォーバーグはユダヤ民族の中の傑出した人物であるとともにドイツ系であり、ウォーバーグはドイツでの最高財閥の当主である。

この二人はすでに「クリミアのカリフォルニア」計画を持っていたが、発表は差し控えていた。ウォーバーグの発表した計画によると、パレスチナへの資金は全体の二〇%であった。秘密裡であれ、残りの八〇%はクリミアに投入される資金であったと思うのである。

この発表後、この計画案が公表されることはなかった。しかし、この計画案が現実となって姿を見せるのである。ロスチャイルド、ウォーバーグの計画は、イギリスの大物ユダヤ人、サー・バーナード・サミエルの支持するところとなり、具体的な計画が完成し、一人の人物に実行を依頼するのである。ここまで書けば、読者はもうその人物を指摘できるであろう。「二十世紀のファウスト」アヴェレル・ハリマンがこの計画の実行者となり、スターリンを説得する役を引き受けたのである。

象徴的な一つの事件を見ることにより、この二十世紀最大の謎に迫る足がかりとしよう。

それは「セントルイス号事件」である。

一九三九年五月、ドイツ系ユダヤ人難民で満員の客船セントルイス号がアメリカに向かったが、アメリカから追い返された事件である。この船はヨーロッパに戻った。ユダヤ人たちはそれぞれ、フランス、オランダ、イギリス各国に引き取られた。そのうち、一九四〇年から始まったあのガス室でナチス・ドイツに殺されなかったのは、イギリスに逃れた難民だけであった。

アメリカはなぜ、セントルイス号を追い出したのか。第一の理由は、アメリカ国民の多数がユダヤ難民の受け入れを拒否したからであった。第二の理由は、ルーズヴェルト大統領がヒトラーと妥協する道を拒絶したことだった。そして第三の理由は、イスラム教徒たちがアメリカに対して敵意を抱くことを恐れたからであった。

ルーズヴェルト政府はユダヤ国家建設の候補地として、カメルーン、パラグアイ、さらにポルト

ヒトラーの最重要情報源だった
駐在武官ウェデマイヤー

異例の出世を遂げた
「隠れユダヤ」
ドワイト・アイゼンハワー

北アフリカ作戦を強硬に主張した
マウントバッテン卿

ノルマンディ上陸作戦は
もっと早い時期に決行可能だった

スターリン(右)とモロトフとの
折衝を繰り返したハリマン(中央)

ユダヤ人難民を満載した客船セントルイス号は
アメリカから追い返された

シオニストの旗頭
ファイーム・ヴァイツマンは
イスラエル建国後、
初代大統領に

ガル領アフリカのアンゴラを検討した。しかしユダヤ機関はこれらの国を拒否した。一九四二年の終わり頃、ルーズヴェルトはロスチャイルド血族の一人、ヘンリー・モーゲンソー・ジュニアに次のように語っている。

　これだ、まず第一に、私はパレスチナを宗教国と呼ぶことにする。そして、エルサレムは今日の状態のままにしておいて、正統ギリシャ、カトリック教会と新教徒をユダヤ人によって運営させる合同委員会を作るつもりだ。……私は現実にパレスチナの回りに鉄条網を張り巡らすだろう。アラブ人には中東のどこかに土地を提供してやる。アラブ人一人連れ出すたびに、新しいユダヤ人家族をひとつ入れるようにする。勿論、ユダヤ人が九〇％になればユダヤが政府を支配する。

この構想のもとに、ユダヤ人とアラブ人双方の指導者たちをホワイトハウスに招いてルーズヴェルトは説得した。しかし双方は激しく口論しあっただけであった。

第二次世界大戦を仕掛け、実に計画通りにいった。しかし、ユダヤの国を造るという「創成神話」は困難に直面した。ユダヤ王ロスチャイルドも、隠れユダヤのルーズヴェルトも、この難問の解決方法が発見できずに苦しんでいた。ユダヤ王ロスチャイルドの庇護を受けてドイツの政権を奪取したヒトラーも悩んでいた。非ユダヤ人たちを説得する方法を見出し得なかったからである。

ヒトラーは次善の策として、アフリカのマダガスカル島にユダヤ人居留地を建設するという計画を立てた。しかし、イギリスとの戦争に入っているゆえにこの計画は挫折した。

ヒトラーはチェコスロヴァキア、オーストリア、ポーランドを占領し続けた。同時に占領地ごとに増加するユダヤ人の問題に頭を悩ませた。ヒトラーは民族の純化をナチス・ドイツの大きな目標に掲げていた。

アメリカで流行《はや》ったダーウィンの進化論と、ヒトラーの民族純化論は結びついていた。ロックフェラーやハリマン一族が、ヒトラーの民族純化の研究のために多額の資金をナチス・ドイツに寄付していたことはすでに書いた。そのためヒトラーは「適者生存の法則」を取り入れて、ナチス・ドイツの意義を世界に訴えた。ロックフェラーやハリマンの策にヒトラーは引っかかった。それでも総統に昇りつめることができた。ヒトラーが、ロックフェラーやハリマンを利用したとみるべきかもしれない。一幕の夢であろうとも、世界を支配すべく活躍できたのだから……。ヒトラーは多分、あの世で、ユダヤ王ロスチャイルドや隠れユダヤのロックフェラー、そしてハリマンに感謝しているることであろう。

一九三九年一月三十日、ドイツ国会でヒトラーは演説した。

ヨーロッパ内外の国際主義的ユダヤ人が諸国を再び世界大戦に引きずり込もうとすれば、世界がボルシェヴィキ化やユダヤ人の勝利は招来せず、ヨーロッパのユダヤ人の壊滅に終わるのみであろう。

この一言を、ユダヤ王ロスチャイルドや隠れユダヤのロックフェラーは待ち望んでいたに違いない。やっとここまで来た、と。

ヒトラーが反ユダヤに立ち上がれば戦争は始まったようなものではないか、と彼らは思ったはずである。ヒトラーへの大きな投資が報われる時がついに来たのであった。

ヒトラーはポーランドに侵攻する前に、「世界が第二次世界大戦に入るのは、国際主義的ユダヤ人の策謀である」という認識を持っていた。その認識こそ、ロスチャイルドやロックフェラーがヒトラーの頭脳深くに植え付けたものだった。彼はポーランドに侵攻し、あっという間にポーランドを支配した。それがハリマンの見事な誘導だったことはすでに書いた。

ここでヒトラーは大きな困難に直面した。そこに住むユダヤ人をどう扱うかという問題だった。ヒトラーはポーランド領内のルブラン地区にユダヤ人居留地を作ろうとした。しかしこれはほとんど不可能だった。

ヒトラーにユダヤ人絶滅の思想が最初からあったのかは、どんな歴史家も実証し得ていない。この点は資料が乏しい。しかし、いろいろな説がある。私はルブラン地区をユダヤ人居留区にしようとしたヒトラーの最初のユダヤ人への対処法を見て、ユダヤ人を殺す計画を持っていなかったという説を立てたい。成り行きとは恐ろしいものである。恋の行方と同じではないか。

ヒトラーは悩んだに違いない。ナチス・ドイツが拡大されればされるほど、ユダヤ人が増えていくのである。ユダヤ難民を乗せた「セントルイス号」をアメリカが追い返した事件も大きな衝撃を与えたであろう。ヒトラーはどうしてソヴィエトに侵入していったのであろうか。一つのヒントを「セントルイス号」が示している。ヒトラーは黒い貴族に飼われた犬だと書いた。彼らから石油の提供を保証してもらっていたことを。もう一つのヒントはここにある。黒い貴族たちが「ソヴィエト領に侵攻しろ」と指示したことである。

この可能性が大である。「クリミアのカリフォルニア」は大混乱の中、ソヴィエト体制が大きく揺らいだ中で、ソヴィエトからクリミア半島をユダヤの銀行が購入するという形で決着しようとしたのではないか。

ヒトラーはソヴィエト領侵攻を前にして、増え続けるユダヤ人をソヴィエト領内に連行させようとした。少し別の面から見よう。

ヒトラーは隠れユダヤのロックフェラーを味方であると信じていた。石油も供給してもらっていた。何よりもロックフェラーと思想を一つにしていると思っていた。その思想とは「優生思想」に他ならない。

優生思想とは、前にも書いたとおり、隔離思想である。遺伝的欠陥のある者の生殖能力を物理的に奪い、民族の純化を最高善とする思想である。ロックフェラー一派はユダヤ人でありながらその出自を隠し、ユダヤ王ロスチャイルドから資金を借りて、アメリカで成功する。十九世紀という遅い時代に、ハリマンと同じようにWASP《ワスプ》の仲間入りをする。その過程で優生思想で武装し、ユダヤの出自を隠蔽《いんぺい》した。ハリマン家はユダヤ人ではない。しかしロックフェラーと同じように、十九世紀に一気にWASPの仲間入りをした。そのため、「成功イコール優生人種」の思想を持つにいたった。ハリマンの母親と姉妹たちがこの思想を広めるために研究機関まで作った。このこともすでに書いた。

ヒトラーはロックフェラー、ハリマンのような「合法的マフィア」のWASPが、ヒトラーのユダヤ人隔離政策を支持するとみていたであろう。彼らの術中に陥ったのかもしれない。

ヒトラーがユダヤ人であるのなら、どうしてユダヤ人虐殺を命じることができたのかという疑問が当然起こってくる。ヒトラーやスターリンは精神異常者であり、変態性欲の持ち主であったからという理由だけでは人々を説得し得ない。カール・マルクスの例がヒトラーの精神分析に役立つ。マルクスはユダヤ人でありながらユダヤ人を憎んでいた。彼の本の中にはそのことが多く書かれている。彼の潜在意識の中には自己侮蔑の自己嫌悪のコンプレックス（劣等感とは少し違う）が宿っていた。ロスチャイルド家から財政援助を受けながら、一方ではロスチャイルド家の悪口を言っている。彼のコンプレックスが上層階級の抹殺を決意させ、あの『共産党宣言』となった。

マルクスとヒトラーは被害妄想、すなわち救世主的思想をもって世界権力を握る夢を共有したと思える。マルクスは『ユダヤ問題に関する諸問題』の中で、「ユダヤ人は王たちを王位に就かせたり、王位を奪ったりする。ユダヤ人が支配する世界政府を目指している。さらにユダヤの神は銭であり、その職業は高利貸しである」と書いている。

ヒトラーも『わが闘争』の中で同じようなことを書いている。あの本は多くの点でマルクスの書き方と似ている。そうであろう。彼らはメシヤ・コンプレックスの化身《けしん》のような者たちだ。イエス風の頬髭を若きヒトラーは生やしていた。マルクスと同じように。ヒトラーにとって、ユダヤ人虐殺もスラブ人虐殺も、まったく区別がつかなかったのではなかったか。

『わが闘争』の中でヒトラーは、「私は数百万のスラブ人を殺す権利を持っている。これに対して誰が文句をつけることができようか」と書いている。誰も文句をつけるわけがない。どうしてか。ヒトラーは劣等遺伝子を持つからだ。良いユダヤ人ではなくて、悪いユダヤ人の「ジュウ」だったからだ。彼はイギリス人を尊敬していた。どうしてか。そこに「良いユダヤ人」と彼が思い焦がれたロスチャイルドとその一味がいたからだ。精神病棟に入っていなければならない男をロスチャイルド一味が「救世主」に仕立て上げたのである。ハリマンがその最大の協力者であった。

一九六四年から六五年にかけてニューヨークで万国博覧会があった。この中に宗教館があり、メイソン館もその中に入っていた。メイソン館のパンフレットには、当時(一九六四年〜六五年)のフリーメイソンの会員数が示されていた。

[一] 米国最高裁判所判事の大多数
[二] 米国五十州知事の大多数
[三] 米国上院議員の大多数と下院議員の四二%

アメリカの政治家のほとんどがメイソン会員である。彼らはメイソンに入会しなければ政治家になれないのである。英国王エドワード七世(一九〇一-一九一〇)もジョージ六世(一九三六-一九五二)も、フリーメイソンである。ユダヤ・フリーメイソンは二重のメイソンに入っている。自分たちだけのメイソン組織にWASPを入れることはない。そして彼らをメイソンの名においてコントロールし、支配する。WASPは国際ユダヤ資本家とシオニズムのラビたちに動かされている。

一九七六年当時のアメリカの人口は二億六千二百万人、ユダヤ人および混血ユダヤは約千七百万人。アメリカは、ユダヤ混血のジュウたちによって植民地化された国家なのだ。

WASPたちは、自分たちの白人クラブにユダヤ人の加入を認めなかった。しかし、ユダヤ人の資本力を利用してアメリカの繁栄を築いてきた。WASPたちは、表面的にはユダヤ人たちを「生殖能力を物理的に奪いたい」民族として嫌っていたが、内面的には彼らと同じ思想を共有していた。フリーメイソンの思想、あるいはイルミナティの思想というものを、ユダヤ人と共有していたのだ。

アメリカの宗教はキリスト教ではなくユダヤ・キリスト教というのが正しい、と私は思っている。旧約聖書とタルムードの世界をWASPたちは取り入れた。また、フリーメイソンの「納棺と再生の儀式」を通じて、国際ユダヤ資本家とWASPは思想を共有するようになった。

両者の人格は私たち日本人の想像をはるかに超えて複雑怪奇である。ヒトラーはこの連中に操られソヴィエトに侵入し、その指示に従ってユダヤ人虐殺をやったに違いないのだ。「そんな馬鹿な！」と思われるだろう。それでは、「そんな馬鹿な！」と思われる歴史を解明してみようと思う。「複雑怪奇小説」のような事実を読者は知るようになるであろう。

一九四一年六月二十二日、ナチス・ドイツ軍はソヴィエト国境を突破した。そしてユダヤ人住民に対して殺戮作戦を繰り広げた。

一九四一年の半年間だけで、ソヴィエトのユダヤ人たちの十万人がナチス・ドイツ軍によって殺された。

ヒトラーはソヴィエト革命について勉強していた。共産主義革命はユダヤ人たちによってなされたという認識を持っていた。ポーランドとソヴィエトの国境地帯には多数の貧しいユダヤ人たちが住んでいた。「しかし……」と、ヒトラーは部下に言った。

この戦争は普通の戦争ではない。イデオロギーの戦争なのだ。ユダヤ・ボルシェヴィキの知識人を抹殺する戦争なのだ。

ヒトラーは共産主義とユダヤ・ボルシェヴィキを同一視していた。その代表がスターリンであること、彼がユダヤ王ロスチャイルドによってソヴィエトの最高権力者になったことなどをヒトラーは知っていた。スターリンの出自を調査し、彼がユダヤ人であることまでもヒトラーは知っていた。ヒトラーは過激になっていた。「国家を破壊し、ユダヤに支配された階級を絶滅せよ」と叫んだ。ナチス・ドイツとスターリンのソヴィエトとの戦争は尋常な戦争ではない。

ドイツとソヴィエトは不可侵条約を結び、ポーランドを共同で攻撃した。スターリンは一九四〇年の酷寒の時期にポーランド人百五十万人をシベリアに送り、重労働に就かせた。ヒトラーはどうか。一夜にしてヒトラーはスターリンの国家に攻め込んだのである。そしてスターリンと同じユダヤ人の大量殺戮を開始したのである。

歴史はソヴィエトへの侵攻もホロコーストもすべて、ヒトラーの悪行と断罪する。私はこの戦争がすべて八百長であったと資料を駆使して書いてきた。例外はただ一つ、日本の最高実力者がこの八百長を知らなかったということであった。日本の天皇裕仁はだからこそ、真珠湾の攻撃の成功に大喜びしたのである。

このソヴィエト侵入も、ソヴィエトやポーランドでのユダヤ人虐殺もホロコーストも、私は八百長であったとするのである。

八百長でないのなら、連合国はナチス・ドイツへの武器や石油の供給を即刻中止すべきではなかったか。アリストテレス・ソクラテス・オナシスのタンカーは、ナチス・ドイツの要求する港に続々と石油を運んでいた。ロスチャイルドとロックフェラーの石油を……。

ホロコーストの謎は次章で詳述する。ここで、スターリンとヒトラー二人のユダヤ人の共通点を書いておきたい。どうしてユダヤ人がユダヤ人を殺すのかという疑問に答えるためである。

スターリンの秘密警察の幹部はほとんどがユダヤ人。強制収容所の所長の九〇%がユダヤ人。革命当初の政治局員の九〇%以上がユダヤ人。しかし、ユダヤ人スターリンは、ユダヤ人たちを虐殺していったのである。

ヒトラーの幹部のほとんどはユダヤ人。一九三四年六月三十日、いわゆる「長剣の夜」に、突撃隊員のリーダーであったエレスト・レームをはじめ突撃隊員七千人が銃殺された。ヒトラーは「私がもし彼ら突撃隊員を清算していなかったら、ドイツの権力はホモ・セックス者に奪取されていただろう」と新聞で発表した。確かにレームは自分の運転手とベッドの中で寝ていた。しかし、ヒトラーも性的無能者でホモ・セックス者なのだ。自分の権力の維持のためなら、スターリンも同族のユダヤ人を無情の力で殺すことを何とも思わないのだ。ヒトラーは同族のユダヤ人を殺すことに快楽さえ感じたのである。

一九四一年末にナチス・ドイツの国家保安本部が作成した「東方構想」なるものがある。「三十年の歳月をかけて三千百万人のソヴィエト人を東方領土から追放しシベリアへ強制移送し四百五十万人のドイツ人を入植させる」と、この「東方構想」に書かれている。この構想の中には、五百万ないし六百万人のユダヤ人を隔離するとも書かれている。アフリカ沖のマダガスカル島にユダヤ人を隔離する計画よりもこの構想の方が現実味を帯びている。ボルシェヴィズム（共産主義）を世界にバラまくユダヤ人は殺されるべきであると、ヒトラーは考えていたのであろうか。それは本当にヒトラー単独で考え、実行したのか。それがヒトラーの哲学であり、政治だったのだろうか。

私はこの「東方構想」の中にも「クリミアのカリフォルニア構想」を発見するのである。ユダヤ人を六百万人も隔離することは、六百万人のユダヤ人が住める土地を提供するということではないのか。ここにもユダヤ王とヒトラーの間に密約があったらしいことが垣間見える。

ユダヤ人たちはナチス・ドイツとスターリンを天秤にかけていたのだ。

第二次世界大戦はユダヤ・ボルシェヴィズム対ゲルマン主義の様相を呈してきた。

私はユダヤ王ロスチャイルドも、隠れユダヤのロックフェラーもハリマンも、このことを百も承知で戦争を仕掛けたと思っている。

戦争に絶対的に必要な条件が一つだけある。それは憎悪だ。そして、その憎悪の心を燃え上がらせるものが必要なのだ。

ナチズムは人種生物学（ダーウィニズムの人種への応用学）と近代技術の融合から生まれた。読者は想像力を駆使してほしい。この融合こそ、奴隷売買とスペインの征服者による中南米での原住民絶滅と同じなのである。イエズス会による日本娘の奴隷貿易とも通じるものである。ホロコーストは、帝国主義の人種主義思想が生み出したのである。

ユダヤ人とユダヤ人寄りの資本家たちがヒトラーに資金を提供しなかったら、武器や石油を提供しなかったら、ヒトラーの「ホロコースト」はなかったのである。もちろん、第二次世界大戦もなかったのである。

一九三八年十一月九日、ヒトラーの子分ゲッペルスにより、全ドイツの地でユダヤ人迫害、虐殺が行なわれた。「水晶の夜」と呼ばれる事件である。十一月十二日、ナチスによるユダヤ人の財産没収が決定した。この日、ユダヤ王の一人ヴィクター・ロスチャイルド（共産主義者、社会主義者の一面を持つ）は、自分の支配下の新聞「タイムズ」にヒトラー非難の論説を書いた。

「……私は間違っていた。言葉遊びなどは過去に対する侮辱にすぎない……」

ヴィクターは言葉遊びをし続けたのである。ヒトラー憎悪の声を上げたが、一方では武器や石油を提供し続けたのである。

ソヴィエトの国境を破ったナチス・ドイツは、中央ヨーロッパのユダヤ人を強制的に東方へ移送しようとした。しかし、強制移送命令とは同時に絶滅命令でもあった。それは東方のどこかでユダヤ人が姿を消すことを意味していた。一九四二年十一月（「勝利の計画」が無期延期されてから数カ月後）、幾編成もの列車がソヴィエト連邦内に向けて出発した。目的地に到着するや乗客のほとんど全員が射殺された。「憎悪列車」であったといえよう。あるときから憎悪列車は走らなくなった。同じころ、「ユダヤ人の海外移住はない」との指令が出された。「ガス室」が用意された。

フランス大陸横断上陸作戦の「勝利の計画」の代わりに、黒い貴族たちは「ガス室」の政策をヒトラーに命じたと考えられるのであるが、この考えは私の妄想だと読者は言うであろうか。あの憎悪列車はソヴィエトのどこに到着したのか。ユダヤ人の多いゴメリ地区だった。

「クリミアのカリフォルニア」の物語は、このゴメリ地区から始まるのだ。

ソヴィエト革命の直後の一九一八年十月、共産政権内にイェクセクツィアというユダヤ部門が創設された。この組織の主要な目的の一つに、「クリミア半島におけるユダヤ民族の農業入植建設計画」というものがあった。この計画には、ユダヤ民族の自治区域を獲得せんとするユダヤ人の願望が入っていた。レーニン、トロツキー、スターリンらのユダヤ人を利用し、ユダヤの富裕層が共産革命を成功させる。その目的の一つが「クリミアのカルフォルニア」であり、この「クリミア半島における「ユダヤ民族の農業入植計画」であったことが判明する。マルクスに『資本論』を書かせて共産主義を広めたのはロスチャイルドだった。そして多くの人々を洗脳した後に子飼いのユダヤ人たちをソヴィエトに入れた。そして革命である。彼らの最大の目標はただ一つである。ソヴィエトから（ロシアからというべきか）クリミア半島を奪い取ってユダヤ王国を建設し、そこから全人類を支配するということにあった。

スターリンもユダヤ王ロスチャイルドの意に添って動いた。クリミアからウクライナの人々を移動させようと幾度も試みた。しかし、ウクライナの反ユダヤ主義を抑えることはできなかった。その代替案がユダヤ自治州建設だった。

一九三四年、スターリンはユダヤ自治州を作ると発表した。この宣言は「ビロビジャン」と言われた。ハバロフスク西方百七十五キロにあるこのユダヤ自治州は面積三万六千平方キロメートル、人口二十五万人とされた。ロシア西部の都市に集中していたユダヤ人を農業入植させる狙いで設けられた。しかしこの目的は完全に失敗した。入植地に残ったユダヤ人は一万人に過ぎなかった。高々と唱えられたユダヤ劇場もすぐに閉鎖された。スターリンは、ヒトラーがソヴィエト領に侵入してきたときに、もう一度このユダヤ自治州復興をやろうとした。ユダヤ資本の援助を受けなければ国家そのものが滅びてしまうと思ったからである。

ユダヤ国家資本の力を導入すること、武器貸与法による大量の武器とドルをアメリカから受け入れてヒトラーの侵入を防ぐということが絶対の急務となってきた。

スターリンはついに決心する。「クリミアのカリフォルニア」を受け入れることを。

ハリマンのスターリンへの説得が成功する時が来ようとしていた。

二十世紀最大の出来事は第二次世界大戦の大混乱の中、ユダヤ王国が建設されることであった。

この「クリミアのカリフォルニア」の真相に迫る時が来たようである。

第六章

エデンの園をめぐる暗闘

もう辛抱できなくなった。あの木が我物でないのが、世界を我物にしている己の興を損ずる。

ゲーテ『ファウスト』

乳と蜜とぶどうの大地クリミア

クリミアの歴史について書いておく。ドイツのクリミア攻撃を指揮したE・V・マンシュタインは『失われた勝利』の中で以下のようにクリミアの歴史を概括している。

ウクライナの南、黒海に突き出たクリミア半島の歴史はきわめて古い。すでに紀元前七〜八世紀にスキタイ人が移住し次いでギリシャ人も植民都市を建設した。

半島西部のヘルソネリスもその一つで、独立の都市国家を成した。前一世紀末には、沿岸要地はローマ人によって占領されたが、ローマ帝国が衰えるとともに異民族の侵入が相次ぎ、ゴート、フン、アヴァール人などがその足跡を残した。十〜十二世紀には、一瞬キエフ、ロシアと関係を持ったが、十三世紀には蒙古民族（タタール人）が侵入しキプチャク汗国の領土となり、その後独立してクリム汗国を建設した。しかし、オスマントルコの力が大きくなると、その保護下に半島南部に進出していたジェノバ人の商館を追われるに至った。以降、トルコはタタール人を利用し、ロマノフ王朝のロシアと、この地を巡って争うことになる。第一次露土戦争に敗れたトルコはその宗主権を失い、遂に一七八三年、クリミアは完全にロシア領となった。その後セワストポリ要塞が建設され、やがて一八五三年クリミア戦争の主戦場となった。

ジェノバの商館はユダヤ人を中心とする商館である。イスラエルだけがユダヤの故郷であるという固定概念を捨てる必要がある。このクリミアをめぐって数多くの戦争が繰り返された。地図を見るとよく理解できるがヨーロッパの要所にあたる。ではもう一度、『失われた勝利』を引用する。

豊かな果樹園が所々に存在していた。果実が実る時期には、ちょうど春に森があふれんばかりになるように、夢の如き光景を呈した。私は今まで一度もこんな景色を眺めたことはない。〔中略〕南部海岸はよくイタリアのリビエラと比較されるが、その美しさはそれ以上である。奇々怪々な山容、懸岸をなして海中に落ち込む厳山の姿はヨーロッパ随一の景観である。ヤルタ周辺には近くにかつてのロシア皇帝の居城リヴァディアがあるが、ヤルタ付近の山地はわれわれが考え得る限り最も素晴らしい森に覆われていた。山々にすこしばかりある開けたところには、ぶどう酒醸造所や果実畑があり、熱帯植物がいたるところにあった。旧ロシアの素晴らしい庭園に似ていた。われわれは今、エデンの楽園にいると信じたくらいだ。

マンシュタインの書いているように、ユダヤ人の「エデンの園」は、イスラエルではなくクリミアだった。『失われた勝利』はドイツ敗北後に出版された。だからユダヤ民族とクリミアのかかわりを書けない。ただ、「オスマントルコの力が大きくなると、その保護下に半島南部に進出したジェノバ人は商館を追われるにいたった」と書くのみである。

クリミア半島のカッファという地に、ジェノバとベネチアのユダヤ商人たちが居留地を設置していた。ユダヤ人たちはこの居留地を厳重な防備システムで固めていた。彼らは貿易で手に入れた毛皮、宝石、その他の貴重品をここに貯えた。ジェノバ人は彼らの船でこれらの貴重品をヨーロッパに運んだのである。

一三四六年、タタール族の軍隊がこの町を陥落させようとした。戦いは長く続いた。戦いの間に腺ペストが発生した。ユダヤ人たちはペストにかかり大半が死んだ。生き残った者たちは船で逃げた。こうしてヨーロッパ中にペストが広まった。ヨーロッパ全人口の五分の一にあたる二千五百万人がペストで死んだといわれている（この数字はユースタス・マリンズの『衝撃のユダヤ5000年の秘密』による）。ユダヤ人たちはゲットーに押し込められる運命となった。クリミアを舞台に幾度も戦争が起こった。マンシュタインはすべてを知っていよう。しかし、あの程度しか書けないのである。ドイツが国際ユダヤ資本の支配下にあるからだ。

明確にしようと思う。ロスチャイルドやウォーバーグのようなドイツのフランクフルトから世界に出たユダヤ財閥は、このクリミア半島からディアスポラ（離脱）した一族である。彼らの故郷はイスラエルではなくクリミアなのである。中央アジアのカザール民族、ユダヤ教に改宗したアシュケナージである。

アーサー・ケストラーの『ユダヤ人とは誰か』には次のような記述がある。

カザール移民の主流は西へ向かったのであるが、一部クリミアやコーカサスにはこの大移動のうねりから取り残された人々もいた。
その地で彼らはユダヤ人だけの孤立集落をつくり、そのまま現代にいたるまで生き残っている。例えばケルチ海峡をはさんでクリミアとは対峙しているタマタルハ（タマン）にある古代カザール要塞では、十五世紀、ユダヤ系王朝が統治していた記録が残っている。この王朝は初めジェノバ共和国の後見下にあったが、後にクリミア・タタールが後見となった。

ケストラーはまた次のように書いている。

十四世紀のユダヤ史上第二の悲劇は黒死病（ペスト）であった。トルキスタン経由で東アジアからやってきたこの疫病は一三四八年から五十年にかけてヨーロッパ全人口の三分の一——地域によっては三分の二——を消し去った。そのヨーロッパへの伝わり方と爪痕は、まさに人間の愚かさの象徴と言えるだろう。一三四七年、ヤニベグの率いるタタール軍はクリミア半島の町カッファ（現在のフェドシア）を攻め、さらに貿易港ジェノバを包囲した。その時ヤニベグの軍隊ではペストが蔓延しており、彼らは病死者の死体をジェノバの町に投石器で投げ込んで立ち去った。その結果、ジェノバの人々はペストにかかり、ジェノバの商船がネズミとノミを地中海沿岸の港に運び、ヨーロッパ内陸部へと広がっていった。

ケストラーは、「クリミアは断続的にカザール支配下にあった。しかしそこには古くからのユダヤ人コミュニティがあり、碑文は改宗以前にまでさかのぼるかもしれない」とも書いている。ユダヤ人たちが古くからクリミア半島に住みついていたのである。クリミアの人々は「カライ派」に属する人々ではないかとも書いている。カライ派はペルシャに生まれた原理主義である。彼らは十七世紀から二十世紀に至るまで、クリミア半島からバルト海沿岸にかけての地域に厳然と住みついていた。白い肌と赤毛の人が多かったので「赤いユダヤ」と呼ばれていた。ロスチャイルドは出自を隠している。彼ら一族はカライ派の人々ではないかと私は思っている。

コリン・マッケベティの『ペンギン古代歴史地図』(一九八〇年版)に次のような記述がある。

これより後、海ではペリシテ人のことは何も聞かれなくなった。そして陸では紀元前九七五年、彼らはダビデに率いられたヘブライ人たちの攻撃に屈服した。ダビデはまたエドム、モアブ、ダマスカスに対し、ヘブライ王国の大君主であると認めさせた。しかしこの帝国は彼の息子とその後継者であるソロモン(紀元前九〇〇年~九二五)の時代しか存在しなかった。

マッケベティは続いて、「紀元前九二八年にエルサレムはエジプトにより征服され略奪され、彼らが去った後、ダマスカスはユダヤ王国とイスラエル王国の王を臣下に従えた」と書いている。ヘブライ人がイスラエルに国家を建設し得たのは、わずか五十年かそこらの期間であったことを知るべきである。彼らは二千年間も(十九世紀末まで)、イスラエルに国家を建設しようとは思っていなかった。ヘブライ人はディアスポラ（離散）を繰り返す。フェニキア人（ユダヤ人という説がある）と同盟を結んだ紀元前一千年から紀元前百年ごろまで、ヘブライ人は西方世界のあらゆる土地に広がっていく。ローマ帝国の時代、キリスト教徒は殉教者を多く出している。キリストの死の頃、ユダヤの国は歴史から忘れられている。

私は自分の本を最終的にチェックしているときに栗本慎一郎の『パンツを脱いだサル』を読んだ。二〇〇五年五月の出版である。彼は、「このカザール人こそ今日のイスラエル強権派とそれを支えるユダヤ資金資本家の起源である。世界に君臨する資金資本王国の王ロスチャイルド家のルーツであるはずだ。かくてカザール人は歴史に消えたどころではない。ある意味で最も強烈な形で生きているのだ」と書いている。

八世紀、西部世界はカザール帝国、ビザンチン帝国、フランク帝国、イスラム帝国に分かれていた。カザール帝国はカスピ海と黒海を中心とする地域の国家であった。七〇〇年ごろ、彼らの統治者はユダヤ教を自分たちの宗教として受け入れ、民衆もそれに従って改宗した。

栗本慎一郎は改宗したユダヤ教徒をアシュケナージと言い、「ユダヤ人と言っても全てのユダヤ人を指すわけではない。二千数百年前にパレスチナにいたアブラハム、イサク、ヤコブの子孫、つまり人種的に『正統』なユダヤ人であるスファラディーというグループはここでは端役である」と書いている。

ここまでは真実である。栗本慎一郎は続いてアーサー・ケストラーの『ユダヤ人とは誰か』（宇野正美訳）を紹介する。ケストラーがアシュケナージとスファラディーの出自を書いたために命を狙われたと書く。宇野正美も同意見のようである。

私は逆の考えを持っている。ケストラーは、フランスのユダヤ王ギ・ド・ロスチャイルドの要望に添って『ユダヤ人とは誰か』を書いたと思える。疑問に感ずる人はギ・ド・ロスチャイルドの自伝を読まれるがいい。ここでは省略する。栗本慎一郎も宇野正美も、ロスチャイルドの複眼的な見方を理解していないようだ。あまりにも単純である。

カザール帝国は一二四三年にモンゴルの攻撃を受けて崩壊する。カザール崩壊後のユダヤ人たちの一部はベネチアに移った。しかし、ジェノバに拠点を置くユダヤ商人たちはモンゴルの許可を得てクリミア半島に残った。ベネチアのユダヤ人もビザンチン帝国の許可を得て政治的に独立していた。カザール崩壊後に離散していったのは一般の難民であったことを知るべきである。

ベネチアではモンテフィオーレ家が金貸しとして強力な地位を築いていた。このモンテフィオーレ家の分家からロスチャイルド家が出てきたという説があるがはっきりしない。ユダヤ人はアシュケナージとスファラディーなどの区別を考えず、血族を形成していったのである。国家は貿易を必要とした。ユダヤ人たちは自由貿易の権利（税金免除）を得て、モンゴルの国家にも、ビザンチン帝国にも、ノルマン人の英国征服にも協力するのである。

しかし、彼らは離散した民族である。アシュケナージであれスファラディーであれ、領土を持つ国家に憧れ続けたのである。

ユダヤ人とはユダヤ教を信じる人々である。彼らは全世界に分散して以来四千年ずっと、永久的混血をしてきた、一種の人工的民族である。民族というよりは宗教分派である。旧約聖書には雑婚の様子が詳しく書かれている。現在ロシアではユダヤ人の三分の二が、アメリカでは三分の一が雑婚しているといわれる。この人工的民族は四千年の歴史を生き続け、諸国の中で永久的な混血を繰り返してきたのである。

この歴史の過程で彼らはフリーメイソンの組織の中に入り込み、メイソンの組織を改悪した。今やメイソンは「人工的ユダヤ」となっている。権力を渇望する政治家のほとんどがメイソンに入った。「あなたはもろもろの国の乳を吸い王たちの乳房を吸うだろう」(「イザヤ書」六十・十六)と書かれているように、彼らは性的変態、すなわち雑婚を通じて富と権力を維持してきた。彼らがユダヤ王国を建設することは「王たちの乳房を吸う」ことなのだ。それがどこにある王国なのかを問えば、それはクリミア半島であり、そこを中心として世界統一王朝を夢見たということが自明の理となってくるのだ。

アーサー・ケストラーは、「放浪願望とゲットー心理という一見矛盾するような組み合わせをもった民族性を、古代イスラエル人と中世のカザール人は共有していると言えよう。さらにこれは、メシア待望と選民意識によって補強されているのである」と書いている。ペストの大流行の後、ユダヤ人たちはゲットーに閉じ込められた。ケストラーは「平面的に広がることができないので、家々は上へ上へと高く伸び間口は狭かった。そして常に人口過密状態で衛生状態はひどいものであった。このような環境に住む人間が自尊心を保ち続けるには非常に強靭な精神力を必要とされた」とも書いている。

ケストラーは書いている。「ゲットーをとり巻く敵意は侮辱のまなざしに始まって挑発的な暴力行為、組織的なポグロムに至るまで実に様々な形態をとった。このような条件の下で数世紀を生き抜くのに有利だったのは、口が達者で順応性に富み、精神的にも柔軟性のある――いわゆるゲットー・タイプ――の人々であった」

「クリミアのカリフォルニア」は、このゲットー・タイプの人々が計画したのである。

栗本慎一郎も、『赤い楯』の広瀬隆も、ユダヤ人を論ずるときに「金《カネ》」の面からしか見ようとしない。だからクリミア半島に国家を建設しようとした計画が現実に存在したのに、まったく見えてこないのである。

ベネチアに本拠を置くモンテフィオーレ家はやがてジェノバに進出し、クリミア半島に本拠を置くロスチャイルド家とその一族に、ビザンチン帝国における対輸送商品税金免除資格を奪われる。しかし、同一の血族であることにかわりはない。ジェノバの一族も一三四六年にクリミアのカッファに築いた居住地をタタール人に奪われる。それだけではない。ペストをヨーロッパ中に広めるユダヤ人となるのである。

ロスチャイルドについて書いておく。湯浅赳男の『ユダヤ民族経済史』を引用する。


特に注目されるのは、フランクフルト・アム・マインに根拠をもったユダヤのそれであって、サカーはこれを「フランクフルトの伝統」と呼んだのである。この町のユダヤ人コロニーは十四世紀の短期間の中断を別にして十二世紀から存続し商業中心地の共同体として繁栄してきたのであるが、十八世紀末には多くの有力銀行家を生みだしたのである。〔中略〕ロートシルト家は十六世紀からこの町に居住していたという。この家の看板として「赤い楯」を打ちつけたのでロートシルト（英語読みロスチャイルド）の名が生まれた。初めは典型的な下層中産階級のユダヤ人で代々小売業をしていたが一七四三年に生まれたマイヤー・アムシェルがその家を興したのである。

ここでロスチャイルド家の歴史を書くのをやめる。マイヤー・アムシェルは銀行業務で財を成した。息子たちがロンドンやパリに支店を出して大成功したと簡単に記すに留めたい。

一八五三年のクリミア戦争もユダヤ人が背後で動いている。ロスチャイルド家が大事に育てあげてイギリス首相に仕上げたユダヤ人ディズレーリは、一八七八年にロシア封じ込め政策を打ち出し、帝政ロシアに挑戦状を叩きつけた。ロシアは応じなかった。ディズレーリを動かすロスチャイルド、モンテフィオーレ、ドレフェスらのユダヤ人たちが、黒海のオデッサからボスボラス海峡を抜けて地中海に至る貿易ルートを独占しようとしたことをロシアは知り尽くしていた。

黒海のオデッサからはヨーロッパに小麦が輸出されていた。オデッサはクリミア半島の付け根に位置する。当時、フランスの鉄道王だったジェームス・ロスチャイルドは地中海から東洋へ抜けるスエズ運河を作り、さらに広大な貿易ルートを独占する計画を立てていた。その貿易ルートの拠点として考えられていたのが、かつてジェノバの商館があったクリミア半島であった。

一八八一年からロシアにポグロムの炎が燃え上がる。同じころ、ロシアはロシア的な国家主義のもとで工業化への道を歩もうとする。工業化には外貨が必要である。ロシアはその外貨をフランスのロスチャイルド家に求めた。

一八八八年、ロスチャイルドは「カスピ海・黒海株式会社」を設立した。ロシアはルーブルで外貨と交換しようとした。ロスチャイルドは金本位制の断行をロシアに迫った。そのためには大量の金《きん》準備が必要だった。かくて保護関税による輸入の圧縮がなされた。

もう一つ、低価格で穀物と石油の輸出を行なうことにした。そして出来たのが「カスピ海・黒海株式会社」である。

こうしてロシア皇帝とロスチャイルドの連合が生まれた。しかし、労働者と農民は憤慨した。どうなったのか。内乱状態になった。ロスチャイルドとその一味のユダヤ財閥は労働者に的を絞り、社会主義理論を彼らの頭脳にたたき込んだ。革命が起こった。レーニンはロスチャイルドとその一味からユダヤ王国建設の旗手の役割を委任されていた。スターリンは「カスピ海・黒海株式会社」のために、ロスチャイルドのエージェントとしてバクー油田で働いていた。

一つの疑問点を解決しなければならない。それは、ロスチャイルドにとって、どうしてイスラエルが「ユダヤ王国」ではないのかという点である。イスラエル建国のための資金の多くはロンドンとパリのロスチャイルド家の援助によってなされているのにもかかわらず……。

フランスのユダヤ王ギ・ド・ロスチャイルドの『ロスチャイルド自伝』を引用する。


一九四五年私は中東に短期の旅行をした。(アーサー・ケストラーを同行している)。私の観察を報告するという使命のためであった。エルサレムで正確さを好むベン・グリオンは——私が彼と会うのは初めてのことだった——私がシオニストであるかとたずねた。返事をためらっていると、彼は特定のことでたずねた。

「ご子息をここで育てたいとお考えですか」。彼を失望させるのは残念に思いながらも、私は否定的な返事をした。私の立場は彼に理解された。


ギ・ド・ロスチャイルドはイスラエルに住もうとしないのである。ロンドンのヴィクター・ロスチャイルドも同様である。彼らは商業都市を建設し、そこに城を建てたかったのである。支配者として大いなる宮殿を作り、商人の館、ギルド会議所、そして政府を作りたかったのである。かつてのような商業都市ベネチア、ジェノバのような都市をクリミア半島に作ろうと考えていたのである。パレスチナの土地で燃え上がる反ユダヤ主義を恐れていた。エルサレムは「ディアスポラ（離散）の数百万のユダヤ人をその心の中で心理的に植民地状態から脱出させた」と、ギ・ド・ロスチャイルドは書いている。彼は自らの心情を告白している。ユダヤ民族は少数の富裕者たちと多数の貧民層の二層構造からなる。

イスラエルはわれわれの国ではない。その国旗はわれわれの国旗ではない。しかし、イスラエルはわれわれの内面の自我の一部を解放してくれた者である。この小さな国民およびそれを象徴するものとのわれわれの感情的絆《きずな》のひろがりを意識する者には、もしイスラエルが破壊されるということがあるならば、われわれ自身に絶望するか想像してみるだけでいい。

ギ・ド・ロスチャイルドが言う「われわれ」とは、ロスチャイルドやオッペンハイマー、ゴールドスミス、ウォーバーグなど、富裕のユダヤ財閥を指すのである。彼らは貧民ユダヤ人と一緒に国家を作り、そこに住むことを拒否している。彼らは永遠に夢を追い求めるユダヤの民である。虐げられたがゆえにこそ、「選民思想」が彼らを支えている。ギが書いている。世界一の大富豪が、である。「フランクフルトの虱《しらみ》のたかった古道具屋の子孫は」と。「村を歩いていると犬に追いかけられた昔の球拾いの子孫は」と。
彼らは世界一の富豪である。しかし憎悪の目が世界中からそそがれている。その憎悪の目を捨てさせる唯一の方法は、かつてのようなハンザ都市をユダヤ王国に築くしかないと考えているのである。たとえ一度や二度失敗しようとも、である。そこに世界統一政府の首都が置かれるのであると彼らは思っている。その日が近いと彼らは確信している。
もう一度、栗本慎一郎の『パンツを脱いだサル』から引用する。

十世紀から始まったシオニズム運動とは、その両者（財力と人脈によって支配階級にまで昇りつめた者と、相変わらず弱者のまま弾圧を受けたり虐殺の憂き目にあう者を指す、と栗本は書く）を含め、主観的にはすべてのユダヤ人を平等に扱いパレスチナの地に帰還させようというものだったのである。

この程度が日本人の学者の限界であろう。もう、何ひとつ反論する気にもなれない。騙されっぱなしの日本人の姿がここに見事に描かれている。
「クリミアのカリフォルニア」を暗示する本がある。元ソヴィエト首相ニキタ・フルシチョフが、『フルシチョフ回想録』の中で妙なことを書いている。

われわれがまだ、ドイツ軍をウクライナから押し出しつつあるとき（一九四二年）、ソヴィエト情報局にユダヤ人反ファシスト委員会と呼ばれる組織が作られた。それはわが国に関する、また共同の敵（ヒトラー主義ドイツ）と闘うソヴィエト軍の活動に関する資料――もちろん疑いのない資料――を集めるためと、その資料を西側の新聞、主としてたくさんの有力なユダヤ人サークルがあるアメリカの新聞へ送るために設立された。

この委員会はソヴィエト連邦で高い地位を占めるユダヤ人で構成され、その長は、中央委員であり、プロフィンテルン（国際労働組合会議）の元議長であるロゾフスキーであった。もう一人の委員は、ユダヤ人劇場の最も有名な俳優ミホエルスであった。さらにもう一人の委員はモロトフ（外相）の妻君、同志のジェムチュジナだった。この組織を作ることはスターリン自身の考えだったかもしれないが、最初はモロトフの示唆によったものだと思われる。ソヴィエト情報局とユダヤ人反ファシスト委員会は、「わが国家、わが政策、わが共産党」の利益にとって欠くべからざるものと考えられた。

このユダヤ人反ファシスト委員会は別名、ロゾフスキー委員会とも呼ばれた。さて、『フルシチョフ回想録』をもう少し読んでみよう。一つの歴史物語が描かれている。しかしこの物語は大きな虚偽の衣裳を着せられている。

ウクライナが解放されたとき（一九四四年）、ロゾフスキー委員会のメンバーが一通の文章を起草した。それは、スターリンにあてられたもので、クリミアからタタール族を移住させたあと、クリミアをソヴィエト連邦内のユダヤ人ソヴィエト共和国とすべきだという提案を含んでいた。スターリンはこの提案の背後にソヴィエト情報局を通じて動いているアメリカのシオニストの策略を見た。委員会のメンバーはアメリカ・シオニズムの手先だと彼は宣言した。

「やつらはクリミアをソヴィエト連邦からもぎとるためにクリミアに、ユダヤ人国家を作り、ソヴィエト連邦の安全に直接の脅威となるようなアメリカ帝国主義の前哨をわが国の海岸に確立しようとしている」

スターリンはこういう方向にその考え方をむやみやたらと展開した。彼は狂気のような復讐の念に襲われた。ロゾフスキーとミホエルスが逮捕された。この調査は長くかかったが、結局はほとんどそのすべてが悲劇的な結末をむかえた。ロゾフスキーは銃殺され、ジェムチェジナは追放された。

モロトフの妻ジェムチェジナはユダヤ人である。モロトフも同じユダヤ人だ。彼女は長い間、獄中にいた。ミホエルスは戦後も俳優として活躍していたが、自動車事故を装って殺された。犯人はスターリンだった。フルシチョフは書いている。

本質的な問題は、ロシア連邦共和国内部、もしくはウクライナ共和国内部に、ユダヤ人連邦もしくは自治共和国をつくることが必要だったかということである。私は必要だったとは思わない。ユダヤ人自治地方区はすでにつくられていたし、いまでも名目的に存在しており、したがってそういうものをクリミアに設ける必要はほとんどなかった。だが、この問題は本質的に一度も論じられなかった。われわれはスターリンの理論を受け入れることに慣れておりその絶対的な権威に屈していた。彼は、もし、ユダヤ共和国がクリミアにつくられるならば、いまアメリカにはびこっているシオニズムがわが国のなかに砦を得ることになるだろうと主張した。理屈はそれだけだった。彼は意を決し、人々を逮捕した。

フルシチョフが「クリミア事件」（このように呼ばれていた）を最初に言明したのは、一九五六年にカナダ共産党代表団と会見したときのことであった。文中の「ユダヤ自治地方区」とは、シベリアのピロジャン自治州のことである。ソヴィエトにおけるユダヤ人の民族的故郷とされたが、ユダヤ人はごく少数しか行かなかった。

このフルシチョフの回想録に書かれているように、「クリミア事件」は彼が書いている程度の事件であるとされていた。フルシチョフなら真実を熟知していたと思われるが、この程度しか書けなかったのである。

ヒトラーがユダヤ人を虐殺するためにポーランドからソヴィエトの国境を越え、殺人の憎悪列車をゴメリ地域に送りつけたことはすでに書いた。やがて一九四三年に入ると、ソヴィエトはヒトラー軍をポーランドへと追い出した。チャーチルが「ヒトラーよりもスターリンに気をつけないといけない」と閣議で語ったのはこのことを意味する。

ヒトラーのドイツ軍が一時占領していたクリミア半島から去った後、スターリンはコーカサス地方とクリミア地方の少数民族掃討作戦に踏み出した。これらの少数民族が、侵攻したドイツ軍を歓迎するか、少なくとも抵抗しなかったというのが、掃討にあたってのスターリンの言い分であった。

一九四三年、カルムイク人、チェチェン人、イングーン人、カラチャイ人、バルカルス人、そしてクリミア・タタール人の少数民族の人々は、その土地から、住居から追い出され、整列させられてトラックに乗せられ、車に押し込まれたまま中央アジアとシベリアの各地へ追放された。フルシチョフはスターリン批判で有名な秘密演説の中でこの事件に少し触れ、「ウクライナ人はあまりに数が多く、彼らを追放する先がなかったばっかりにこういう運命に陥ることを免れた。さもなければスターリンはウクライナ人も追放したであろう」と述べている。そのとき場内には笑い声とざわめきが起こったのである。

フルシチョフはロゾフスキー事件を描写している。話は前後するが、この事件の前にエーリッヒとアルターの事件があった。これは後に書くことにする。

ゴメリ地域について書く時が来た。ここから「クリミアのカリフォルニア」の計画が始まると先に書いた。

ゴメリ地域は白ロシア共和国（一九九一年ベラルーシと改名）にある。首都はミンスクである。ロシア帝国の時代、ゴメリ地域はウクライナ最大の都市キエフの文化圏にあった。この一帯の鉄道網をつくったのはユダヤ王ロスチャイルドであった。この地域の人口の四割がユダヤ人だった。ヒトラーは、このユダヤ人四割のゴメリ地域にドイツ帝国のユダヤ人を強制移住させようとした。この計画は中途で挫折した。アフリカ沖のマダカスタル島への強制移住と同じで、あまりにも多数のユダヤ人を運び込む手段がなかったからだ。

戦争中であったため、強制移住によってナチスの財政が狂いだした。移住列車は突然に殺人列車となってしまった。スターリンもヒトラーと同じ計画をそのまま受け入れた。スターリンがユダヤ王ロスチャイルドに提案したのかもしれない。しかし、ユダヤ王ロスチャイルドはこの提案を拒否したものと思われる。そしてクリミア半島を要求したと私は考えている。クリミア半島は黒海に面している。ウクライナの穀物の輸出港オデッセイに代わる港も作れる。

ウクライナの穀物の大半は、ロスチャイルド系列のユダヤ人ドレフェス一族の商社を通じてヨーロッパに運ばれた。その代金でソヴィエトはロスチャイルド系列の会社から鉱工業製品を購入していた。クリミア半島を制すればソヴィエトを支配したに等しいと、ユダヤ王ロスチャイルドは考えていたであろう。何といってもこの半島はバルカンの要衝の地であった。しかも、乳と蜜の溢れる豊穣な土地であった。スターリンはロスチャイルドの要求に応じざるを得なかったのである。

ソヴィエト革命直後に「クリミア」計画があったことはすでに書いた。ロゾフスキー委員会の設立の四年前に、スターリン自らがこの計画を立案していた。その経過を見ることにしよう。

一九一三年、レーニンは、「ユダヤ人はユダヤ人として国際的な労働運動を育てるのに独自の貢献をした」と書いている（『レーニン選集「民族自決権」』）。国際的な労働運動とは社会主義のことである。レーニンの言わんとするところは、解放を熱望する若いユダヤ人（レーニンその人がそうであった）が社会主義に身を投じ、ユダヤ人としてのアイデンティを自覚し、反セム主義という問題に対決していくことであった。それがメシア思想であり、民族としてユダヤ人の土地を獲得することと同じであった。それは「聖地」（イスラエル）ではなく、貧しい兄弟のための一区画の領土、すなわち自分たちの子孫へ財産を残すことができ、外国の支配者から追い出されない領土の要求であった。この要求は潜在的なものであり、やがて社会主義を生み、アシュケナージ・ユダヤ人のナショナリズムと接合した。レーニンは革命成功後もユダヤ人の民族性を認めていた。やがていつの日か、ユダヤ王国をクリミアに作ろうとしていたと私は推測する。

一九二〇年代ボルシェヴィキ政権が成立した頃、すべての行政職にユダヤ人たちがたくさんいた。そのころ、「シオンの警察」という組織があった。「ユダヤ人協会」と呼ばれる社会主義インターナショナルのメンバーがつくった社会主義組織もあった。ユダヤ人たちがあのソヴィエト革命を指導し、成功させたことはすでに書いた。しかし政治的闘争、すなわち権力争いをしているうちに、ユダヤ人の多くの政治的指導者たちが殺されるか追放されていった。ユダヤの政治基盤が壊された。それでもユダヤ人たちは主要な官庁において重要な役職を占めていた。スターリンは権力を絶対的なものとしようとし、大粛清を一九三〇年代に行なった。実務能力に秀でた実力者たちは、スターリンの権力を奪いかねないとして殺されていった。

ソヴィエトの財政難の原因の一つは、この大粛清が延々と続いたということである。そのために優秀な軍人たちも消えた。ヒトラーがソヴィエトに侵攻したとき、ソヴィエトの国家財政は破綻状態にあった。ハリマンはソヴィエトを救うためにモスクワに乗り込み、武器貸与法による救済措置をとった。あのときからスターリンは、ハリマンの配下的存在になったと言ってもいいだろう。

スターリンはソヴィエトの危急の秋《とき》を救う手を打つことになった。スターリンは、ユダヤ人社会主義協会（以下ブントという）に目をつけた。ブントの力を利用してアメリカから多額の資金を得ようと考えたのだ。

一九三九年に、一度は逮捕したブントの指導者ヘンリク・エーリッヒとヴィクトル・アルターを、秘密警察長官ベリアに命じて釈放させた。ちょうど一九四一年九月、ハリマンとビーヴァブルックを迎えたときである。月日が一致するというのは、そこに何らかの因果関係があると考えてもよかろう。

ハリマンは一九七一年に『米ソ、変わりゆく世界』を出版した。その中で、一九四一年九月のソヴィエトでスターリンに会ったときの様子を書いている。この武器貸与法による会議に先立ち、ルーズヴェルトはハリマンに、「スターリンに宗教に対する制限を緩和することがいかに重要であるかを印象づける」ことを望んだ。ハリマンはルーズヴェルトの訓令をスターリンに伝えた。以下、彼の本から引用する。

私がこの問題を持ち出した時、スターリンとその他のソヴィエト官憲の誰もが首肯《しゅこう》したにもかかわらず、私が得た最大限の行動は公報人民委員のロゾフスキーの一声明だけであった。彼は大統領からソヴィエト連邦憲法における信教の自由の保障を参照されることに留意を求め、信教的自由は許されると断言した。

ロゾフスキーは後にロゾフスキー委員会の委員長となり、「クリミアのカリフォルニア」計画の実行委員長となる。ハリマンはこのときからロゾフスキーと深く結ばれたと思われる。ルーズヴェルトがハリマンに訓令したという宗教の自由とは、キリスト教のみならずユダヤ教の自由も意味していたと思われる。ハリマンはエーリッヒとアルターの釈放を「信教の自由」という立場から要求し、これを認めさせた、と暗に書いているのではないかと思われる。『米ソ、変わりゆく世界』には続いてハリマンのスターリン評が出ているので引用しておく。

これがその後の四年間にスターリンと行なった数多くの会談の最初であった。私は彼がいかにも背が低いのに驚いた。彼は言葉少なで、興味を抱いたとき以外は、ほとんど毅然と構えていた。興味を感じると、彼は強い態度を示した。時としては感傷的に、時には強く残忍にぶっきらぼうに、別の時には協調的に素直にといったふうに。時として彼は相手の眼を避けるようにみえたが、別の時は相手の反応を見極めたいと思った時には冷たい、突き刺すような凝視をもって相手を直視した。時々彼はメモ用紙にいたずら書きをした。ビーヴァブルックと私との会談がうるさそうにみえた時、彼は狼の絵を描き、それから背景を赤い鉛筆で塗りつぶした。

一九四一年八月十四日、「ユダヤ民族代表者公開集会」がモスクワで開かれた。作家のエレンブルクはこの集会で演説した。

私はロシアの一都市で育った。すべてのロシア人と同じく私も祖国を防衛する。だがナチスは私にもうひとつ別のことを思い出させた。
私の母はハナという名だった。私はユダヤ人なのである。だが、私はこの事実を誇りを持って告げる。ヒトラーにもっとも憎まれているものだが、それはわれわれの名誉なのだ。

プラウダ（八月二十五日付）はエレンブルクの言葉を引用している。スターリンはこの組織を公式に認めていたのである。この集会の後、九月の初めに、エーリッヒとアルターがスターリンとベリアにユダヤ委員会をつくるように提案した、という形になる。

ロゾフスキー事件の前に話を戻そう。この物語はエーリッヒとアルターの事件から始まる。一九四一年九月にエーリッヒとアルターの「反ヒトラー委員会」が出来た。

ハリマンとエーリッヒ、アルターが会談したのではないかと私は思い、資料を探したが発見できなかった。だから推測の域を出ない。この同じ月のスターリンとの会見で、ハリマンはペルシャ湾からカスピ海に至る大自動車道の建設を申し入れている。大戦中に戦後の復興策をすでに考えていたのである。スターリンはハリマンの申し入れを承諾した。ハリマンは武器貸与法による武器供与を約束し、実行に移した。記者団に「与え、与え、そして与えよ」と語ったハリマンは、スターリンの国家を救うのである。

スターリンは反ユダヤ主義を捨てて、この二人に反ヒトラー委員会を結成させ、そのリーダーとした。エーリッヒが委員会の議長、そしてアルターが事務局長、そしてもう一人、ユダヤ劇場の著名な俳優にして演出家のミホエルスが副議長として加わった。スターリンはこの三人に「西側から資金を調達する計画に参加せよ」と命じたのである。

一九四一年十二月二十七日、エーリッヒはカリーニン最高会議幹部会議長宛てに手紙を出した。

提出されたユダヤ人反ヒトラー委員会はアメリカとイギリスのユダヤ社会に徹底的な宣伝活動を行ない、ソ連邦がヒトラーの侵入に対して闘うための十分な援助を引き出すことを主な任務とすべきである。われわれの提案は首脳部の全面的な支持を得ており、この委員会の本部を置くのにふさわしい場所を探す仕事はＮＫＶＤ（ソヴィエト秘密警察）に委ねられた。

エーリッヒがスターリンと秘密警察長官ベリアの完全な支持を得て、国際金融資本を牛耳《ぎゅうじ》るユダヤ人組織から金を得るために働いていたことがこの手紙からも理解できよう。しかし、この手紙がカリーニンのもとに届いたときには、エーリッヒとアルダーは逮捕されていた。

ツヴィ・ギテルマンの『ロシア・ソヴィエトのユダヤ人１００年の歴史』を見ることにする。

ポーランドのユダヤ人労働者同盟の指導者ヘンリク・エーリッヒとヴィクトル・アルターはドイツ軍から逃れ、一九三九年にソヴィエトの支配下にあった地域の人々の中にいた。一九三九年、アルターとエーリッヒは逮捕され、「国際的ブルジョア階級」とポーランドの対敵諜報活動およびソヴィエト連邦のブンド地下組織に協力したかどで告発された。二人とも反ソヴィエト活動をしていたと考えられたため死刑の判決を受けたが、英国の圧力やポーランド亡命政権とソヴィエト政府との緊張関係緩和によって一九四一年九月に釈放された。

この文章中の「英国の圧力や……」に注目したい。エーリッヒとアルターの二人を釈放しろ、という英国の方針を、ハリマンとビーヴァブルックがスターリンに要求したことがわかるのである。

どうしてか？　この時点で武器貸与と「クリミアのカリフォルニア」が同時に話し合われたと思われるからである。

エーリッヒの手紙にはその間の状況が書かれている。「十分な援助を引き出すことを主な任務とする……」とギテルマンは書いている。


エーリッヒとアルターはナチ占領諸国、ソヴィエト社会主義共和国連邦、アメリカ合衆国、および大英帝国の代表を含めユダヤ人反ヒトラー委員会設立をソヴィエト政府に提案した。


一九四一年十二月四日午前零時過ぎ、ソヴィエト政治警察「ＮＫＶＤ」の職員カザノヴィッチが緊急の会議にエーリッヒとアルターを召喚したが、二人とも二度と戻ってくることはなかった。

エーリッヒはブントの指導者だった。初めはロシアで活躍し、革命後ポーランドで活躍した。アルターはロシアおよびポーランドのブントで活躍し、ポーランドの労働組合運動で指導的な役割を果たした。一九二一年にボルシェヴィキに逮捕されたが解放され、後に社会主義インターナショナルのブント代表となった。

エーリッヒとアルターの二人は一九四一年の九月から逮捕されるまで、二カ月足らずではあったが、ソヴィエトのユダヤ人名士も参加する公認の集会を開いたのである。二人の逮捕はロシア中の名士たちを驚かせ、彼らを釈放するための嘆願運動が英米のユダヤ人に対してなされた。

真珠湾攻撃の直前、ハリマンはスターリンと会っている。エーリッヒとアルターの逮捕は何かの関係があるのであろうか。

あのときスターリンの帝国はヒトラーの軍隊にやられっぱなしであった。スターリングラードにも敵軍が入ってきた。真珠湾攻撃の直前であるこのときに、ハリマンはスターリンに百億ドルないし百五十億ドルの財政補助を約束したと私は思う。

しかし、一つだけ条件をつけた。クリミアの領土ごとユダヤに渡してほしいという条件であった。スターリンは承知せざるを得なかった。そして、具体的なプランを作成するとし、反ヒトラー委員会に交渉の全権を委任した。エーリッッヒが「アメリカとイギリスのユダヤ人社会に徹底的な宣伝活動を行ない……」とカリーニン宛ての手紙に書いているように、ユダヤ王ロスチャイルドやアメリカのユダヤ人たちと事務的な交渉を続けていたのである。二カ月後、スターリンは変貌した。なぜかは分からない。ベリアはエーリッヒとアルターの二人を何ら告発手続きもとらずに秘密裡に捕らえ、独房に入れた。


私は「クリミアのカリフォルニア」という言葉とその意味を、パヴェル・スドプラトフの『KGB衝撃の秘密工作』という本を読んで初めて知った。KGBの要職にあったスドプラトフは、ベリアの死後フルシチョフに捕らえられ刑に服した。彼は刑を終えた後に自叙伝を書いた。この本により、「クリミアのカリフォルニア」計画が存在したことを私は知った。しかしこの本では数頁しかこの計画に触れていない。私はいろいろな文献を漁り、この章を執筆している。興味のある方はスドプラトフの本を読まれるがいい。

スドプラトフはエーリッッヒとアルターの逮捕後のことを書いている。

エーリッヒの手紙に返事はこなかった。公式記録によれば十二月にベリアの命令によってエーリッヒとアルターは独房に監禁され、四十一番と四十二番という囚人番号がつけられた。二人が移されたNKVDのクイブイシェフ刑務所では尋問も囚人登録用紙に彼らの名前を記入することも禁じられた。ライヒマン将軍が後に私にこう話してくれた。「囚人四十一番と四十二番の本名を刑務所の全職員に内密にしておくよう特別の命令が出ていた。命令はスターリン、モロトフそしてベリアから出たものだが、奇妙な命令で、囚人に対する尋問も禁じられていた」と。

フルシチョフの『回想録』は、半分の真実と半分の虚偽で書かれている。しかしフルシチョフはもちろん全部を知っていたはずである。彼は首相の地位を失い絶望的な日々を送りながら、秘密裡にテープに『回想録』を吹き込んだ。このテープがアメリカに渡り、出版されたのだ。彼はハリマンと友人だった。後章でハリマンとフルシチョフの友情物語を書く。ここでも読者は八百長の時代が続いていくのを知ることになろう。

最終的にこの録音テープは、フルシチョフの友人ハリマンの手に落ちた。現在このテープはコロンビア大学に出来たハリマン研究所内に保存されている。日本の学者でコロンビア大学出を自慢する輩《やから》が多数いる。すでに彼らはハリマンの亡霊に動かされていると言えよう。話を進めよう。

一九四二年、アメリカの政治家ウェンデル・ウィルキー（共和党員。一九四〇年にルーズヴェルト大統領選挙を争って敗れた）とウィリアム・グリーンは、アメリカ駐在ソヴィエト大使のマキシム・リトヴィノフを通じてエーリッヒとアルターのその後の状況を問い合わせた。ポーランドの駐モスクワ大使スタニスラフ・コットも同じようにモスクワ政府に問い合わせていた。

ウィルキーは大統領選挙に敗北後、ルーズヴェルトの政策を支持し、反ヒトラー色を鮮明にした保守党の大物政治家だった。グリーンは、ルーズヴェルトを支持する労働団体のボスである。ハリマンはこの二人と深い友情で結ばれた仲である。ポーランドのコットもハリマンの友人。ハリマンは三人を通じて、エーリッヒとアルターがどのようになっているかを知りたかったのであろう。ハリマンがポーランドに巨大企業を持っていたことはすでに書いた。ソヴィエトのアンドレイ・ヴィシンスキー外務次官はコットへ返事をした。それによると、エーリッヒとアルターは過って釈放され、その後で彼らがドイツと秘かに陰謀を企てていたことが確認されたので再逮捕されたとのことであった。

モロトフ外相から情報を与えられたリトヴィノフは、ウィルキーに一九四三年二月になってやっと報告した。その報告は、エーリッヒとアルターは一九四〇年十月と十一月にソ連がドイツとの戦争を中止するようドイツ寄りの宣伝活動をしたため、一九四一年十二月二十三日に死刑を宣告されたというものであった。

ハリマンはこの年の十二月初めにスターリンとモロトフ外相に会っている。この秘密会談の半月後に死刑を宣言されたのであろうか。謎は残るが真実は見えてこない。

エーリッヒとアルターがユダヤ王ロスチャイルドの意のままに動きだしたので、スターリンは二人を恐れたのではなかろうか。

エーリッヒは一九四二年五月十四日、独房で首を吊って自殺した。アルターは一九四三年二月十七日、ベリアの命令で秘密裡に銃殺された。
メナヘム・ベギン（元イスラエル首相）は著書『白夜のユダヤ人』の中でエーリッヒとアルターについて書いている。ベギンはスターリンによってシベリアへ送られた経験を持っている。

アルターとエーリッヒは日本の真珠湾攻撃の犠牲になったのだと、私が断固主張すれば、きっとそれはあまりにもこじつけだと非難されるだろう。これはこじつけではないと私は信じている。人間の運命にはしばしば遠い国際的な事件が影響を及ぼすものだが、その人本人や彼に親しい人々はこのことを感じることすらないのである。アルターとエーリッヒがソ連にとって必要だったのは米国が世界大戦に引きこまれるまでであった。〔中略〕ソ連は西側諸国、中でも第一に米国からの援助を切実に必要としていた。〔中略〕米国の援助を可及的に速やかに増大させようと懸命のソ連政府は様々な方法で米国政府に働きかけた一環として、クレムリンはユダヤ人反ファシスト委員会を組織し全世界各国のユダヤ人に対し援助に関するアピールを行なった。このためにソ連はアルターとエーリッヒを反ファシスト委員会の代表として米国に派遣するつもりだったのである。

ベギンはイスラエルの首相となったユダヤの大物である。彼はもちろん、「クリミアのカリフォルニア」計画を知っている。だが、封印された真実は書けないのである。ベギンもフルシチョフと同じように半分だけ真実を書いている。ベギンの「真珠湾犠牲説」は真実の匂いが漂っている。しかし、反ファシスト委員会は継続されていたのであった。

一九四三年二月十八日、この日の前日にアルターは銃殺されている。スターリンによって、ユダヤ人反ファシスト委員会の議長にソロモン・ミホエルスが指令された。

どうしてエーリッヒとアルターが殺されたのか。二人はポーランドの愛国者であった。二人はポーランド職別労働組合の指導者で、政治的に大物であった。スターリンは戦後のポーランドの指導者になりかねない二人を恐れていた。かくて「復讐の法則」を適用した。この法則は、復讐される恐れのある者の未来を抹殺することである。そしてまた、ユダヤ王ロスチャイルドが秘密裡に進めていた計画の一部が外部に洩れたからである。エーリッヒが首吊り自殺し、アルターが銃殺された翌日、新しい議長にミホエルスが任命されたということは、この新議長のほうが計画の遂行がうまくいくと、ユダヤ王ロスチャイルドとハリマンがスターリンに進言したと私は推測するのである。

ハリマンが二人の消息を問い合わせたのは、この二人を処分しろ、という暗示をスターリンに与えることであったのかもしれない。戦後のポーランドをロシアが占領するときに、二人の存在が邪魔になると思ったのかもしれない。

では、なぜ、ミホエルスは戦後まで生き延びることができたのか？　彼はソヴィエトで人気のある俳優であり、演出家であったからに他ならない。それにミホエルスには政治臭がなかった。ミホエルスは大衆の憧れの俳優だったからだ。スターリンは、財政難を救う道は「クリミアのカリフォルニア」しかないと思っていたのだ。

スドプラトフは「クリミアのカリフォルニア」について書いている。

アメリカ資本を引きこむという計画は、クリミアのユダヤ人国家というアイデアと並行していた。いわゆる「クリミアのカリフォルニア」である。このアイデアはアメリカのユダヤ人社会で広く議論されたとヘイフェッツは私に言っていた。とくに彼が言及したのはアメリカ商工会議所会頭のエリック・ジョンストンの関心である。一九四四年六月、彼はアヴェレル・ハリマン駐ソ大使とともにスターリンに迎えられた。かつて白ロシアの主なユダヤ人入植地だった地域の再建とクリミアへのユダヤ人再入植について話し合った。ジョンストンはスターリンに、この目的のためなら戦後のソ連へアメリカが長期借款を供与することは承認されるだろうというバラ色の絵を描いてみせた。

『ロシア・ソヴィエトのユダヤ人100年の歴史』を引用することにする。エーリッヒとアルターは刑務所に移されたが、「クリミアのカリフォルニア」計画は続いていた。

一九四二年に「ユダヤ人反ファシスト委員会」(JAC)がソヴィエト連邦に結成された。この委員会の主たる目的はソヴィエトの戦時努力を政治的にまた財政的に支持することを西欧諸国のユダヤ人社会に呼びかけることであった。委員会はイディッシュ語の新聞「エイニケイト」(団結の意)を十日に一回の割合で発行し始めた。後に週刊誌となり、そして週三回の発行となった。〔中略〕またドイツに協力したという理由で、タタール人が追放されたクリミアをユダヤ人共和国にすべきであると提案した委員もいたようである。さらに重要なことはスターリン自身によって反対され、提案者はまもなく大きな代価を支

一大帝国を築くも1942年に崩壊したカザール帝国

ユダヤ民族の出自を
暴いたがために命を
狙われた歴史学者
アーサー・ケストラー

「クリミアの
カルフォルニア」の
存在を回想録で
示唆したフルシチョフ

モロトフの右腕・
駐米大使マクシム・リトヴィノフ

ロスチャイルド家が
英国首相に育てあげた
ベンジャミン・ディズレーリ

イスラエル初代首相メナヘム・ベギンは
シベリア送りにされた経験を持つ

著書でソヴィエト
諜報員時代の秘密を
明かしたパヴェル・
スドプラトフ

払うことになった。

もう一冊の本を引用したい。H・カレール・ダンコースの『ソ連邦の歴史』である。

一九四二年に設立された委員会はエーリッヒとアルターがほんの数カ月前まで夢見ていたものとはまったく異なっていた。委員会の計画はことごとく戦争遂行の努力とユダヤ人がソヴィエト連邦に対してなしうる協力の方に向けられていたのである。委員会は募金と国外のユダヤ人共同体への呼びかけを繰り返し、一千台の戦車、五百機の航空機、一隻の軍艦を赤軍に供給することをその直接の目的としていた。実際一九四四年には、この委員会はアメリカで集められた三百万ドルを赤軍に注ぎ込むことができたのである。またそれは堅固な組織と機関紙「エウイニカウト」を持ちソヴィエト連邦のユダヤ人、知識人や芸術家のエリートを結集していた。だから、戦争の間中、委員会は真の対外的宣伝機関として活動し、とくに大きな力をもっていた、アメリカのユダヤ人共同体に対して、ソヴィエト連邦が変化していることを納得させたのである。

一九四三年六月から十二月にかけて、スターリンとモロトフはミホエルスをアメリカに送り込んだ。秘密警察のボスであるベリアは、ミホエルスに一つの指示を与えた。アメリカのサンフランシスコ副領事へイフェッツと行動をともにすること、彼とともにユダヤ金融資本家たちと交渉を持つこと、ソヴィエト再建のための鉱工業への資金援助をアメリカ資本家たちに働きかけること……であった。

国立芸術劇場の世界的に有名な俳優ソロモン・ミホエルス、高名なるイディッシュの詩人イツァク・フェイファー。この二人を、スターリンは、アメリカでの宣伝に利用した。第一の目的はユダヤ人がソヴィエト文化に貢献していること、そして反ユダヤ感情を一掃することだった。

さらには第二の目的があった。アメリカの原子爆弾製造の責任者であるロバート・オッペンハイマーにミホエルスとフェイファーを会わせるようにすることであった。ユダヤ系ドイツ移民の子オッペンハイマーは指令を受けた。ヘイフェッツ（サンフランシスコ副領事）は、ベリアから特別の大感激した。「クリミアのカリフォルニア」計画を聞かされたオッペンハイマーは二人に次のように言った。

「ついにユダヤ人は安住の地をクリミアに見つけたのですね」

こうしてオッペンハイマーを中心にユダヤ系物理学者がソヴィエトのスパイになった。アメリカで原子爆弾の開発にあたったのはほとんどがユダヤ人たちであった。

ミホエルスはアメリカのユダヤ人たちに大歓迎された。

「ドイツの難民を救おう！　パレスチナの土地は狭いし問題も多い。クリミアをカリフォルニアにしよう」

彼はアメリカのユダヤ人たちと連日のように会い、そしてこの夢を語った。しかしこの夢はユダヤ人だけの夢であった。ユダヤ人以外のアメリカ人はまったく関心を示さなかった。ほとんどのアメリカ人は何も知らされていなかったのである。この計画がすでにスターリンとルーズヴェルトの密約になっていることなど知らなかった。ミホエルスが夢物語を語っているのだと思っていた。

一九四三年から四四年にかけて、ソヴィエト軍がドイツ軍をソヴィエト領土から追い出したとき、秘密警察NKVDは前線を回避して少数民族地域に入り込んだ。このときクリミアにいたタタール人、カルムイク人、チェチェン人たちが、老若男女を問わず一斉に逮捕された。フルシチョフの『回想録』がこの間の事情を書いている。そして彼らはソ連国内の奥地ウズベキスタンに強制的に移住させられた。ハリマンはNKVDのルートでこのことを知り喜んだ。

もう一度、『ソ連邦の歴史』から引用する。

一九四三年十月から四四年六月にかけてクリミアのタタール人やチェチェン、イングーシュ、カルムイク、カラチャイ、バルカルなどの諸民族が中央アジアやシベリアへ流されたのである。全体では七つの民族がこうして故郷から引き離され、その数は最低でも百万人に達した。〔中略〕一九四六年六月二十六日にも「イズヴェスチア」に政令が発表され、チェチェン人、イングーシュ人、タタール人を裏切りの罪で死刑にすることと、チェチェン＝イングーシュ自治共和国を廃止するとともにクリミアを自治共和国から州に格下げすることの二つが同時に公表された。

クリミア・タタール人は大ヨーロッパ近東種に属するといわれる。若干のモンゴル人種が混じっている。タタール人は、革命前にはロシア帝国内のトルコ系民族の中でも経済的・文化的に最も進んでいて、その一部は商人として広く活動していた。約二十数万人のタタール人がクリミアから追い出された。

フルシチョフの『回想録』に書かれているように、この強制移住はひどいものであった。しかし、このことなくしてクリミアにユダヤ王国が建設されることはあり得ない。

ハリマンは一九四三年十二月、突然にソヴィエト大使となった。『チャーチルとスターリンへの特使』や『伝記』には、この就任の様子が仰々しく書かれている。しかし、タイミングがよすぎる大使就任であった。

一九四四年六月、アメリカ商工会議所会頭エリック・ジョンストンが訪ソし、ハリマン大使とともにスターリンと会見した。ジョンストンはスターリンに、「ロシア再建のために巨大な対ソ輸出を考えている。ソヴィエトは戦後マンガンのような原材料を輸出できるのではないか」と言った。スターリンはジョンストンとハリマンの意をくみ、「ミホエルスの夢を叶えてやりたい」と二人に語った。

ジョンストンとハリマンは「ニューディール」以来の友人であった。このジョンストンと行動をともにしていたのがジェラード・スウォープで、この二人を操っていたのがバーナード・バルークであった。ハリマンは、アメリカのユダヤ大富豪の代理人として、ジョンストンをスターリンに会わせたのである。その背後にはもちろんユダヤ王ロスチャイルドがいたに違いない。

「クリミアのカリフォルニア」の夢は消え去った

一九四四年、ウクライナがナチス・ドイツから解放された。この解放を待っていたように、ユダヤ人反ファシスト委員会は新しい陣営を立て直して出発することになった。この委員会のことはフルシチョフの『回想録』を引用した。その委員長には、中央委員であり国際労働組合会議の元議長で外務次官を務めた大物、ロゾフスキーが就任した。この委員会にモロトフの妻ジェムチェジナとミホエルスが加わった。モロトフ外相はその出自をスターリンとともに隠していたが、スクリアピンという名を持つユダヤ人であった。

フルシチョフは故意に、この新しい委員会そのものを誹謗している。この委員会は、スターリン、モロトフ、ベリアの三人によって計画され動かされていたのであり、ロゾフスキー、ミホエルス、ジェムチェジナたちは利用されているに過ぎなかった。委員会の事務局長、シャフネ・エプスタインと詩人のイツァク・フェイファーの手になる一通の手紙を、ロゾフスキー委員会がスターリン宛てに送った。

その内容は、クリミアから少数民族（主としてタタール人）を他の地域へ移住させた後、クリミアをソヴィエト連邦内のユダヤ人共和国とするべきである、という提案であった。以下、その手紙（「ロゾフスキー文書」）を記す。

ユダヤ・ソヴィエト共和国の建設は過去も将来もボルシェヴィキの立場にたち、レーニン・スターリン的、民族的精神に即し、ユダヤ民族の法的地位という国家的問題を解決し、彼らの数世紀にわたる文化の更なる発展を促すものである。これは過去数世紀間、何人も解決することのできなかった問題であり、偉大なわが社会主義国家においてのみ解決される。一九四四年二月十五日

クリミアのタタール人の移住命令が出された日付は、一九四四年二月十四日と十五日である。偶然の一致ではなかろう。スターリンがタタール人移住命令を命じた同じ日に、スターリン宛てにこの手紙を書かせたのであろう。こうしてハリマンを通してユダヤ王ロスチャイルドは、ユダヤ・ソヴィエト共和国の建設が実現される日の近いことを知る。

フルシチョフはこのとき、ウクライナ共和国の書記長、すなわち最高指導者だった。彼はこの手紙の意味も正確に知っている。ソヴィンフォルム・ビューロー（ソヴィエト情報局）を通じてアメリカのシオニストの策略を見たに違いない。

シオニストたちの代理人ハリマンは秘密警察NKVDのベリアとも通じていた。フルシチョフはこの間の事情を、まわりくどい表現ながらも、その真相を垣間見せている。

「アメリカ帝国主義の前哨をわが国の海岸に確立しようとしている……」

「わが国の海岸に確立しようとしている」とは、間違いなく、クリミアにユダヤ王国が出来ようとしている、とのことであろう。

この一九四四年、ソヴィエトはナチス・ドイツ軍に国土を荒らされ、その再建に多額の資金を必要としていた。

スターリンは、一九四二年にハリマンがチャーチルを連れてモスクワに来た日のことを思い出していたであろう。あのときチャーチルは、「勝利の計画」は無期延期になったとスターリンに説明した。それは、ソヴィエトの国土を荒廃しつくすためではなかったか。そして、その国土再建のための資金が必要となり、クリミア半島を手放すように仕向けたのではなかったか。

一九四四年にやっとその日を迎えたというわけか、と。

ソヴィエト大使となったハリマンの第一の仕事はユダヤ王国をクリミアにつくることであったと、私は理解している。

ソヴィエト革命時にすでに「クリミアのカリフォルニア」計画があったことをすでに書いた。ロゾフスキー委員会のスターリン宛ての手紙のやり方は、パレスチナ建設を目指したユダヤ王ロスチャイルドの「バルフォア宣言」と同じである。この手紙はまさしく「ロゾフスキー宣言」、すなわち「ユダヤ・ソヴィエト共和国宣言」であった。

これこそがユダヤ王ロスチャイルドとその他のユダヤ財閥の人々が夢見たものであり、全ユダヤ人の共通の夢であったろう。逃亡し続けた民族がやっと辿り着いた終着点がクリミアなるところであった。『KGB衝撃の秘密工作』を引用する。

この手紙〔先に引用したロゾフスキー文書を指す〕は、その存在を共産党機関紙（一九九二年No12）の中で公式に認められているが、いまだに機密情報扱いからはずされていない。一九九二年にエリツィン大統領がワシントン市を訪問した際に展示された、ユダヤ人反ファシスト委員会の公式記録の資料にも添付されていなかった。原子力諜報活動のなかで活躍したわが国の工作員、グレゴリー・ヘイフェッツが私に語ったところでは、この手紙はクリミア社会主義共和国を、世界各国にちらばったユダヤ民族の祖国とするための詳細な計画を含む提案だったという。

スドプラトフは「ユダヤ共和国を建設するという意向は実在のもので、ユダヤ人反ファシスト委員会からスターリンに宛てた手紙に基づいていた」と明確に書いている。この事実はスドプラトフが書くまで歴史の闇の中に隠れていたのである。

やがて、モスクワに代わりクリミアの中に築かれた城が、このソヴィエト連邦の首都になる日が近いはずであった。

レーニン、トロツキー、そしてスターリンを使ってロシア帝国を打倒し、ソヴィエト連邦を建設したのはユダヤ王国の第一歩のはずであったろう。革命は成功した。しかし、革命後のロシアの大地には反ユダヤ感情が残っていた。その反ユダヤ感情を抑えることができなかったユダヤ王ロスチャイルドは、自らの民族のかなりの数を犠牲にする「大カオス」を演出する以外に方法がないのを知ったのであろう。

あの「勝利の計画」を放棄させ、ヒトラーに「ホロコースト」とソ連侵攻をやらせて、はじめて「クリミアのカリフォルニア」は実現に近づいたのであろうと私は考えるに至ったのである。私は最初からこのように考えていたのではない。第二次世界大戦に関する本をたくさん読んだ。そして各個人の伝記や回想録を読み続けているうちに矛盾点に気づいた。謎を解いていくうちに、この「クリミアのカリフォルニア」という計画を知り、謎の一部が氷解していくのを知ったのであった。

この「ロゾフスキー宣言」(私はそう思っている)は、スターリンとユダヤ王ロスチャイルドの正式調印、一歩手前の公文書であったに違いなかろう。

スターリンはユダヤ財閥から百五十億ドルを借款し、代償としてクリミア半島を譲り渡すというものである。ハリマンとスターリンはこの百五十億ドルという一点で同意をみたものと思われる。

ハリマン財閥を育てたのは間違いなくユダヤ財閥である。スターリンも同様だった。二人の巨人はユダヤ王ロスチャイルドに恩を返さねばならなかった。この世は常に、義理と人情と仁義の世界である。共産主義とか資本主義とかいう思想などは仮想の世界に他ならない。すべては金と権力の世界だ。

ハリマンの父エドワードがユダヤ財閥からの資金協力を受けて鉄道王となり、ハリマン財閥を形成した。もしも父親がユダヤ財閥の援助を受けていなければ、息子アヴェレルは平凡な一アメリカ市民で終わった可能性は大である。

スターリンもそうだ。スターリンはロシア秘密警察の一人として働いていた男だった。彼を育てたのはハリマンと同じくユダヤ財閥だった。だからこそ、クリミアにユダヤ王国をつくることに協力せざるを得なかった。

フェイファーについて書くことにしよう。彼は詩人として名声を博していた。ロゾフスキー委員会のメンバーであると同時にNKVD(秘密警察)の専従エージェントでもあった。スターリン宛ての手紙を起草したのも彼である。この計画を実現するために、俳優のミホエルスといつも行動をともにしていた。NKVD長官のベリアが計画の政府側の責任者としてスターリンから任命され、この二人を督励する日々が続いていた。

一九四五年一月三日、ハリマンはモロトフの補佐官ノヴィコフに「クリミアのカリフォルニア」の進行状況を問い合わせている。

この計画のために、アメリカ側が供与できる予定の借款について知っておく必要があったからである。数人のアメリカ上院議員がモスクワに来てハリマンとともにスターリンに会い、計画の進展具合を直接問うていた。すべてはうまく進行していた。スターリンは上院議員たちに、この計画の進捗状況について語っている。それはソヴィエト側の資料に明確に記されている。これらの資料はパウエル・スドプラトフの『KGB衝撃の秘密工作』によるところが多い。私はスドプラトフの資料は正しいと思っている。彼は次のように書いている。

ゴメリ地区を再建する計画について、戦後すぐにソ連を訪問したアメリカの上院議員数名がスターリンと議論を交わしたという報告書を見たのを覚えている。スターリンは、予期される西側の借款供与や技術援助をこの二つの地域に限定せず、制約なしに行なうことを彼らに要求した。

ここまでがヤルタ会談の前である。クリミア共和国だけでなく、ゴメリ地区についても話し合われていることが分かる。たぶんゴメリ地区にユダヤ人の大多数を集めて自治州とし、ロスチャイルドやウォーバーグなどのユダヤ財閥は、クリミアでユダヤ人共和国をつくることになっていたのでであろう。しかし、スターリンはこの計画を一方的に放棄する。それはルーズヴェルトが死んだからである。

それでは、別の資料からこの計画について検討してみよう。ヤルタ会談に出席した国務長官（ハルの後任）のエドワード・R・ステティニアスの書いた『ヤルタ会談の秘密』である。

一九四五年二月五日、ステティニアスはモロトフ外相と個人的な会合を持った。そのときドイツ問題の話の途中でモロトフ外相は、「米国から長期の借款を受けたい」と語っている。ステティニアスは次のように書いている。

一九四五年一月三日、ハリマン駐ソ大使がモロトフ外相とこの問題を討議していた。その時、ハリマン大使は、米国議会が大統領に対して武器貸与法の効力のある期間だけ借款問題を交渉する権限を与えていることを説明したのであった。そして、戦争が終わったら議会の承認する新しい法律によって新しい権限が大統領に与えられることが必要となるだろうと大使は念を押した。モロトフ外相はこの事情を了承した。そして、現在、この戦後の借款問題を持ち出すことは適当であるかどうかと尋ねた。すでにハリマン大使からワシントン政府に対して報告が打電されていた。すなわち大使はソ連側に対して、戦時中の武器貸与法による注文に関して最終的な取り決めを結ぶためにも、今こそ（二月五日）都合の良い時期である旨を回答していたのだ。

これに関して借款の協定を立案するのも、また議会から必要な権限を得るためにも相当の日時を要するから、この問題の討議は戦争の終わる以前に開始するべきであることを指摘した。一方、財務長官のモーゲンソーは一九四五年一月一日付でルーズヴェルト大統領に手紙を送って、その中ですでに対ソ借款についてハリマン駐ソ大使と数回にわたって討議を重ねていたことを次のように述べた。

ステティニアスは、そのようにモーゲンソー財務長官の意見を書いている。モーゲンソー財務長官は、ロスチャイルドの血族の一人であることを知った上で以下の文章を読んで欲しい。ユダヤ人の思いが伝わってくる。

われわれはこれ以上武器貸与法による援助やどんな形式の救済も考えていません。それよりも寧ろ、アメリカにとってもソ連にとっても同様に明確で、しかも大局よりみて有力な協定を結ぶことを考えています。もしいまわれわれがすすんで戦後の再建時期にソ連を援助する具体的な計画を提出するならば、現在われわれがソ連の諸問題と政策に関して直面している多くの困難を解決するのに大いに役立つだろうと確信しています。

「戦後の再建時期にソ連を援助する具体的計画」とは「クリミアのカリフォルニア」計画であろうと私は思っている。正式な具体的計画が発表間近であったことが理解できる。国務長官となったステティニアスはこの計画について何も知らされていなかったことが分かるのである。ルーズヴェルト大統領、モーゲンソー財務長官とハリマン大使の三人が、スターリンの帝国に多額の援助をする具体的な計画がすでに完成していることをステティニアスは書いている。モーゲンソーとハリマンは大統領の力を使い、武器貸与法に代わる資金援助法案の準備に入っていたことが証明されよう。何のためか。ユダヤ王ロスチャイルドのユダヤ王国を側面から、否、全面から援助するためである。それが、「隠れユダヤ」のルーズヴェルト大統領と「ロスチャイルドの血族」モーゲンソー財務長官、そして「親ユダヤ」のハリマンの野望であったことが、このステティニアス国務長官の本から見えてくるのである。

ユーリイ・ボーレフの『スターリンという神話』に次のような文章が書かれている。

一九四〇年代半ば、スターリンはチェチェン人、イングーシ人らの強制移住を行った。膨大な数の人々が移住の途中で死亡した。とくに若い女性がたくさん死んだ。これらの人々は家畜を運搬する貨車で運ばれた。駅に停車中も警備隊は彼らを貨車の外に出さなかった。貨車にはトイレがなかったので山岳民である女性たちは尿毒症にかかって死んだ。彼女たちは男たちの前で小用をたすことができなかったのである。〔中略〕戦争末期カルムイク人、バルカル人、チェチェン人が追われ、飢えと寒さと郷愁からシベリアやカザフスタンの地で死に絶えていったとき、スターリンはダゲスタンの諸民族を追放する命令を下した。

何の目的でスターリンは諸民族を追放したのか。しかも戦争末期にである。答えは明らかである。ユダヤ王ロスチャイルドに、クリミアとその周辺の国々を明け渡すためであった。

一九四五年二月十日、クリミアのヤルタ会談の最後の晩餐会がチャーチル首相主催によりレセプションホールで催された。チャーチルはイギリス国王の名を讃えて祝杯を挙げた。次にルーズヴェルト大統領、最高会議議長スターリンの名をあげて乾杯した。ルーズヴェルトは次のようにスピーチをした。

一九三三年、妻は田舎の学校の開校式に出席したことがある。教室の壁に貼った世界地図をみるとソ連が大きなブランクになっている。そこで先生に聞いてみると、ソ連を語るのは禁じられています、という返事だった。これを聞いて自分は対ソ外交を結ぶ決心をした。

それから三人の巨頭はさまざまな話をした。会談が終わりに近づいた。スターリンが突然、ユダヤ問題の難しさについて切り出した。

「かつて農村地帯にユダヤ居住区を設けようとしたが、ユダヤ人たちは二、三年も経たぬうちに他の都市へと移動してしまった」と言った。

「私はシオニストだが、あなたはどうですか」とルーズヴェルトがスターリンに問うた。「原則として、自分もシオニストであるけれども、問題が多いようですね」とスターリンは答えた。

それからスターリンはしばらく間《ま》をおいてルーズヴェルトに、「帰国を少し延期してくれないか」と尋ねた。ユダヤ問題、あの計画の討議についてであろう。スターリンはルーズヴェルトと「クリミアのカリフォルニア」を具現化すると同時に百五十億ドルの借款を求めていた。この確認のためであったと私は思う。

ルーズヴェルトもスターリンと同様の考えを持っていたに違いない。しかし、ルーズヴェルトはスターリンに次のように答えた。

「あなたとユダヤの問題について語り合いたいと思うが、スケジュールがいっぱいでどうしようもない」

この場面はジェームス・バーンズの『ローズヴェルトと第二次大戦』に記されている。この本の中でルーズヴェルトははっきりと、「自分はシオニストである」と明言している。隠れユダヤではなくて、真性ユダヤ人だったのだ。

ハリマンは気が気ではなかった。ヤルタ会談の最重要問題が、間違いなく「クリミアのカリフォルニア」であることはスターリンもよく承知していた。一九四五年の初め、ハリマンはモロトフ外相とベリアの補佐スドプラトフ（『KGB衝撃の秘密工作』の著者）と、「クリミアのカリフォルニア」をスターリンとルーズヴェルトの二人だけの会談の場の重要な案件にすべく準備工作に入っていた。スドプラトフは本の中で書いている。

この計画を実現する条件としてモロトフは工業資材購入のためにアメリカから六十億ドルの借款を返済期間三十年、利率二・五%の条件でハリマンに口頭で申し入れた。ハリマンは「クリミアのカリフォルニア」を条件として承諾した。

スドプラトフの記述を証明するようなことが『チャーチルとスターリンへの特使』の中に書かれている。一九四五年一月三日、ハリマンはモロトフと会見する。モロトフが六十億ドルの借款をハリマンに求める場面がある。ハリマンはその申し出に対して次のように答えている。

武器貸与法に関しては、と言ってハリマンは次のように付け加えた。「第四番目のプロトコール（ザ・フォース・プロトコール）のもとで、ソヴィエト政府と財政的な面で同意すべく武器貸与物資を工業設備のために受け取りたいという要求に応じる交渉を数カ月間やってきた。利率は二％ないし二・五％である」と応じた。

ハリマンは「ザ・フォース・プロトコール」という言葉を使っている。この解釈が記されている。「ロシアが最初に戦争後の再建のために使う長期の工業設備を要求し続けたため、ザ・フォース・プロトコールが数カ月間持続されたのである。しかしこの言葉はモスクワにおいていまだ受け入れられなかった」

私はスドプラトフが言う「クリミアのカリフォルルイア」が、この「ザ・フォース・プロトコール」ではないかと思う。第四番目を意味するフォースには、「秘密的な」という意味が込められている。第五番目のフィフスは、米国憲法修正第五条により不利な証言を拒否する、黙秘権を行使する、ということである。

もう一つ気になることがある。アメリカ、イギリス、ロシアをビッグ・スリーと言っていた。フォースには第四番目の大国をつくるという意味がありそうだ。さらにはもう一つ、気がかりな点がある。力を表現する「フォース」の綴りの最後が「S」であり、第四番目のフォースは「TH」である。この二つの言葉は似通っている。「力」のフォースはイルミナティの言葉である。何よりも気になるのは、「プログラム」という言葉の代わりに「プロトコール」を使っている点である。この言葉は、この世界に第四番目の大国をつくるための陰謀を意味するのではないだろうか。スターリンはこの言葉を嫌った。したがって「クリミアのカリフォルニア」が隠語として通用した、と私は解している。

アメリカが六十億ドル、ユダヤ王国の主たちが残りの百二十億ドルをソヴィエトに与え（長期借款の形にせよ）、クリミア半島はユダヤ人の手に落ちるところであった。

しかし、ヤルタ会談では、ドイツ、ポーランド、極東、そして国際連合創設問題などの難問が続出した。

ハリマンはルーズヴェルトの口からスターリンへの百五十億ドルの資金の提供を引き出し、スターリンが借款を依頼するという形での書類作成を考えていたと思う。モロトフとの間で具体的に話がまとまっていたと思う。

『チャーチルとスターリンへの特使』の中に、ハリマンがモロトフの戦後の六十億ドルの借款に同意する場面が書かれている。モロトフがワシントンのグロムイコ大使にその交渉を命じる場面も書かれている。

ハリマンはワシントンにモロトフとの会見の模様を送っている。「戦後のロシアを救え」の熱情が溢れている。しかし、この本には意外なことが書かれている。同じ頃に財務長官ヘンリー・モーゲンソー・ジュニアが、ルーズヴェルトにもっと凄いソヴィエト救済プランを提出していたのである。それはモロトフの六十億ドルを上回る百億ドルのローンであった。しかも三十五年の長期支払い、利率二％であった。このプランの提出後、モーゲンソーは新国務長官のエドワード・R・ステティニアス、財務省スタッフのハリー・デクスター・ホワイトを前にして、「ソヴィエト政府とわれわれは共同で行動する。そのためにロシアの権威にまとわりつく疑惑を打ち破るべきだ」と語ったのである。この本の「モロトフの非凡なる戦後のクレジットの要求」の章の最後を引用しよう。ハリマンの無念さが見える。

このことに関する草案の内容がない。ハリマンはモロトフに、スターリンがルーズヴェルトに会ったとき〔ヤルタ会談を指す〕、ルーズヴェルトにこの戦争のクレジットを提案するように迫った。ハリマンはまた、大統領にスターリンとこの問題を取り上げろと迫った。しかし二人は応じなかった。歴史が記録するとおりだ。ヤルタ会談で話し合われなかった。

ヤルタ会談には難問が溢れていた。スターリンは「もう一日滞在を延長してほしい」とルーズヴェルトに迫った。しかし、ルーズヴェルトはエジプトのファルーク王、サウジアラビアのサウド王、エチオピアのハイレ・セラシュ皇帝との会談を予定していた。「クリミアのカリフォルニア」についてどうして話し合われなかったかの答えは『グロムイコ回想録』の中に発見できる。グロムイコは当時駐米大使であり、ヤルタ会談に出席していた。

ヤルタでルーズヴェルトは体の具合が悪くなり、会議は一日延期された。スターリンは彼を見舞いに行こうと思い立ち、モロトフと私に同行を求めた。私たちはリヴァディア宮の一階にある、かつてはロシア皇后の寝室だったルーズヴェルトの部屋を訪れた。窓から美しい海の景色を見下ろすことができた。〔中略〕彼は私たちの方を見てはいるのだが、あらぬ方向をじっと見つめている様子だった。〔中略〕私たちは狭い階段を下りて行ったのだが、突然スターリンが階段の途中で立ち止まり、静かに、だが私たちに聞こえるようにこう言った。「天はなぜあのように罰しなければならないのか。彼が他の人よりも悪人だとでもいうのだろうか」

会議がルーズヴェルトの病気のために一日延びなかったら「クリミアのカリフォルニア」が話し合われたことだろう。別の機会をつくることを互いに約束し、この計画は少しだけ先送りされた。サウジアラビアのサウド王との会見のとき、ルーズヴェルトは「少数ユダヤ人のパレスチナ移住を認めてほしい」と言った。サウド王は即座に「ノー」と答えた。同じ質問が二度、三度と繰り返された。答えも同様に「ノー」であった。

しかしヤルタを発つとき、ルーズヴェルトは満足感でいっぱいだった。もうすぐ、「クリミアのカリフォルニア」が実現する。今度はこの問題のみでスターリンと話し合い、正式な発表をする。そのほうがユダヤ王ロスチャイルドも喜ぶであろう。ハリマンに、その間の事情をユダヤ王ロスチャイルドへ伝達させればいいのだ。ルーズヴェルトは陶酔感にひたっていた。

「私はシオニストだ」と、彼はスターリンにはっきりと言った。隠れユダヤとして生きてきた自分の過去を捨てる時がやっと訪れようとしていた。まもなくクリミアに王国が誕生する。たぶん勝利者としてイギリスからユダヤ王ロスチャイルドがやってくる。その王の名は勝利者を意味する、ヴィクター・ロスチャイルドその人であろう。ヴィクター・ロスチャイルドをフランスのギ・ド・ロスチャイルドも祝福するであろう。

こうして超大国家ユダヤ王国がこのクリミアから世界を支配するのだ……。

ルーズヴェルトは帰国するクインシー号の船中でそのように夢想し続けたにちがいない。元大統領セオドア・ルーズヴェルトの血をひくだけの男を大統領にしてくれた黒い貴族たちへの恩返しの瞬間が一刻、また一刻と近づいていたのだ。ルーズヴェルトは思いを馳せた。

――そうか、あの「勝利の計画」が二年も延びたのは、この王国の建設のためであったのか。私は浅はかであった――

この世界には信じられないことが起こるものである。クインシー号が地中海を西進するにつれ、ルーズヴェルトは胸の痛みに襲われた。顔は蒼白となり、体がわけもなく震えだした。同伴のワトソンが突然、倒れた。ホプキンスも「体の調子がおかしい」とルーズヴェルトに訴えた。ホプキンスは急いで入院するために退船し、飛行機で帰国した。

アルジェを出港した二日後、ルーズヴェルト付きの陸軍副官ワトソンが急性の心臓障害と脳出血で急逝した。こうしてルーズヴェルトの運命に狂いが生じてきたのである。

一九四五年二月二十五日、クインシー号はニューポートに入港した。ルーズヴェルトはまさに重病人そのものであった。しかし、その二日後、病の身をおして下院で「ヤルタ会談」の報告をした。

クリミアでの会談は一つの転機、わが国の歴史、畢竟《ひっきょう》、世界の歴史にとっての転機であった。まもなく合衆国上院とアメリカ国民の前に一大提案が行なわれるはずであるが、これは今後幾世紀世代にわたるアメリカの運命と世界の運命を決定するであろう。〔中略〕これまでついに実を結ぶことのなかった排他的な同盟機構、いわゆる一方的な行動、勢力圏、力の均衡などと決別するというのがクリミア会談であった。こうして過去のものに代わってわれわれはいますべての平和愛好家が参加できるような世界機構を提案したい。

アメリカの正史といわれる数々の「合法的マフィア」がらみの本では、このルーズヴェルトの演説は国際連合のことを語っている、との説を採る。しかし、あのヤルタ会談の主要な議題は、ドイツ、ポーランド、日本の戦後処理問題であった。私は「クリミアのカリフォルニア」の実現が近いことをルーズヴェルトは喋っていると思うのである。

——これは今後数世紀にわたるアメリカの運命と世界の運命を決定するだろう——

このルーズヴェルトの予言は、アメリカとソ連が一体化した国家になることを意味するのではないだろうか。その中心としてユダヤ王国が登場するであろう、と読めないだろうか。

国際連合は、国際連盟に加入しなかったアメリカにとって、単なる機構の改造にすぎない。名称が少し変わり、常任理事国が登場するだけだ。

スターリンもルーズヴェルトも、二つの強大国の運命を決定づけるということは、ユダヤの問題を永久的に存在しないように片付けることだ。だからスターリンは、「ユダヤの問題のために滞在を延期してほしい」と申し入れたのである。

ルーズヴェルト大統領の死

一九四五年四月二十七日、この日こそが世界の歴史を完全に変えた日となった。ルーズヴェルトはお気に入りのウォームスプリングスで体を休めていた。そこには花ミズキと菫《すみれ》があたり一面に咲き乱れていた。エリザベス・シャウロッドに肖像画を描かせていた。その予定時間が終わり、彼は新聞を読んでいた。

「すごく頭痛がするんだ！」

ルーズヴェルトの最後の言葉だった。傍のテーブルには『墓穴』という題名の探偵小説が置かれていた。彼の死を暗示しているようであった。

後年ハリマンは、フランスのル・モンド紙の記者にルーズヴェルトの印象を聞かれて、次のように語った。

ルーズヴェルトという人物は深い宗教的信条の持ち主だった。無神論哲学が二億のロシア人を永久的に満足させることなどあり得ないと確信していた。ことに、ある政治体制が人間の物質と精神の両面をいつまでも支配できるものではないと考えた。大統領はこのような事態は長続きするものではないと私によく語った。歴史を通して人類は自由と独立のために闘ってきたのであって、後退と失敗はあっても大義は勝つと本気で信じていた。

『KGB衝撃の秘密工作』から再び引用する。

クリミアにユダヤ人社会主義共和国を建設するというアイデアは、モスクワでユダヤ人社会だけでなく政府機関レベルでもおおっぴらに語られた。私は一九四四年半ばか四五年に原子力に関する国家委員会の席上、GOSPLAN（国家計画委員会）の副議長であるポリソフがこう言ったことを覚えている。「わが国の財源はあまりにも心細い、同志ペルヴィン（訳注・当時工業担当の副首相）、われわれはクリミアにおける将来のユダヤ共和国のインフラ整備に必要な資金を調査するように指示されたばかりですが……」

ミホエルスはフェイファーを大変頼りにしていた。フェイファーは国家保安人民委員会のレオニード・ライヒマン個人の指揮下にあるNKVDの専従エージェントだった。ベリアでさえも、ときおり秘密の会合場所でフェイファーに会ってユダヤ問題をたびたび検討し計画を激励した。

この計画が実行段階に入っていたことが理解できるのである。「必要な資金」がある程度、ロスチャイルドとウォーバーグの筋から流れていそうである。もちろん確証はない。次に引用する文章の最初の一九四五年六月は、一九四四年六月と思われる。

一九四五年六月には、この計画は具体化の段階に入り、実現への道を辿っているかに思われた。ヤルタ会談（筆者注・一九四五年二月）の準備中に、ハリマンは私とモロトフの補佐ノヴィコフに、ユダヤ人共和国建設の計画はどの程度進展しているかを問い合わせてきた。この計画のために将来アメリカが供与する予定の借款との関連で尋ねたのだ。

アンドレイ・グロムイコは『グロムイコ回想録』の中で、出自をゴメル地域から遠くないグロムイコ村に生まれたと書いている。「この町はいわゆるユダヤ人居住地の城内にあった。ユダヤ人居住地はロシア帝国の中でユダヤ人の大多数が住むことを許された地域である」とも書いている。「日常生活では地元の慣習にならって俗称を使っていた。この俗称は『プリマコフ』というもので、村では祖父母、父と代々この名前で通っており、私もアンドレイ・プリマコフの名で呼ばれた」と自分の名前の由来を書いている。このプリマコフという名は、本来、ユダヤ人の姓名である。近年では、同じユダヤ人のエリツィン大統領のもとで首相を務めたエフゲニー・プリマコフもユダヤ人である。

さて、私はグロムイコの『回想録』の中に気になる文章を発見した。

子供時代の経験が好奇心を呼び起こし、知識欲を与え、同胞や祖国を救わなければならないという衝動を与えたからだと私は信じている。実際この衝動は非常に強かったため、軍隊に入り、祖国の敵タタール人、スウェーデン人、日本人、ドイツ人相手に国土を防衛している自分をしばしば夢想したものだ。

「祖国の敵、タタール人」は、あのクリミア半島を占領していた民族である。グロムイコは自分たちの領土、否、国家がクリミア半島にまで及んでいたのにタタール人たちに奪われたことを書いている。

私の子供の頃、最大の町だったゴメリは十二世紀半ばの年代記に初めて登場する。十四世紀にリトアニア大公国の手で中世ロシア領から併合された後、十六世紀になってリトアニアと併合してポーランド領になった。その後一七七二年の第一次ポーランド分割でロシア帝国に戻る。一九二四年、ゴメリは白ロシア共和国の一部になった。

アーサー・ケストラーは『ユダヤ人とは誰か』の中で、「アシュケナージ・ユダヤがクリミアを中心とするカザール帝国をつくっていたが、この地区を追われた」と書いている。グロムイコの語るゴメリの歴史はこのことを物語っている。ロスチャイルドの一族はフランクフルトに逃れた。彼らにとってクリミアを奪還することは夢であったのだ。

一九八五年から八八年まで、グロムイコはソ連最高会議幹部会議長の職にあった。一九八八年十月、彼はこの職を辞した。そして八十歳を前にしてこの『回想録』を書いた。彼は思い出した、少年時代のことを。日本人やドイツ人と同じように、タタール人が祖国の敵であることを。「クリミアのカリフォルニア」は、祖国を奪われたユダヤ人たちの最大の夢であったに違いない

グロムイコがリトヴィノフの後を継いで駐米大使になると、ミホエルスがやってくる。『回想録』の中でミホエルスのことを書いている。

一九四三年、ソ連ユダヤ文化の大物二人、著名な俳優でユダヤ人反ファシスト委員会議長のソロモン・ミホエルスとイーディッシュ語詩人、イーツィク・フェイファーが訪米してアメリカユダヤ社会にソ連への支援を要請した。彼らはアメリカ大衆に深い感銘を与えた。ニューヨーク、ワシントンなど大都会を中心に講演を行い熱狂的な歓迎を受けた。ワシントン到着早々、二人はわれわれに広範囲な大衆との接触を準備してくれるよう要請し、こちらも全力で支援した。

その短い滞在中に二人は数百人の友人を得て、その友人が今度は両国友好促進のためにいろいろな大衆活動を始めてくれた。とくにミホエルスはナチスに対する痛烈な攻撃で深い印象を残していった。本当に様々な社会グループの人たちが彼に会いたがった。アメリカでは偉大な演劇人としてそれほど有名だったのである。

グロムイコはミホエルスの死について一行も書かない。『KGB衝撃の秘密工作』の続きを見ることにしよう。

その後一九四五年六月、ヤルタ会談後、さらにヒトラーに対して勝利を収めた後、スターリンはクリミアは単なる行政地区であって共和国にはならないと宣言する政令をだした。戦前クリミアは政府レベルで強力なタタール人の代表する自治共和国だった。

一九四五年十一月、ハリマンがモロトフを通じてスターリンに連絡をとって、経済協力について話し合おうとしたが、会見の要求はスターリンの命令によって拒否された。

一九四五年六月、ハリマンは新しく大統領になったトルーマンと会談するためにワシントンに帰った。少し遅れてモロトフ外相もワシントンにやってきた。ハリマンはモロトフを大統領に会わせた。トルーマンはモロトフに冷淡だった。それだけではない。モロトフに「武器貸与法によるアメリカの援助は終わった」と、一方的に宣言したのである。

ハリマンは、スターリンにこの間の事情をモスクワに帰任して説明するしかなかった。

スターリンは、新大統領のトルーマンでは「クリミアのカリフォルニア」は現実とはならないことをモロトフ外相から知らされた。今必要な武器も送ってくれなくなったのである。スターリンは一方的なトルーマンの武器貸与法放棄宣言に応じた。

「クリミアは単なる行政地区であり、共和国にならない」

この計画の実現はルーズヴェルトが大統領であればこそのものであった。トルーマンは「クリミアのカリフォルニア」という計画そのものも知らなかった。

一九四五年十一月、ハリマンはモスクワでモロトフに会った。

ハリマンはモロトフに「クリミアのカリフォルニア」について話し合いを持ちたいと言ったが、モロトフの答えは「ノー」であった。

翌一九四六年一月、ハリマンは駐ソ大使を辞めて去るにあたりスターリンと会見した。別れの日、スターリンは「百五十億ドルを何とか融資してもらえないか」とハリマンに頼み込んだ。しかし、すでにハリマンにはその力はなかった。

ハリマンがモスクワを去る日のことを、CBSイブニングニュースの元キャスターでユダヤ人のウォルター・クロンカイトが『クロンカイトの世界』の中で次のように書いている。

モスクワでの灰色の生活条件などを考えて憂鬱な気分になっていたとき、新しい任地での仕事に一筋の光明を与えてくれたのが少なくとも一つだけあった。アヴェリル・ハリマン駐ソ大使である。大使は私のロンドン特派員時代からの敬愛すべき人生の先輩で、その美しい令嬢は客のもてなし方の素晴らしい、明るい人柄だ。ところが、ソ連への入国ビザが発給されたという通知を受け取ったその日、スターズ・アンド・ストライプ〔米軍機関紙〕はハリマンが帰任し、後任には誰あろうベテル・スミスが指名されたと報じた。

「限りなき憂愁」が世界を覆った

こうしてハリマンは駐ソ大使を辞めて帰国することになった。ハリマンは娘を同行してのソヴィエト暮らしであった。娘キャスリーンは、ソヴィエト国家の情報部の連中にとっては頭痛の種であった。モスクワの複数の男たちと、いかがわしい交際を続けていたからである。キャスリーンのことをハリマンの友人ミコヤンは『ミコヤン回想録』の中で、「男と同じように飲んでも平気な顔をしている女性を他に見たことがない」と書いている。

ハリマンは「クリミアのカリフォルニア」の未完に心を残し、キャスリーンは恋のアバンチュールとウオッカの乾杯に未練を残しつつ、冬のモスクワを去った。

ユダヤ人、ジェイコブ・シフの孫娘、ドロシー・シフがオーナーである「ニューヨーク・タイムズ」は、ルーズヴェルトの死について次のように書いた。

強力かつ無慈悲な野蛮人が西欧世界の文明をくつがえさんとしたとき、フランクリン・ルーズヴェルトがホワイトハウスにいたことを人々は今後百年にわたり、ひざまずいて神に感謝するであろう。

もちろん、ここで書かれている「神」はユダヤの神である。ユダヤのために、シオニズムのために、スターリンとハリマンと共同で「クリミアのカリフォルニア」を目指したアメリカ大統領は、その実現の寸前に、自ら「墓穴」を掘って、その穴の中に永遠に入ってしまったのだった。こうしてユダヤの神の従僕ルーズヴェルトが死に、「クリミアのカリフォルニア」も死んだのであった。スドプラトフはイギリスとの関係を『KGB衝撃の秘密工作』に書いている。ロスチャイルドがイギリスのロンドンに住んでいることを考慮の上で読んでほしい。

クリミアにユダヤ人の祖国をというアイデアにはわが国の同盟国であるイギリスを助けようとする狙いもあった。これはユダヤ人問題の解決策として、世界のユダヤ人指導者の関心をパレスチナに注がれていた目をそらすために提唱されたのだった。スターリンにはそれまでちらつかせていたクリミアのユダヤ共和国の実現をさせるつもりがないということが一九四五年の終わりになってはっきりしたのだ。

スドプラトフは世界のユダヤ人指導者たちについて知っている。しかし晩年になっても書けなかったのであろう。「パレスチナに注がれていた目」に注目したい。人々はユダヤ国家というとパレスチナにのみ注目する。この国は、言葉は悪いが不毛の地である。「世界のユダヤ人指導者」たちはソヴィエト革命の時代(一九二〇年代)から、クリミアにユダヤ王国を建設する計画を立てていた。このことはすでに触れた。スドプラトフはすべてを知っている。しかし書けないのである。ロスチャイルドとウォーバーグの名前を。

俳優のミホエルスについて書かなければならない。戦争が終結すると、戦火から逃げまどっていた多くのユダヤ人たちが故郷に帰ろうとした。スターリンとユダヤ指導者たちはゴメリ地区にユダヤ自治州を用意していた。だが、ユダヤ共和国とともに、この自治州も消えてしまった。

ユダヤ人反ファシスト委員会議長であったミホエルスは、ユダヤ人を代表してこの問題に介入しようとした。彼の行動はスターリンを当惑させた。それのみならず、スターリンはミホエルスを疑いの目で見るようになった。一九四七年には情勢が悪化した。ユダヤ人の知識階級が政権の中枢から追われだした。スターリンは一九四六年から四七年にかけて、「反国際主義」運動を展開していった。ユダヤ人は「根無し草のコスモポリタン」と呼ばれるようになっていった。

スドプラトフは書いている。


最初の犠牲者はミホエルスだった。彼はそれまでにユダヤ人クリミア共和国建設を中心になって主張してきた。スターリンが恐れたのは、予想を超えた政治的な結果をもたらすような抑制不能の力をミホエルスが発揮することだった。スターリンは、真に独立したユダヤ人国家を恐れた。ミホエルスには世界中が認める指導者としての力量が備わっていた。スターリンは、ミホエルスに彼自身の力の基盤を築かせるという危険を冒すわけにはいかなかったのだ。

一九四八年一月、ロゾフスキーの手紙がモスクワ公文書保管箱から取り出された。黄色く色褪せたその手紙を、白ロシア秘密警察長官のラヴレンチ・ツァナウが読んだ。この数日後、ミホエルスと彼の同僚のゴルベフは暗殺された。フルシチョフはその『回想録』の中でミホエルスの死を次のように書いている。

最も象徴的なのは、ユダヤ人劇場の最大の俳優であり文化人であったミホエルスの残酷な処刑だった。彼は獣のように、しかもこっそりと殺された。それから、彼を殺した連中はその報いを受け、犠牲者ミホエルスは礼をもって葬られた。思い出すだに心が乱れる！ミホエルスはトラックの前に倒れたと声明されたのだ。実際にはトラックの前に投げ出されたのだ。これはきわめて巧妙にそして効果的に行われた。ではやったのは誰か？ スターリンである。

スドプラトフはフルシチョフとは異なることを書いている。国家保安省第一次官セルゲイ・オゴルツォフがミホエルスを、ミンスク郊外のツァバナの別荘へ誘い出した。この別荘で、ミホエルスは秘書のV・ゴルボフとともに毒針で刺されて殺された、と書いている。

たぶん、スドプラトフの記述が正しいであろう。いずれにしてもミホエルスの殺害を命じたのは、フルシチョフが書いているようにスターリンである。

もう一人の男、ロゾフスキーは銃殺された。モロトフの妻ジェムチュジナは逮捕され、獄中にあったが、スターリンの死後に釈放された。

ソヴィエトの報道機関は、十五年後になってようやく、この事実を認めた。盛大な葬儀が公式に執り行なわれた。しかしミホエルスの死は、ユダヤ人に対する大規模な弾圧が始まる前兆だった。彼こそ、ソヴィエト連邦内のユダヤ文化に名声と栄光をもたらした人間だった。その人物が殺されたのである。

フェイファーは一九五二年七月に逮捕され、八月十二日に処刑された。彼は、「私がスターリンを口にするとき、私は美のことを、永遠の幸福のことを……」と書いた詩人であった。

舞台はパレスチナに移った。

一九四七年十月、ソヴィエト外相のアンドレイ・グロムイコは国連総会で次のように言明した。

西欧のいかなる国も、ユダヤ民族の基本的諸権利を保護しえず、ファシスト死刑執行人のもとで不当な扱いを受けたユダヤ民族に謝罪さえしなかったのであるから、自分たちの国を創設しようというユダヤ人たちの願望は正当である。このことを理解せず、自分たちの悲願を実現しようとしてユダヤ民族の権利に異議を唱えるのは不公平である。

一九四八年五月十四日、イスラエル建国宣言の翌日から、ヨルダン、エジプト、イラク、シリアのアラブ諸国軍がパレスチナに進軍し、第一次中東戦争が始まった。そして今日に至るまで、この戦争は、停戦こそすれ終わることはない。たぶん半永久的に。

政治的シオニズムとアラブの立場は相反したまま対立している。歴史に「もしも」はない。しかし、「もしも」を仮定してみよう。ルーズヴェルトがあと一年、ないしは数カ月生きていれば、「クリミアのカリフォルニア」は間違いなく完成していただろう。そのとき、世界はどう変わっていたであろうか。この仮定の世界は読者がそれぞれに想像されるがいい。

イスラエルの元首相ベギンは『白夜のユダヤ人』の中で次のように書いている。

シオニズムは実際に造られたのではなく、自然発生した。それは血と涙から生まれた。苦悩から、迫害から、限りない憂愁から生じた。この憂愁、ホームシックは世代から世代へと伝えられた。それは救世主運動にも表現された。シオンに対する郷愁のあまり、人々は豊かな家、平和な生活を捨て荒野の国へ向けて出発した。〔中略〕シオンのためにわれわれの父祖は火焙《ひあぶ》りの刑に処せられた。

この「限りない憂愁」を知らずして、歴史を語ることはできない。ユダヤ民族の投げかける問題を解決する方法も手段も見つかっていない。今も未来も未解決のままなのであろうか。かくてこの二十一世紀も彼らの憂愁は深まり、私たちの地球は「黒愁《こくしゅう》」（筆者の造語であるが）に覆われていくのである。

イスラエルが真のユダヤ王国ではない、と私は書いた。ギ・ド・ロスチャイルドの『ロスチャイルド自伝』も引用した。もう一つ引用したい。それは、世に偽書と言われている『ユダヤ・プロトコール（『シオン長老の議定書』）』である。偽書であろうとも真実を語っている。

イスラエルの王が王座についた瞬間、今まで暴威を振るった諸々の力は霧のように消えてしまう。また、イスラエルの王の行く手をさえぎる何ものもないようその道路は掃き清められ、たとえ小石のひとかけらも残しておかないであろう。

フランスのユダヤ王ギ・ド・ロスチャイルドは、この『プロトコール』に書かれたようなユダヤ王国を目指していたのである。だから彼は、イスラエルを「われわれの国ではない。その国旗はわれわれの国旗ではない」と書き残したのである。

ロスチャイルドとそのグループは確実に次なる戦争を仕掛けてくる。その戦争はたぶん、二十一世紀の初期に始まるだろう。「クリミアのカリフォルニア」は未完に終わっただけである。

第七章

民族の野望に捧げられた生贄

ソ連の力量を過大評価しないことが肝要だ。ソ連の陸軍は、桁外れに実戦向きだが、まとまりのない人間の集まりである。輸送機材のほとんどと、食料の多くはわが国によって供給されている。ソ連という国はまだ途方もなく遅れているのだ。道路網は全くないし、鉄道も不十分な距離しか敷設されていない。また、モスクワの人口の九〇%はわが国の最悪のスラムに匹敵するような条件の下で暮らしている。

アヴェレル・ハリマンの演説

（一九四五年四月二十一日、国務長官のスタッフ委員会で）

獣たちの祝祭

アヴェレル・ハリマンの思想は、CFR（外交問題評議会）の思想と一致する点が多い。創設メンバーの一人であるから当然なのであるが、もう一度、ハリマンその人の原点に少しだけ触れてみよう。

一九八七年（ハリマンの死の翌年）、ジェシー・ヘルムズ上院議員は上院でCFRについて演説した。ハリマンの代弁者として語っている。そのように私には見える。

一極世界支配主義的見地からすれば、大統領、民族国家、国境などというものは全く価値がない。政治哲学と政治原則は単なる相対的なものになるようだ。それどころか憲法でさえ権力行使に見当違いの存在である。〔中略〕この観点から国際的金融勢力および工業勢力の活動はこの国際協調構想（その中心としてソヴィエトとアメリカの両方式の収斂された状態の）を生み出すよう方向づけられなければならない。

「大統領、民族国家、国境などというものは全く価値がない」という表現は、第四章の冒頭で引用した、偽書といわれる『シオン長老の議定書』の内容と酷似している。

「国際金融勢力及び工業勢力」とは、「合法的マフィア」と私が表現してきたものに他ならない。第二次世界大戦を計画し、実行してきたのも彼らの力によった。決して大統領の力や、国家の体制ではなかった。彼らは国境も完全に無視し続けたのであった。

この勢力が、戦後の世界をソヴィエトと米国の対立と見せかけて、数々の三文芝居を演出して二十世紀は終わったのであった。

二十世紀はどんな時代であったのか。

第二次世界大戦までの半世紀は「クリミアのカリフォルニア」を実行するための実験の世紀であり、後半の世紀は「悪の帝国の創造」のための神話創成と崩壊の時代であった。その両方を演出したのが、ヘルムズ上院議員が語ったように、国際的金融勢力及び工業勢力、すなわち合法的マフィア、または闇の世界政府、別の表現をするならば黒い貴族たちであった。その演出の最高指導者は闇の世界にいた。しかし、時々顔を見せた。この二十世紀を本当に演出し続けたのは「二十世紀のファウスト」アヴェレル・ハリマンに他ならなかった。「悪の帝国」とはソヴィエトを指す。その帝国の真実の姿をこの章で追求してみようと思うのである。

ではまず、ソヴィエトの外相を長年務めたアンドレイ・グロムイコの『回想録』からハリマンの姿を見ていくことにしよう。

一九四三年十月、彼〔ハリマン〕は米国大使としてモスクワに娘を連れて着任した。ソ連指導部のもてなしをしばしば受けた。常に労使間の問題を抱える実業界での彼の経験は外交面でも役立った。われわれは彼がいかに抜け目なく議論を展開するかを学んだことを知ることとなった。彼は相手の言い分を注意深く聞いてから確固たる自分の意見を述べるのだった。

ハリマンは一九四三年に米国大使としてモスクワに着任した。そしてグロムイコが書いているように、ソ連指導部（スターリンとモロトフを指す）のもてなしを受け続けたのである。ハリマンはすぐに血族のドノヴァン将軍をモスクワへ呼び寄せた。このときハリマン五十歳、ドノヴァンは五十八歳だった。

ルーズヴェルトはアメリカ情報部（ＯＳＳ）のドノヴァンに大統領特別任務という名を与え、モスクワへと送り出した。ルーズヴェルトの指令は、「ソヴィエト秘密警察（ＮＫＶＤ）とＯＳＳの恒久的な同盟を確立せよ」という特別任務だった。もちろんハリマンの申し入れをルーズヴェルトが受けたものであった。「クリミアのカリフォルニア」を実現するためには反対分子を徹底して摘発しなければならない。そのためにはソヴィエトの極秘情報とアメリカの極秘情報を提供し合わなければならない、とハリマンは考えたのであった。

ルーズヴェルトは側近に多数の親ソヴィエト、もしくはソヴィエトのスパイを採用した。アメリカ共産党の最高指導者アール・ブラウダーを幾度もホワイトハウスの執務室に招いては会談を重ねていた。この会談の事実は、後年、ＮＫＶＤの一九四三年七月二十三日付レポートが世に出されて証明された。

一九四三年のクリスマスの日、ハリマンとドノヴァンはモロトフ外相と会談した。その二日後、ドノヴァンはＩＮＵ（対外情報部）局長のフィンチとＮＫＶＤの戦時破壊活動専門家オシポフと会った。

ドノヴァンはオシポフの破壊活動の作戦についての報告に耳を傾け、工作員の技術的問題について鋭い質問をした。

そして、モスクワにOSS代表部を、ワシントンにNKVD代表部をそれぞれ置くことをオシポフに提案した。スターリンはこの提案をモロトフから聞くと、「すぐに受け入れよ」と指示した。ソヴィエトは、東ヨーロッパにおけるOSSの情報、OSSの武器、情報収集のテクニックなどを欲していた。ハリマンはこの提案をルーズヴェルトに報告した。

われわれは過去二年間にわたってソヴィエトの情報源への浸透と相互信頼と相互交換の土台の構築を試みましたが、それに成功しませんでした。このたびわれわれは初めてソヴィエト政府の情報部門の一つに浸透しました。もし、これが継続すれば他の部門における大きな親交関係への扉を開くものと満足しています。

『イントレピッドと呼ばれた男』に、この間の出来事に触れている箇所があるので引用する。読者は、米国とイギリスとソヴィエトが深い領域で共同歩調を取っていたことを知る必要がある。この関係は二十世紀を通じて続いた。そして、二十一世紀においても。

三十八年間にわたってロンドンには公式NKVDの使節団がいて、その工作員たちは英国の特殊作戦部とアメリカのOSSの両方から支援を受けていた。今になってようやく明らかになったことだが、モスクワは何百ものOSSの極秘調査資料をずっと受け取っていたし、英国はゲリラ戦の専門知識をNKVDの破壊工作部長A・P・オシポフ大佐に提供していたのだ。

この英国の諜報のゲリラ専門知識を扱っていたのがMI6であり、この組織を背後から操っていたのがユダヤ王のヴィクター・ロスチャイルドその人であった。ヴィクターが一方的にソヴィエトに情報を流していた。ソヴィエトはユダヤ王ロスチャイルドとその血族が作り上げた国家であることを読者はすでに知っている。そうだ、まるで驚くにはあたらないのである。

ヴィクターとその一味は「ケンブリッジ・サークル」という組織を作り、原子爆弾に関する情報を一方的にソヴィエトに垂れ流し続けた。どうして、ヴィクターもルーズヴェルトもハリマンも、スターリンの国家に奉仕し続けたのか。答えはいたって簡単である。彼らはソヴィエトを強大な国家に仕立て上げることを共通の目標としていたのだった。だが、「クリミアのカリフォルニア」計画が挫折していったので、ヴィクターとハリマンは方向転換する。ソヴィエトを「悪の帝国」とするのである。悪の帝国ソヴィエトに立ち向かうアメリカとイギリス、という構図を作り上げたのは、たぶん二人の演出であろう。

世界は善である。アメリカとイギリスを中心とする世界が勝ち、最終的に統一世界政府が誕生し、その王にはおそらく、これは仮定の域を出ないのであるが、闇の中から絶対的権力を持つ王が登場し、全世界の人間を支配する、という方向に大戦終了時から進むのである。そのために情報機関の一元化をアメリカとイギリスとソヴィエトは進めたのだ。

一九四四年の初め、秘密裡に進行していた情報機関一元化の動きを、FBIのJ・エドガー・フーヴァー長官が察知した。彼は、自分の立場がより弱体化していくのを恐れていた。それでOSSのドノヴァン将軍に猛烈に反抗した。

この年の二月十日、フーヴァー長官はこの事実をハリー・ホプキンス補佐官に親展で伝えた。ホプキンスはビドル司法長官に伝えざるを得なくなった。ビドル長官はハリマンにこの約束を反故《ほご》にするように迫った。ルーズヴェルトとホプキンスとビドルは対策を練った。翌年の大統領選挙で四選を狙うルーズヴェルトにとって不利になるとの結論が出た。

ハリマンはこの結論を受け入れた。

一九四四年四月、フィンチとオシポフは、アメリカ軍事代表のディーン将軍から公式の代表の交換は「延期」されたと告げられた。しかし、非公式の情報交換は続いたのである。ディーン将軍は、ドノヴァン将軍のOSSの機密情報をフィンチとオシポフに与え続けたのである。

フィンチは、東ヨーロッパとバルカンで赤軍に抵抗するパルチザンのメンバーの名簿をドノヴァンに求めた。彼らの名前をOSSの機密ファイルから知らされたNKVDは、赤軍解放地域で共産党に反対する人々を殺害し続けたのである。アメリカは共産主義の味方であり続けたのである。二十世紀末までも……。

ハリマンとドノヴァンはアメリカのすべての人々に知らせることなく、東ヨーロッパとバルカンがソヴィエトの支配下に入るように協力し、援助を続けたのであった。こうして反共産主義勢力、反ソヴィエト勢力は一掃されていった。そして、「クリミアのカリフォルニア」のユダヤ王国の替え玉として、「悪の帝国」の強大国家ソヴィエトが誕生していったのである。

数十万、否、数百万、否、数千万単位で、スターリンと闘った人は殺害された。自国民を六千万人以上殺害したスターリン、モロトフ、ミコヤン、ベリヤ、カガノヴィッチ、フルシチョフらのソヴィエト帝国のコミュニストたちにとっては、数百万人単位の東ヨーロッパやバルカンの人を殺害するのに涙ひとつ流すこともなかった。ここに、ボルシェヴィズムの〝正体〟が見えるのである。共産主義の神は殺人の神である。

スターリンの本名はジュガシヴィリである。グルジア語で「ユダヤの子」を意味する。ユダヤの子スターリンは、やはりユダヤの子であるベリヤ、モロトフ、カガノヴィッチらを使い、殺戮の限りを尽くした。フルシチョフだけはウクライナ人であるが、娘婿のアジュベイはユダヤ人である。ヒトラーがソヴィエトの共産主義をユダヤ・ボルシェヴィズムと呼んだのは一面の真実である。

このユダヤ・ボリシェヴィズムとユダヤ王となったヴィクター・ロスチャイルドが、全イギリスの情報部員を動員してソヴィエトに情報を提供した。読者はこの現実をしっかりと眼を開いて見続けなければならない。

「二十世紀のファウスト」、アヴェレル・ハリマンに話を戻そう。

一九四三年の末にテヘラン会議が予定されていた。ルーズヴェルト、チャーチル、スターリンが、ナチス・ドイツ後の戦後世界について話し合う機会を持とうとしていた。「勝利の計画」の実行はまだ先の話ではあったが。

この年の十月、スタンレー駐ソ・アメリカ大使がルーズヴェルトに電報を打った。その内容はスターリンへの武器援助を無条件で行なっていたのを、スターリン政府への一手段としてやっていきたいというものだった。

この電文の内容を知ったハリマンはロンドンを発ち、ワシントンへと急行した。そしてルーズヴェルトに言った。

「スタンレー大使をすぐにクビにしろ。そして私が大使となってソヴィエトへ行く」

こうしてハリマンは突然、大使になったのである。ルーズヴェルトはハリマンの意味するところを知っていた。どうして逆らえようか。

一九四三年十月五日、ルーズヴェルトは二週間後にモスクワで開かれる米英ソの三国外相会談に向けての打ち合わせの会合を開いた。この極秘会合の席でルーズヴェルトは、一つの戦後処理案を提起した。もちろんルーズヴェルトが作成した案ではない。切手趣味と女遊びに熱中する男に作文は無理である。黒い貴族たちの作文を読んだだけである。「T1221AC302／5／Oct／1943」というコードネームの会議録（アメリカ国立公文書館蔵）にはこう記録されている。

「千島列島はロシアに引き渡されるべきである」

戦争のプログラムが出来たときから、日本領土の一部をソヴィエトに渡すように、アメリカとソヴィエトで話し合っていたのである。

NHK日ソプロジェクト著の『これがソ連の対日外交だ』なる本の中から引用する。


このルーズヴェルトの「千島列島をロシアに渡す」という決定を見た日から二週間後、アメリカのハル国務長官はモスクワで開かれた米英ソ外相会談に臨んだ。ハルの最大の使命はスターリンから対日参戦の約束をとりつけることであった。しかし、スターリンはハルに同意しなかった。十月三十日、スターリンはクレムリンで盛大な最後の夜の晩餐会を催した。ハリマンとハルを両脇においてスターリンは通訳にそっとハルに耳打ちさせた。通訳はハルに次のように告げた。

「アメリカ政府の要望を検討した結果、ヒトラーとの戦争に勝利をおさめた後、対日戦に参加することに決定した」

ハルはその夜アメリカ大使館に直行しルーズヴェルト大統領宛てに電報を打った。

「ここにいる高い権力を持つ者が言ったのは……極東でわれわれと行動を共にする……」

私は、この時期の副大統領であったハリー・トルーマンのことをほとんど書かなかった。ルーズヴェルトが死んで突如大統領となったから、その瞬間だけ書いた。それは、トルーマンは副大統領になったときと大統領主催の晩餐会のとき、その二回しか大統領と会見していないからである。ハルも「ハル・ノート」については少し書いた。あの文書は、スティムソン陸軍長官がハルに「日本側に渡せ」と脅した最後通牒であった。そして三年間、この国務長官は大統領から完全に無視され続けた。だから書かなかった。NHKはこの公文書を発見し、大スクープとした。そしてテレビで流した。だがこれは大スクープでも何でもない。スターリンの「お情けのささやき」に過ぎない。スターリンは、ハル国務長官がトルーマン副大統領同様に小物であることを知り尽くしていた。だから最後の晩餐会で、ちょっとからかっただけだった。真実はどうであったか。

ソヴィエトは一九四三年の初め、スターリングラード戦に勝利した後、対日参戦の検討を始めていた。また、赤軍が八月にクリスクで決定的勝利を収めた後、スターリンはルーズヴェルトに日本を攻撃する意志をはっきり表現している。知らぬはハル国務長官である。そして、公共放送NHKプロジェクトの面々となろう。日本国民は学者やテレビや新聞において常にガセネタで満足するように飼いならされている。

この間の事情をディーン軍事代表が後に出版した『奇妙なる同盟』の中で詳しく書いている。NHKプロジェクトの面々は誰ひとりとしてこの本を読んでいないのか、それともテレビ向きではないという故意の理由でこの本の記事を取り上げなかったのであろう。この本の中には、ハリマンとディーンが一日も早く対日戦をやれと、スターリンとモロトフを脅す場面が書かれている。

どうしてハリマンは、スターリンとモロトフに脅しをかけたのか。武器貸与法で武器を無条件に提供し、満州で日本と戦わせれば、満州は荒野となるからである。そうすればソヴィエトは戦後復興のために多額のドルをアメリカとユダヤ資本から恵んでもらわないといけない。「クリミアのカリフォルニア」のために満州を荒野と化さしめ、千島を与えるというのが、「二十世紀のファウスト」のスターリンへのアメとムチ対策であった。

ここでもう一度、歴史を遡ってみる必要がありそうだ。ルーズヴェルトは、ユダヤ王ロスチャイルドの血族にして配下のバーナード・バルークに育てられて大統領になったことはすでに書いた。ルーズヴェルトは大統領になる前からバルークの作文を大衆の前で読み続けた。「ソヴィエトの力を平和へと結びつけよ」。バルークは、ユダヤ系の新聞「ニューヨーク・タイムズ」のモスクワ特派員を、大統領となったルーズヴェルトの執務室に行かせた。

ウォルター・デュランティと名乗る特派員は、スターリンの部屋に入ることを許された特別の男であった。さよう、黒い貴族たちの回し者だったのだ。スターリンの口述をとり、世界にニュースとして流すのはこのデュランティだけであった。彼はモスクワ報道でピュリッツァー賞を受賞する。あの賞もノーベル賞と同様、黒い貴族たちが授ける賞である。

デュランティはモスクワからワシントンに帰るたびに、ルーズヴェルトの頭脳の奥深くまで、乳と蜜に満ち溢れる美しきロシアの大地のイメージを植えつけ続けた。かくてユダヤの子スターリンとユダヤ系の「ニューヨーク・タイムズ」の連係プレーは見事に成功した。ハリマンが表工作をし、デュランティが裏工作をし、ルーズヴェルトは洗脳された頭でペンを動かした。そして、革命後十六年間ソヴィエトを認めなかったアメリカが、一九三三年十一月、正式に国家としてソヴィエトを承認した。

ハリマンは一九二〇年代の初期にソヴィエトに入り、マンガン鉱山の経営をする。このことはすでに書いた。その当時を後年回想している。

私はモスクワに行くに先だって国内で、そしてわれわれの大使館で多くの人々と話した。しかし私が話した全ての人々のうちで最もよく情報に通じ、最も明確な分析をするものたちは、当時モスクワにいた英米の通信員であることを見出した。これらの人々のうちには「ニューヨーク・タイムズ」のウォルター・デュランティと「ニューヨーク・イブニングポスト」のH・R・ニッカーボッカー、そしてUPIのヘンリー・シャピロがいた。ついでながら私は実業家として、また政府代表者として別に行ったいくつかの旅行で、われわれの外国通信員たちが最も重要な情報源であることを知るに至った。

ハリマンはこれらの特派員たちから真実の情報を得て、実業と政治の世界で成功を収めていった。しかし、ルーズヴェルトもアメリカ国民も、ガセネタ情報のみを伝えられた。この時代、黒い貴族たちが情報を独占していたからであった。

特に一九三七年から三八年にかけて、ソヴィエトは恐怖政治の時代だった。「架空の」人民の敵が作られ、この一年間だけで数百万単位（一説によれば千万単位）で抹殺された。経済は破壊し尽くされた。

農民たちでさえ餓死の境をさまよった。経済や工業面でのブルジョア階級の専門家やクラーク（富農）が毎日、数千、数万単位で殺されていった。見世物裁判が毎日数千、数万と開かれて劇的な効果をあげていた。この噂がアメリカに少しでも流れると、アメリカ大使のジョセフ・ディヴィスはこの見世物裁判を「正しい証拠がある」と国務省に報告し続けた。デュランティはかく報告した。「未来の歴史家は恐らく、スターリン主義的考え方を受容するだろう」

まさに彼の予言は正解だった。スターリン主義的考え方は、スターリン死すとも生きている。それは、世界統一政府を創造しようとするアメリカの思潮の中で生きている。

ルーズヴェルトは垂れ流されてくるソヴィエト礼賛の情報を信じ、デュランティを偉大なる記者と認めた。デュランティは、アメリカ共産党のボスであるブラウダーを大統領の執務室へ案内した。ブラウダーはスターリンの密書をルーズヴェルトに送る役割を務めた。

一九四一年六月二十二日、ソヴィエトはナチス・ドイツ軍の奇襲攻撃を受けた。この当時、連日のように殺人ゲームに熱中していたスターリンは、ドイツの攻撃の情報を耳にしていたのにその情報を疑い続けていた。この当時、工業生産も農業生産も壊滅的であった。人々は殺されるか、シベリア送りとなるかの恐怖に毎日、毎日おびえていた。優秀な軍人のほとんどが殺されていた。この恐怖の大魔王を育てたのは、ユダヤの子スターリンを育てたのは、ユダヤ王ロスチャイルドとその血族の人々だった。その血族の中にイギリス王室（彼らがロスチャイルド家と複雑な血族関係にあることはすでに書いた）や、隠れユダヤのロックフェラーも入っていた。

私は次のように推測するのであるが、その判断は読者一人ひとりに任せたい。

ロスチャイルドを中心とする血族たちが恐怖の大魔王を育て上げ、彼にロシアの大地を恐怖の大地とさせた。そこで、これもまた、大事に育てあげた貧乏画家ヒトラーを洗脳し、ナチス・ドイツを作らせ、一、二のよいしょでスターリンの国へ攻め込ませた。そして彼らは日本に真珠湾を攻めさせることに成功すると、また一、二のよいしょで「勝利の計画書」を発表し、ヒトラーにアメリカを攻撃させた。

あんな計画書がひょんなことから新聞に発表されたからといって、どうしてドイツがアメリカに宣戦布告しなければならなかったのか。全ては「一、二のよいしょ」ではなかったのか。ヒトラーが、宣戦布告しろとヒトラーを育てたハリマンの声を聞いたヒトラーが、「一、二のよいしょ」をしたのだった。

「悪の帝国」をつくるためにこそ

一九二〇年代の初め、革命直後のソヴィエトに三十代のハリマンが訪れ、レーニンとトロツキーに会っている。スターリンはレーニンの下で働いていた。ハリマンは秘密警察長官のジェルジンスキーを通じてスターリンを知った。そして二十年という月日が流れた。ハリマンは今度は大使としてソヴィエトへ行き、スターリンを指揮する。この「指揮」という言葉を誤りだと思ってはいけない。武器もない、ドルもない国が、ナチス・ドイツに攻められたのである。ハリマンは武器貸与法を利用して「与え、与え、そして与えよ」と公言し、恐怖の大魔王ユダヤの子の名を持つスターリンを救おうとしたのである。ハリマンがスターリンを意のままに操りだしたのは、ヒトラーのソヴィエト進攻後からである。その例を挙げよう。

一九四一年九月、ハリマンはクレムリンで武器貸与法による無条件での武器貸与についてスターリンを感激させた後で、次のように語ったのである。

スターリン閣下、駐米大使のオーマンスキーは少しおしゃべりが過ぎる。ワシントン中を走り回っては、良い感情よりも不快感を引き起こしている。

スターリンは真珠湾攻撃直前に会いに来たハリマンの意を理解し、「オーマンスキーをリトヴィノフに代えてほしい」の一言に応じた。

このユダヤ人の大物外交官、元外相のリトヴィノフは、ドイツのリッペントロップ外相と独ソ不可侵条約を締結したときの外相であった。英語、フランス語、ドイツ語に堪能なリトヴィノフは駐米大使となるとハリマンの指示を受けて、アメリカから物資の供与のみならず十億ドルの借款を引き出した。しかし、宿敵モロトフ外相の巧妙な罠《わな》にはまり、モスクワに戻された。これはハリマンとモロトフが仕組んだ芝居だった。

一九四二年の春、モロトフが「ブラウン氏の使命」という暗号名のもとにルーズヴェルトを訪問し、第二戦線の開設が約束された。だが最終的にハリマンを中心とする黒い貴族のために反故にされたことはすでに書いた。

このときリトヴィノフ大使はハリマンへの恩を忘れ、ソヴィエトを救おうとする一念から、アメリカの数カ所で抗議の演説をしてまわった。ハリマンはリトヴィノフに危険なものを感じた。そして、彼流のやり方でスターリンに告げ口をした。

「ルーズヴェルトはリトヴィノフの演説に不快感を抱いている。大使というものは信任を受けた政府を攻撃してはならない」

リトヴィノフは解任された。『中国の赤い星』の作者エドガー・スノーは一九四四年十月六日、リトヴィノフに単独会見した。会見終了後、スノーはリトヴィノフに「会見の内容をハリマン大使に伝えなければならないが……」と問いかけた。リトヴィノフは、「ルーズヴェルトに直接伝えてくれ」とスノーに頼んだ。彼は、自分の解任の原因がハリマンであると知っていた。スノーはリトヴィノフとの会見の内容を直接、ルーズヴェルトに伝えた。反ハリマンの内容であったとスノーは書いている。アメリカから多額のドルと物資を引き出しソヴィエトに送らせた救国の外交官も、ハリマンに逆らう行為だけは許されなかった。やがて、実質的に中央の政権からリトヴィノフは遠ざけられた。戦後の一時期に外務次官の名を与えられたが、スターリンにより自動車事故を装って殺された。ハリマンが陰の暗殺者だった。

スターリン死後に最高権力者となったニキタ・フルシチョフ首相のもとでナンバー2の地位にあったミコヤンは、リトヴィノフの死についてワレンチン・M・ペレズホフに語っている。ペレズホフは『私はスターリンの通訳だった』という本の中で、「モロトフが絡んでリトヴィノフは殺された」と書いている。

スターリンはハリマンの告げ口に乗ってリトヴィノフを暗殺したのであろう。「勝利の計画」の真相を語ろうとする者は、永き友情を保ったリトヴィノフでさえ赦《ゆる》せなかったのである。

一九四三年、リトヴィノフの後任として若きアンドレイ・グロムイコが駐米大使となった。彼はソヴィエト大使館の参事官に過ぎなかった。この大使人事が発表されると、あまりにも小物ゆえに、アメリカはソヴィエトになめられたのかという意見が政治家たちの中から発せられた。この非難の声を鎮《しず》めたのがバーナード・バルークとハリマンだった。二人の力添えを得てグロムイコは、駐米大使として、いや、ハリマンのパートナーとして、世界権力の一員となっていくのである。

グロムイコのアメリカにおける真の友人はハリマンを唯一とする。後に外相になるのもハリマンの友情によるものである。後で二人の友情について触れなければならない。

一九八六年、ハリマンが九十七歳の人生を終えたとき、アンドレイ・グロムイコはソヴィエトの外相から最高幹部会議長（大統領と同格）になっていた。ゴルバチョフを育て上げ、首相に任命した後に引退し、回想録を執筆中だった。ハリマンの死を知ると彼は次のように書いた。

ハリマンは、その生涯を通じて、平和共存を唱道し、ワシントンの反ソ的立場、ソ連の社会主義体制の誹謗を非難した。ヴェトナム戦争の終結にもつながった数々の会議に出席し、軍拡戦争にも頻繁に異を唱えた。こうしてハリマンについて考えをまとめているとき、彼の悲報を受け取った。信じがたいことだが、彼はもうこの世にはおらず、真摯な調子でアメリカとソ連の平和共存を訴えた彼の声をもう聞くこともない。〔中略〕

鉄道王アヴェレル・ハリマンはアメリカ市民として最も傑出した人物だった。実業界でもソ連について考えることのできる人々の代表者としてよく知られるようになった。

彼とは四十年を超える交友関係にあった。

「世界の秘密」がこれほどまでに明かされた文章には、そうそうお目にかかれるものではない。アメリカと世界を牛耳《ぎゅうじ》り続けたアメリカの実力者が、ソヴィエトの最高実力者であった、あのアンドレイ・グロムイコと四十年を超える友情で結ばれていたというのだ。この難解すぎる友情は一筋縄《ひとすじなわ》では理解できない。ここでもルーズヴェルトの名言を思い出す。

「政治には偶然に起きるものはない。何かが起これば、それはそのように計画されていたと考えて間違いないのだ」

グロムイコはウクライナのゴメリ地域、あのユダヤ人の共和国が最初に計画された地域、ナチス・ドイツがポーランドのユダヤ人たちを強制移住させようとした地域の出身である。しかし、彼の回想録にはゴメリ地域のグロムイコ村出身と書かれているだけであり、自らはウクライナ人と称している。

ここは、私の推測が入るのだが、グロムイコは、ユダヤ人の多いゴメリ地域のユダヤ人であるといえよう。そしてその出自には、何か秘密が隠されているように思える。だが出自の秘密は私の調査の範囲では判然としていない。その謎に迫る方法の一つが、一大使館付の参事官が突然に大使となったという「出世」の中に存在する。アイゼンハワーやマーシャルの突然の出世に秘密があったように、である。

グロムイコが大使になったのは、ルーズヴェルトを大統領にしたユダヤ人、バーナード・バルークの秘密工作によるものであることは間違いのない事実である。モロトフもユダヤ人である。そのモロトフとバルークが、出自に何か秘密のあるユダヤ人グロムイコを、出世街道に乗せてやったのである。

グロムイコはスターリン時代、モロトフ外相と入れ替わり、外相となる。すなわちスターリンが死んだ一九五三年以来、ソヴィエトの首相は、マレンコフ、ブルガーニン、フルシチョフ、ブレジネフ、アンドロポフ、チェルネンコと替わったが、外相はずっとアンドレイ・グロムイコだった。そして、その間の駐米大使はアナトリイ・F・ドブリューニンだった。ソヴィエトでは権力闘争や党内陰謀などにより首相はめまぐるしく替わっていったが、このグロムイコとドブリューニンの二人の地位に変化はなかった。

グロムイコがハリマンとの四十年にわたる友情を述懐するのはまったく正しく、自然である。読者は理解しなければならない。この四十年間、グロムイコはソ連の外務大臣を務めた。そしていつの間にかソヴィエトの最高の地位に、すなわち最高の権力者になっていったのである。

権力者を支えたのがナンバー2のドブリューニンだった。読者は不可解と感じるかもしれない。でも想像してほしい。日本の戦後のある時期に外相になった男が四十年間もその地位に留まっていたら、その男はきっと、日本を支配していると思えるではないか。

四十年にわたり外相を務めたグロムイコはその真の姿を現わし、ゴルバチョフを首相にすると自らは最高幹部会議長に就任した。そしてソヴィエト連邦の解体作業をゴルバチョフに命じ、国家の崩壊を静観したのである。

グロムイコとドブリューニンは長く友情を維持し続けた。

ハリマンの十一月十五日の誕生日パーティには、ドブリューニンは無理をしても出席することにしていた。この宴の主役はもちろんハリマンなのであるが、準主役はハンサムで長身、身のこなしがハリマンそっくりのドブリューニンであった。ハリマンが生涯にわたって上流階級の理想とした「さりげなさ」、すなわち「ケアレスネス」を彼は具現していた。

ハリマンは親しみを込めて、ドブリューニンを「ドービー」と呼んでいた。

このパーティにはニューヨーク中から美女が集められた。エスタブリッシュメント、すなわち多くの上流階級の名士たちは美女との戯れを楽しんだ。グロムイコはワシントンを訪れた折にハリマンの誕生パーティに出席した。彼はハリマンの傍らにすわり、笑顔を絶やさず語り合った。この二人の前ではアメリカのトップクラスの政治家も実業家も影は薄かった。

ドブリューニンのまわりには美女たちがたむろしていた。

「ドービーがついに相手を決めたみたいだ」とハリマンがグロムイコに囁く瞬間が、パーティの終わりを意味した。そしてグロムイコがパーティの終わりを告げるのだった。

フルシチョフの回想録として最後に出版された『フルシチョフ封印されていた証言』の中に次のような文章がある。

ソ連のスパイ、ハリー・デクスター・ホワイトは財務省でもっとも影響力のある高官で、ケインズの助けを得て戦後の国際通貨制度を作り上げた人物だった。一九四四年四月には占領軍紙幣（ドル）の印刷用原版をソ連政府へ引き渡すようアメリカ政府が決定を下し、その責任者の地位にあった。それにより最終的にアメリカの納税者は二億五千万ドルの負担を強いられるようになった。

ルーズヴェルト大統領政権下で、アルジャー・ヒス、ロックリン・カリー、ハリー・デクスター・ホワイトの三人がソヴィエトのスパイだったことは今日では公然の事実である。一九四四年一月二十九日、ハリマンはモスクワから国務省に次のような通達文を送った。

われわれはボストンのフォーブス社が合衆国財務省のために彫刻した通貨印刷原版をロシア人に引き渡さなければならない。

国務省はこのハリマンの要請に対し、何週間も行動をとらないでいた。ハリー・デクスター・ホワイトはソヴィエト大使館でグロムイコと会い、「必ず届けるから待て」と約束した。この年の四月十四日、ついに原版はソヴィエト政府に引き渡された。ソヴィエト政府はその原版で、実際には三億ドルを印刷した。フルシチョフが書いているように、確実に三億ドル（二億五千万ドルではなく）の損害をアメリカの納税者は受けた。ハリマンとグロムイコの友情が深まっていった。

ハリマンはここでも「われわれ」という言葉を使っている。この言葉について少し説明しておきたい。

「われわれ」とは、見えざる世界政府の中で世界を支配しようとする人々である。「ザ・インナー」というものがあり、そこに世界を支配する組織があると、アントニー・C・サットンは『アメリカン・シークレット・エスタブリッシュメント』の中で書いている。

ザ・インナーの中に、ザ・アウター・サークルとザ・インナー・コアがあるとする。和訳しにくい言葉である。強いて訳せば、闇の世界を支配するザ・インナー・コアは「闇の奥の院」と言えよう。ザ・アウター・サークルにはCFR、ビルダーバーグ、ピルグリム・ソサイティなどがある。ザ・オーダーはイギリスの権力構造を中心とすると私は考える。

このことはこれ以上追求しない。ザ・インナー・コアを「われわれ」と解釈したい。

彼らが、ハリマンも含めてアメリカの政府に「ドルの印刷版をソ連に送れ」との命令を出した。国務省は驚き、対策の立てようもなかった。それでソヴィエトのスパイであるホワイトが財務長官のモーゲンソーを説得した。ユダヤ人モーゲンソーは、隠れユダヤのルーズヴェルトを説得し、ついに承諾させた。そしてソヴィエトに原版は渡り、三億ドル（となっているが、もっと多額が印刷されたのではないか）が印刷された。ソヴィエトはそのドルをアメリカに逆流させ、ホワイトハウスの中でスパイ工作をしたのである。ハル国務長官をはじめとする国務省の高官たちはなすすべもなかった。闇の王たちがアメリカに命令し、アメリカが屈したのである。

ハリマンはソヴィエトを救った英雄となった。フルシチョフが首相のとき、ハリマンはソヴィエトを訪れた。群衆たちは熱狂的に彼を歓迎した。「ソヴィエトを救ってくれてありがとう」という声が溢れたのである。

一九四一年九月、ハリマンはイギリスのビーヴァブルックとともに、スターリンに会うために艦船に乗った。艦上での記者会見で、「与え、与え、そして与えよ」と叫んだ。闇の王たちの一人であるからこそ、彼は無条件で武器貸与（無限に）ができたのである。そしてドルの印刷原版まで貸与できたのである。闇の王たち（ザ・インナー・コア）たちが、アメリカを、そして世界を支配していることを、私たち日本人は知らされていない。

一九四三年一月末、ソ連政府はワシントンDCの武器貸与管理局に、金属ウラン千キログラムと酸化ウラン、および硝酸ウラン、それぞれ百キログラムを要請した。グローヴス将軍はこの要請を承認した。武器貸与管理局を支配していたのはホプキンス補佐官とハリマンだった。

一九四三年四月二十九日、経済戦争委員会はニューヨークのケマタ社に特別ライセンスを与えた。ソヴィエト購入委員会からの注文に応じ、ウラン酸化物二百ポンド、硝酸ウラン二百二十ポンド、金属ウラン二十五ポンドを売るライセンスであった。この委員会でこの件を扱うのに一番力を入れた人物は、ネイサン・グレゴリー・シルヴァーマスターというウクライナ出身のユダヤ人だった。彼はソヴィエトへ情報を提供するためのアメリカ人材網を作った男として有名である。ハリー・デクスター・ホワイトをスパイに仕上げたのはこの男だ。この男を通じて、財務省のほとんどの秘密ファイルはソヴィエトに流れた。

一九三〇年代後半からソヴィエトは原子爆弾の研究に着手していた。ニールス・ボーアが、デンマークのコペンハーゲンで原子力を利用した新兵器の研究に取り組んでいた。ソヴィエトはボーア博士の研究に着目し、彼に関する情報を集めるために、ナチス・ドイツで研究していたリゼ・マイトというユダヤ人女性物理学者をスパイとすることに成功した。彼女以外にも多数の科学者たちがソヴィエトのスパイとなった。新たに新型爆弾の製造の可能性が証明されたという情報を得たモスクワは、アメリカにウランを提供してくれるよう申し入れた。

アメリカはウランの生産量が十分ではなく、貯えておくほどの量はないという理由を添えた書類をソヴィエトに送った。この書類により、アメリカ自らが原子爆弾の製造を開始していることが証明されることとなった。

ソヴィエト購入委員会からの申し出を許可した経済戦争委員会を支配していたのはバーナード・バルークと大統領特別補佐官のハリー・ホプキンス、そしてハリマンだった。この三人がソヴィエトに原子爆弾に必要な原料を渡していたのである。

「クリミアのカリフォルニア」の項で紹介したスドプラトフの『KGB衝撃の秘密工作』に、気にかかることが書かれている。


戦争期間中、ホプキンスやハリマンはソ連の指導者たちと個人的、非公式、そして外交的な関係を維持していた。それはルーズヴェルトの指示だったに違いない。

個人的、非公式、そして外交的な関係というのは、アメリカという国家とは関係なく、という意味である。ルーズヴェルトの指示とは、この大統領もアメリカとは関係なく、という意味である。アントニー・サットン流に表現するなら、ルーズヴェルトはザ・アウター・サークルの人間であり、ホプキンスも同様である。そしてバルークはザ・インナー・コアの人間である。格が違うのである(人格の格ではない)。ルーズヴェルトやホプキンスはザ・インナーのメンバーたちに操られていたのである。

G・アレンとL・エブラハム共著の『インサイダー』の中に興味ある一文がある。

こうしてまず最初に、ロシアで共産主義の陰謀が全世界に対する脅威発祥の地理的ふる里となったのである。

西側はこの時から常に敵を持つことができるようになった。世界で最も金持ちで強力な一握りの人間、すなわちロスチャイルド家、ロックフェラー家、シフ家、ウォーバーグ家、モルガン家、ハリマン家、ミルナー家は、まさに自分たちの資金を奪い去ることを目標として宣言している運動に資金援助をしているのである。このことは、これらの超富豪が国際共産主義をコントロールしているからこそ、これを恐れず、またこれに援助さえしているとしか論理的に考えられない。

『インサイダー』は個人出版書として発売された。大手出版社はその出版を阻止しようとした。真実はいつも、障害物に邪魔されるのである。この文章の内容を、私が書いてきたことと比較すればよく理解できるであろう。これらの超富豪たちがザ・インナーを形成する。ザ・インナー・サークルとザ・インナー・コアを区別することは難しい。しかしこの中で、ザ・インナー・コアに入る超富豪はロスチャイルド家とミルナー家とハリマン家であろう。

共産主義者が権力を握り得たのは、抑圧された民衆が立ち上がったからではない。権力はいつでも上から下に落ちてくる。世界の超富豪たちが授けた金をありがたく頂いた者たちが民衆を騙し、築いたのが共産主義国家であった。もちろん、南米などでは共産主義に近い政権が登場した。しかし、民衆のために役立つ政権はことごとく超富豪たちにつぶされた。

すべての共産主義国家で民衆は抑圧され続け、家畜化された。あれはザ・インナー・コアたちの実験だった。

こうして、スターリンとハリマンを結ぶルートでウランがソヴィエトの手に落ちた。ホプキンスは原子爆弾製造のための機密図面をスパイたちに渡した。アメリカの原子爆弾の最高責任者たち、ロバート・オッペンハイマー、エンリコ・フェルミ、レオ・シラードの名前は、ソヴィエト秘密警察の一九四二年から四五年にかけてのファイルにたびたび登場する。彼らはスパイ活動をした物理学者である。「アメリカの秘密」は「ソヴィエトの秘密」であった。一九四〇年代、無数の政治家、科学者たちが、ソヴィエトのために働いていた。このとき彼らは「悪の帝国」という言葉は使っていない。私は、闇の王たちが「クリミアのカリフォルニア」をソヴィエトにつくるために親ソヴィエトのスパイを濫造したとみるのである。

スパイとしてハリマンが仕立てた男の一人にジョージ・F・ケナンがいる。ハリマンが駐ソ大使になったとき、ケナンはロシア駐在の無名の一参事官に過ぎなかった。ハリマンはケナンの一族がロシアと結びつくことを知った。そしてケナンを出世させてやることにした。

ケナンは『ジョージ・F・ケナン回顧録』の中で次のように書いている。

ソヴィエト政府に対する借款供与は、当時の状況では明らかに不当なもので、両国政府間に、また、国内政治面で、後日、必ず激しい紛糾と非難の投げ合いを生むにきまっていた。武器貸与についていえば、一九四五年十月五日の協定に基づく二億四千四百万ドルを上回る積み品(この分に対しては支払いがまだ行われていなかった)を含む百十億ドルに上る援助の大部分はドイツとの戦争終結後にロシアに到着し、われわれの共通の戦いとは全く関係のない目的のために主として使用されたのである。それればかりではない。ロシアはUNRRA(国連救済復興機関)援助によって、別に二億四千九百万ドルの利益を受けた。また、わが国は、わが国のドイツ占領地区からの賠償のかたちでさらに数百万ドルをロシアに譲渡した。

ケナンはハリマンにより「賢者の門」に入り、ザ・ワイズメンの一員となった男である。この賢者がこのように書いているのである。もう少し別の面からこの間の事情を見ることにしよう。

一九四四年に入ると、チャーチル首相とルーズヴェルト大統領は、ハリマンを仲介役として原子爆弾開発に関する英米間の協定書づくりに入った。ホプキンスもそれに関与し、ハリマンを助けた。

テヘラン会談、ヤルタ会談と続く会談の準備においても、ハル国務長官や国務省の高官たちは完全に無視され続けた。

一九四四年の末、ハル国務長官は「陰謀に嫌気がさして……」という言葉を残して自ら国務長官を辞任した。この顛末はハルの『ハル回顧録』に書かれているが、ここでは省略しよう。

ハルは民主党員だったがCFRの会員ではなかった。こうしてルーズヴェルトの後継者と言われ続けた男は、ハリマンにより葬り去られたのである。

ハルの後任には、CFRの会員でモルガン家の回し者、USスチールの会長ステティニアスがなった。ハリマンの誘いだった。彼もまた、「年俸一ドルの兵士」だった。

さて、ハリマンは一九四四年六月に国務省へ次のような報告書をモスクワから送った。

スターリンは合衆国がソ連邦の産業のために戦前、戦中を通じて行った援助の成果を認めた。彼は「ソ連邦における全大事業の約三分の二は合衆国の助けにより、もしくはその技術的協力により建設された」と言った。

武器貸与法による援助物資を運ぶ北大西洋護送船団は、ドイツのUボート群と占領下のノルウェーから飛来する航空機にたびたび襲撃され、多数のアメリカ人と船舶が犠牲になったと第二次世界大戦のアメリカ側の戦記には書かれている。ソヴィエト側の戦記にも当然、この記述があっていい。いや、あるべきであろう。しかし、公式記録であれ個人名の作家の戦記であれ、これらの犠牲について、私の調査した範囲内では発見できなかった。

スターリンはこの事実を秘密にしておくように命令を出し続けたのだろう。ソヴィエト、あの「悪の帝国」が、滅びもせず数千万人の自国民を虐殺し、ナチス・ドイツから侵攻されても生き続けられたのは、ハリマンの報告書にあるように、その原因の三分の二は、アメリカ側からの援助の賜物《たまもの》なのである。そして最も大事なことは、その事実をスターリン自らが認めていたという点なのだ。

ハリマンの一味は巨大な悪を必要としていた。この事実は戦後も永らく隠し続けられた。今日においても真実はその一部しか見えてこない。すべての面でハリマンの姿は歴史の闇の中に隠されている。

ハリマンが行なった原子爆弾や他の武器貸与等のスパイ行為は、アメリカの公的な場所で追及されたことも、FBIや司法省の調査対象にのぼったことも一度もない。

獄中の人となった国務省の高官アルジャー・ヒス、トルーマン大統領のもとで国務長官を務めたディーン・アチソンももう少しのところで刑務所入りであった。また、死後ではあったが、ホプキンス特別補佐官も司法省が彼のスパイ行為を調査し、クロと認定した。あのバーナード・バルークも原爆スパイとして容疑をかけられ、政治的影響力も減じていった。しかし、ハリマンはこのスパイ疑惑とは一切関係なかった。いや、決してそうではない。ハリマンは、大統領も司法省も超えた闇の支配者の一人だったからだ。誰も手を出せなかった。ザ・インナー・コアそのものであったからだ。

モスクワに在住していた米軍事使節団長、J・ディーン将軍は後に『奇妙なる同盟』という本を出版した。一九四四年のハリマンとスターリンの姿が書かれている。

十月十六日、スターリンとハリマン及びディーンは会談をもった。スターリンはドイツ降伏、三カ月後に参戦すると述べた〔日本への参戦〕。ハリマンは文章の形にしようとしたがスターリンは「秘密にしておかなければ」と言い拒否した。スターリンはタイプライターで打った七頁の物資のリストをハリマンに要求した。その中には食糧、輸送手段、その他の物資が含まれていた。約百五十万の軍隊を日本との闘いに向けるための物資であった。

この十月十六日のスターリンとの会談の後、ハリマンはルーズヴェルトに報告した。

われわれは太平洋戦争に参加するばかりでなく、全力を挙げて参戦するという、スターリンの完全な同意を得ました。〔中略〕彼はわれわれを支援し、戦争をできるだけ早く終わらせたいという決意を熱心に語りました。

この年の十二月十四日、スターリンはハリマンに対日参戦の政治的条件を付けた。ポーツマス条約によって日本に引き渡されたものを返還してもらいたい、と言った。ハリマンは承知した。ここにも、ルーズヴェルト大統領の代理にして、見えざる世界政府のリーダーの姿が浮かび上がってくる。ハリマンは『自伝』の中で書いている。

私は直ちにスターリンの提案をルーズヴェルト大統領に知らせた。スターリンの提案はヤルタでの討論を行なう基礎となった。

このハリマンの『自伝』から分かることであるが、ヤルタ会談の前に、すでに千島も南樺太も、ハリマンが勝手に、ルーズヴェルトに相談もせず（相談する必要もないほどにハリマンの力はルーズヴェルト大統領の力を圧していた）に決定していたことを、日本人は知っておく必要がある。ハリマンをリーダーの一人とする数名のザ・インナー・コアの人間たちは確かに死んだ。しかし、見えざる世界政府は今も存在し続けている。この巨大な権力機構が千島と南樺太の領有権をスターリンに認めたのである。だから、あれから半世紀以上経った今日でも、ロシアは小さな島の一つでさえ返そうとはしないのである。この千島と南樺太も、ユダヤ王国をクリミアに建設したいというユダヤ王ロスチャイルドの意向をハリマンが受け、条件として提出した可能性が大である。今のところそういう資料は発見されていないのだが。

対日本への参戦は、武器貸与法による武器や物資を新たにソヴィエト側にもたらした。この参戦の準備はモロトフ外相、ハリマン大使、ディーン軍事顧問を中心に進められた。

ケナンの『回顧録』によると、一九四五年までに約六百七十万トンの物資（約百五十億ドルに上る）が、北大西洋ルート、ウラジオストック・ルートで輸送された。これらの物資は戦車、航空機、トラック、各種兵器、燃料などであった。ケナンは「日用品から雑貨類までも送られた」と書いている。このソヴィエトという国は、アメリカがつくり、アメリカが育てた国家であったのだ。

そして最も凄い物資は「ドルの印刷機」であった。

ソヴィエト大使として
娘キャスリーンを連れて
赴任したハリマン

ルーズヴェルト急逝を受け宣誓式に臨む
トルーマン新大統領

ユダヤ人バーナード・
バルークはルーズヴェルト
演説をすべて用意していた

アンドレイ・グロムイコ
は秘密工作で
駐米大使から外相へ

連合国三巨頭による「戦後デザイン会議」
ヤルタ会談、最後列右端がハリマン

重要機密情報はアルジャー・
ヒスによって流出していた

ソヴィエトにドル紙幣
印刷原板まで送り届けた
ハリー・デクスター・ホワイト

オッペンハイマーは
原爆開発の「マンハッタン計画」
機密図面を手渡した

一九四五年の夏、ソヴィエト軍はアメリカから与えられた船に乗り込み、アメリカから提供された兵器で千島列島を占領していった。

一九四五年五月八日、新大統領となったトルーマンは、「武器貸与法に基づく援助を停止する」という大統領令に署名した。

その四日後、大西洋上で、ソヴィエトに向かう援助物資積載船舶が、アメリカ港湾当局の命令を受けてアメリカに引き返すという事態が起こった。ハリマンはデーヴィス元駐ソ大使とクレイトン次官補らに働きかけ、自らもトルーマンを説得した。

いたずらにソヴィエトを脅かすな、というのが、ハリマンのトルーマン大統領に対する脅しであった。しかし、ハリマンとその配下の者たちも米ソ不信の時代が一気にやってきたのを知らされた。ルーズヴェルトは大統領選挙のとき、中部の票が欲しいためだけにトルーマンを副大統領にした。ルーズヴェルトは大統領就任式の際と、あるパーティの席での二回しか、副大統領に会っていない。ルーズヴェルトに完全に無視されていたトルーマンの逆襲が始まったのであった。

大戦中、スターリンはハリマンにドルの借款をいつも要求し続けた。一九四五年一月、モロトフはハリマンに、六十億ドルの借款要請をした。ポツダム会談後の八月二十八日にも十億ドルの借款要請をしている。九月にはスターリン自身が、訪ソしたアメリカ議員団に対ソ借款を期待すると語った。

ハリマンがアメリカ大使を辞することになった一九四六年一月の会談でも、スターリンは「百五十億ドル」の借款を要請した。ハリマンは不可能を百も承知で「クリミアのカリフォルニア」を交換条件に出した。スターリンは拒否した。新しい大統領がすべての計画を台無しにしてしまった。このことは『KGB衝撃の秘密工作』の中に書かれている。

同年三月、スターリンの借款要請を受けた米国政府は、条件として、IMF、IBRDに加盟しろと迫った。そして市場経済に移行しろ、との条件を付けた。

三月十五日、スターリンはアメリカの条件付きドル借款を拒否した。

「一見するとおいしそうなキノコだが、よく吟味すると毒キノコだった」とソヴィエトの高官は、このアメリカのドル借款の条件について語った。

歴史家たちも真実を語ろうとしない者が多い。タッド・シェルツの『一九四五年以降』には次のように書かれている。

国務省の助言、特に、アヴェレル・ハリマン駐ソ大使とその副官だったジョージ・F・ケナンの進言により、トルーマン大統領は一九四五年五月十一日、VEデー（ドイツ降伏の日）の三日後に武器貸与法による対ソ援助を中止した。トルーマンがルーズヴェルトから引き継いだ大統領補佐官（ホプキンスのこと）が五月二十七日にモスクワを訪れたとき、スターリンは援助中止を「遺憾な、野蛮でさえある行為だ」と非難した。

この文章を読んでいると、歴史家たちを操る「ハリマン・プロジェクト」の一例を見ていることに読者は気づかれよう。

トルーマンが登場したのでハリマンは反共産主義者へと変貌する。歴史家たちの中には彼を「風見鶏」と評する者がいる。ハリマンはこの説を笑って赦したであろう。

日本の学者はジョージ・F・ケナンについて多くを書くが、ハリマンは極端に少ない。それは歴史の闇の中に入っていこうとする勇気を失っているからに他ならない。アメリカ歴史学会の会長を務めたビアードでさえ、「ハリマン・プロジェクト」の力で追放された。だからハリマンの時代、一九八〇年代までのアメリカの歴史の本は面白くないのである。真実が伝わらない歴史の本ほど駄作はないのだ。

「カチンの森」の物語

一九三九年八月二十三日、ソヴィエトのモロトフ外相とナチス・ドイツのリッペンドロップ外相の間でモロトフ・リッペンドロップ条約が調印された。その一週間後の九月一日、ナチス・ドイツはポーランド攻撃を開始した。ヒトラーとスターリンは、東ポーランドおよびバルト諸島の支配権を分割した。

スターリンのソヴィエト軍はポーランドに進攻し、約二万六千人の軍人や民間人を拘留した。また、百二十万人のポーランド人をシベリアや中央アジアへ強制移送した。

一九四〇年にカチンの森で処刑されたポーランド兵の墓が一九四三年四月に発見された。この虐殺を、スターリンはドイツ軍の手によるものとした。真実は、秘密警察長官ラヴレンチー・ベリヤの指揮のもとでＮＫＶＤにより殺害されたものであった。ポーランド将校、下士官ら、一万二千から一万五千人にのぼるポーランド軍人がカチン郊外の森の中に死体となって埋められていた。

この問題が世界に大きく報道されると、ベリヤはモスクワ駐在の親ソヴィエト派の外国特派員を選び出し、実地検分させた。ハリマンは娘のキャスリーンとともに現地に着いた。一九四四年一月二十五日、ハリマンはルーズヴェルト大統領に次のような報告書を送った。

彼らの面前で行なわれた検死解剖の科学的意味を判定できる者は特派員一行の中にはいなかった。そればかりか、少数の証人に対する形式的な質問ができたのを除いては独自の調査を行なうことは許されなかった。特派員たちは自分の意見を差し挟むことなく、彼らの見聞したことを書いたが、いろいろな理由をつけて検閲官たちがこれらの記事を差し止めた。

この報告書は一九五二年、カチンの森事件を調査したアメリカ下院の聴聞会での席上で発表されたものである。真実は完全に隠蔽《いんぺい》されたかにみえた。しかし、このカチンの森の虐殺を目撃していたロシアの農夫が西側に亡命し、真実を証言した。この農夫はまもなく、ロンドン郊外の果樹園で首を吊り、死体となって発見された。

ハリマンはカチンの森事件を隠蔽しようとするスターリンの立場を支持し続けた。一九四三年十一月二十八日から十二月一日にかけてのテヘラン会議において、ロンドンに出来たポーランド亡命政権についての論議が交わされた。スターリンにこの亡命政権を認めさせようとしたチャーチルにハリマンは真っ向から反対し、スターリンの立場を支持した。

この件に関してグロムイコ駐米大使は一九四四年一月十九日、ニューヨーク・タイムズのインタビューに次のように語った。

駐ソ大使のアヴェレル・ハリマンは亡命政府路線で一線を画し、率直な意見を述べている。「亡命政権はポーランドの将来を英米対ロシアの抗争に基づいて決定しようとしている。私はこのような状況がアメリカにとって決してプラスにならないとみている」。この発言でハリマンは大きく評価を上げた。

ポーランドではソヴィエト軍の侵入時に、ドノヴァンとハリマンの共同作戦からなるOSSのデータがソヴィエト秘密警察NKVDに流れたことで、軍人、エリートの民間人などが数十万単位で殺害された。また、シベリアや中央アジアに数百万単位で強制移住させられ、金《きん》やダイヤモンドなどの採掘作業に従事させられた。ユダヤ王ロスチャイルドがスターリンに、金とダイヤモンドを要求したからである。スターリンはこの貴金属を売り、その金でソヴィエト体制を維持していた。ここには共産主義の分配の公平さなどの言葉はまったくなかった。あの共産主義は最初から、人々を騙すための空理空論であった。

ソヴィエトの支配によって虐殺され続けるポーランドを救おうと、亡命者たちがロンドンに亡命政権を樹立した。この亡命政権をチャーチルが支持しなかったら、イギリス国民の支持を完全に失っていたであろう。アメリカも同じ立場にあった。

ここにもハリマンの実力がはっきりと姿を現わしている。彼は「英米対ソ連」の構図を打ち破り、東欧諸国の全部を悪の帝国の配下に置こうとした。

これは、ユダヤ王ロスチャイルドとハリマンの、ザ・インナー・コア内部で決定済みのことであった。すなわち、クリミア半島にユダヤ王国が出来、その王国がソヴィエトとヨーロッパ（イギリスを除く）を支配するという図式である。

ハリマンの友人で「スプルバータ・インテルソフ」を共同経営していたヤヌシュ・ラジヴィル公

爵は一九三九年の秋、ソヴィエト軍のポーランド侵入のときに捕らえられた。しかし彼はドイツのヒトラーの第一代理ゲーリングと交友関係にあることがわかり、NKVDのスパイとして利用されることになった。一九四五年一月、ベリヤはラジウィルをハリマンに会わせた。ハリマンはラジウィルをポーランドに帰し、自由の身となるよう努力すると約束した。ラジウィルは一九四七年に釈放され、ポーランドに帰った。

ラジウィルと会った同じころ、ハリマンは、娘のキャスリーンが複数のいかがわしい男たちと交際しているとNKVDの情報員から告げられた。ハリマンは動揺のそぶりさえ見せなかった。その諜報員はハリマンに次のように言った。「われわれの政府は、ハリマンまたは彼の家族に対するいかなる政府機関による疑わしい行動も決して認めない」

「ハリマン様がスターリンのご主人様であられます」と、この諜報員は語っているのである。

一九四四年七月、スターリンの赤軍がポーランド国境を越える夏季攻撃に打って出た。ポーランドの人々はナチス軍を破るべく、レジスタンスの彼らをソヴィエト軍が助けてくれるものと思っていた。「ワルシャワ決起の時が来た」と、モスクワ指令のラジオ放送が流れた。この放送を聴いて四万人の愛国者たちが立ち上がったが、スターリン政権はこの愛国者たちに敵対したのであった。

ハリマンはこのことを知ると、辞表を懐に入れて（彼は『自伝』にそのように書いている）ワシントンに帰り、この大事件を報告した。とりあえず彼の回想録（『米ソ、変わりゆく世界』）を見てみよう。カチンの森事件をもみ消し、亡命政権に反対した男はこの事件も大賛成したに違いない。

ポーランド人が蜂起した時、私は必ずスターリンが助けると思っていましたが、彼はポーランドの蜂起は暴発だと言ったのです。挑発とさえ言いました。大統領、スターリンはこうも言いました。ポーランド人がナチに殺されてもそれはモスクワの責任ではない。

ハリマンの回想録や伝記を読んでも彼の実像は伝わってこない。だから私は、これらの資料を無視するか、時折、エピソード程度に採用してきた。ハリマンがルーズヴェルトに伝えたかったのは、スターリンからルーズヴェルトへ宛てた次のような伝言だった。

スターリンは自分の手を汚すことなくポーランドの愛国者が殺されたことで、スターリン自らが作ったルブラン政権の障害がナチの手で取り除かれることになりました。

ハリマンがモスクワからワシントンに飛んで帰った理由は、スターリン主導のルブラン政権をルーズヴェルト大統領に認めさせるためであった。

ハリマンは戦後世界の地図をいち早く描いていた。ユダヤ王国をクリミアに作り、その周辺の国々全部をソヴィエトの支配下に置くというものであった。何よりもポーランドが一番の主要国であった。そこでハリマンは大統領やホプキンス、そして何よりも議会筋を説得してまわった。こうしたハリマンの策略により、ポーランドをはじめ東欧諸国がソヴィエトの衛星国となっていくのである。ヤルタ会談後の国務省への報告書を見ることにしよう。

私はスターリンが現在、自由国家としてのポーランドに対するわれわれの関心を原則的な問題として理解しておらず、今後も理解しないのではないかと恐れている。彼は現実主義者で、抽象的原理に対してのわれわれの忠誠心を理解することは彼には難しい。ポーランドのように、ロシアの安全に非常に重要であると考えている国の政策に、なぜわれわれが干渉しようとするのか。われわれが隠された究極の動機をもっているということでもなければ、彼には理解できない。

これは一大使の国務省への報告ではない。見えない世界政府からの命令を、アメリカ国務省の高官たちは聞いたのである。ハリマンは真実に近いことを巧みに表現している。「われわれが隠された究極の動機を」に注目してほしい。ハリマンは国務省の高官たちを脅し上げたのである。「お前たちはガタガタ言うが、そこに隠された究極の動機があるのだ。この俺はな、お前たちと違って隠された究極の動機のために働いているのだ。ガタガタ騒ぐとクビにするぞ」

ニクソン大統領の下で国務長官を務めたユダヤ人、ヘンリー・A・キッシンジャーの『外交』という本の中の一節を紹介する。キッシンジャーは、見えざる政府の黒い犬でCFR出身、合法的マフィアのために一生を捧げている。

スターリンは実際、アメリカの指導者が、表面上、アメリカにとって戦略的利益を持たない東ヨーロッパ諸国の国内体制を巡って大騒ぎするのが理解できなかった。アメリカの道義上の立場は、通常の理解での現実的利益とは何の関係もなかったので、スターリンは隠された究極の動機を探さざるをえなかった。

ハリマンと同じ、「隠された究極の動機」という言葉をキッシンジャーも使用している。この動機こそ、見えざる世界政府が持つものである。キッシンジャーもこのことをよく理解していたのである。

米国国民を騙し、イギリス国民を騙し、ヨーロッパの国土を完全に破壊しつくした後に、数千万人の人間の死骸が土に還《かえ》ったヨーロッパの大地の中心、すなわちクリミア半島にユダヤ王国が誕生する。そのためにはスターリンのソヴィエトが巨大な帝国を築かねばならない。ハリマンは「隠された究極の動機」を持って動いたのである。このクリミアで歴史上初めて、世界政府が誕生する。

後述するが、中国もソヴィエトの支配下に降ることになっていた。ハリマンはワシントン、ロンドンと飛び回り、「隠された究極の動機」を実現するために働き続けたのである。

「世界分割計画書」が示す恐怖

ロバート・E・シャーウッドの『ルーズヴェルトとホプキンス』の中に、何とも表現のしようもない文章が登場してくる。それは、一九四三年八月にカナダで行なわれたルーズヴェルトとチャーチルの「ケベック会談」に、ハリー・ホプキンスが「ソ連の地位」という標題がついた文章を携えていたことである。「非常に高いレベルのアメリカ軍戦略見積書」(出所はこれ以上明らかにされていない)から引用された、ということになっている。この文章の内容は次のようなものである。

ヨーロッパにおけるソ連の戦後の地位は支配的なものになるであろう。ドイツが粉砕されれば、ソ連の恐るべき軍事力に対抗する強国は、ヨーロッパに全く存在しなくなる。確かにイギリスは地中海においてソ連に対抗する地位を築きつつあり、そのことをイギリスはヨーロッパにおける勢力均衡のために有用だと思っているのかもしれない。しかし、この地域においてさえも、イギリスは、その他の方法で支援されない限りソ連に対抗できないであろう。以上のことから結論は明白である。ソ連は戦争における決定的要因なのであるから、その友好を獲得するために、あらゆる助力はソ連に与えらなければならないし、あらゆる努力が払われなければならない。同様にして、枢軸国が敗北するや否や、ソ連は必ずヨーロッパを支配するであろうから、ソ連との最も有効な関係を発展させ、それを維持することは、なおさら必要不可欠である。

最後に、ソ連との関係においてアメリカが考慮しなければならない最も重要な要因は、太平洋地域における戦争の遂行ということである。対日戦争においてソ連を同盟国にすればその反対の場合に比べて、戦争をより短い時間で、また生命と資源とにおいてより少ない出費で終結させることができる。

太平洋地域における戦争がロシア側の態度が非友好的、または消極的なまま遂行されねばならぬとすれば、困難は測りがたく増大するだろうし、また作戦は失敗に帰すかも知れない。


シャーウッドは「テヘランにおける、また、更に後のヤルタにおける決定作成を導いた政策を指示するものとして、この見積もりは明らかに非常に重要なものであった」と書き添えている。「非常に高いレベルの……」とあるのは、「黒い貴族のある人からの」と同じであろう。

この文書の出たケベック会談（八月十四日）から半月後の九月三日に、ルーズヴェルトはスペルマン大司教（後の枢機卿）に会って、一つの世界デザインを語っている。多分、ケベック会談でチャーチル首相から伝えられた文書からの引用だと思われる。『ルーズヴェルトとホプキンス』からさらに引用する。ミズリー州選出の下院議員デューイ・ショートの発言である。


ホワイトハウス内のラスプーチンの追随者たちは……そして今日のわが政府の高く、かつ重要な位置には、これら追随者たちがたくさんいるのであります。戦争を利用して、完全に外国産で、われわれが今まで知っていたのとは完全に反対の種類の政府と経済とを、アメリカの上に背負わせるための煙幕として用いようというわけでありましょうか。

テヘラン会談でルーズヴェルトはスターリンに、「世界の将来の平和を論じたいと思うがどうか」と尋ねた。スターリンは応じた。ルーズヴェルトは、「四人の警官（ソ連、米国、英国、中国）による強制機関」（平和に対するいかなる脅威にも、またいかなる突然な非常事態にも、ただちに対処し得る権限を持つ）の設立について語った。スターリンは、ヨーロッパは英国、米国、ロシア、極東においては一つの委員会を設ける構想について語った。世界の暗黒が演出されかかった会談であった。このルーズヴェルトとスターリンという二人の悪魔の背後に本当の演出者がいた。その演出者の正体を暴く必要があろう。

ある一冊の本から始めてみる。元アメリカ下院議員ハミルトン・フィッシュの著書『日米・開戦の悲劇』の巻末に「追記II」という付録がある。その中には「欧州共産主義支配下計画」について書かれている。フィッシュはロバート・ガノ師の『スペルマン枢機卿』から引用したとしている。

一九四三年九月三日、ルーズヴェルトはホワイトハウスで、親しい友であり後に枢機卿になったフランシス・スペルマン大司教にあることを説明した。スペルマンは多量のメモを取りルーズヴェルトが説明したことを正確に書きとめた。それは二枚のタイプからなる覚え書だった。この会談がなされた日はスペルマンがルーズヴェルトの個人的な特使として、ヨーロッパ、アフリカ、南米を回る六カ月の旅行からちょうど帰った時であった。大統領とチャーチルがホワイトハウスで夕食をとった一夜の後だった、とスペルマンは書いている。

では、覚書の前にスペルマン特使のことを書くことにしよう。

一九四三年一月、ルーズヴェルトとチャーチルはカサブランカで会談し、枢軸国側に「無条件降伏」を要求することで意見の一致をみた。「無条件降伏」は、新しい世界秩序のデザインを世界に語りかける序章となった。

ルーズヴェルトはスペルマンをホワイトハウスに招いた。そして従軍司祭の資格を与え、ヨーロッパ戦線を訪れる許可を与えた。この年の二月、スペルマンは大統領の「秘密私的指令」を受けてヨーロッパ各地を歴訪した。ポルトガル、スペイン、アフリカ、イギリス、そして中東諸国を歴訪した。特にトルコではイギリスの諜報部員たちと接触した。イスタンブールではピオ二世に法王庁代表の資格を与えられた。

トルコは東西世界の分岐点であった。スペルマンは、イタリアにおけるファシズムの除去、人民政府の樹立について交渉した。特に、カトリックのドイツ大使パーペンとしばしば秘密の会合を重ねた。この会合で話し合われた内容の記録は存在しない。しかし、スペルマンとパーペンとがナチス・ドイツ後の世界分割計画について語り合ったことは間違いない。だが、この会談は成功しなかった。パーペンはリッペントロップ外相（ドイツ）の「世界分割案」についてスペルマンを説得したからである。

ここで判明するのは、アメリカとイギリスの「世界分割案」と、ナチス・ドイツとローマ法王庁の「世界分割案」の二つが存在した、ということである。ナチスが敗れたために、ローマ法王庁が期待した反コミュニズムの案は消えたのである。では、ルーズヴェルトがスペルマンに語った「覚書」を記すことにする。

スターリンは、フィンランド、バルト海諸国、ポーランド東半分、そしてベッサラビアを確かに受け取るだろう。さらに東ポーランドの住民は、ロシア人となることを欲している。中国は極東を取り、合衆国は太平洋を取る。そして英国とロシアはヨーロッパとアフリカを得ることになる。しかし、英国は植民地に主な権益を有するがために、ヨーロッパではロシアが優越的な立場を占めるであろうことも推定される。これは希望的観測であるかもしれないが、ロシアによる干渉は、厳しすぎるということではないかもしれない。

共産主義の支配は恐らく拡大するだろう。しかし、フランスは、もし、レオン・ブルームのような政権を持てば、最終的には共産化を免れるかもしれない。人民戦線は極めて進歩的であるから、結局、共産主義はそれを受け入れることになるかも知れない。

われわれはロシアの驚くべき経済成果を見落とすべきではない。財政は健全である。勿論ヨーロッパの国々がロシアに適応するためには大がかりな変容を経なければならないのは自然の成り行きである。ヨーロッパの人々（これにはフランス、ベルギー、オランダ、デンマーク、ノルウェー、そして勿論、戦争中の敵国であるドイツとイタリアも含まれる）は十年、二十年先にロシア人とうまくやっていけるという希望を持ってロシアの支配を甘受しなければならない。

ルーズヴェルトが、この覚書の内容をスペルマンに語ったのはチャーチルと会談した翌日である。確証はまったくないが、イギリスの黒い貴族、世界権力（ザ・オーダー）の意向をチャーチルから伝えられたのであろう。

では、どうして、フランスにいるギ・ド・ロスチャイルドやフランクフルトのウォーバーグ財閥がこの案を受け入れるのであろうか。ここまで来ると、「クリミアのカリフォルニア」がクローズアップされてくるではないか。彼らはクリミアに移住することになっていた。そしてそこから全世界に指令を出す。やがてロシアのスターリンを亡き者にして、ロシアを、否、ヨーロッパそのものを支配しようと考えたのだ。

この覚書から三カ月後、ルーズヴェルト、チャーチル、蔣介石はカイロで会談した。蔣介石は十一月二十三日の日記に次のように書いている。

余はルーズヴェルト氏の対ソ共産主義政策を大いに称賛し、すでに効果が上がっていることに喜び……ソ連の今後の行動と実情に注意するように申し入れ、余がソ連をあまり信用していないことをはっきり伝えた。

蔣介石はルーズヴェルトに完全に騙されていた。何という欺瞞なのだ！　この会談で蔣介石は、中国の主権の回復をルーズヴェルトとチャーチルに訴えた。「香港の主権は中国にあると四度も訴えた」と、この会談に同席したルーズヴェルトの息子は『回想録』に書いている。蒋介石は捨てられる運命にあることを知らなかった。チャーチルは『第二次大戦回顧録』の中で、蒋介石に敵意をもって書いている。

このカイロ会談からわずか一週間後、ルーズヴェルト、スターリン、チャーチルはテヘランで会談した。ハリマンがこの会談のお膳立てをした。「この会談で世界分割計画が話し合われた」と、シャーウッドが『ルーズヴェルトとホプキンス』の中で書いている。チャーチルは会談の後に「イギリスがこんなに小国であったとは思わなかった」と、謎の言葉を残している。チャーチルの嘆きは当然である。ヨーロッパのほとんどをロシアに渡すと、ルーズヴェルトがスターリンに約束したのだった。

チャーチルは会談で、「ここには世界が今までに見た、最大の力の集中が代表されているし、また、人類の幸福な未来は出席者たちの手中にある」と語った。

ルーズヴェルトは「ロシア代表を『家族の集いの新しい成員』として歓迎できて嬉しい。ここに代表される三国が戦争の継続のためではなく、来るべき世代のために密接な協力裡に働くであろうと信じる」と語った。スターリンは二人に礼を言った。そして次のように語った。「この兄弟的な会見は実際に偉大な機会を意味しており、また各出席者がそれぞれの国民から与えられた機能を賢明に使用することは各出席者の責任にかかっている」

人類の幸福なる未来をスターリンに渡す契約がなされた。自国民を四千万人以上も殺戮した男に、ヨーロッパとアジアをただ同然で手渡すと約束したのである。

このような約束事をしでかす奴らの背後にフリーメイソンのバール神がいるに違いないと私は思

ってしまう。
この会議でスターリンがホプキンスに語りかける様子を見て、ハリマンがホプキンスに囁いた。「いつものスターリンが外国人に示すよりももっと打ち解けて温かい丁重さを見せていた。明らかに元帥は、君の中に約束し、かつその約束を守るために最善を尽くした姿を見たのだよ」。ソヴィエトの情報部員はホプキンスを「心情スパイ」と言っていた。
中国専門家だったオーウェン・ラティモアは、ルーズヴェルトから私的に派遣されて重慶で蒋介石の顧問となった。『中国と私』で彼は次のように書いている。

ルーズヴェルトは中国を名目上は世界の四大国に入れる用意があったと思うが、連合国がヒトラーに勝ったあかつきには三大国（アメリカ、英国、ソ連）となり、西ヨーロッパの主要な決定はアメリカと英国、太平洋地域の主要な問題、特に中国の地位はルーズヴェルトとスターリンで決定できると予想していた。蒋介石にとって、名目上は四大国に入れられていても事実上中国は隅に押し込められ、三大国が作った決定を呑《の》まなければならなくなる可能性を意味していた。

ハリマンは一九四四年九月十八日、ハル国務長官へソヴィエトに関する電文を送った。ハリマンは「世界分割計画」を推進する一方で、国務省にはソ連の恐怖を伝えていたのである。彼が二つの世界を生きていることがこの電文を読むと理解できる。

ソ連とは秘密警察によって個人の自由と言論を圧迫し、さらに情報や教育を権力が操作することによって支配が成り立つ警察国家である。その意味で、政治支配に関わる理念、また、彼らの対外行動は、われわれが大西洋憲章で求める民主的国家のそれとは本質的に異なっている。ソ連は東欧において「友好的な隣人国家」を期待すると語ってきた。われわれはそれを独立した、ソ連との間に友好な関係を結ぶ国家のことと捉えてきたが、実際、ソ連が言う友好国家とは、ソ連が一方的、片務的に振る舞える国家、つまりソ連の意向に従順に従う国家を周辺に置くことを意味していた。これをさらにいえば、ソ連型の警察国家が東欧に安全保障という名の下に、ソ連の実質的影響国として拡大する可能性をも意味するのである。

ルーズヴェルトの世界分割案を裏付けるような内容を、エドガー・スノーの自伝『目ざめへの旅』の中に発見できる。彼の『中国の赤い星』を読んだルーズヴェルトは、スノーをホワイトハウスに招いたのである。

一九四四年五月、大統領として会談した際、彼は「強大な恐るべき隣人として、ソ連という巨人を率直に受け入れなければならず、これと共に共存し、世界の権力と権威を分け合い、また、好きになれないにしても理解するように努めなければならない」と語った。国家を譲り渡すためには、権威ある筋からの承認を得た、一つの儀式が必要であろう。

国家を譲り渡し、譲り受けるのであるとすれば、世界最高の権威ある見届け人がいないといけない。この最初の儀式が一九四四年十月にモスクワで行なわれた。チャーチルとスターリンは二人だけの会談を行なった。ハリマンはオブザーバーとして出席し、二人の会談をじっと見つめ続けた。この会談には「トルストイ」というコード名が与えられた。

チャーチルは胸ポケットから四つ折りにした紙切れを引っ張り出し、スターリンに見せた。

〔ルーマニア〕
ロシア…………九〇%
その他の国………一〇%
〔ギリシャ〕
イギリス（アメリカとともに）……九〇%
ロシア…………一〇%
〔ユーゴスラヴィア〕
ロシア…………五〇%
…………五〇%
〔ブルガリア〕
ロシア…………七五%
その他の国………二五%

スターリンは、太い二色鉛筆で紙切れの左上の隅に青い小さな印を書き入れた。そしてチャーチルの方に押し戻した。ワレンチン・M・ベレズホフの『私はスターリンの通訳だった』にそのように書かれている。ベレズホフはスターリン側の通訳としてこの会談に参加していた。ハリマン駐ソ大使はルーズヴェルトから、スターリンとチャーチルの会談にオブザーバーとして行動するように指令を受けていた。ルーズヴェルトはスターリンとチャーチルに、二人の会談で下された決定事項はすべて受諾する意向であると報告していた。これは何を意味するのであろうか。

ルーズヴェルトは二人の会談に先立って、ハリマンに前述したように通信した。そして以下の重要な事実を心に銘記するように付け加えた。

私が予測しうるところでは、スターリンと首相の間で討議されるかも知れぬ課題のうち、私が大いに関心を抱かないであろうような課題は全くあるはずがない。この会談の終了後、私が完全な行動の自由を保有することが重要である。

そして、ルーズヴェルトはハリマンに対して会談全体を通じて、ハル及び彼自身に情報を知らせ続けること、また完全な報告を行なうために会談終了後直ちに帰国するようにと訓令した。そしてホプキンスにスターリン宛ての電報をハリマンに送り、それをスターリンに手渡すように訓令した。

……それゆえ私はチャーチル氏との間で行なわれる会見に際して、もし、貴殿とチャーチル氏との御承認が頂けますならば、ハリマン氏が私に代わるオブザーバーとして出席することを示唆しようと思います。貴殿と首相によって当然ながら討議されうるいかなる重要問題に関しましても、ハリマン氏は当政府に代わって言質《げんち》を与えることはできないでありましょう。

このルーズヴェルトのスターリン宛ての電信文は次のことを示唆していると私は解釈する。アメリカ大統領といえども関与できない重要な内容をチャーチルが密使としてスターリンのもとへ届ける。この内容の如何にかかわらず、ルーズヴェルトもハリマンも異議を挟まない。チャーチルの差し出す重要書類について承諾するように希望する……。

では、誰がこの「四つ折りの紙切れ」を書いたのかが問題となる。この会議に触れているアメリカ側の本は非常に少ない。触れていても一頁以内である。ロシア側の本では時折目につくことがある。しかしそれでも一頁か一頁半の内容である。私はこの会議を『私はスターリンの通訳だった』で読んで、その後に数々の文献を漁りだした。「何かが隠されている」と直感したからに他ならない。さて、この会議の詳細を書くことにしよう。

「アメリカは関知せず」の通知を受けたスターリンは、チャーチルが見えざる世界政府の代理人として登場したことを知ったはずである。アメリカの意向を考慮しないでスターリンに手渡したこの世界分割計画（ポーランド問題には触れないとしても）は、その後の東欧の運命を決定的にしたものであった。この二人の取引は、共産主義国と、アメリカ、イギリスを中心とする民主主義国との闇取引であった。スターリンはこの紙切れにより、一方的に東ヨーロッパを手に入れることになった。私の推論を書こう。もちろん物証はないうえだ。

ヴィクター・ロスチャイルド、イギリス王室の有力メンバー、そしてハリマンが秘密ルートで話し合い、チャーチルを「全権委任特別大使」としてスターリンのもとへ派遣したとみる。このメンバーが、私の主張し続けてきた世界権力（ザ・オーダー）の中の、ザ・インナー・コアであろうと私は思うのである。

スターリンとの会談に臨んで、チャーチルは次のように語りかけている。

ハリマンがわれわれの交渉に同席するのは私の歓迎するところです。しかしながら、それによってわれわれが個人的な会話を控えるべきだというものではありません。（胸ポケットから四つ折りの紙切れを出しながら）つまらないものですが、ロンドンの特定の人間の考えを示す紙切れを持参しております。

この文章は、会議を通訳したワレンチン・M・ベレズホフの書いたもので、私の創作ではない。私は「創作」を書く場合は必ず、こう思うとか、こう考えるとか書いている。読者は「ロンドンの特定の人間」について語るチャーチルの言葉に注目すべきではないであろうか。私が書き続けてきた世界権力（ザ・オーダー）の中のザ・インナー・コアの姿がここに書かれていると思うのである。

彼らは確かにロンドンにいる。そしてチャーチル首相に「これを持ってモスクワに行き、スターリンに渡せ！」と命令できるグループである。彼らは普通は「ザ・グループ」を使用するけれども、私はアメリカ流に「ザ・オーダー」としたのである。

この紙切れにスターリンが青い小さなチェックの印を書き入れたのを見たチャーチルは、何とも意味深長な言葉を彼に伝えた。

数百万の人々の運命に関するこれらの問題を、このような無造作なやり方で処理してしまったように見えるとずいぶん利己的だと思われないでしょうか？　この紙を焼いてしまいましょう。

スターリンは即座に、「いや、残しておいて下さい」と言った。

そしてスターリンは、見えざる世界政府からの指令書の左上隅に二色鉛筆で青い小さなチェックの印を書き入れたのである。スターリンは思ったに違いないのだ。「どうしてこの書類が焼かれてなるものか。やっと私は世界の半分を支配する王として認められたのだ。思えば長い人生ではなかったか。私はコーカサスの山の中で虐げられたユダヤ人の子として生まれ、ロシア帝国の秘密警察オフラナの一員として貧乏くさい青春を送ってきたのだ。そしてロスチャイルドに拾われ、バクー油田でオフラナとコミュニストとユダヤ機関の三重スパイとして生き続けてきた。銀行強盗、殺人を繰り返し、裏切りに裏切りを重ね、ついに四千万人の自国民を殺し……今の地位を得た。そして、この瞬間を迎えることができた。どうか焼かないでくれ、これは私の宝なのだ……」

読者は先に記した「四つ折りの紙」の中の、ユーゴスラヴィアに関する占有率に気づかれただろうか。

〔ユーゴスラヴィア〕

ロシア…………五〇％
…………五〇％

ロシアの左横が空白になっている。この五〇％の空白は、「見えざる世界政府」が支配するということであろう。事実、ユーゴスラヴィアは彼らが五〇％支配する国となった。そして数十年後、この地で戦争が起こるのだ。

チャーチルはスターリンとの最終合意書をハリマンに見せた。ハリマンは「ルーズヴェルトはこのような行為に非常な不快感を覚えるだろう」と述べた。スターリンとチャーチルは会談終了後にルーズヴェルト宛ての電報を共同で打った。「ハンガリーとトルコを含むバルカン諸国に関し、われわれはそれぞれの政策をいかに最大限に一致させるかについて考慮を払わなければならない」。ハリマンはこの電報を読み、「承諾した」と二人の首相に言った。

ルーズヴェルト大統領は所詮、操られた大統領であった。見えざる世界政府に文句の一言も言えない大統領だった。

『ユダヤ・プロトコール』（『シオン長老の議定書』）に次のような一文がある。

国家の責任あるポストを我々ユダヤ人兄弟たちに任すことがまだ危険な時は、当分われわれは次のような人物に委ねる。その人物の過去と性質が、彼らと人民の間に懸隔があるような人物。またわれわれの命令を聞かない場合には裁判かあるいは流刑《るけい》を待つしかないような人物である。これは彼が死ぬまでわれわれの利益を守ってくれるためである。

ルーズヴェルト、チャーチル、スターリンたちは「ユダヤ人兄弟たち」の代理人であった。この『ユダヤ・プロトコール』はたとえ偽書であれ、見事に代理人の姿を描ききっている。事実、ルーズヴェルトはハリマンからこの分割案の説明を受けて黙認した。モスクワ大使館にいたジョージ・F・ケナンも勢力圏分割はやむなしの態度をとり、ハリマンに賛意の心を呈した。スチムソン陸軍長官、チャールス・ボーレンも同様の意向を表明した。ポーランド問題のみが残ったが、これもスターリンの勢力圏に入るのである。

スターリンは再度、クレムリンのアパートにチャーチルを迎えた。それどころではない。チャーチルからの晩餐会の誘いを受けた。ソヴィエト始まって以来のことであった。チャーチルはこの晩餐会の席上でスターリンに語りかけた。

……再生ポーランドとソ連の善隣友好関係に私がこれほど重きを置いているのはそのためです。イギリスはポーランドの自由と独立を守るために参戦しました。ポーランド国民と彼らの精神的価値に関し、イギリス国民は道義的責任感を抱いています。ポーランドがカトリック国であるという点が重要です。われわれとしてはわが国とバチカンの内紛を認めません。

スターリンはポーランドを完全支配できることに自信を持っていた。ポーランドの善隣友好国をタダでもらったのであるから。スターリンはチャーチルに問いかけた。

「それで法王は何個師団を持っているのです？」

この会談でのポーランド問題がヤルタ会談でのメインテーマになる。カトリックの動向に、ユダヤ資本家たちも対策に苦慮するのである。共産主義とカトリックの闘いが、あの四つ折りの手紙の出現から始まったのである。

ヒトラーはユダヤ人を虐殺した。しかし、スターリンは数百万単位でカトリック教徒を虐殺し続けて、東ヨーロッパを支配下に置くのである。これは「ユダヤ人兄弟たち」の狙いの一つであった。チャーチルがスターリンに「世界分割」を認めたとき、数百万単位のカトリック信者の殺害命令を出したことになった。こんな指令を出せるのは、「プロトコール」にあるように「ユダヤ人兄弟たち」以外にないのである。

共産主義化とは、ユダヤ教によるメシア信仰の拡大に他ならない。タルムードの世界の拡大化なのである。スターリンにより、東ヨーロッパの人々は家畜（ゴイム）化されたのである。ポーランドの人々（カトリック）が数百万単位でシベリアに運ばれて強制労働に従事させられ、ほとんどが還《かえ》らぬ人となった。この会談の直後からである。

さて、チャーチルはボリショイ劇場に招待された。劇場内はイギリスとソ連の国旗で飾り立てられ、チャーチルが「皇帝」のボックスに現われると、観客は万雷の歓声で彼を迎えた。五分遅れてスターリンが姿を見せた。スターリンはチャーチルに最大限のもてなしをした。

十月十九日、チャーチルは空港へ向かった。降りしきる雨の中、スターリンはチャーチル一行を待っていた。ハリマンもモロトフもスターリンに同行した。ベレズボフは次のように書いている。

スターリンを見てチャーチルは驚きかつ喜んだ。二人の指導者は短いスピーチをしてから、イギリス首相は自分が親切に振る舞う番だと考え、スターリンとモロトフを機内の客室に案内した。客室の装備は申し分なく極めて居心地が良さそうだった。スターリンは口に出さずにいられなかった。「これで首相が喜んで世界中を飛び回っている理由が分かった」と。

ロンドンの特定の人間による「四つ折りの手紙」、その差出人について考察してみたい。ユダヤ王のライオネル・ド・ロスチャイルドはすでに死んでいた。一九三七年にウォルター・ロスチャイルドが死に、その後、イギリスにおけるユダヤ王には三代目のヴィクターがなっていた。この手紙の当時、彼は三十四歳だった。実質的な指導者はライオネルの弟アンソニーであった。私はヴィクターとアンソニー、それにイギリス王室のマウントバッテン卿の三人による協議の結果、この四つ折りの紙が誕生したとみている。

チャーチルは『第二次大戦回顧録（四）』の中でこの会談に触れている。しかし、四つ折りの紙には触れていない。「……ギリシャについてはわれわれが九〇％の発言力を持ち、ユーゴスラヴィアでは五分五分で行くことにしたらどうだろうかと、これが通訳されている間に私は半栞の紙に書くように書きだした。……私はこれを前に押しやった」

ヴィクター・ロスチャイルドが大英帝国内で絶大なる力を持っていたことを知る必要がある。一九四四年二月七日、スターリンとチャーチルの会談の半年前に、彼はサヴォイ・ホテルの私室で晩餐会を催した。出席者は首相夫妻にその娘、情報大臣でチャーチルの側近のブレンダン・ブラッケンおよび秘書のジョン・コルヴィル（後にロスチャイルド銀行に入る）であった。コルヴィルは日記に次のように記している。

夕食は素晴らしく、トリングの貯蔵庫から運ばれたワインの中には一九二一年のポル・ロジャーやロスチャイルド・シャトウのもの、また上物の古いブランデーがあった。食事の終わりにはとびきりに優れた魔術師が現れ、首相もこんなのは今まで見たこともないと言っていた。

私はコルヴィルの日記を読んでいくうちにふと思ったのである。あの「四つ折りの紙切れ」は、晩餐会の魔術師がチャーチルのポケットに入れて、「それをスターリンに渡しなさい」と言ったのではないかと。人間ならあんな文章は書けないのではないか、と。

ヴィクターは当時ＭＩ５（国内諜報部）にいて、スパイ活動に従事していた。戦後、彼の部下たちのほとんどは、スパイ容疑で逮捕されるか、共産圏に逃亡した。ひょっとしてヴィクターに共産主義の亡霊が憑《の》り移ったのだろうか。私的な晩餐会に首相や情報大臣が迎えられて出席するというのは、ヴィクターの力の凄さを示すものである。この晩餐会で渡された四つ折りの紙切れが首相と関係大臣で検討され、ルーズヴェルトとハリマンに秘密ルートで知らされて、彼らの暗黙の了解を取りつけてからスターリンに会いに行く……。

半年後というのも辻褄《つじつま》が合うような気もする。

ロンドンのポーランド亡命政府の首相ミコワイチクはこのときモスクワにいて、チャーチルとスターリンの会談の行方を心配しながら見つめていた。四つ折りの紙切れにポーランド問題は出なかった。ミコワイチクはスターリンに失望し、一時ワシントンに行き活動した後に再びロンドンに帰った。スターリンはミコワイチクを恐れ、ロンドンに刺客《しかく》を送り込み、殺してしまう。それはもう少し先の話だ。

ヨーロッパの大半をソヴィエトに与えるという「世界分割計画」が一九四三年九月にほぼ完成し、スターリンとチャーチルの一九四四年十月の会談で正式に決定したということになる。彼らは「ユダヤ人兄弟たちと仲間」と言っておこうか。彼らはどのような世界を考えていたのであろうか。以下は私の推論である。

一九四五年度中に第二次世界大戦は終わりを告げよう。「勝利の計画」を二年ほど延ばしたが、終わりを迎えなければならないだろう。ユダヤ王国、すなわち世界政府がロシアのクリミア半島に樹立されよう。この政府により世界は四分割されよう。イギリスとギリシャを除くヨーロッパの大半はロシアが支配するだろう。中国の一部はロシアが支配し、インドシナは中国が支配するだろう。極東（日本と朝鮮の一部）と太平洋諸島はアメリカが支配し、イギリスは本国とギリシャのみの支配となろう。

だが、この計画は突然に崩れていったのである。この計画の最終決定者となる予定のルーズヴェルト大統領が死んだからである。

「見えざる世界政府」の中の王は、「クリミアのカリフォルニア」計画が消え去り、世界政府の夢も消えたのを知ったのである。ルーズヴェルト大統領の死は、かくも大きな衝撃を彼らに与えたのである。アメリカ国民やアメリカの国会議員(ほんの一部は知っていた)を無視し、極秘裡に進められてきた計画ゆえに、ルーズヴェルトの死とともに終わるのは当然の帰結ではあった。日本と朝鮮はソヴィエトとアメリカによる分割統治となるはずだった。戦争終結後、スターリンがハリマンにこのことを主張している。トルーマンはスターリンの申し出を拒否した。真に日本人は運が良かった。ポーランド人のように、数百万人単位でシベリアに送り込まれるところだったのだ。

ヤルタ会談について一つのエピソードを書いておきたい。クリストファー・アンドレーとオレグ・ゴルジェフスキーの共著『KGBの内幕』から引用する。

一九五二年七月、スターリンはイタリアの社会主義者ピエトロ・ネンニに「アメリカ人のスペルマン枢機卿が変装してヤルタ会談に来ていたことは確かだ」と言い、「我が友ルーズヴェルトが自分に冷たい態度を取るようになったのは奴のせいだ」と言った、という。ネンニはスターリンが真面目であることを疑わず、この不気味な陰謀理論は、バチカンが仕掛ける陰謀に対し、スターリンが周期的に抱く妄想の兆候だとした。ヤルタにおけるバチカンの陰謀というスターリンの理論が生まれた薄弱な根拠は、アメリカの代表団の中にクリミアからの帰路、ローマに足を止めたブロンクスの民主党のボス、エド・フリンの不似合いな姿があったことだ(その後、それがスペルマン枢機卿が変装した姿だというスターリンの陰謀的空想の中に入りこんだ)。スペルマンの陰謀という理論について、イギリスの外交官A・サイクスはいみじくもスターリンの世界を「狡猾さとナンセンスの奇妙な混合」だと述べている。この混合は大祖国戦争時代と同じく冷戦時代もスターリンの情報の扱い方の特長となる。

ヤルタ会談にスペルマン枢機卿は出席していない。しかし、「変装して」出席していたとするスターリンの思いは単なる妄想ではあり得ない。スターリンはスペルマンが「世界分割計画」に深く関わっていたことを知っていたはずである。スペルマンは単なる司祭ではない。ピオ十二世とともに、世界史上の重要人物である。

一九四四年、スペルマン大司教は自らのユダヤ的行動を非難されると、逆に反ユダヤ的な人々を非難して次のように宣言した。

「すべての公平なアメリカ人は、正義感からでなく安全という考えからも『偏執』に反対すべきである。なぜならば、もし、その『偏執』が許されるならば、それはいかなる人種に対しても、また、宗教に対しても向けることができ、それからそのすべてにはね返ってくるかもしれない」

スペルマンはオプス・ディの会員として国際ユダヤ資本の力を最大限に活用した司祭であった。ルーズヴェルトの密使にふさわしい人物であった。ヤルタにおいて、どうしてルーズヴェルトはスターリンに冷淡になったのか？　ポーランド人たちが反ソヴィエト的行動に出たからである。

スペルマンは国際ユダヤ資本の信頼を受けてヨーロッパを廻り、ソヴィエトにカトリック信徒を渡すよう説得した。カトリックの司祭たちは猛反対した。そしてマルクス主義＝ユダヤ教とカトリックの戦争が東ヨーロッパに起こった。まさしく戦争だった。カトリック教徒が数百万単位でソヴィエト軍とその配下の国軍により殺戮された。スペルマンは逆に、スターリンから嫌悪されるべき人間となった。ルーズヴェルトもアメリカ国民の反ソヴィエト感情を無視できなくなった。イタリアやフランスは、かろうじて共産主義化を免れたのである。東欧の共産主義国化を財政の面から支え続けたのは国際ユダヤ資本だった。ルーズヴェルトやチャーチルは彼らの支配下となり、「世界分割化」、すなわち共産主義化を推し進めたのである。途中で世論の力のために多少は修正したのだが……。

スターリンがイタリアの社会主義者ネンニに、スペルマンの偽装について語ったのは一九五二年七月である。ヤルタ会談からすでに七年の歳月が流れていた。スターリンはカトリックと戦争し、これに勝利して東ヨーロッパを制圧した。スターリンは一九五三年三月、すなわちネンニにスペルマンについて語ってから半年ちょっとで謀殺される(その経緯は後章で書く)。

スターリンは完全にカトリックを鎮圧し得たと思っていた。しかし、スペルマンは東ヨーロッパが共産主義化された後にピオ十二世を説得し、反スターリンを鮮明にする。そしてスペルマンは、国際ユダヤ資本が組織した「赤いマフィア」と呼ばれるオプス・ディをローマ・カトリックに入れる。ローマ・カトリック十字軍とユダヤ教がプロテスタント原理主義を入れて、単一の世界宗教を目指す方向に向かう。世界統一政府という構想がここから生まれ、スターリンの謀殺が計画される。新しい「クリミアのカリフォルニア」の構想は、スターリン謀殺を演出し、別の形態の「悪の帝国」ソヴィエトの創造となる。世界を単一の宗教国家にしようと、世界権力(ザ・オーダー)は考えたのである。

スペルマンは新しい反共主義を唱えるために、国際ユダヤ資本から多額の資金を提供された。彼はフーヴァーFBI長官を味方につけた。戦後、いち早く反共を唱えたのが彼とフーヴァーであったことが何よりの証となろう。

スペルマンはイタリア貴族組織の一つ、マルタ騎士団の団員でもあり、同じ団員のCIA長官アレン・ダレスと組んで、ピオ十二世に不正な金を渡した。オプス・ディの組織を法王庁に入れさせるためであった。そして自ら、「黒い法王」と名乗るのだった。スペルマンはアメリカで、マルタ騎士団のトップの地位にあった。マルタ騎士団は反メイソンである。しかし、限りなくメイソンに近い。彼は親ユダヤ系であり、ブナイ・ブリスのためにも働いた。

世界権力（ザ・オーダー）はナチスを育て、反ユダヤ主義に向かわせた。そして共産主義を創造し、スターリンとヒトラーを闘わせた。スターリンはつかの間の勝利を得た。しかし朝鮮戦争にスターリンを引き入れ、その後に謀殺する。彼らは、新しい「クリミアのカリフォルニア」を求めてやまないのである。

『日米・開戦の悲劇』をもう一度引用する。著者のハミルトン・フィッシュは、読者に一つの大きな疑問を投げかける。

　本当の問題点は、誰がルーズヴェルトの頭に共産主義者によるヨーロッパ支配という醜悪な考えを吹き込んだのかである。はっきりと誰がやったと判ることは決してないだろうが、少なくとも一つの事は確かである。つまり、チャーチル、イーデン、バーンズ、サム・ウェルズは犯人ではないということだ。これらの人々は共産主義とは縁がない。

フィッシュは半分は正しい。チャーチルは世界分割案をスターリンに渡すとき、わざわざ断りを入れている。自分で書いて渡すのではなく、「ロンドンの特定の人物」からと明言している。チャーチルは反共産主義者だった。あの「四つ折りの紙切れ」をスターリンに見せた後に書いた妻への手紙には、スターリンの悪口が書いてあった。しかし、チャーチルほどロスチャイルドのために働いた者はいない。ユダヤ教＝マルクス主義の黒い犬であったとたびたび書いた。バーンズ、ウェルズはルーズヴェルトから軽んじられていた。それゆえ共産主義者ではない一体、誰が犯人だと、フィッシュは考えていたのであろうか。

ハリマンについてフィッシュは次のように書いている。

米国民の欧州戦争参加に対する反対感情はほとんど極限にまで達していたことは明らかである。その後数年の間にこの数字は九七％から約八五％にまで下がり、パールハーバー攻撃に至るまでそのままであった。当時ルーズヴェルトは介入主義者である閣僚の一団に囲まれていたが、彼らのうちの多くは容共主義者であった。その中にアヴェレル・ハリマンがいた。彼はアチソン国務長官補佐官と同時に幕を開けてみて初めて、スターリンと共産主義は自由と米国に対する大敵であると気づいたのである。

スターリンの恐怖という名の「パンドラの箱」を開けたのはハリマンとその友人のアチソンだと、フィッシュは書いている。

真実を書くべきであろう。私は、チャーチルがスターリンに語った「ロンドンの特定の人物」とその仲間こそが、すべての戦争の仕掛け人だと確信するのである。

「アルゴ船団」の幽霊たち

一九四五年二月四日のヤルタ会談について別の角度から書くことにする。ヤルタ会談はチャーチルの提案で、「アルゴ船団」という暗号名が付けられた。これは、ギリシャ神話に登場する黄金の羊毛を探しに黒海沿岸に出向いた勇士たちが乗っていた船団の名である。これを知らされたルーズヴェルトはチャーチルに、「私は貴殿の提案した『アルゴ船団』を歓迎する。貴殿と私はその直系の子孫である」と書き送っている。

R・シャーウッドの『ルーズヴェルトとホプキンス』に、この暗号名の由来が書かれている。ギリシャ神話によると、この船に乗った勇士たちは幽霊や死体に出合い、ろくでもない旅をした。それにしてもなぜ、このような不気味な名前が付けられたのか。そういえば、ルーズヴェルトもチャーチルも、祖先はアヘン貿易で財を成した海賊だった。

あのヤルタ会談のときから、チャーチル、ルーズヴェルト、ハリマンらの勇士を乗せたアルゴ船団が、今日でも幻の大海をさまよっているのが私にははっきりと見える。読者はどうであろうか。

十七世紀のフランスの箴言家《しんげん》、フランソワ・ラ・ロシュフコーはこう書いている。

「世に語られる歴史はほとんど嘘である」

ルーズヴェルト、スターリン、チャーチルの三者会談で、ポーランド問題については別に委員会を設立して検討するという結論になった。「曖昧な」ままにしておくというのがチャーチルとスターリンの共同作戦だった。イギリスの外務次官カガダンが妻に送った手紙は、この件に関しての示唆に富む何かを提供してくれる。

それが最も重要なものになるだろう。というのも、いずれにしても、もしわれわれがポーランド問題でまあまあと見えるような決着に達することができなければ「世界組織」とか、そうしたものについてのわれわれのそして、その他の大げさな計画がさして意味のないことになってしまうからだ。

カガダン外務次官は、ユダヤ王ロスチャイルドから派遣されたチャーチルの見張り役であろう。文中の「もし、われわれが……」に注目したい。この「われわれ」と「世界組織」とが同一であると理解できよう。「大げさな計画」とは多分、ユダヤ王国の建設のことだろう。

ヤルタ会談の目的は三つあった。第一は「クリミアのカリフォルニア」だったが、第二と第三は話し合いの中で時間調整がつかず、先送りとなった。

二つ目は日本、中国、朝鮮の極東問題だ。そしてもう一つは東ヨーロッパの問題だった。ハリマンとチャーチルは東欧、特にポーランドをスターリンに渡そうとした。しかしルーズヴェルトはこれに応じるわけにはいかなかった。もし大統領がこの案に賛成すればアメリカの世論は大統領から大きく離れていくことになる。それでルーズヴェルトを騙すかたち、「まあまあと見えるような決着」しかないとカガダンは妻に手紙を書いたのだ。そこに「世界組織」が狙う「大げさな計画」があると彼は妻に解説したのである。

ヤルタ会談直後の一九四五年二月、あの黒い貴族たちの代理人ジャーナリスト、ウォルター・リップマンは「ニューヨーク・ヘラルド・トリビューン」の中でヤルタ会談に触れている。


チャーチル、スターリン、ルーズヴェルト、拡大した戦争が終幕に近づくにつれ、通常は勝利の連合関係は分解の傾向を見せるものだが、今回はその傾向に歯止めをかけ、逆転させた。この軍事同盟は、共通の敵を前にした時のみ有効な、一過性のものでなく、実際は新たな国際秩序の核となり、中心となるものであることを証明している。


リップマンは、自らの出自を生涯にわたり隠そうとしたが、ユダヤ人である。

彼は黒い貴族、特にユダヤ王ロスチャイルドのルートからニュースのネタを貰い、これを新聞のコラム欄で発表し続けた。「新たな国際秩序の核となり、中心となるもの」とは、間違いなくユダヤ王国による世界統一政府の実現のことであろう。日本は長い間、このリップマンを尊敬してやまない、間抜け野郎を多く持った。スターリン崇拝者の間抜け学者を多数持った。彼らの本を書棚から引っ張り出してみよ。半世紀も経っていないのに、それらはすっかり色褪せてみえるはずだ。

とにかく、このヤルタ会談によってルーズヴェルトに不満は残ったが、ソヴィエトがヨーロッパ全土で支配的な立場に立つことが認められた。レーニン・マルクス主義によるものでなく、ヤルタ会談での暗黙の了承によって、ソヴィエトはヨーロッパの大半を支配下に置いたのであった。

戦後からソヴィエト崩壊まで続いたブレジネフ・ドクトリンでは、ソ連の中心的関心が中部ヨーロッパの東部地域であること、すなわちこの地域がモスクワの支配圏であり、西欧への政治的、軍事的圧力のために必要な跳躍板（ズビグニュー・ブレジンスキーの説）であると考えられていた。ヤルタ会談の亡霊たちは、半世紀もの間、ヨーロッパを不幸にし続けた。

ヤルタ会談でルーズヴェルトは、ポーランド自由選挙方式を打ち出した。ハリマンとイギリスの駐ソ大使クラーク・カーが自由選挙のオブザーバーとなった。とんだオブザーバーだった。やがて自由選挙に参加するために入国したロンドン亡命政権の代表者たちはそのまま消息を絶った。全員が、スターリンの刺客たちにより殺されたのだった。ロンドンの亡命政府のドンだったミコライチクはロンドンで、スターリンの刺客により殺された。

スターリンは自由選挙に応じた。しかし、応募者が全員殺されたので、不自由選挙さえ必要がなくなったのである。

一九四五年三月二十三日、モロトフ外相が「選挙はソ連式で行なわれる」と発表した。その二日後、ハリマンの報告書を読んだルーズヴェルトは車椅子を拳で叩きながら叫んだ。

「アヴェレルの言う通りだ。スターリンとは取引などできない。ヤルタの約束を全部破りやがった！」

ルーズヴェルトは一九四五年三月八日から四月十二日にかけてチャーチルに百三十通のメッセージを送っている。ルーズヴェルトは目覚め、アメリカのために立ち上がろうとしたのかもしれない。そして病の身を癒《いや》すためにウォームスプリングスへ行くが、そこで死んでしまった。ルーズヴェルトの死の瞬間を描いた本がたくさんある。

ポール・ジョンソンは、「スターリンは言いなりになるような男ではないし、約束を守るような人間でもない、と一人のジャーナリストに言い残して……」と書いている。
私は、スターリンがヤルタ協定を破ったことにルーズヴェルトが腹を立てていたというのは、半分は後世の作家の作り話だと思っている。
ハリマンの大使館で軍事使節団の長をしていたジョン・ディーンにはたびたび触れた。彼の『奇妙なる同盟』にも触れた。その本の中でディーンは書いている。

特に、ハンガリー、ルーマニア、ブルガリアなどソ連管理下の諸国で、ソ連の計画はアメリカの承認済みで遂行された。

ポーランドだけは、イギリスに亡命政府が出来上がっていたので少しだけ遠慮したのかもしれない。それにしても、ルーズヴェルトの「ヤルタの約束を全部破りやがって！」というあのセリフはハリマンの創作なのかもしれない。創作も時と場を得れば真実となる。
ロバート・シャーウッドの『ルーズヴェルトとホプキンス』の中に書かれたホプキンスの言葉が気にかかる。ヤルタ会談後、ホプキンスはシャーウッドに次のように語ったのである。

われわれが平和の最初の大きな勝利を獲得したことは絶対に間違いない。〝われわれ〟というのはわれわれ全体、人類のことである。ロシア人は理性的にふるまい、前途を見通せることを証明し、大統領をはじめわれわれはソ連と共存し、考えられるかぎりの将来に渡って、平和裏に暮らせることに、何ら疑念をもたなかった。

われわれ人類の大半は、ルーズヴェルトとホプキンスによってスターリンに売られるところだった。ルーズヴェルトはスターリンに「ゆっくり急げ」の方法でポーランドを属国にしてほしかったのであろう。スターリンがポーランド併合を少し強引にやりすぎたから「裏切り」と思ったのであろう。

クリストファー・アンドルーとオレク・ゴルジエフスキーの『KGBの内幕』には次のように書かれている。

ホプキンスはアフメロフ（ロシアKGB部員）を通じて「同志」スターリンから秘密の通信を受け取ることに同意し、公的にも私的にも自分の確信をこう披瀝《ひれき》した。「ロシアは戦争における決定的な要素であるから、ロシアにはあらゆる支援を与えなければならないし、その友情を獲得するためには、あらゆる努力をしなければならない」

この本には「テヘランでルーズヴェルトに助言したのはハリー・ホプキンスだった。NKVDからその工作員とみなされた男だった」と書かれている。

また、『KGB衝撃の秘密工作』ではスドプラトフは次のように書いている。

私の友人はルーズヴェルトとホプキンスも、ドノヴァンの事務局及びFBIとも不仲だったと確信している。GRUのファイルから窺えるのはルーズヴェルトが戦争中に自分自身の非公式な情報網を作り、機微に触れる任務に使っていたということだ。私の友人は、ヒス、ホプキンス、ハリマンがこのグループに所属していたと信じている。〔中略〕米ソ代表間の外交的接触の移り変わりを観察するのは興味深い。戦争期間中、ホプキンスとハリマンはソ連の指導者たちと個人的、非公式、そして外交的な関係を維持していた。それがルーズヴェルトの指示だったに違いない。

スドプラトフはベリアのもとで働いていたKGBの高官だった。その男の証言である。ルーズヴェルト大統領の最期にまつわるエピソードはたくさんある。ほとんどがハリマンと関係している。その代表的な例を挙げる。ナチス・ドイツのゲシュタポ長官（イタリア駐在）とOSSのスイス駐在情報局長官アレン・ダレス（J・フォスター・ダレスの弟）がベルンで戦後処理について一九四五年二月中旬から秘密交渉をしていた。その一カ月後、ハリマンはモロトフ外相に、この秘密交渉について打ち明けた。

スターリンはこの交渉に猛反対した。そして、交渉にソヴィエトも参加させろとルーズヴェルトに迫ったが拒絶された。しかし、スターリンがこの秘密交渉を公表すると言いだしたので、ルーズヴェルトはハリマンにスターリン宛ての親書を送った。

誤解を生じた結果、この問題では事実が誤って貴下に伝えられています。〔中略〕私が希望するところは、両国が遅滞なく早期に効果的な行動を起こし、戦場でアメリカに敵対する敵部隊を降伏させねばならない必要性を貴下から貴国の関係者、公吏に伝えて頂く点であります。

ルーズヴェルトはアレン・ダレスから十分な情報を与えられていなかった。ここにも「操られた大統領」の姿が見えてくる。ナチス・ドイツの情報部とOSSは、大戦中も秘密のルートで交渉をし続けてきた。

どうして、こういうことが成されたのか。「見えざる世界政府」が戦争の流れを絶えず予測し、その予測に基づき作戦を立てていたからであった。

アレン・ダレスと兄のフォスター・ダレスは法律事務所のサリバン&クロニカルを経営し、アメリカ資本やユダヤ資本をナチス・ドイツのヒトラーのために導入する契約作りをしていた。このダレス兄弟に仕事を持ち込んだのがハリマンだった。この件はすでに触れたので後は省略する。ハリマンはアレン・ダレスから報告を受けると、「もうそろそろこの辺でソヴィエトに知らせよう」と言った。ナチスを完全に捨て、ソヴィエトの勝利を宣言したのである。

もう一つのエピソードを書くことにしよう。

ダレス兄弟はその配下のセオドア・A・モードをジャーナリストに仕立て、駐トルコのドイツ大使フォン・パッペンとの会談を続けさせていた。こうして一九四三年十月、ルーズヴェルト大統領を無視したままで、米・英・独間の秘密政治文書が出来上がった。その合意文書には、ポーランド、バルト諸国、ウクライナを含むヨーロッパ大陸でのドイツの支配的立場が認められていた。

誰がこの文章を起草したのか。この文書にはソ連を解体し、その領土のいくつかをドイツに配分するとなっていた。その見返りにドイツは西部ヨーロッパで戦端を開くことを米英に約束した。

一九四三年十月、この合意文書が米・英・独間で調印されたちょうどそのとき、ハリマンは娘キャスリーンを連れて、ソヴィエト大使という資格でモスクワに着いた。あのドノヴァンがすぐにハリマンのもとを訪れ、OSSとNKVDの相互事務所をアメリカとソヴィエトで開設すべく動きだした。

戦争とは頭脳の争いである。勝者のみが美酒を飲み、美女を抱ける。人類の歴史が始まって以来、このことだけがただ一つの真理である。勝者のみが歴史の創造者なのだ。

読者はここまで読んできて、戦争とは何であるかをかなり理解し得たであろう。ここで「操られた大統領」の私設顧問、ないし公的顧問の顔ぶれをもう一度列記して見ることにする。

ルーズヴェルトに大きな影響力を与えた人物の順から見る。

第一は、バーナード・バルーク（ユダヤ人、ロスチャイルド一族、ニューヨーク株式相場師にして大富豪）、第二はフェリックス・フランファーター（ユダヤ人、連邦最高判事）、ヘンリー・モーゲンソー・ジュニア（ユダヤ人、ロスチャイルドの一族、財務長官）、サム・ローゼンマン（ユダヤ人、ルーズヴェルトの私設秘書、ルーズヴェルトの公式伝記作家）、ベン・コーヘン（ユダヤ人、法律顧問）、サミエル・ラベル（ユダヤ人、ホワイトハウス常勤スタッフ）。

彼らこそが、隠れユダヤ人のルーズヴェルトを公私両面で深く支えてきた人材である。しかも彼らは、ユダヤ王ロスチャイルドの影響下にあった人たちばかりである。ルーズヴェルトは毎日をユダヤ人たちの世話の中で生き続けていた。

ユダヤ王ロスチャイルドはヨーロッパ諸国の戦争を巧みに利用し、財を成した。だから、どこに大きな利益が転がっているのかをよく知っている。ザ・インナー・コアの一員にハリマンを迎え入れて数々の工作を担当させたのである。ヒトラーに資金を与え続け、スターリンを育て上げ、優秀なロシアの人材を数百万単位で殺させたのも、このザ・インナー・コアの数人の密談から生まれたのである。ヒトラーにもスターリンにもそれぞれ甘い汁を吸わせ続け、最終的にヒトラーを抹殺し、スターリンも殺した。

一九四五年四月十三日、ルーズヴェルトが死んだ翌日、一通の手紙がスターリンのもとへ届いた。

何の利益も生みださず、例の一件はすべて消滅しました。〔中略〕しかし、たとえそうであれ、相互不信はあってはならず、今後はこの種の誤解をわずかでも発生させてはなりません。われわれ両軍がドイツで接触し、共同して一糸乱れぬ攻撃をかければナチス軍は崩壊するでしょう。私はそれを確信しております。

スターリンはまもなく、間違いなく、自らの時代が到来しつつあることを知ったであろう。しかし、この手紙を読んだとき、ルーズヴェルトはすでに死んでいた。

あの偽書の中の偽書（とユダヤ人は騒いでいるが）、『シオン長老の議定書』の中に次のような文章がある。

……汚点を持つような大統領を支持して当選するよう計らうべきである。そうすれば彼らは傷を暴露されやしないかとの恐怖から、また政権を握った者が誰でも持つ当然の欲望から、我々の計画達成のための信頼しうる代理人となろう。

この偽書（私は真書と思っているが）の思想を活かすべく、ルーズヴェルト、チャーチル、ヒトラー、スターリンが大事に育てられたのである。大統領の言葉を、首相あるいは総統に入れ替えは可能である。

私がこれまで書いてきたことは「四人の子供たちの成長記録」でもあった。四人の子供たちとは疑うことなかれ、前記の四人である。

一説によれば、大統領の名はローゼンフェルト（オランダ語で「バラの草原」の意）から来ており、ルーズヴェルトはオランダのユダヤ人家族の直系子孫であるというのだ。前述したように「私はシオニストだ」と言った男である。彼は自らの素性を問われると、「それがどうした？　ユダヤ人で悪いのか？」と開き直った男でもあった。

そう、ユダヤ人で悪いことは何もない。誰もそのことで非難すべきではない。ただ、アメリカの大統領たるものが、ユダヤ国際資本家たちから「操られた大統領」とされたことに不満があるだけである。

チャーチルが戦後、首相に返り咲き、下院で演説した。

私はリンカーン、ワシントン、ルーズヴェルトの三人をアメリカの最も傑出した大統領であると思います。特にルーズヴェルトは「人類のために与えた影響力」では他の者を引き離しています。

チャーチルやルーズヴェルトのような黒い犬たちが、この地球を汚しに汚したのだ。それをアメリカ一の大統領とチャーチルは囃《はや》し立てた。自らが黒い犬であることを忘れて。

しかしルーズヴェルトがこの世を去ったとき、ある反対派の議員は彼の死を喜び、「わが国すべての禍《わざわい》の根源だった男も、もはや悪の種を撒き散らす力を持つまい」と言った。

しかし、悪の種は撒き散らされすぎた。次から次へと禍の花をこの地上に咲かせていった。

「ベルリンまで気を抜くな！」

一九四五年三月二十七日、パリの連合軍総司令部で、最高司令官アイゼンハワー元帥は共同記者会見の席で従軍記者の一人の質問に答えた。

ベルリンには誰が先に入るかって、さよう、ベルリンまでの距離が問題だろう。ソ連軍はあと三十三マイル、われわれは二百五十マイルだ。しかし、彼ら（ソ連軍）はドイツ軍の中核兵力に直面している。

ベルリンが陥落すれば戦争が終わる。一日百マイル進軍すれば三日、五十マイルなら五日、三十マイルでも一週間。従軍記者の全員が叫んだ。

「あと一週間以内で戦争は終わりだ！」

西部戦線のドイツ軍は敗走状態だった。ドイツ軍はソ連軍のベルリン進軍を阻止すべく、全兵力を集中していた。アメリカにベルリン進攻をしてもらいたかったのだ。最後の賭けをアメリカに託したのだった。

兵士たちは敗北後のドイツの運命に心を尽くし、なんとしてもソヴィエト軍をベルリンに入れまいとした。そのために、OSSのアレン・ダレスと最後の交渉を続けていた。しかし、アイゼンハワーは翌日の二十八日に突然、戦略方針を転換した。そして、この決定をソヴィエトと米国政府に通告した。どうしてアイゼンハワーはこれまでの戦略方針を転換したのか。

アイゼンハワーの政治顧問として王立国際問題研究所（RIIA）出身、すなわち、「見えざる世界政府」から送られていた男がいた。男の名前はジョン・ホイラー・ベネット。三月二十七日、ベルリン進攻の可能性が出てきたとき、ベネットはアイゼンハワーに一通の文章を指し示した。そして命じた。

「これを電文にして、マーシャル陸軍参謀総長とハリマン大使宛てに打電しろ」

アイゼンハワーはすでに見えざる世界政府の黒い犬として登録されていた。登録番号は公表されていない。「ハーイ、ワン」と言ったので、陸軍中佐からあっという間に元帥になった犬だった。逆らえば確実に死が待っている。アイゼンハワーはベネットの前で、マーシャルとハリマンのもとへ原文そのままを電文にして打った。

かくてアメリカ軍はベルリン進攻を中止した。ソヴィエト軍がベルリンに突入したのはルーズヴェルトが死んでから二週間後、四月二十五日であった。

しかし、ここでも歴史への巧妙な操作が行なわれている。それは、同じ黒い犬のチャーチルがアイゼンハワーに電報を打ち、ベルリン進攻を迫っていた、ということである。一九四五年当時、チャーチル首相の個人秘書で後に作家になったロンドンの銀行家サー・ジョン・コールヴィルは次のように当時のチャーチルを描写している。

チャーチルが何度も電報を打ち、話し合いを重ねたにもかかわらず、アイゼンハワーはベルリン進攻を拒絶した。ベルリン攻撃は米英連合軍の合意事項で、この点では完全に意見が一致していた。アイゼンハワーは突然スターリンに電報を打ち、連合軍をライプチヒとドレスデンへ向けると伝えた。ベルリンはもはや戦略上の意味を失った、というのがアイゼンハワーの考え方だった。スターリンは当然ながら喜び、なるほどいい考えだ、当方の精鋭部隊を南下させよう、と答えたが彼の行動はその言葉とは正反対だった。

スターリンはベルリン進攻部隊を増強し精鋭部隊を投入した。ソ連にとってわれわれより先にベルリンを手中に収めることが極めて重要だったのだ。勿論、プラハについても同じことが起こった。このため、われわれの（つまり、チャーチルの）腹にはヨーロッパのかなりの地域をみすみす共産主義者の支配下に置いてしまったとの感じを生じた。チャーチルに言わせれば、その非の大部分はアイゼンハワーにあったのだ。

普通の読者はこの文章を読むと真実だと思うに違いない。しかしこの文章すべてが偽造である。秘書のコールヴィルは、チャーチルが何度もマーシャル陸軍参謀総長に打電する電文を見ている。チャーチルは本当にベルリン進攻を望んでいたのか。アイゼンハワーの傍らで政治顧問として凄みを見せていたベネットの策謀を知らなかったというのか。チャーチルはすべての真相を知りながら、偽りのジェスチャーをしていたと私は考える。

「勝利の計画」が延長されたのも、このベルリン進攻の中止もすべて、ソヴィエトを東ヨーロッパの支配者とせんとするザ・インナー・コアの命令であった。チャーチルごとき黒い犬に、何の力があろう。

コールヴィルが書いているように、チェコのプラハでソヴィエトの侵入をじっと待つだけで、連合軍は進攻しなかった。アイゼンハワーからの電文を読んだマーシャル陸軍参謀総長は、アイゼンハワーの進攻転換策を支持し続けた。この二人は、「見えざる政府」に魂を売った、真っ黒い心を持つ犬であった。

かくてこの戦争の勝者はソヴィエトになった。ハリマンはモスクワにアイゼンハワーを迎えた。スターリンはハリマンとアイゼンハワーを最高の賓客として大歓迎した。

アイゼンハワーはソ連政府からその功績（ベルリン進攻をソ連軍に譲った）に対し、スヴォーロフ大勲章を授与される。さらにフランクフルトではソ連邦英雄のユダヤ人、ジューコフ元帥から最高の栄誉ともいうべきヴィクトリー大勲章を授与された。この時点でこの大勲章を受けた者はわずかに七人。外国人ではアイゼンハワーが初であった。

アイゼンハワー元帥はジューコフ元帥に思わず叫んだ。

「なんと素晴らしい国だ！　ソヴィエトは！　この友好的な配慮を私は忘れない！」

そうだ！　真にアイク（アイゼンハワーの愛称）の言う通りだ。アイクよ、お前のお陰でドイツは国土を二分され、プラハの街路には戦車が溢れ、ハンガリーもユーゴも、みんな恐怖のどん底に落ちたのだから。あの感激を忘れてはなるまい。なあ、アイクという可愛い名前を付けられた、黒い犬よ。

ハリマンとマーシャル将軍はアイゼンハワーを凱旋将軍、アメリカを救った英雄として迎えるべく、手を打った。「ニューヨーク・タイムズ」をはじめ、アメリカの大手メディア（ユダヤ系）はアイゼンハワーを称賛した。彼を導く役にウィルソンとルーズヴェルトを育て、アイゼンハワーを元帥に育てたバーナード・バルークが選ばれた。バルークはアイゼンハワーをCFRの会員に推挙した。ハリマンはマーシャルが真珠湾攻撃の件で追及されだすと、中国へ送り出した。マーシャルは中国で女遊びに熱中した。かくてアイゼンハワーが陸軍参謀総長になった。

話を戻そう。

ハンガリーで奇妙な行動があった。英米軍はアドリア海から上陸し、そこからハンガリーに進攻しようとした。アイゼンハワーはこの進攻計画を拒否した。そこでソヴィエト軍が入った。すべての東欧でスターリンに道を譲る、という考えに基づいて行動していたのだ。

こうしたアイゼンハワーとマーシャルの戦略に猛反対し、行動に出ようとして阻止された将軍がいた。第三軍司令官ジョージ・パットン中将だった。彼はアイゼンハワーに直訴した。しかしアイゼンハワーは無視した。パットンはチェコ方面にまわされた。そこでパットンはプラハに進攻しようとした。マーシャルがこの行動を阻止した。怒ったパットンは従軍記者たちに胸の内をさらけ出した。「ニューヨーク・タイムズ」などの大新聞は、パットン非難の記事を載せた。それからまもなくパットンは交通事故に遭い、運び込まれた病院で死んだ。

一九七九年十二月、パットンの暗殺を一万ドルで請け負ったという、元OSSのメンバーの一人が出現した。依頼主はハリマンの血族の一人、あのOSS長官のドノヴァンだった。彼はこう証言した。

「ドノヴァン長官はパットン将軍を殺せとは言わなかった。『ストップさせろ』と言ったんだ!」

ハリマンは当時を次のように回想する。

人々は、アイゼンハワーをベルリンまで行かせなかったことを責めるが、そこにはドイツ占領地帯を決めた決定が存在していた。われわれがロシア人と接触して衝突しないこと、われわれがこの可能性を避けるためにめいめいが占領する地帯を前もって決定しておくことが重要であると考えられた。合意された地帯は、それは決定された時点においてわれわれの統合参謀本部によって極めて有利で好都合なものと考えられた。

「われわれの統合参謀本部」を、「私がいるザ・インナー・コア」に、言葉を換えて読んでいただきたい。すると、ハリマンの言わんとする謎がかなり解けてくる。ソヴィエトにドイツの占領地帯の優位を認めていたからこそ、ベルリン進攻はソヴィエトに一任したとハリマンは言っているのである。

ハリマンはすべてを知っていた。しかし、アイゼンハワーは進攻直前に知らされた。マーシャルもだ。しかし、パットンは最後まで何も知らされぬままに、ベッドの中で殺されたのである。はからずもハリマンが、第二次世界大戦の最後の場面でも最高の指揮者であったことを理解できよう。アイゼンハワーやマーシャルが元帥であったなら、ハリマンは大元帥であった。日本にも大元帥が一人いた。

モロトフ外相は当時を回想している。あの米英とソ連の同盟国関係の何かが分かる。

「米英との同盟の維持はわれわれの利益であった」

ナチスの残虐行為と世界には報道された
「カチンの森」虐殺現場

虐殺を指揮した
ソヴィエト秘密警察長官
ベリヤ

激しい攻防戦の末、ベルリンに
翻ったソヴィエト赤軍旗

蔣介石と談笑するオーウェン・ラティモアは
中国顧問として活動

アメリカ軍がブランデンブルク門に達すると
そこは赤軍兵で溢れていた

アメリカの軍事援助を受けた中国兵

一九四五年、議会内の秘密委員会が、OSSの軍事的ポストに共産党員が四人いるとドノヴァン長官を尋問した。四人とは、ミルトン、ウルフ、ヴィンセント、ロストスキーだった。四人全員が、イタリアに勤務していたときに共産主義の組織「リンカーン旅団」に属した元兵士であった。彼らは共産主義同盟に加入していなかったとドノヴァンは証言した。しかし、間違いなく彼ら全員は加入していたのだ。パットン将軍が殺されたときのOSSは共産主義者の巣窟《そうくつ》であったのだ。

パットン将軍は、共産主義者たちの革命を阻止しようとする動きを見せていた。内務長官のハロルド・F・イッキースは「アメリカ自由市民連盟」という共産主義系組織のメンバーだった。ルーズヴェルトとアメリカ共産党のボスのアール・ブラウダーが秘密会談を繰り返していた。パットン将軍の行動は、アメリカのリーダーたちにとって、反ソ活動に見えたのである。

パットン将軍は「今や彼らの政策による平和の恐怖が世界を覆っている」と語っている。歴史はパットン将軍の予言通りになった。「彼らの政策」とは、「見えざる世界政府」の政策を指す。パットンはベッドの中で死を予期しつつ、「彼ら」の存在をはっきりと知ったのであった。

「希望は無残なまでに裏切られる。理想は茶化される。しかし、これは革命が成功したことの定義である」とはジョセフ・コンラッドの言葉である。忘れてはならない名言である。

ジェームス・バーンズの『ローズベルトと第二次大戦』から引用する。

その知らせが首相官邸のチャーチルに届いたのは午前零時少し前だった。ショックを受けたチャーチルは長い間、言葉もなく座ったままだった。モスクワのハリマン大使は午前二時、ローズベルト死去の連絡を受けクレムリン宮に車を飛ばした。悲報を知ったスターリンはショックを隠さず無言のままハリマンの手を握り締めていた。重慶の蒋介石に連絡が届いたのは、丁度朝食のテーブルに向かったときだった。〔中略〕日本のラジオトウキョウは特別ニュースを読み上げ「偉大な人物の死を悼んで」特別音楽を放送した。

さて、ハリマンはルーズヴェルトの死の場面を次のように書いている。『チャーチルとスターリンへの特使』から引用する。文章は三人称になっている。

ルーズヴェルト死去のニュースがサパソ・ハウス〔大使館のこと〕に届いたのはワシントンに帰ることになったジョン・メルビィのお別れパーティーのときであった。大使館員が午前一時過ぎに放送で聞いた由をハリマンに告げた。キャスリーン・ハリマンがやってきてハリマンにその死を告げた。「大使とキャスリーンはすぐに暗い気分になりメルビィと話し続けていた」と〔秘書の〕メイクレジオンは日記に書きとめている。ダンスは突然終了した。メイクレジオンは回想する。「皆が去って行った」。ハリマンはしばらくの間この悲劇のニュースを心に留めておこうとしていた。ゲストたちが去るやいなや大使館員たち、メルビィ、エルブリッジ、ドーブロウ、メイクレジオン、そしてパードックたちがハリマンとキャスリーンと共に大使の部屋に集まった。彼らはこのニュースを重く受け止めた。ハリマンはルーズヴェルトの死をモロトフに電話で伝え、会う約束をした。外務大臣はこの電話に驚いていた。深夜にかかわらず自らサパソ・ハウスにやってくると主張した。ハリマンの手を握り締めて外務大臣は「あなたの政府とあなたに心からの同情を致します」

と言った。

以下は四月十三日付けのハリマンのリポート（『伝記』より）である。

モロトフは深く心を動揺させて取り乱していた。〔中略〕私は彼がトルーマン大統領について尋ねたので彼を勇気づけた。そして彼にトルーマンはルーズヴェルトの政策を実行するであろうと請け負った。帰り際モロトフは、ソヴィエト政府はトルーマンがルーズヴェルトに選ばれたのだから彼を信頼すると言った。私はモロトフがこんなに真剣に語るのを聞いたことがなかった。私はモロトフに、今日スターリン元帥に会えるよう手筈《てはず》をしてくれと頼んだ。われわれの政策の続行をスターリンと再確認し合い、ヤルタ協定の精神とその状況へ速やかにわれわれを引き戻すことが私の目的だった。〔中略〕スターリンにはその日の夜八時過ぎに会った時、沈黙の中で、私に座るようにという前に長い間彼の手を握り続けた。彼は深い悲しみの中にいた。ルーズヴェルトの死の状況について大使に細かく質問した。彼は「トルーマンの下でアメリカの政治が変化するとは信じられない」と言った。

ハリマンはスターリンにトルーマンのことを長々と説明した。しかし、このとき既にアメリカとソヴィエトの関係は大きく変化していた。ハリマンはスターリンに、モロトフをアメリカへ送り、トルーマン大統領と会見するようにしろと説得した。そして新しく出来る国連の創立総会にも代表団を送るべきだとスターリンに忠告した。スターリンはハリマンの説得に応じた。

新しく大統領になったハリー・トルーマンについて、ハリマンはほとんど知らなかった。彼は大使専用機に乗り、バルカン、イタリア、大西洋、アゾレス諸島経由で、当時としては世界記録の四十九時間というスピードで飛行し、帰国した。

四月三十日、ハリマンは大統領執務室に迎えられた。

一九四四年末にハルと入れ替わっていたステティニアス新国務長官とグルー国務次官が同席していた。

ハリマンは自らの行動を規制せざるを得ないことを承知していた。

トルーマンに一方的に語りだした。

野蛮人によるヨーロッパの侵略にわれわれは直面している。大統領はスターリンのソヴィエトに強硬な姿勢をとることを期待する。

この発言はハリマンの『米ソ、変わりゆく世界』によるものである。ハリマンの変貌である。いや、ザ・インナー・コアの変貌である。かくてここで完全に「クリミアのカルフォルニア」が消えたことを、見えざる世界政府の面々は知ったのである。

ポーランドの人々は自らを「キリスト教世界の東の要塞」と考えていた。したがってロシアを非ヨーロッパの国家とみなしていた。

ポーランド人はロシアに対して文化的優越性を感じていたのである。しかし、ハリマンがスターリンの恐怖を新大統領に語ったとき、すでにその恐怖はポーランド、いや東ヨーロッパ全土に襲いかかっていた。

トルーマンは自身の『トルーマン回顧録』の中で、このときのハリマンとの会見について書いている。

ハリマンによれば、ソ連は二つの政策をもっており、同時にこれを達成できるものと考えている。その一つは米英と協力していこうというものであり、他の一つは単独行動で隣接諸国に支配権を拡大していこうとするものである。彼は、我が方の寛容にして協力を求める態度をスターリンの周囲の一部が軟弱と誤解し、アメリカの挑戦を受ける危険もないのでそのようなことができると考えていると述べた。

ハリマンの意見ではソ連政府はアメリカと仲たがいになることを望んでいない。それは、ソ連がその復興計画でアメリカの援助を必要としているからであるという。このためハリマンは、わが方としては重要な問題は危険な方向に走ることなく厳然たる態度をとっていけると考えた。そこで私はハリマンの話を中断し、ソ連を恐れないで断固たる態度を取るつもりであると話した。

ハリマンは結局、トルーマンの説得に失敗したのである。彼はトルーマンの執務室を出た。ハリマンの『米ソ、変わりゆく世界』には続きがある。

トルーマン氏とは二、三分話した。私はこの人物が状況を本当に把握していることがわかった。何と驚きかつ、安堵したことだろう。彼は私と国務省がやりとりした電文と報告を数ヶ月に遡ってすべて読んでいたのである。彼は様々な事実を、事件の前後関係を知っており、それらが意味するものも正しく理解していた。

トルーマンはハリマンの電文の中でも、ソヴィエトへの武器貸与の量やドル貸与の総額の大きさに驚いたことであろう。そしてドル印刷機のソヴィエトへの持ち出しにも驚き、この背後にユダヤ王ロスチャイルドの存在を知ったであろう。第二次世界大戦がどうして起こったか、どうして防げなかったのか……を。

ハリマンは己の真の姿が暴露されてしまい、途方に暮れたに違いない。

ハリマンは続いて次のように書いている。

私は、ロシアは戦後復興のために米国の援助を必要としている、それ故、ワシントンは大きなリスクを冒すことなく、米ソ関係全てに強硬な態度を取ることができると進言した。

トルーマンは、「私はロシアを恐れてはいない。ロシアに対して強硬になるであろうが、公正な態度をとりたい。とにかく、われわれがロシアを必要としている以上にロシアはわれわれを必要としているのだ」と語った。私はトルーマンの頭のよさをすばやく理解した。そして彼に対して、大きな尊敬の念を感じた。

ハリマンは「大きな恐怖の念」を感じたに違いないのだ。彼はトルーマンとの会談の翌日、国務長官のスタッフ会議（従来は完全に無視していた）にも出席し、次のように語っている。以下はこの章の冒頭に挙げた部分の続きである。

……ソ連の政策は、マケドニア、トルコ、なかんずく中国においてさらなる混乱を引き起こすだろう。ロシアが満州と中国北部を占領する前に、蒋介石と共産党の取引が成立しなければ、これらの地域に間違いなくソ連主導の共産主義政権が樹立され、中国は完全に分断されて、統一はますます困難になる。どの方向にせよソ連がどれだけ進むのかは、わが国がどれだけ圧力をかけるかにある。

このハリマンの予言はその後の中国で見事に的中した。ザ・インナー・コアの連中が、舞台を中国に移したからである（下巻・第十章で詳述する）。

スターリンはモロトフをアメリカに派遣することにした。モロトフはシベリア、アラスカを経由したので、ハリマンの世界記録より遅れて二日後にワシントンに入った。『チャーチルとスターリンへの特使』から引用する。前記の『米ソ、変わりゆく世界』とほぼ同じ内容であるが、「クリミアのカリフォルニア」を暗示する部分がある。ハリマンはトルーマンに次のように語りかけた。

大使は大戦後のモロトフとミコヤンとの大戦後のソヴィエトへの援助についての話し合

いを心の中に留めていた。それで、大戦後の不況を恐れるゆえに、アメリカ合衆国は新しい仕事を作りだすためにもソヴィエトにクレジットを与えるべきではないかとトルーマン大統領に言った。「馬鹿げたアイデアだ」とトルーマンは言った。ハリマンが「組織をたちあげるべきだ」と提案したのを拒否したのである。

トルーマンは「クリミアのカリフォルニア」計画をまったく知らなかった。戦争で荒廃したソヴィエトにアメリカが財政援助し、その代わりにソヴィエトがクリミア半島をユダヤの組織に渡すという計画は、トルーマンにとって「馬鹿げたこと」であった。

『大国の陰謀』から引用する。

すぐさま現れたルーズヴェルトの死の影響の一つは、ソ連がモロトフをサンフランシスコ会議に出席させないという決定を翻したことである。スターリンはハリマン駐ソ大使の助言に応え、新しい大統領のもとで米国との協力を続ける希望の印として、こうした外交的態度を示し、モロトフの反対にも拘わらず出席させたのであった。

しかし、外交的態度は政策を変えることではなかった。サンフランシスコに到着したモロトフは議事の妨害と論争を用意していた。その後、ソ連と西側の関係が悪化するや、ルーズヴェルトを熱烈に支持した者の多くは、米英ソの大同盟の変化をルーズヴェルトの死に伴う米国の態度の変化のせいにした。

トルーマンとモロトフの会談は四月二十二日だった。ハリマンが同席した。
モロトフはトルーマンに、「ヤルタ会談での米英ソの決定によって、米ソ関係は良い方向に行っています」と述べた。ハリマンはモロトフの話を別の方向に誘導しようとした。トルーマンはモロトフを冷たくあしらった。モロトフは驚いた。そして理解した。トルーマンにとってスターリンやモロトフは友人ではなく、恐怖を世界に生み出す国の支配者にすぎない、ということを悟らされた。
後年モロトフは次のように語っている。

全てのことは、われわれが前進を続けたがゆえに発生した。西側はわれわれに対して態度を硬化させたが、われわれは獲得したものを断固として守ろうとしたのだ。

トルーマンとモロトフの一九四五年四月二十二日の会談をもって「冷戦」が始まったのである。
フォレスタル海軍長官の日記(一九四五年四月二十日)を見てみよう。

……ロシアは近隣諸国をじぶんたちと同じイデオロギーで洗脳しようとしている。共産主義の国外への拡張は死滅しておらず、われわれはファシズムやナチスと全く同じ激しく危険なイデオロギーとの戦争に直面しなければならないと、ハリマンは述べた。

ホプキンス大統領補佐官はルーズヴェルトに「スターリンを共産主義者と考えるのは滑稽です。彼はロシアの国家主義者なのです」と説いていた。ハリマンはルーズヴェルトに「スターリンはちっとも革命主義者ではありません。彼はただのロシア愛国者です」と説き伏せていた。しかし、ハリマンもホプキンスも豹変せざるを得なくなった。

チャーチルも大きく変化していった。

五月十二日、トルーマンはチャーチルから一通の手紙を受け取った。その中でチャーチルは「鉄のカーテン」という言葉を使っている。「鉄のカーテン」という言葉は、戦後の一九四六年三月五日、トルーマン大統領の故郷ミズリー州プルトンでチャーチルが初めて使いだしたという定説は間違っている。

……われわれが一握りの師団しか持てなくなれば、恐らくロシアは、いつでも動ける二百個師団ないし三百個師団を持ちたくなるだろう。この時、「鉄のカーテン」は彼らの前線に沿って下ろされる。このカーテンの向こうでは何が起こっているのか分からなくなる。

一九四五年五月八日、チャーチルは議会下院で「ドイツの無条件降伏」の報を伝えた。そして午後五時過ぎ、国王ジョージ六世夫妻、エリザベス、マーガレットの二人の王女とともに宮殿のバルコニーに現われてイギリス国民の大歓声に応えた。

しかし、ルーズヴェルトの死により大英帝国は既に死んでいた。トルーマンはソヴィエトへの武器貸与法による援助を打ち切った後、八月十五日の日本降伏の二日後、イギリスへの援助も打ち切った。

イギリスに鎮座する王とユダヤ王ロスチャイルドの闇の支配者たちとハリマンが、わざと「勝利の計画」を無視し、戦争を二年も長引かせたために、イギリスの国力はすっかり衰えていた。輸出額は一九三八年の三分の一に低下していた。チャーチルは武器貸与法による延長適用をルーズヴェルトから受けるはずであった。しかし、そのルーズヴェルトが死んだので、国家財政は崩壊寸前となった。大蔵省顧問となっていたケインズがアメリカを訪れ、国務省の高官たちと交渉したがうまくいかなかった。

それでも二十七億五千万ドルを二％の利子でイギリスは借りることができた。しかし、トルーマン大統領は条件を付けた。それにイギリスは応じた。イギリスはアメリカにより屈辱的な日を迎えたのであった。

かくてイギリスの「帝国特恵関税」システムの撤廃となり、アメリカに輸出の門戸が開放された。その年の十二月、「スターリング地域」と称されたポンド通貨の経済圏が崩壊した。こうして大英帝国は滅びた。もう二度とその勇姿は歴史に現われないであろう。

チャーチルの「鉄のカーテン」論はトルーマンに帝国の恐怖を説き、イギリスに多額の金を援助させようというチャーチル一流の思惑から出たものだった。イギリスは変わらざるを得なかった。このアメリカの変貌にユダヤ王ロスチャイルドは沈黙し続けたが、ビーヴァブルック卿は怒りを爆発させた。しかしトルーマンは冷たかった。

ハリマンがモスクワを去ってワシントンにいる間、ジョージ・F・ケナンを駐モスクワ代理大使にしていた。ハリマンはケナンにトルーマン宛ての手紙を送らせた。四月二十四日、国務省からトルーマン大統領にその手紙が届けられた。

最小限の責任で最大限の権力を手に入れるというソ連の政策は今後も変わることなく様々な方面に圧力をかけることになる。ロシアが極東を目指していることの本質とその意味合いも冷静に分析すべきである。

国務省の元高官サムナー・ウェルズは、五月二十二日のラジオ放送で、「ルーズヴェルト大統領が死去してから五週間も経たないうちに、非常に苦心して遂行した政策が変更された。わが政府はロシア人から見れば今やソ連に敵対する西側陣営の先兵を務めているように思われる」と不満を表明した。

かつてのルーズヴェルトの側近のうち、ホプキンス、デーヴィス、スティムソンは対ソ強硬姿勢をとることに反対した。そしてトルーマンに嫌われた。政権内での影響力が低下し、やがて彼らは政治の中枢から去っていった。

エドガー・スノーは一九四五年六月、ソヴィエトを訪れ、ソヴィエト大使館に戻ったハリマンと会見した。ハリマンはスノーに次のように語った。

もし将来の事態を見通すことができたとすれば、勿論われわれは異なった政策をとっていたかもしれない。だが東ヨーロッパでのソ連の出方を予想できた者は一人もいなかった。

スノーは「ハリマン自身もそれほど素朴であったわけではない。駐ソ大使を終えるころには少なくともそうではなかった。どれほど多くの外交官がモスクワでの任務の終わりにはチェーホフをして次のように言わしめたソ連国民の感情を理解したことであろう」と書いて、チェーホフを引用している。

もし、この世が一つの草稿にすぎないとすればどうだろう。
もし、破棄し、やり直すことができるとしたらどうだろう。

ハリマンは世界を支配する一つの草稿を作り上げた。もちろん、ザ・インナー・コアの数人たちとである。この草稿は九割九分までうまくいった。しかし最後の最後でルーズヴェルトの死という思いもよらぬ事態によって、現実とはならずに破棄された。やり直すことができるとしたら……、ルーズヴェルトが突然死ななければ……。

スノーはジャーナリストの一面とルーズヴェルトの密使の面を持つ複雑な人間だった。ハリマンの無念を別の方面から描いたのだった。戦後、彼はマッカーシズムの犠牲となり、ジャーナリストの道は閉ざされた。スノー自身もチェーホフにその心を託している。

ジョージ・F・ケナンはハリマンに仕立てられた既製服を着て、その意志どおりに従うというイエスマンのテストを受けた後に「合法的マフィア」の末席に列することになった。すなわち、「賢者たち」の仲間入りを果たした男であった。

ウォルター・アイザクソンとエヴァン・トマス共著の『賢者たち』の中で、トルーマン時代に最も権力を握った六人の政治家について書かれている。「ザ・ワイズ・メン」の六人衆である。ディーン・アチソン、ロバート・ロベット、ジョン・マクロイ、チャールズ・ボーレン、ジョージ・F・

ケナン、そしてアヴェレル・ハリマンである。

この中の五人は、ハリマンにより賢者の門に入れてもらった男である。また、この本がCFR(外交問題評議会)発行の外交雑誌「フォーリン・アフェアーズ」から出版されているのも偶然ではない。すなわち、この六人の政治家たちは自らをザ・ワイズ・メンと称えるために、二人の著者に本を書かせたということになる。

トルーマンは最初は調子が良かった。しかし、人材を持たなかった。ルーズヴェルト時代の実力者たちが一人、二人と去っていった。

ハリマンは知謀家である。彼はゆっくりとトルーマンを料理し始める。

「ホロコースト」の謎

一九五〇年二月四日、ユダヤ王ロスチャイルドのもとでイングランド銀行総裁を長い間務めた、ノーマン卿が亡くなった。このノーマン卿とともにヒトラーに資金援助を続けたシャハト博士はヒトラー暗殺の陰謀に加わり、一九四四年七月にゲシュタポに逮捕され、政治犯収容所を転々としたが、処刑直前に連合軍の兵士の手で解放された。ニュルンベルグでの裁判で無罪となり、一九七〇年、九十三歳まで生き続けた。

ヒトラーの兵器工場、あのクルップの王、アンフリート・クルップも無罪となった。なぜか。ハリマンに育てられ賢者に仕立て上げられたジョン・J・マクロイが、占領下のドイツで高等弁務官になっていた。彼がハリマンの意を受けて、死の兵器王クルップを無罪としたのだ。このクルップこそがユダヤ人虐殺、すなわちあの「ホロコースト」の演出者だった。クルップとユダヤ王ロスチャイルドはコンビを組んで、ヒトラーを育てたのである。

ユダヤ王のヴィクター・ロスチャイルドは、チャーチルが政権から去り、アトリー労働党党首が政権に就くと、イギリス政界の工作に着手せざるを得なくなった。自らも労働党員に名を連ね、ベヴィン外相を操り、スターリンとの友好を維持させた。

この章の中で、私は、一つの大事件を書かずにきた。それはユダヤ人大虐殺、いわゆる「ホロコースト」だ。ユダヤ王ロスチャイルドと同じ民族のユダヤ人たちが、数百万単位（段々と数字が増えてくる）でナチス・ドイツ軍に殺されたという あの事件である。数十万、あるいは数万という説もあるが、私は数百万でもいいと思っている。言いたい奴には自由に言わせておけ、である。

一つの疑問符からこの事件を見てみよう。

「シオニストのルーズヴェルト大統領が、ユダヤ人が殺されているのを知っていたのに手を打とうとしなかったのはなぜか？」

一九四二年の中頃、ハリマンの血族であるドノヴァン将軍は、ＯＳＳの局長になる寸前に、ＯＳＳスイス事務局のアレン・ダレスから一つの報告書を受け取った。

連合国と中立国の高名な法律家からなる連合国「裁量委員会」で、ナチス、ファシスト、そして可能ならば日本の暴行略奪についてのあらゆる証拠を即時調査することを示唆した。この委員会はその裁定を公表し、継続して情報を公開することができるだろう。

だが、ドノヴァン将軍はこの構想に懐疑的であった。イギリス政府もルーズヴェルト政権と同じ立場をとることにした。この時点で確実な証拠が集められていたのに、ユダヤ人虐殺の情報を国民に知らせない政策をとった。私は「待った」が入ったのだと思う。どこからか？　賢明なる読者はもう気づいているだろう。「ザ・インナー・コア」からである。

非難を恐れずに書こう。ホロコーストの道を指示したのはユダヤ王ロスチャイルドを中心とするユダヤ最高機関であったろうと。何ゆえにか？　「ユダヤ民族の受難」の中からユダヤ王国を建設するためであったと、私は大胆に書く。

その年の七月二十一日、ユダヤ人の祭りの前日、ニューヨークのマディソン・スクエア・ガーデンで約二万人のユダヤ人が参加して、ヒトラーの残虐行為に抗議した。この件についてルーズヴェルト大統領は、次のようなメッセージをデモ参加者たちに送った。


ナチスは、犠牲者を絶滅することも、人類を奴隷化することもできないであろう。アメリカ国民はナチスの犯罪の犠牲者に同情を寄せるにとどまらず、必ず来るに違いない総決済の日にこれらの犯罪の実行者の責任を厳しく問うだろう。


ルーズヴェルトは「絶滅」という言葉を使った。彼はヒトラーの「ユダヤ人絶滅計画」(これもロスチャイルド一味の策謀であろうが)を知り尽くしていた。チャーチルは沈黙を守り続けた。

この年の七月から八月、ハリマンとチャーチルの策謀で「勝利の計画」が無制限に延長されようとしていた。ルーズヴェルトとチャーチルが政治的慎重さと胸算用でユダヤ人虐殺について沈黙を守り続けたのは、この「勝利の計画」と無関係ではあり得ない。

ナチスのユダヤ人虐殺を声高に非難するということは、戦争を一日でも早く終結させろという、アメリカ国民、イギリス国民の動きとなることを百も承知していた。黒い貴族たちはこのことを最も恐れた。大統領と首相の口は封じられた。イギリスの王室と貴族のほとんどに、濃淡は別としてユダヤの血が流れている。その彼らが戦争を無制限に延ばすために、同じ民族の血を犠牲にした。これがホロコーストの真相なのだ。だから犠牲者の数が多いほどよし、となったのである。数万人かもしれないのに数百万人となるのだ。多くの裕福なユダヤ人たちはドイツを去っていった。去るべきところもない低所得者の人々だけが残った。百万を超えるユダヤ人が、ドイツのどこにいたというのか。

ワシントンのＯＷＩ（アメリカ戦争情報局）とイギリス情報局のアメリカ情報員ハロルド・バトラーは「ナチスの残虐行為について慎重を期す」という同意を得た。要するに、情報は秘密裡に処理する、ということにしたのだ。アメリカもイギリスも、ユダヤ人虐殺のニュースを国民に伝えない方策を取るようになった。

そしてユダヤ人虐殺のニュースの代わりに、ヒトラーの軍国主義的、ファッショ的な面を強調する情報を垂れ流し続けた。

ルーズヴェルトは「勝利の計画」を放棄した後、多数の反戦運動者たちを刑務所にぶち込むか、沈黙を守らせた。戦争を無期限に続けないと、大統領はご主人様からあの世へと送られることになっていた。チャーチルもしかり、である。

ユダヤ人迫害に加担しないようにラジオ放送で訴えようとしたドイツの神学者パウル・ティーリヒの行動をＯＷＩの検閲官が阻止した。この年の十二月末までにポーランドでユダヤ人を完全に一掃する計画が立てられ、一部が実行された。

エドゥアルト・シュルチというドイツ人実業家が、スイスで西側の友人に、これらの事実をチャーチルとルーズヴェルトに伝えるよう強く要請した。しかし二人の政治家は沈黙を守り通した。

ヒトラーが殺人を命じたというならば、ヒトラーを非難できたはずだ。黒い犬と化した大統領と首相のご主人様が殺人の真犯人だからこそ、沈黙を守ったのだ。この二匹の黒い犬は！

やがてドイツ人実業家シュルチの警告の書は、アメリカ・ユダヤ会議議長のラビ、スティーブン・S・ワイズ博士に渡された。

一九四二年十二月、ワイズ律法博士は大統領に書状を送った。

……あなたもご存じのように、ユダヤ人の史上類のない圧倒的な災厄が、ヒトラーの大虐殺という形をもってユダヤ人の上に落ちかかりました。

ワイズはユダヤ人虐殺が二百万人以上にのぼると訴えた。ルーズヴェルトも動かざるを得なくなった。以下のように答えた。

神々の粉ひき場は粉をゆっくりとひく。しかも、極めてきめの細かい粉をひく。

ルーズヴェルトは神々の一人ではなかった。ただの黒い犬であった。

どうして犬が粉をひけるのか。最初から答えは分かっていた。粉をひく真似すらしなかった。そんなことをすれば、ご主人様から「シッシッ、あっちへ行け」と命じられるからだ。史上最悪の大虐殺（ユダヤ人は二十一世紀になってもそのように言う）に対して、全くの無関心だった。

ドノヴァン将軍のOSSはシュルチの警告に対し、「ユダヤ人の恐怖心が生んだ荒唐無稽な風聞にすぎない」とした。そして、いかなる情報もワイズ氏に伝えないよう国務省の高官に指示した。ドノヴァン将軍は「ワイズ氏は人々を惑わす男だ」と決めつけた。ドノヴァンの背後にハリマンその人が見えてくる。ルーズヴェルトもチャーチルも、ハリマン、ドノヴァン将軍、スティーヴンソン（英諜報部）から脅しをかけられて、沈黙を守り通した。翌一九四三年に入っても、ホワイトハウスもイギリス政府も沈黙を守り続けた。

一九四三年八月、ユダヤ人が経営する「ニューヨーク・タイムズ」は各国別のユダヤ人根絶リストを発表した。しかし、その記事は注意して見なくては判然としない、小さな記事だった。この新聞の経営者も、同民族の死よりも戦争の継続を支持し続けたのであった。

さて、もう一度、ホロコーストに話を戻そう。「ニューヨーク・タイムズ」に小さく各国別のユダヤ根絶リストが出た一九四三年八月、「ニューヨーク・タイムズ・マガジン」にフランクリン・エリナは次のように書いた。

チャーチルが傍受資料（リーグナー・リポート）を受け取ってから数カ月も経たぬうちに、ルーズヴェルト、アイゼンハワー、マーシャル、連合国の諜報機関、イギリス、アメリカ両国の全てのユダヤ人指導者とユダヤ共同体、それに新聞を読んだ人なら誰でも、膨大な数のヨーロッパ・ユダヤ人が殺されたことを知っていた。

黒い貴族たちと黒い犬たちは、ホロコーストの計画の前に出来上がった計画の内容から、ガス室の製造から、最初の一人のユダヤ人がガス室に入れられる日時から、すべてを知り尽くしていた。そして、沈黙したのだ。

一九四二年の末にナチスの宣伝相ゲッペルスは日記に次のように記した。

ロートシルト〔ロスチャイルド〕はポーランド・ユダヤ人の運命についてお涙頂戴の秘話を大量にばらまいた。議事終了にあたって、下院は一分間の黙祷をささげた。〔中略〕イギリス下院には全くふさわしいやり方だ。実際には、あれは一種のユダヤ人の取引所なのだ。イギリスはアーリア人の中のユダヤ人だ。

ホロコーストという言葉を、ユダヤ人大虐殺という場面でのみ使用するように世界をリードしたのはユダヤ人だ。ホロコーストはユダヤ人の発明なのだから、彼らが言うように、数百万という犠牲者の数はそのままでいい。この数字も発明なのだから。

共産主義の秘密を解明し、世界連邦とか世界統一政府とかいう思想の偽りを告発したアメリカ歴史学会会長ビアード博士は、学界からも出版界からも追放された。アメリカはホロコーストを大きく報道し、ナチス・ドイツの歴史上最大の残虐行為であると認めた。もちろん、戦争が終わってからである。そして、ハリマンはユダヤ人お抱えのファイス博士を使って反体制派をビアード博士のように追放した。

日本人は知る必要がある。ホロコーストはユダヤ人の特権階級が自作自演した、この世でもう二度と見られない劇であった、と。この劇はユダヤ王国の夢のためにあった、と。

四百年前のイタリアの学者ジョバンニ・ボテロは、「偉大な国家を滅ぼすものは、決して外面的な要因ではない。それは何よりも人間の心の中、そしてその反映たる社会の風潮によって滅びるのである」と書き残している。大英帝国はボテロの予言のように滅びた。そして二十一世紀のアメリカも、ボテロの予言のように進行中ではないのか。

ホロコーストはユダヤ人の創造である。それもダビデ王の創造である。ダビデは復讐のためにイスラエルに侵入したが、そこに住んでいたアマレク人を大虐殺する方法を見出した。彼はアンモンの人々を鋸、斧、つるはしや鉄の道具で拷問した。そして大きな煉瓦造りの炉の中で焼き殺したのである。

ユダヤ人はこの方法を思い出し、ユダヤ人のヒトラーに伝授した。ヒトラーは応じた。「サムエル記」に記されたことが第二次世界大戦に甦ったのである。

この旧約聖書を読めば理解できよう。まさに歴史は繰り返すのである。ユダヤ人自らが考え、行動したことが「ホロコースト」である。実際のホロコーストとダビデの虐殺があまりにも酷似しているため、現在の聖書の中では「大きな煉瓦造りの炉の中で焼き殺した」の箇所が「煉瓦工場の労役に就かせた」と改悪されている。所詮、聖書なるものは、ユダヤ人に都合のいいように創られた虐殺の書であると知るがよかろう。

キリストも自らの教えを信じない人々に「ゲヘナに落ちろ!」と言った。ゲヘナとは汚物の焼却炉だ。これも純正のホロコーストだ。

「ルカ書」や「マタイの福音書」には、旧約聖書の残虐行為を正当化するところが多数あるのだ。聖書はホロコーストの書なのだ。

マーク・トウェインは一八九七年に以下のように書いている。

エジプト人も、バビロニア人もペルシャ人も興《おこ》り栄え、地球を様々な音色や怒号で満たした。しかし儚《はかな》き夢の如く消え去っていった。ギリシャ人と羅馬《ローマ》人がこれに続き騒々しく音を立てて去った。他の民族が躍り出てしばしの間松明《たいまつ》を掲げたがいずれも焼きつくし、今や黄昏の中に佇《たたず》むか、消え去るかしてしまった。……万物は滅びて行く。だがユダヤだけはさにあらず、他のあらゆる力が過ぎいくとも、彼らは残る。一体彼らの不滅の秘密は何なのか。

ホロコーストの創造も、ユダヤ国家の建設も、この地球上にユダヤ人が常に存在しており、歴史を通じてユダヤの神がユダヤ人のみに恵みを与えてきたという信仰に基づいている。彼らはその神を愛《め》でている。このことを世界中の人々が認めよ、と彼らは叫び続けている。アメリカも、アメリカ・ユダヤ国家となり、滅びてしまいそうなのだ。

軍事的勝利とホロコーストは天秤に掛けられた。軍事的勝利をゆっくりと進行させて延ばせるだけ延ばすという方針を黒い貴族たちがとったために、見せかけだけのホロコーストもゆっくり進められた。各国は、無事にナチスの手から脱出したユダヤ人たちに庇護を与えることも「黒い貴族」たちから拒否された。

アメリカもイギリスも、身代金を払って出国ビザを購入しようとする者たちを、敵国に通じた者として、訴追すると申し合わせた。しかし、例外があった。ロスチャイルド一族とウォーバーグ一族は、一、二の例外を除いて、ナチスの厚い保護の下、ゆっくりと無事にヨーロッパの各地から脱出し、イギリスかアメリカに渡った。財産もほとんど無事であった。

しかし、ほとんどの貧しいユダヤ人がドイツに残され、ほんの一部がガス室へと向かった。アウシュヴィッツのガス室は、ドイツのＩＧファルベンとスタンダード・オイル・ニュージャージーの合作だった。スタンダードはナチスに特許の技術を与えた。アウシュヴィッツ以外の収容所も同様だった。これらの収容所で、ナチスのＳＳ隊は大量殺人の真似事をするのである。ＳＳ隊のエミール・ヘルファァリッチは戦後、尋問官の取り調べを受けて、「この収容施設はスタンダード・オイルの力添えで出来た。この関係は一九四四年まで続いた」と語っている。

スタンダード・オイルの総支配人のウィリアム・スタンプ・ファァリッシュはナチとの共謀の罪に問われた。しかし、罰金五千ドルの微罪だった。実質的オーナーのロックフェラーもたった五千ドルの罰金だった。しかも罪状は特許違反というものだった。スタンダード・オイルは戦争中もナチスに石油を売りつけた。しかし、このことは罪に問われなかった。どうしてか。アメリカの特許を犯していないからだ。あのアウシュヴィッツの収容所もドイツとアメリカの八百長なのだ。ひとつ、読者に問うことにしよう。この戦争で八百長でないものがあったのであろうかと。

一九三九年、ファァリッシュの娘マーサーが、アヴェレル・ハリマンの甥《おい》エドワード・ハリマン・ゲーリーと結婚する。ハリマンは打倒ヒトラーへ、ファァリッシュはヒトラーを援助する。これも八百長ではないのか。

「リッチモンド・タイムズ・ディスパッチ」の記者ヴァージニアス・ダブニーは、一九六三年三月九日付の「土曜論評」にダハウ強制収容所の訪問記を記している。

非常に驚くべきことに、ガス室は一度も運転されたことがなかった。というのもガス室建設は戦争も後半になってからで、しかも被収容者たちによるサボタージュが成功したためである。

湯浅赳男は『ユダヤ民族経済史』の中で、「一九四二年から四三年にかけてはアウシュビッツなど絶滅キャンプにドイツからの移送が行なわれた。結局、戦争が終了したとき、ドイツ国内で生き残った者一万九千人、強制収容所から生還したもの八千。ナチスによって殺されたドイツのユダヤ人の総計は十六万人を超えるというのが総決算であった」と書いている。ユダヤの連中は今日でも、「ホロコーストで六百万人が殺された」と騒いでいる。

二〇〇四年にノーマン・G・フィンケルスタインの『ホロコースト産業』という本が出た。ユダヤ人であるフィンケルスタインは、「ザ・ホロコースト」による死者数のいい加減さを実証している。それでもユダヤ人たちは「六百万人」と言い張る。では、六百万人という数字はどこから流れ出たのか。

一九三九年二月二十五日のシカゴ・アメリカン紙は「ソ連で飢饉、六百万人が死亡」という見出しを掲げ、「農民の作物が没収され、農民と家畜が飢えている……」と、第一面でこの事件を取り上げた。ソヴィエトの情報部はこの事件を隠そうとしたが隠しきれず、「ソヴィエト人ではなくドイツ人が殺した」と言いだした。「六百万人」という数字の霊がユダヤ人の心の中に残り、ナチス・ドイツの残虐さと結びついた、と私は理解している。

私は六百万人ではなく、病気などによる死者数万人、ガス室による死者は数千人であると信じている。あのガス室の写真を見てみるといい。一日に何人殺せると思うのか。冗談が冗談でなくなったのである。

あの六百万人の数字には、「666」の獣の数字が見え隠れする。

ドイツの敗北後、ニュルンベルグ裁判が始まった。もし、六百万のユダヤ人がアウシュヴィッツやその他の収容所で殺されたとするならば、この裁判で問題化されなければならない。この裁判の記録は残っており、それを読むこともできる。しかし、どこにアウシュヴィッツのガス室があり、大量の殺人がなされたという記録があるのかと言いたい。何もないのだ。

しかし、一九四五年十二月十四日付の口頭弁論記録の中に、「熱い蒸気の部屋の中で犠牲者が熱湯を注がれた」とある。そして、一九四六年二月には、この「熱い蒸気の部屋」が「ガス室」に変更されている。ただ、これだけの記録があるのみである。「ガス室」がどう活用され、どの程度の効果があったのか。死者はどのように埋葬されたか……何ら記録が残っていない。

この大戦で、ユダヤ人もロシア人もドイツ人もジプシーも共産主義者もナチスも殺された。ヨーロッパの至るところの火葬場で死体が処理された。ユダヤ人だけが殺されたのではない。日本の学者のほとんどが六百万人のホロコーストを信じている。否、信じないと、大学を追われたり、メシが食えなくなっている。だからホロコーストを信じている。「お前たちはそうまでしてメシが食いたいのか」と言いたい。信じられぬほどのアホがいるのだ。

ユダヤ人たちはホロコーストを騒ぎすぎる。ヒトラーの狂気を騒ぎたてて今日でも賠償金を取り立てている。「ヒトラーはユダヤ人を殺し続けた」と書くのは真実の歴史ではない。真実は、ユダヤ人の虐殺は少なく（それも戦争末期）、ヒトラーの軍隊は主としてソヴィエトのウクライナ、白ロシアに侵攻して、約二千万人と推定されるロシア人の戦死者を作り出したのである。ドイツの死者は約七百万人。アメリカの犠牲者は四十万人。イギリスは約三十七万人。

どうしてヒトラーは、彼らユダヤ人を殺したのか。理由は二つ考えられる。ナチス幹部のほとんどがユダヤ人であったということだ。ヒトラー＝四分の一ユダヤ人、ゲシュタポ長官ヒムラー＝四分の一ユダヤ人、その右腕ハインリッヒ＝二分の一、アイヒマン＝二分の一……、ユダヤ人を虐殺したのはユダヤ人だった。

これは驚くに値しない。彼らは精神異常者で、権力コンプレックス（破壊コンプレックスも同じ）の持ち主、すなわち自己破滅願望の男たちだった。ケレンスキー、レーニン、スターリン、ベリア、カガノヴィッチが赤い反キリストのユダヤ人たちで、ロシアのユダヤ人たちを虐殺し続けたのと同じ構図である。「メシア・コンプレックス」ともいうべき心の持ち主の連中のやったことだ。

あの戦争はチャーチル、ルーズヴェルト、スターリン、ヒトラーの戦争だった。彼らは皆、混血ユダヤ人、隠れユダヤなのだ。たしかに狂人ではないかもしれない。しかし、半狂人の四人ではないか。精神ノイローゼ症状を四人はいつも示していたではないか。

レーニンもメイソンの会員だった。多分スターリンもそうであろう。アメリカ大統領のほとんどはメイソンの会員である。ヒトラーは黒魔術。

メイソンは誓約する。「もし、私が少しでも私の誓約を破ったら頭を斬ってもよい。心臓、歯、内臓を引き抜いても、それを海中に捨ててもよい」。第一の理由は狂気であり、第二の理由は誓約である。チャーチルもルーズヴェルトもヒトラーもスターリンも、ある共通の誓約をしたのである。そして誓約通りに生きた。

私はそんな四人の歴史を書いてきた。ホロコーストの謎なんか、謎なんてものではない。自作自演の狂人の三文芝居だ。

一九四五年八月十五日、日本は敗北した。しかし、この敗北の後に民族自決という熱波が、アジアを、アフリカを……世界中を襲った。太平洋戦争の初めのシンガポール陥落のとき、オックスフォード大学のマージャリー・バーテム女史は「タイムズ」紙に論文を寄稿し、これを人種主義の立場から論じた。

日本の太平洋での攻撃は、白人帝国主義勢力に果敢に挑戦することによって、人間関係に極めて現実的な革命をもたらした。

大英帝国は戦勝国になったが、黒い貴族たちの野望と策謀の中で崩壊していった。この崩壊過程の中で大英帝国の植民地は独立していった。一九四九年にオランダはインドネシアに独立を与えた。この年、フランスはインドシナ半島に、ラオス、カンボジアという国をつくっていた。ヴェトナムのホー・チ・ミンの軍隊が独立運動を起こしていた。中国と朝鮮は国を二分して争っていた。一九四五年に大戦は一応の終止符が打たれたが、世界各地では小さい戦争が起こり続けていた。

第二次世界大戦が終わると、真珠湾攻撃はどうしてなされたのか、テヘラン、ヤルタ会談でアメリカは、どうしてあれほどの譲歩をソヴィエトにしたのか、等々の論議が活発になった。「ニューヨーク・タイムズ」の軍事担当記者ハンソン・W・ボールドウィンは一九五二年に、黒い貴族たちを代弁する記事を書いた。

これは歴史ではない、政治だ。とくに見下げ果てた部類の政治であり、テヘラン、ヤルタにおけるわれわれの失策、ことに政治政策上の過ちはすべて、この国を銀の盆にのせて共産主義国に譲り渡そうとする大陰謀の一部だということをわれわれに信じ込ませようとするものだ。このようにたわけた話はできるだけ早く忘れ去ることだ。

ボールドウィンは忘れろと迫る。しかし、忘れられないからこそ、誠実なる歴史家たちが真実を探し求めているのだ。ボールドウィンの主張は黒い貴族たちの主張なのだ。バレたか！　それならば洗脳させて忘れさせろ、と子分に命じたのである。

ハリマン・プロジェクトのリーダー、ハーバート・ファイスは、「歴史的記録の保存、歴史家の役割」という論文の中で次のように書いている。

私の知る限りケベック、テヘランおよびヤルタの会談に参加した中で、ルーズヴェルトともチャーチルとも個人的に密接な関係にあったアヴェレル・ハリマンの記録は最も多くのことを語っている……。

だが幸いにもこれらの会談には多くの随行者がいて、彼らの中にはボーレンのように歴史的な会談の席で、首脳たちが言った言葉や、会談が終わって、まだ記憶に新しいうちに聞いたことを書き残していた者たちも何人かいる。勿論、そのようなメモも謎めいていてまぐれ的要素があり、しかも書いた者自身の主観的な性向や希望に左右されていることが多い。その中でも……。

チャールス・ボーレンも、ハリマンが大事に育て上げた一人である。ハリマンにより、「六人の賢者」（前述）の一人となった。ファイスが言いたいのは、ハリマンの発言の記録は貴重であり、ボーレンの回想録もそれを裏付けている。他の連中は口やかましいが静かにしてほしい……という弁解をしているのである。

日本の敗北を語る次章（下巻・第八章）で、ヤルタ会談についてもう一度書くことになる。そこでは、この会談に国務長官として出席していたステティニアスの『ヤルタ会談の秘密』に触れる。ハリマンはこの本を読み、ファイスに絶版措置を命じている。現在もこの本は再版されていない。

ルーズヴェルト大統領の死についてもう一度書きたい。突然に死んだ、ということになっている。私は、彼のテーブルの上に『墓穴』という題名の探偵小説が置かれていたと書いた。ルーズヴェルトはヤルタ会談の帰途のときは確かに病身となっていた。だがその後、急速に快復していった。そして、突然に死んだ。

私は何らの状況証拠もないけれど、彼は毒薬を飲んで自らの命を絶ったのではないかと思っている。一つは、スターリンとチャーチルに、そしてその背後のユダヤ王ロスチャイルドに裏切られたという思いが募ったのではなかったか。勿論、アヴェレル・ハリマンにも裏切られたのだ。死の前にチャーチルに多数の手紙を送り続けている。

『ローズベルトと第二次大戦』の中でジェームス・バーンズは、ルーズヴェルトの死の瞬間を克明に描いている。

ラザフォード夫人（ルーシー・マーサといわれる。ローズベルトの恋人）は、じっとローズベルトを見つめていた。ローズベルトはちょっと冗談を言ってから、笑顔で見つめるラザフォード夫人の方をちらっとみて煙草に火をつけるとまた新聞を読みふけった。それから十五分も経ったであろうか、ローズベルトは左手をこめかみに当てたかと思うと、だらりと下げ、また首筋のあたりを押さえて小声で言った。「凄い頭痛がするんだよ」。左手がずり落ち、頭が左側にがっくりと傾くと全身から力が抜けていった。プールで日光浴をしていたブルーンが駆けつけた。ローズベルトはまだ椅子にもたれかかるように座っていた。力の抜けた巨体を寝室に運ぶのは大変だった。呼吸が停止していたが、間もなく心臓が鼓動を開始し、大きないびきをかき始めた。ブルーンはローズベルトの着衣を切り裂いてパパペリンと亜硝酸アミルを注射し、直ちにワシントンのマキンタイヤー提督に電話を入れた。〔中略〕ハセットがやってきて、すでに終わりが近いことを知った。ローズベルトは大きないびきをかいて眠っていた。グレース・タリーが部屋の一隅に座り静かに祈りを捧げていた。ローズベルトのいびきが一段と高くなったかと思うと、突然途絶えた。ブルーンは心音を聞きとることができなかった。心筋にアドレナリンを注射したが、反応なし。午後三時五十分、ブルーンはローズベルトの死を確認した。

この一文からは自殺の可能性をみることはできない。しかし、正常であった人間が、あっという間に死ぬだろうか。私は自殺説を捨てきれないでいる。

「ソ連の問題をできるだけ最小限にしたい」、この言葉が重くのしかかってくるのだ。

ジム・ビショップの『FDRの最後の年』に、第二の国務長官と言われた財務長官のモーゲンソーが一九四五年四月十一日夕方、ルーズヴェルト大統領から急な呼び出しを受けてウォームスプリングスを訪れる場面が描かれている。死の前日である。

大統領は子供時代に遊んだハイドパークの凍結したハドソン川の素晴らしい景色のことや、亡くなった友人のことばかりを話した。私を呼んだのは子供時代の思い出にふけりたかったのだろうか。

産経新聞取材班の『ルーズベルト秘録』には以下のように書かれている。

ルーズベルトは果たして死を予感していたのだろうか。翌日、脳出血で他界するルーズベルトが妻のエレノアでも息子たちでもなくモーゲンソーを「最後の晩餐」に迎えたことは二人の絆の強さを象徴している。そしてルーズベルトは死の直前、こうはっきりと告げたのである。「私は大統領を辞めたい」。そういって笑みを浮かべ、愛人のルージー・ラザフォードに向かって静かに頷いたのであった。

モーゲンソーが死の前日にルーズヴェルトに会ったのは偶然ではなかろう。ルーズヴェルトは、モーゲンソーのソヴィエトへの百億ドル長期借款を拒否したと思われるからである。その確証はある。元国務長官ジェームス・バーンズの回想録『率直に語る』の第二巻「すべては一つの人生に起こった」の中でこのことが記されている。

バーンズはレオ・クラウリ（ドイツ降伏直後、トルーマンを説得しソ連への武器貸与法での物資の出荷を停止させた人物）の証言を書いている。クラウリは四月一日ごろ（ルーズヴェルトの死の十日前）にルーズヴェルトと会い、「モーゲンソーの対ソ借款案の百億ドルに反対である」と言った。ルーズヴェルトもこのことに賛成したと、クラウリはバーンズに語ったのである。

ルーズヴェルトはやっと決心し、「クリミアのカリフォルニア」に対する百億ドルの対ソ借款を拒否することにしたのだ。そして、死の直前にモーゲンソーを迎え、その意思を伝えた。二人の間に激しいやりとりがあったと思われる。「私は大統領を辞めたい」とモーゲンソーに言った。それは、「私は死にたい」という言葉と同じではなかったか。

チャーチルに宛てた最後の電報を見ることにしよう。

私は一連のソ連の問題をできるだけ最小限にしたい。なぜならこうした問題はいろいろな形態で毎日起こるものだし、その多くはベルン会議の場合のように解決するからである。しかし、われわれは断固たる態度を持つべきであり、今までのところわれわれの方針は正しかった。

「ソ連の問題を最小限にしたい」とは、「クリミアのカリフォルニアを認めたくない」と、チャーチルに最後の電報を打ったのではなかったか。チャーチルは「ノー」という返事をルーズヴェルトに送ったのであろう。ルーズヴェルトは『墓穴』という小説をテーブルの上に広げて自らの死を知らせた、そして毒薬を飲んだ、と私は推理する。六十二歳の若さだ。死の直前まで元気だった。『大国の陰謀』の中にもルーズヴェルトの死について書かれている。

たしかに、ルーズヴェルトは神話的人物として、また彼自身のためにはちょうど良い時期に死去した。彼は待望していた勝利の日がまさに訪れようとする時に、彼が大きな希望を抱いて育成した大同盟が明らかに元通りにならないで分裂し始める前に死んだ。彼は明るい希望が可能である時に死亡し、その死の瞬間まで完全ではなかったにせよ、ソ連との我慢できる調和の達成を決して諦めていなかった。

この本は、前に書いたように、英国王立問題研究所の「国際問題研究叢書」の一つである。アメリカのCFRもこの研究所が中心となって作られたのである。ルーズヴェルトの死因を右の文章から見て取れる、と私は思っている。

黒い貴族たちの無念が次の文章から伝わってこよう。『大国の陰謀』からの引用を続ける。

欧州に対して道徳的に優れていると信じていた米国の優越感は、欧州の外交的老獪《ろうかい》さに直面するに至って、劣等感と無気力が混じり合い打ちのめされてしまった。全く、サッカレー作の『虚栄の市』の中にある裏切り行為に苦しめられる主人公クリスチャンに比べることができる次第である。

この文章の中に、「クリミアのカリフォルニア」を強制されたルーズヴェルトの敗北が見えてこよう。「欧州の外交的老獪さ」とは、世界大戦の八百長工作であり、「勝利の計画」の延長であり、「ホロコースト」の欺瞞的演出であり、「クリミアのカリフォルニア」の計画であった。この本の中にユダヤ王国の構想が現実にあったことを仄《ほの》めかす文章がある。

一九四一年から四五年までのルーズヴェルトは、アメリカを聖都（ニュー・エルサレム）への旅に送り出した。この聖都では、平和、正義、そして善隣の精神が確かに行きわたっているであろう。戦争は政治的道具となるだけでなく、また聖戦にもなり、勝利は「約束の地」（神がアブラハムとその子孫らに約束したカナンの地）の光景は世界の疲れ果てた人々が初めて見ることが許される新しい「ビスガの山」（死海の東方にある山頂からモーゼが死の直前に約束の地を発見したという山）となるだろう。

この文章は、黒い貴族たちがどうして大戦を仕掛けたのかの「目的」を書いている。旧約聖書の世界を実現することが目的であったと書かれている。「聖都」（ニュー・エルサレム）はヤルタであろう。「約束の地」はクリミアであろう。ロスチャイルドはモーゼの再来者として「ビスガの山」に立つことになっていたのであろう。

では、どのように変化が起こるのかも、『大国の陰謀』は描いている。

……従って、二つのグループを形成することになろう。すなわち、人間という家畜と、それを飼い慣らして利用する管理人のグループである。そういうことになると、政治問題というのはその管理者たちの間で、お客に食事を差し出すという目的に関して協定を結んでおくことの一つになるだろう。そしてそのことは独裁権を必要とするかもしれない。

これこそはユダヤの「カバラ」や「タルムード」の思想ではないか。そうか、お前らが戦争を仕掛けたのか。

十九世紀のドイツの大詩人ハインリッヒ・ハイネは自らがユダヤ人であることを嘆き、「ユダヤ教が宗教だという者は、せむしに生まれることが宗教だということだろう。ユダヤ教は宗教ではなく不運だ」と記した。

ハイネから一世紀が過ぎ、世界はユダヤ教がもたらす「不運」により、大変化していくのである。

一九四五年三月十五日、敗戦間近のヒトラーが文章を残した。

一切の軍事施設、交通、通信、産業、補給施設ならびにドイツ国内にある価値あるもので、敵が今すぐ、もしくは近い将来何らかの形で戦闘継続のために役立てるであろうものはすべて破棄せよ。戦争が負けとなれば国民は終わりである。ドイツ国民が原始的な生存を続けるのに要する基盤などを顧慮する必要もない。むしろこれらの物を自ら破棄した方がましである。なぜなら国民が弱者であることを証明したからである。未来はもっぱら強者である東の民族のものとなる。それにこの戦いの後に残る者はつまらぬ連中である。なぜならば優れた者は死んだからだ。

ヒトラーがユダヤの代理人として語っていると私は思っている。

私は、第二次世界大戦が最初から八百長であったと書いた。ヒトラーの「最後の文書」は、この戦争の八百長を自ら証明せんとしたものではなかったか。「東の民族」とはソヴィエトを指す。ユダヤ王とハリマン一派の世界政策をヒトラーは書き残したのである。

「クリミアのカリフォルニア」は、ルーズヴェルトが死んでハリー・S・トルーマン副大統領が急遽大統領になることにより、終わりとなった。では、トルーマン大統領は真正のアメリカ人（ユダヤ人ではない）であろうか。これもまた非常に疑わしいものである。ハリー・S・トルーマンの「S」とはソロモンと書く。どうやら隠れユダヤ人のようである。

トルーマンは上院議員になる前は農業をしたり、小売業をしたりして生きてきた。後の章で彼の出世物語を書くが、その人生にはエディ・ヤコブソンというカンザス市出身のユダヤ人が影のように寄り添っている。ヤコブソンは友人であり、商売のパートナーであり、何よりも政界入りを支えた男である。隠れユダヤ人の政治家でありながら、副大統領として無視され続けた。そんなトルーマンにとって最大の幸運がルーズヴェルトの死によって突然訪れた。闇の王たちは、副大統領という地位を軽くみていた。トルーマンを説得する時間がなかった。しかし、トルーマンは後章で書くが、「二十世紀のファウスト」の操り人形のような存在となっていくのである。

この章の終わりにあたり、『シオン長老の議定書』（『ユダヤ・プロトコール』）から、ユダヤ王国なるものの姿をダイジェストする。

神は離散という贈り物を下さった。それは万人の目からはわれわれの弱さと映るが、われわれの強さは離散より生まれ来たったものである。それが今や全世界支配という戸口に到達している。われらの王国が完成した時、われわれは強力に集中化した政府を樹立する。われわれの専制は一分の隙もない独裁である。新しい法律はゴイムが許してきた寛大とか特典とかを一つずつ全部とり潰すだろう。いかなる時でも、いかなる場所でも、行動や言葉でわれわれに楯つくゴイムを一人残らず一掃する。ゴイムは羊の群れであり、われわれは狼である。狼が羊の群れに入ったらどういうことが起こるか、ご存じであろう。われわれの王国は酩酊も禁止する。酩酊は法律によって禁止し、酒の力で野獣に変わる人間性に対する罰として処罰する。

シオンの人々はゴイムへの再挑戦を開始し、二十一世紀は多分彼らが成功する。もしゴイムなる羊が目覚めないのなら……。

＊＊＊＊

ここまでの上巻で、私は第二次世界大戦を中心に歴史を見つめてきた。この世に偶然に発生したものはなく、すべては起きるべくして起こったものであると書いてきた。

下巻では、主として朝鮮戦争、ヴェトナム戦争について書く。この二つの戦争も、八百長戦争であった。

私たちは、新しい世界観を持たなければならない。二十一世紀の今、一日、一日と、世界は危機的状況を深めている。今、何をなすべきか。私は下巻の中で、読者に問いかけ続けようと思う。

〔以下、下巻へ続く〕

◉著者について

鬼塚英昭（おにづか ひであき）

ノンフィクション作家。1938年大分県別府市生まれ、現在も同市に在住。国内外の膨大な史資料を縦横に駆使した問題作を次々に発表する。昭和天皇の隠し財産を暴いた『天皇のロザリオ』、敗戦史の暗部に斬り込んだ『日本のいちばん醜い日』、原爆製造から投下までの数多の新事実を渉猟した『原爆の秘密［国外篇］』『原爆の秘密［国内篇］』を刊行。また現代史の精査の過程で国際金価格の上昇を予見した『金の値段の裏のウラ』、サブプライム恐慌の本質を見破り、独自の視点で真因を追究した『八百長恐慌！』、トップ企業を通して日本経済を襲う大津波を描く『トヨタが消える日』、金融マフィアの野望を暴き、世界経済の近未来を展望した『ロスチャイルドと共産中国が2012年、世界マネー覇権を共有する』（上記いずれも小社刊）で経済分野にも進出した、今もっとも刺激的な書き手であり、本書は氏が十数年の歳月を費やした畢生の力作長篇である。

20世紀《せいき》のファウスト[上《じょう》]
黒《くろ》い貴族《きぞく》がつくる欺瞞《ぎまん》の歴史《れきし》

◉著者
鬼塚英昭《おにづかひであき》

◉発行日
初版第1刷　2010年3月25日

◉発行者
田中亮介

◉発行所
株式会社 成甲書房

郵便番号101-0051
東京都千代田区神田神保町1-42
振替00160-9-85784
電話03(3295)1687
E-MAIL　mail@seikoshobo.co.jp
URL　http://www.seikoshobo.co.jp

◉印刷・製本
株式会社 シナノ

Printed in Japan, 2010
ISBN978-4-88086-260-6